図書館の自由
ニューズレター集成 2
2001-2005

日本図書館協会図書館の自由委員会編

日本図書館協会図書館の自由委員会

2009

Newsletter on intellectual freedom on libraries 2: 2001-2005

図書館の自由ニューズレター集成2　2001-2005　／　日本図書館協会図書館の自由委員会編　—　東京　：
日本図書館協会図書館の自由委員会，　2009．—　216 p　；　30cm

t1. トショカン　ノ　ジユウ　ニューズレター　シュウセイ　2　2001-2005
a1. ニホン　トショカン　キョウカイ　s1. 図書館と自由　①010.1

目　次

第31号（2001年3月）――――――――――――――――――――――――――― 12
　　［「ハリー・ポッターと秘密の部屋」について］　12
　　　　「差別的表現を批判された蔵書の提供について（コメント）」について
　　「青少年社会環境対策基本法（案）」と「図書館の自由」について　13
　　ニュースクリッピング［掲載略］
　　〈資料〉図書館でのフィルタリング・ソフトの利用について（声明）（イギリス図書館協会）　13
　　〈資料〉「静岡県青少年のための良好な環境整備に関する条例」に基づく図書の収集・公開の要望書（図書館問題研究会）　15
　　〈資料〉「静岡県青少年のための良好な環境整備に関する条例」に基づく有害図書指定の取り消し申請」（図書館問題研究会）　15
　　〈資料〉表現・出版の自由を規制する「東京都青少年の健全な育成に関する条例」の規制強化に反対する請願書（日本出版労働組合連合会）　16
　　IFLA/FAIFEニュース　17
　　　　FAIFE新事務局長決まる
　　　　人権活動家，トルコ政府から釈放される
　　2000年度委員会活動記録報告　17

第32号（2001年5月）――――――――――――――――――――――――――― 19
　　「ハリー・ポッターと秘密の部屋」について（続）　19
　　　　〈資料〉「ハリー・ポッターと秘密の部屋」（静山社発行）における口唇口蓋裂者に対する差別的表現箇所の削除にいたる経緯説明と削除前の本の教育現場や学校図書室（館）での扱いに関するお願い（口唇・口蓋裂友の会）
　　　　〈資料〉「ハリー・ポッターと秘密の部屋」（静山社発行）についてご検討いただいたことへのお礼とこの件に関する現状報告（口唇・口蓋裂友の会）
　　　　〈資料〉中野区立図書館の資料提供の基本的な考え方「ハリーポッターと秘密の部屋」の提供について（中野区立図書館）
　　「青少年社会環境対策基本法（案）」についての見解（日本図書館協会）　23
　　ニュースクリッピング［掲載略］
　　〈資料〉「東京都青少年の健全な育成に関する条例の一部を改正する条例」（東京都議会平成13年第1回定例会第53号議案）に反対するアピール（図書館問題研究会，YAサービス研究会）　24
　　〈資料〉民主党「子ども有害情報からの子どもの保護に関する法律案」骨子についての意見（日本民間放送連盟）　25
　　IFLA/FAIFEニュース　26
　　　　第67回IFLA大会（ボストン）へのお誘い
　　　　FAIFE（表現の自由と自由なアクセスについての委員会）の会議・ワークショップ・展示などの予定
　　全国図書館大会第9分科会（図書館の自由）参加のお誘い　27

第33号(2001年10月) ———————————————————— 28
  ニュースクリッピング[掲載略]
  〈資料〉日本ペンクラブ「著作者の権利への理解を求める声明」　28
  〈資料〉日本ペンクラブの「著作者の権利への理解を求める声明」について(見解)(図書館問題研究会)　29
  IFLA/FAIFEニュース　29
    ボストン大会報告
    キューバ問題についての決議文
    テロリズムとインターネット,情報への自由なアクセスについての国際図書館連盟(IFLA)声明
  全国図書館大会第9分科会(図書館の自由)参加へのお誘い　32

第34・35号(2002年2月) ———————————————————— 36
  横浜市図書館における『クロワッサン』(2000年10月10日号)掲載のアニマルレスキュー関係記事の提供
      停止措置について　調査報告 (JLA自由委関東地区小委)　36
  ニュースクリッピング[掲載略]
  〈資料〉アメリカ図書館協会による図書館記録の秘密性とプライバシーについての声明　38
  IFLA/FAIFEニュース　39
    デンマーク王立大学図書館情報学大学院における博士課程との合同プロジェクト
    「グラスゴー宣言」採択予定について
  全国図書館大会第9分科会(図書館の自由)報告　39
  〈新刊・近刊紹介〉『憎悪表現とは何か「差別表現」の根本問題を考える』[ほか]　40

第36号(2002年5月) ———————————————————— 41
  "メディア規制3法案"について　41
  「船橋市西図書館蔵書除籍」問題について　41
      〈資料〉マスコミ報道分
      船橋市西図書館の蔵書廃棄問題について(中間報告)(JLA自由委関東地区小委)
  東大和市図書館閲覧要求判決について　43
  『図書館の自由に関する宣言1979改訂解説』の改訂について　44
  新聞・雑誌記事スクラップ[掲載略]
  IFLA/FAIFEニュース「グラスゴー宣言」のドラフトがHP上に掲載される　44
  〈新刊情報〉『「図書館員の倫理綱領」解説増補版』　44

第37号(2002年7月) ———————————————————— 45
  "メディア規制3法案"について　45
      〈資料〉メディア規制二法案の廃案を求めるアピール (図書館問題研究会)
  「船橋市西図書館蔵書除籍」問題について　45
      船橋市西図書館の蔵書廃棄問題について,協会が見解を公表
      船橋市西図書館の蔵書廃棄問題について (日本図書館協会)
      〈資料〉船橋市西図書館の蔵書廃棄問題について(見解)(図書館問題研究会)
      〈資料〉船橋市西図書館の蔵書廃棄問題に関するアピール (図書館問題研究会)
  「著作権侵害物の取扱に関するお願い」について　48
  『「図書館の自由に関する宣言1979改訂」解説』の改訂について　49

住民基本台帳ネットをめぐる動き　49
　　　　〈資料〉住民基本台帳ネットワークに反対するアピール（図書館問題研究会）
　　新聞・雑誌記事スクラップ［掲載略］
　　IFLA/FAIFEニュース　50
　　　　IFLAインターネット宣言　日本語訳（仮訳）
　　　　IFLAグラスゴー大会へのお誘い
　　図書館大会分科会へのお誘いとセミナーの予告　52

第38号（2002年9月）　――――――――――――――――――――――――――――　53
　　船橋市西図書館の蔵書廃棄問題に関する調査報告（JLA自由委）　53
　　『図書館の自由に関する宣言1979改訂解説』の改訂について　55
　　新聞・雑誌記事スクラップ［掲載略］
　　自由委員会内規について　60
　　IFLA/FAIFEニュース　IFLA/FAIFE報告［グラスゴー大会］　61
　　図書館大会分科会へのお誘いとセミナーの予告　61
　　〈新刊案内〉『図書館・表現の自由・サイバースペース』『学校図書館の検閲と選択（第3版）』［ほか］　63

第39号（2002年12月）　―――――――――――――――――――――――――――　63
　　柳美里著「石に泳ぐ魚」の図書館の扱いについて　63
　　　　『新潮』1994年9月号所収の柳美里著「石に泳ぐ魚」の閲覧禁止措置について（お尋ね）［国立国会
　　　　　図書館への質問書］
　　　　『新潮』1994年9月号所収の柳美里著「石に泳ぐ魚」の閲覧禁止措置について（回答）［国立国会図書
　　　　　館からの回答文書］
　　　　新潮（平成6年9月号）に掲載された小説，柳美里著「石に泳ぐ魚」の取扱いについて［東京都立中央
　　　　　図書館の取扱決定文書］
　　大阪府の青少年保護育成条例改正条例案と図書館でのフィルタリングについての動き　65
　　『図書館の自由に関する宣言1979改訂解説』の改訂について　66
　　　　資料提供の自由と著作権
　　　　いわゆる「公貸権」
　　　　著作権侵害が裁判で確定した図書館資料の取扱い
　　住民基本台帳制度と図書館でのICカード導入に関連して　68
　　　　〈資料〉貸出業務へのコンピュータ導入に伴う個人情報の保護に関する基準（1984年）
　　　　〈資料〉（附）「貸出業務へのコンピュータ導入に伴う個人情報の保護に関する基準」についての委員
　　　　　会の見解
　　新聞・雑誌記事スクラップ［掲載略］
　　IFLAとIPAとの合同声明　69
　　図書館大会分科会報告　69
　　「図書館の自由」セミナー報告　70
　　〈おしらせ〉　70

臨時増刊号（2003年3月）　――――――――――――――――――――――――――　71
　　『図書館の自由に関する宣言1979改訂解説』の改訂について　意見集約会　71
　　「石に泳ぐ魚」利用禁止措置の見直しについて（国立国会図書館へ要望）［掲載略］

東京都江東区図書館業務委託企業パート社員による個人情報流用　[掲載略]
　　大阪府青少年保護育成条例の改定　[掲載略]
　　〈新刊案内〉[掲載略]

第40号(2003年5月) ──────────────────────────── 71
　　「石に泳ぐ魚」利用禁止措置の見直しについて　71
　　　　柳美里著「石に泳ぐ魚」(『新潮』1994年9月号所収)の利用禁止措置の見直しについて(要望)（日本図書館協会）
　　　　柳美里著「石に泳ぐ魚」(『新潮』1994年9月号所収)の閲覧禁止措置の見直しについて(要望)（都立図書館内日本図書館協会会員有志）
　　江東区図書館業務委託企業パート社員による個人情報流用　72
　　大阪府青少年保護育成条例の改定　73
　　　　〈資料〉青少年健全育成条例の改正についての支部のコメント（図問研大阪支部）
　　国際図書館連盟IFLAと世界サミット　75
　　IFLA「学術研究文献のオープンアクセスに関する宣言」草案を発表　75
　　IFLA/FAIFE「キューバにおける知的自由」について声明を発表　76
　　アメリカ図書館協会によるCIPA裁判　76
　　UNESCO「みんなのための情報(IFA)計画」第2回政府間協議　77
　　　　(1)IFLAインターネット宣言を支持し普及
　　　　(2)イラクの図書館・公文書館への援助
　　新聞・雑誌記事スクラップ[掲載略]
　　〈新刊案内〉『図書館裁判を考える－アメリカ公立図書館の基本的性格－』『有害図書と青少年問題　大人のオモチャだった"青少年"』『アメリカ図書館協会知的自由部編『図書館の原則　改訂版　図書館における知的自由マニュアル(第6版)』[ほか]　77
　　図書館の自由委員会2002年度の活動と2003年度の課題　78
　　〈お知らせ〉　79
　　　　『図書館の自由に関する宣言1979改訂解説』の改訂について，意見集約会開催
　　　　「図書館の自由に関する宣言」絵はがきについて
　　　　「図書館の自由委員会」HPができました！

第41号(2003年8月) ──────────────────────────── 80
　　朝日新聞，拉致被害者家族の住所報道　80
　　　　北朝鮮家族住所掲載の朝日新聞への対応について
　　ちくま文庫「私の遍歴時代」の表現問題　81
　　国立国会図書館「18歳未満入館不可能」への異義申立　82
　　　　国立国会図書館「18歳未満入館不可能」，違憲・違法の恐れ（奥山俊太郎）
　　東京都議会で性教育関連図書教材の実態調査と都教委教育長が答弁　83
　　長崎少年事件で付添人(弁護士)など少年の読書について発言　84
　　アメリカ連邦最高裁判決「公立図書館でのフィルタリングソフト合憲」　84
　　IFLA/FAIFE OFFICE Annual Report 2002, World Report 2003　86
　　新聞・雑誌記事スクラップ[掲載略]
　　〈新刊より〉『個人情報保護法と人権　プライバシーと表現の自由をどう守るか』『「子どもとインターネット」に関するNPO等についての調査研究―米国を中心に―報告書』『世界のプライバシー権運動と監

視社会』『個人情報保護法入門新法解説』　86
　　『図書館の自由に関する宣言1979改訂解説』の改訂について　87
　　　　改定案全文
　　〈お知らせ〉　95
　　　　第89回(平成15年度)全国図書館大会 静岡大会へのお誘い [ほか]

第42号(2003年11月) ———————————————————————— 96
　　住基カードによる図書館利用　96
　　　　住基カードによる図書館利用への危惧
　　　　住民基本台帳カードを利用した図書館の貸出しサービス －多目的利用への懸念
　　　　住民基本台帳カードの図書館利用について
　　旧石器ねつ造問題にかかる資料　99
　　　　「縄文の生活誌(講談社・日本の歴史01)」について
　　　　旧石器発掘捏造問題関係の日本考古学協会発行図書の取り扱いについて（日本考古学協会）
　　船橋市西図書館の蔵書廃棄問題裁判－東京地裁，被告職員の単独行為と認定，原告請求を棄却（山
　　　　家篤夫）　100
　　ALAのプライバシーポリシーと声明　101
　　米国愛国者法をめぐる最近の動き(E110)　101
　　インターネットにおける表現の自由，IFLA/IPA共同声明(E119)　102
　　フィルターソフトの有効性を検証，米商務省報告(E120)　102
　　新聞・雑誌記事スクラップ[掲載略]
　　〈新刊より〉『個人情報保護法入門新法解説』『住基ネットと監視社会』『あなたの「個人情報」が盗まれる』
　　　　『プライバシーがなくなる日 住基ネットと個人情報保護法』『アメリカ公立図書館で禁じられた図書：
　　　　1876－1939年，文化変容の研究』『路上に自由を―監視カメラ徹底批判』　103
　　『図書館の自由に関する宣言1979改訂解説』の改訂について　104
　　〈お知らせ〉　104
　　　　第89回(平成15年度)全国図書館大会 静岡大会へのお誘い [ほか]

第42号付録 ———————————————————————————— 104
　　2003.11.28 全国図書館大会第7分科会資料より
　　　1「自由宣言」解説の改訂について(概要)（三苫正勝）
　　　2「図書館の自由に関する宣言 1979年改訂」解説の改訂案

第43号(2004年3月) ———————————————————————— 114
　　夏樹静子原作のテレビドラマについて　114
　　　　夏樹静子原作のテレビドラマで問合せ
　　　　夏樹静子原作のテレビドラマでお詫び
　　X市図書館のスポーツ紙購入中止に関する要請について(調査報告)　115
　　オープンアクセスをめぐる動き ベルリン宣言採択(E144)　118
　　世界情報社会サミットが開催される(E159)　118
　　IFLA/FAIFE キューバのインターネット接続禁止への憂慮を表明　119
　　ユネスコ，情報公開法に関する報告書を出版(E169)　119

新聞・雑誌記事スクラップ[掲載略]
〈新刊より〉『図書館の目的をめぐる路線論争』『百禁書 聖書からロリータ, ライ麦畑でつかまえてまで』
　『「図書館の自由に関する宣言 1979年改訂」解説』第2版　　120
第89回(平成15年度)全国図書館大会 静岡大会第7分科会報告　　120
　〈資料〉町田市立図書館の自由に関する調査委員会設置要領(内規)[ほか]
〈お知らせ〉　127
　『図書館の自由に関する宣言1979改訂解説』第2版刊行
　「図書館の自由に関する宣言」解説改訂案について(概要)　(三苫正勝)
　2004年度図書館の自由委員会事業計画(案)

第44号(2004年5月) ——————————————————————— 129

船橋市西図書館蔵書廃棄問題について控訴審判決　　129
　船橋市西図書館蔵書廃棄問題についての高裁判決
　船橋市西図書館蔵書廃棄問題についての控訴審判決
　船橋市西図書館蔵書廃棄問題についての高裁判決
『週刊文春』3月25日号の販売差し止めについて　　130
　元外相・田中真紀子衆議院議員の長女の私生活に関する記事を掲載した『週刊文春』2004年3月25
　　日号(2004.03.17発行)をめぐる経過
　『週刊文春』3月25日号の販売差し止め
　『週刊文春』3月25日号の販売差し止めについて
東京都青少年健全育成条例改正について　　134
　東京都青少年健全育成条例改正に反対する陳情署名
新聞・雑誌記事スクラップ[掲載略]
〈新刊より〉『アメリカにおける学校図書館蔵書をめぐる裁判事例の総合的研究』『図書館の自由に関する
　宣言1979改訂解説』第2版『図書館人としての誇りと信念』[伊藤昭治古希記念論集]　　134
〈資料〉立川自衛隊監視テント村への弾圧に抗議する法学者声明　　135
〈資料〉盗聴法初適用事件の控訴審に関連する要望書　　136
〈お知らせ〉　137
　図書館の自由委員会 2003年度報告(抜粋)
　「図書館の自由に関する宣言」50周年記念企画
　第90回(平成16年度)全国図書館大会 香川大会

第45号(2004年8月) ——————————————————————— 138

『週刊文春』3月25日号の国立国会図書館での取り扱い　　138
『現代コンビニ商法』(近藤忠孝・小山潤一著 かもがわ出版)をめぐって　　138
　コンビニFC・二つの勝利裁判(近藤忠孝)
　サークルケイ・ジャパンから図書館への申し入れ
図書館, 情報サービス機関および知る自由に関するグラスゴー宣言　　141
個人情報流出の要因となるか？無線タグをめぐる議論(米国)(E140)　　142
IFLA,「学術研究文献のオープンアクセスに関する声明」を採択(E185)　　142
IFLAが世界情報社会サミット基本宣言へのコメントを発表(E211)　　142
情報提供のデジタル化が民主主義を脅かす？－元ALA会長の報告書(E212)　　143
ALA, 愛国者法恒久化法案に対する反対声明を発表(E213)　　143

オンライン上の有害情報から子どもを守る法律・最新動向(米国)(E220)　　144
　　学校図書館における「図書館の自由」を憂慮する（土居陽子）　　145
　　新聞・雑誌記事スクラップ[掲載略]
　　〈新刊より〉『この国に言論の自由はあるのか －表現・メディア規制が問いかけるもの』『「言論の自由」VS.「…」』『法とジャーナリズム』『生成するフラクタル『耳をすませば』考』　　147
　　第90回(平成16年度)全国図書館大会　香川大会　大会への招待　　148

第46号(2004年11月)　―――――――――――――――――――――――　150
　　春日井市図書館利用者メールアドレス流出　　150
　　三重県立図書館，全利用者13万人余の個人情報流出　　150
　　青少年健全育成条例の改定動向　　151
　　　　大阪府青少年健全育成条例　追加情報
　　　　京都府　青少年条例改定案について意見を募集中
　　　　鳥取県　青少年条例改定骨子案について意見を募集中
　　CIPAに基づくフィルタリングソフト導入から3か月(米国)(E246)　　152
　　政府情報の機密化に関する報告書(米国)(E248)　　152
　　新聞・雑誌記事スクラップ[掲載略]
　　〈新刊より〉『報道の自由が危ない　衰退するジャーナリズム』『メディアスクラム―集団的過熱取材と報道の自由』『インターネット時代の表現の自由』『9.11以後の監視―"監視社会"と"自由"』　　153
　　全国図書館大会・香川大会　大会要綱(再録)　　154
　　〈お知らせ〉　157
　　　　『図書館の自由に関する宣言の成立』(図書館と自由1)復刻版　刊行
　　　　『『図書館年鑑』にみる「図書館の自由に関する宣言」50年』刊行
　　　　図書館問題研究会　図書館の自由講座2004「この国に言論の自由はあるのか」
　　　　図書館9条の会発足

第47号(2005年3月)　―――――――――――――――――――――――　157
　　テレビ朝日ドラマ「相棒・夢を喰う女」で司書が個人情報を漏らす　　157
　　　　司書が個人情報もらすドラマが放送－日図協，テレビ朝日に事情を聴く
　　　　〈資料〉相棒第7話『夢を喰う女』ないに誤解を招く表現があったことについて
　　　　日図協自由委員会，放送各社に要請
　　　　自由委員会の要請に対する反応と個人情報保護法
　　　　図書館は読書の秘密を守ることについて(ご理解の要請)
　　図書『官僚技官』にかかる名誉毀損への対応　　160
　　高槻市立中央図書館で利用者89人分の名簿盗難　　160
　　愛国者法の一部規定に違憲判決(米国)(E254)　　160
　　出版社団体が出版の自由を求め提訴(米国)(E255)　　161
　　〈資料〉『週刊ヤング・ジャンプ』(集英社刊)連載『国が燃える』(本宮ひろ志著)の休載について　　161
　　イジョビ・ヌーワー氏講演中止について　　162
　　　　〈資料〉住基ネット「侵入実験」の講演を中止させた総務省を弾劾する
　　　　〈資料〉Ejovi Nuwereさんの「住基ネット」に関する技術報告が総務省によって不当に中止された問題について
　　NHK番組改変問題　　164

　　　　〈資料〉NHK「従軍慰安婦」番組への政治介入に対する抗議声明（日本ジャーナリスト会議）
　　　　〈資料〉NHK番組への政治介入事件の徹底究明を求める声明（民放労連）
　　　　〈資料〉Vaww NET Japan から安倍氏への公開質問状
　　　　〈資料〉緊急声明　政治家によるメディアへの圧力を許さない（流対協）
　　新聞・雑誌記事スクラップ［掲載略］
　　〈新刊より〉『中国の嘘－恐るべきメディアコントロールの実態』『名誉毀損の法律実務』［ほか］　168
　　全国図書館大会・香川大会記録より　基調報告「図書館の自由・この1年」　168
　　〈お知らせ〉　173

第48号（2005年5月）　―――――――――――――――――――――――――――――――　174
　　個人情報保護法と図書館資料の扱い　174
　　高槻市立中央図書館利用者登録情報盗難事件　調査報告（JLA図書館の自由委員会）　175
　　阪神応援歌の作者詐称で応援団元会長逮捕と図書館でのCDの扱い　176
　　インターネット蔵書検索・予約のセキュリティについて　176
　　テレビ朝日に名誉および信用の回復を求める声明　176
　　　　〈資料〉テレビ朝日に名誉および信用の回復を求める声明（世田谷区職労教育分会）
　　　　〈資料〉「相棒」（04年12月8日放映）についての要請（世田谷区職労教育分会）
　　　　〈資料〉「相棒」第7話内に誤解を招く表現があったことについて（テレビ朝日編成制作局）
　　図書館の防犯カメラについて　179
　　米国愛国者法の見直しをめぐる動き（E316）　180
　　IFLA/FAIFE　トルクメニスタンの図書館閉鎖に抗議反対声明　180
　　　　〈資料〉IFLAはトルクメニスタンにおける図書館の閉鎖と人権侵害に抗議する
　　新聞・雑誌記事スクラップ［掲載略］
　　〈新刊より〉『ジャーナリズムの条件1-4』『中国の嘘－恐るべきメディア・コントロールの実態』『グローバル化
　　　と監視警察国家への抵抗－戦時電子政府の検証と批判』『発禁・わいせつ・知る権利と規制の変遷（出
　　　版年表）』　181
　　〈お知らせ〉　183

第49号（2005年8月）　―――――――――――――――――――――――――――――――　183
　　船橋市西図書館蔵書廃棄事件最高裁判決について　183
　　　　判決の要点
　　　　船橋市西図書館蔵書廃棄事件訴訟,最高裁で口頭弁論
　　　　船橋市西図書館の蔵書廃棄事件に最高裁判決
　　　　〈資料〉最高裁判決全文
　　　　船橋市西図書館蔵書廃棄事件裁判の最高裁判決について声明（日本図書館協会）
　　国立国会図書館における「児童ポルノの類」の取扱いについて　188
　　TVドラマ『みんな昔は子供だった』について　188
　　　　〈資料〉ドラマ『みんな昔は子供たっだ』への申入について（学校図書館問題研究会）
　　　　〈資料〉ドラマ『みんな昔は子供たっだ』への申入について　その後（学校図書館問題研究会）
　　親に子どもへの貸出記録を開示する法律（米国）（E325）　190
　　過去の記憶を消し去ろうとする暴挙？－図書館の破壊・閉鎖（E328）　191
　　「子どもに見せたくない」図書の扱いが議会の話題に（米国）（E342）　192
　　IFLA/FAIFE　中国政府のインターネット検閲の中止を求める　192

共謀罪に関する声明　　192
　　　〈資料〉「共謀罪の新設を容認する刑法等の一部改正案」に反対する刑法学者の声明
　　　〈資料〉共謀罪新設法案の廃案を求める市民団体共同声明
　　　〈資料〉「共謀罪」新設の刑法改正(案)に反対する声明（日本ジャーナリスト会議）
新聞・雑誌記事スクラップ[掲載略]
〈新刊より〉『「治安国家」拒否宣言「共謀罪」がやってくる』『共謀罪と治安管理社会　つながる心に手錠はかけられない』『共謀罪を廃案に　労働者階級の団結と国際連帯で戦時下の治安弾圧を打ち破ろう』『放送中止事件50年―テレビは何を伝えることを拒んだか』『放送禁止映像大全』『マス・メディアの表現の自由』　194
〈お知らせ〉全国図書館大会・茨城大会への招待［ほか］　197

第50号(2005年11月) ──────────────────────── 198
『歯科インプラントは悪魔のささやき』名誉毀損問題　　198
　　　　"歯の矯正"図書の閲覧停止要求について
「アガリクス広告本」薬事法違反問題　　198
『週刊新潮』(2005年10月27日号)元少年の実名掲載について　　199
国会図書館の「児童ポルノの類」資料の利用制限　　200
内閣府, フィルタリングソフト導入について依頼　　200
船橋西図書館蔵書廃棄事件　差し戻し東京高裁判決　　200
IFLAオスロ大会参加報告（井上靖代）　　201
愛国者法が図書館に及ぼす影響―ALAとCLAの調査ほか(E343)　　201
愛国者法延長をめぐる緊迫した状況(E371)　　202
中国の農村に情報アクセスを提供する試み(E366)　　203
チュニジアの図書館事情と知的自由(E394)　　203
IFLA「アレキサンドリア宣言」　　204
IFLA/FAIFE　中国でのインターネット制限について再度声明　　204
新聞・雑誌記事スクラップ[掲載略]
〈資料〉出版の自由・表現の自由を侵す「共謀罪」は, ただちに廃案にすべきである（流対協）　　204
〈資料〉鹿砦社代表の起訴に断固抗議する（流対協）　　205
〈資料〉松文館裁判, 控訴棄却・有罪判決に抗議する（流対協）　　205
〈新刊より〉『発禁処分「わいせつコミック」裁判・高裁編』『「わいせつコミック」裁判―松文館事件の全貌』　206
全国図書館大会・茨城大会「図書館の自由」分科会報告　　206
　　　基調報告「図書館の自由,この一年―事例と取り組み」［ほか］
〈お知らせ〉[掲載略]

あとがき　　208

索引　　209

図書館の自由　第31号　2001年3月

1. 図書館と知的自由をめぐる事例

・「差別的表現を批判された蔵書の提供について(コメント)」について

　「ハリー・ポッター」シリーズの第2巻『ハリー・ポッターと秘密の部屋』(静山社刊)の文中に差別的表現があるとして，昨年末「口唇・口蓋裂友の会」(会長・安田真理)から各地の公共図書館に対して，同書の「貸出しに関するお願い」の文書が送付された件で，日本図書館協会にも各図書館からの問い合わせが相次いでいます。特定の資料の取り扱いについては，「図書館の自由に関する宣言」などに照らし各図書館で十分論議した上で決めるべきことであることはいうまでもありません。

　しかし，今回の事例は昨年10月に雑誌『クロワッサン』の記事に差別的表現があるとして全国図書館大会第9分科会で論議になったことに続く事例であり，差別的表現を含むとして批判された蔵書の取り扱いについての図書館界の論議を紹介することは各館で論議される際のご参考になるかと考え，お問い合わせを受けた際には図書館の自由に関する調査委員会がまとめた別掲のコメントをお示ししています。

差別的表現を批判された蔵書の提供について（コメント）

JLA 図書館の自由に関する調査委員会

　図書館界は1970年代から，部落差別や障害者差別をはじめ，差別を助長すると批判を受けた表現や資料の取り扱いについて論議を積み重ね，次のような共通の認識をつくってきました。

　1. 差別の問題や実態について人々が自由に思考し論議し学習することが，差別の実態を改善するうえでは必要なことです。

　2. 差別を助長すると批判された表現や資料を市民から遮断することは，市民の自由な思考や論議や学習を阻み，市民が問題を回避する傾向を拡大します。

　3. 言葉や表現は，人の思想から生まれ思想を体現するものです。差別を助長する，あるいは侮蔑の意思があると非難される言葉や表現も同様です。そして図書館は思想を評価したり判定する，あるいはできる機関ではありません。

　4. 批判を受ける言葉や表現は，批判とともにこの国の歴史的状況を構成しています。図書館は，ありのままの現実を反映した資料を収集・保存し，思想の自由広場に提供することを任務とし，また市民から期待されています。

　5. 批判を受けた資料の取り扱いについては，特定個人の名誉やプライバシーを侵害する場合以外は，提供を行ないながら住民や当事者の意見を聞き，図書館職員の責任で検討し合意をつくるために努力することが必要です。このことは，『ピノキオ』についての図書館界の真摯な論議の貴重な到達点です。

以上　日本図書館協会自由委員会HPより転載　http://wwwsoc.nacsis.ac.jp/jla/
なお，「図書館雑誌」95(2)　2001.02.20. p88 にも同文が掲載されている。

　※参考資料
　・「ハリー・ポッターと秘密の部屋」における口唇口蓋裂の表現について　「口友会」口唇・口蓋友の会　編・発行　No.101　2000年11月26日発行

2. 図書館と知的自由をめぐる論点

・「青少年社会環境対策基本法(案)」と「図書館の自由」について

　各地で「青少年健全育成条例」が制定・改訂され、さらに図書館資料となっている資料、例えば『完全自殺マニュアル』『タイ買春読本』などが、未成年者にとって「有害図書」であるとして指定化される傾向が強くなっている。少年法の改訂と連動する形で、「青少年社会環境対策基本法(案)」が国会に上程され論議される可能性が高まってきた。未成年者に対する資料提供の阻害を一括して法的に規制してよいものかどうかを図書館界としても論議するべきであろう。

　※参考資料
　・「有害社会環境」の規制を問いただす青年会議HP　http://www.win.or.jp/~straycat/seinenkaigi/top.htm
　・教育改革国民会議 「有害情報等から子どもを守る」 http://www.kantei.go.jp/jp/kyouiku/
　　参考文献　河上亮一『教育改革国民会議で何が論じられたか』草思社　2000
　・青少年育成国民会議 "青少年育成国民運動" http://www.nayd.or.jp/nayd5.html
　・ドキュメント「青少年社会環境対策基本法案」　http://www.win.or.jp/~straycat/seinenkaigi/law.htm
　　→参照URL　自民党HP 「青少年有害環境対策基本法の概要」
　　　　　　　　　　　　http://www.jimin.or.jp/jimin/wv2000/policy/seishonen01.html
　　　　参考資料　田中直紀氏(自民党参院議員)インタビュー　民間放送　2001年1月3日号
　　→参照URL　民主党HP 「子ども有害情報からの子どもの保護に関する法律案骨子」について
　　　有害情報から子どもを守るための基本法制定プロジェクトチーム　座長　肥田美代子　事務局長　水島広子　2000年12月26日」　http://www.dpj.or.jp/seisaku/jinken/BOX_JK0021.html
　　　　参考資料　水島広子氏(民主党衆院議員)インタビュー　民間放送　2001年1月3日号
　　→公明党「青少年健全育成基本法案」(仮)　http://www.komei.or.jp/
　・出版関係団体による自主規制の動き
　　→日本雑誌協会、日本書籍出版協会、日本出版取次協会、日本書店商業組合連合会による出版倫理協議会

4. 資料

・イギリス図書館協会「図書館でのフィルタリング・ソフトの利用について」声明

The Use of Filtering Software in Libraries　Policy Statement　(掲載略)
(仮訳)
方針声明
イギリス図書館協会は図書館でのフィルタリング・ソフトの利用を是認しない。そういったソフトの利用は図書館の責任あるいは義務と相反するし、あるいは利用者が妥当な関心を要求するすべて公に利用可能な情報を提供する情報サービスに矛盾するものである。情報へのアクセスは法律により求められる場合以外は制限するべきではない。

フィルタリング・ソフトウェア
フィルタリングとはインターネット上の資料にアクセスすることを制限したりブロックしたりするソフトウェアの利用を説明する際に使用される用語である。

多くの図書館や情報サービスではインターネットへのアクセスを利用者に提供している。無制限のインターネットへのアクセスの供給はいくつか課題を呈している。例えば、ある図書館利用者が違法な資料にアクセスし

たり，図書館で子どもが適当でない資料を見るかもしれないということである。フィルタリング・ソフトウェアの利用はこういった課題についての意見表明するひとつの方法としてみなされるかもしれない。しかしながら，フィルタリング技術利用の結果というのは，利用者が電子形態の情報に無理のないアクセスすることを拒否することになる。

知的自由と情報へのアクセスする権利
イギリス図書館協会は，情報を広く一般に普及することをできるだけ可能な限り自由にすることにしている。民主主義的な繁栄していく市民社会においては，市民が知識や創造的知的活動の表現すべてにアクセスできる権利を有するものである。知的自由と表現の自由は情報への自由なアクセスのために不可欠な条件である。

図書館あるいは情報サービスの機能は，許される限りの情報源を，利用者が妥当な興味関心を要求するすべて公に可能な情報を提供することである。そういった提供は，いかなる形態であってもおこなわれるべきであるし，事実や小説をも含んでいる。　　　　　　　　　　　　　　　　　　　　　　　（訳責　井上靖代）

※訳・編者注
○EARL（公共図書館ネットワーク・コンソーシアム The Consortium for Public Library Networking http://www.earl.org.uk/policy/issupapers）（注1）には，上記の声明以外にも，イギリス図書館協会（http://www.la-hg.org.uk/）などが図書館に関わるインターネットと情報への自由なアクセスについておこなった公式表明資料について，UKOLN（英国オンライン・ネットワーク United Kingdom Online Network http://www.ukoln.ac.uk）（注2）の政策グループが作成した下記のものが掲載されている。

－Internet Acceptable Use Policies　図書館でフィルタリング・ソフトを導入するにしろ，しないにしろ，方針を明文化する必要がある。そのためのガイドラインを示したもの。
－Partnerships and the People's Network　"People's Network"（注3）との連携協力
－Equality of Access　情報への自由なアクセスのためのイギリス図書館政策を整理しまとめたもの
－Charging ands Networked Services　ネットワーク・サービスと有料制の問題について
－Collecting Internet Resources　インターネット上の資料情報収集についてのガイドライン
－Copyright and the Networked Environment　著作権とネットワーク環境について
－Internet Services　図書館が提供するインターネット・サービスについて
－Introduction to Filtering　フィルタリングとは何かについて基本的な情報をまとめたもの

※注
(1)EARLはイギリス国内165の公共図書館で形成されたネットワーク組織である。各図書館組織が所蔵する地域資料の電子ネットワーク化を目的としている。(http://www.earl.org.uk/index.html/)
(2)UKOLNは The Library and Information Commission（「図書館と情報の委員会」）
(http://www.lic.gov.uk/）と JISC（the Joint Information Systems Committee of the Higher and Further Education Funding Councils（「高等教育基金評議会の合同情報システム委員会」http://www.jisc.ac.uk/) により財政支援を受けて作成された研究組織であるが，2000年4月より改組された。現在ではイギリス政府の一組織である The Council for Museums, Archives and Libraries（「博物館，公文書館および図書館に関する審議会」）の re:source (http://www.resource.gov.ul/) と，JISC，EU（the European Commission Information Society Technologies（「EU 情報技術協会」）http://www.cordis.lu/list/) の財政的支援を受けている。ヨーロッパ各国・地域図書館界とも連携をとりながら，イギリス図書館界の公共図書館における情報政策研究を行い，実務的戦略活動を実施している組織のひとつである。
(3)People's Network は1997年に the Library and Information Commission のワーキング・グループが公共図書館のネットワーク化についてまとめた報告書（"New Library: the People's Network"

http://www.ukoln.ac.uk/services/lic/newlibrary）からはじまっているが，現在ではイギリス教育雇用省のプロジェクト National Grid for Learning （http://www.ngfl.gov.uk/）とリンクし，オンライン上での学習と教育資料のネットワークの一部となっている。学校図書館や公共図書館司書の「情報化」，すなわちインターネットなど電子情報化に対応できる司書の再教育や利用者の電子情報利用支援などを積極的におこなっている政府管轄組織である。

(井上靖代)

・図書館問題研究会が静岡県に対して提出した資料（転載許可済）

→参照URL　図書館問題研究会　http://www.jca.apc.org/tomonken/

◆「静岡県青少年のための良好な環境整備に関する条例」に基づく図書の収集・公開の要望書

2001年1月22日

静岡県知事　石川嘉延様

図書館問題研究会・静岡支部支部長　関根睦
図書館問題研究会・図書館の自由委員会　委員長　西河内靖泰

「静岡県青少年のための良好な環境整備に関する条例」に基づく図書の収集・公開の要望書

「静岡県青少年のための良好な環境整備に関する条例」（以下「条例」）により有害図書に指定され，あるいは指定申請された資料および審議記録を，青少年課・県民サービスセンター・公文書館・県立図書館などで収集・永年保存し，18歳以上の県民から要求があった場合にはいつでも公開できるようにしてください。

記

　条例による有害指定は，県民の知的自由を制限する重大な決定です。このような決定をするに至った審議記録と現物資料は，行政の県民に対する説明責任を果たすために，収集・保存して，要請があればいつでも提供できるようにしておくことが求められます。
　また有害指定制度や，指定あるいは指定申請された図書の内容について，県民が自ら学習し検討するために，是非とも必要なことです。
　静岡県は情報公開条例を制定し，そこに「知る権利」「県民に対する説明責任」を明記しています。しかし情報公開は，その情報が資料として収集・保存されていなければ機能しません。有害指定にかかわる資料の収集・保存は，条例を十全に機能させるための，不可欠な前提となります。
　さらに，有害指定されあるいは指定申請された資料は，戦前・戦中の発禁図書などと同じく，現代日本の状況を表す貴重な歴史資料でもあります。
　これらを考えると，2年間という現在の保存期間はあまりにも短すぎます。これを記録として収集・保存するのは後代に対する責任でもありますので，永年保存として下さい。
　「タイ買春読本・全面改訂版」「タイ夜の歩き方」についても，その処遇の如何にかかわらず，早急に収集し，情報公開できる体制を整えてください。

◆「静岡県青少年のための良好な環境整備に関する条例」に基づく有害図書指定の取り消し申請

2001年1月22日

静岡県知事　石川嘉延様

図書館問題研究会・静岡支部支部長　関根睦
図書館問題研究会・図書館の自由委員会　委員長　西河内靖泰

「静岡県青少年のための良好な環境整備に関する条例」に基づく有害図書指定の取り消し申請

1999年7月の青少年環境整備審議会の答申で，有害図書として指定された「タイ買春読本・全面改訂版」「タイ夜の歩き方」について，私たちは下記の理由により指定は不適当と考えますので，「静岡県青少年のための良好な環境整備に関する条例」（以下「条例」）第19条の規定により，資料を添えて取り消しを申請します。

記

　当該資料の1冊は，すでに絶版になっていて，一般書店での入手は不可能であり，有害指定したとしても有効な規制はとれません。青少年を保護するという条例の目的からいって，どのような法的利益（効果）も期待できません。

　現在唯一閲覧可能なのは静岡市立図書館所蔵の資料ですが，それに対しては，過去に廃棄要求が起こされた経過があります。

　この事件に関して，私たちは公開討論会を開き，「図書館蔵書への廃棄要求は，利用者が自ら読んで是非を判断する機会を奪おうとするものであり，知る権利の侵害である。また，現代史資料の廃棄要求でもあり，歴史を隠蔽しようとするものである。」と反論しました。参加者の意見も，多くは，「この本をどう判断するかはともかく，それは自分で決めたい。」というものでした。

　私たちは今回の有害指定申請を，この，図書館資料への介入の一環であると考えざるを得ません。それは申請された図書がタイにかかわる2冊のみであり，類似図書が同じ出版社から数多く出ているにもかかわらず，それらが申請されていないことからも明かです。

　このような歴史を背負った図書を有害図書に指定することは，この条例が，公共図書館資料への介入（検閲）という，言論の自由にかかわる大問題を招く行為の道具とされた，と見なされてもしかたありません。

　また，売買春を許容するような状況は現在の日本に広く蔓延しており，特定の図書のみを有害指定して青少年から隠すことで解決するような問題ではありません。むしろ問題の所在を認め，青少年自ら売買春について深く考え，自らの責任において判断する力を養うよう導くことが必要です。

　私たちは，青少年が当該図書のような資料を自ら読んで判断する機会を閉ざすことなく，あわせて他の情報も広く提供することで，自己決定能力を高める援助をすることこそが，真の健全育成事業でもあると考えます。最近「メディアリテラシー」の必要性が言われているのも，同じ文脈からです。

　そしてそのためには，図書館のような生涯学習施設が，さまざまな見解の資料を幅広く収集し，誰にも公開しているという環境が欠かせません。

　以上のような理由から，有害指定を取り消すのが妥当であると考えます。

　なお廃棄要求事件の経過に関しては，『静岡市立図書館への「タイ買春読本」廃棄要求問題資料集』がありますので，審議の際にあわせてお読み下さいますようお願いします。この資料集の記事の一部は，日本図書館協会出版の『図書館と自由　第16集　表現の自由と「図書館の自由」』にも収録されております。

　私たちは今回の有害指定を，それ自体が知的自由にかかわる歴史的事件であるととらえておりますので，記録を残すべく，教育委員会や審議委員の方々に質問書を出しました。また，県民の知る権利を保障し県の説明責任を果たすため，そのような事件をどう処置したかについて，経過を記録した資料と当該図書を保存するよう，県に要望書を提出しておりますので，それらも参考にしていただきたいと思います。

・日本出版労働組合連合会（出版労連）作成　東京都議会議長あて請願書

2001年1月

東京都議会議長　渋谷守生殿

住所・団体名・代表者名・電話

表現・出版の自由を規制する「東京都青少年の健全な育成に関する条例」の規制強化に反対する請願書

「請願の内容」
一，図書類の規制にあたり，曖昧な基準をもちこむような「改定」を行わないこと。
一，憲法21条に違反する恐れが極めて強い，制限措置などを導入する「改定」を行わないこと。

一，自動販売機に関する規制を新設しないこと。

「請願の理由」
　第24期東京都青少年問題協議会に，「不健全図書類の指定事由の追加及び不健全図書類の効果的な規制のあり方」などを諮問され，12月20日同総会においてその中間答申が確認されました。都議会において，近く，青少年条例の「改定」にむけた審議が行われるものと思われます。
　今回なされるであろう「改定」は，民主主義社会の根幹をなす憲法に保障された「言論・表現・出版の自由」の観点からみたとき，二つの大きな問題を孕んでいると言わざるをえません。
　ひとつは「著しく自殺，犯罪を誘発するおそれがあ」る出版物を不健全図書に指定する文言の追加が提案されていることです。この文言を青少年条例に追加し，不健全図書類の指定事由を拡大することは，いわば活字の内容にまで踏み込んでの判断をゆるすことであり，これまで以上に「不健全」の基準があいまいになることは明らかです。このことは行政の一存で出版物を不健全と判断し，その販売を禁止することを許すものであり，「言論・表現・出版の自由」を守る立場からは，断じて容認できないことです。
　ふたつは，成人向け雑誌等の区分陳列を義務化し，違反に対して制裁措置を規定しようとしていることです。これは，前段で述べたように曖昧な基準のもと，行政の一存で指定された「不健全図書」の販売について制裁を課そうとするものであり，行政にとって都合の悪い出版物を市場から追放する道を開くものと言わざるをえません。このことは「青少年の健全な育成」に隠れた言論弾圧システムにほかなりません。このような規定を認めるわけにいきません。
　また自動販売機の設置に関しては，今後とも業界等の自主規制措置を尊重することで順当であり，届出制やペナルティ，及び購買者審査システム等大人のプライバシーにまで踏み込む可能性のある規制措置を新設することは不要であると考えます。
　これまで「東京都青少年条例」はきわめて謙抑的な立場をぎりぎりのところで守ってきました。私たちは，この立場を評価するとともに，今後も都がこの立場を堅持し，都議会において左記のことを基本として条例「改定」の審議にあたられることを請願します。

5. IFLA/FAIFE ニュース

・FAIFE 新事務局長決まる
　2000年12月12日付けでIFLAはMs. Susanne Seidelin を FAIFE(Freedom of Access to Information and Freedom of Expression 表現の自由と情報への自由アクセスに関する特別委員会)の事務局長に選出した。Susanne Seidelin 氏は現在デンマーク国立視覚障害者図書館主席コンサルタントであり，DAISY コンソーシアム理事でもある。 http://www.faife.dk/

・人権活動家，トルコ政府から釈放される
　弁護士であり，人権活動家でもあるEsber Yagmurdereli 氏が不当に拘束されているとして，国際組織P.E.N.の訴えに連動し，IFLA/FAIFEも早期解放を求めていたが，2001年1月18日に解放されたと発表があった。詳細についてはhttp://dfn.org/focus/turkey/esber-free.htm を参照のこと。

6. 2000年度委員会活動記録報告 (2000年4月～2001年3月)

図書館の自由に関する調査委員会(全国委員会・関東地区小委員会・近畿地区小委員会)
○委員会の開催
・全国委員会 2回　2000.5.25 於:日図協(10人出席)，10.26 於:沖縄大会(　人出席)
・関東地区小委員会 10回　於:日図協会議室　延べ出席委員数 50人
　　2000.4.13, 5.18, 6.15, 7.12, 9.28, 10.17, 11.14, 12.13, 1.18, 2.15, 3.16(予定)
・近畿地区小委員会 10回　於:日図研事務所　延べ出席委員数 58人

      2000.4.23, 5.21, 6.25, 7.23, 9.17, 10.15, 11.26, 1.13, 2.24, 3.17(予定)
○主な活動
  ・相談事例の調査・研究
  ・全国図書館大会(沖縄)第9分科会の運営 2000.10.26(関東地区で担当)
      テーマ「豊かな資料提供を求めて－沖縄の社会と図書館」
         基調報告(三苫委員長)「入門・図書館の自由」(山家小委員長)
         講演「沖縄の図書館―復帰前後を中心に」(大城宗清),
         シンポジウム「ゆたかな資料提供を求めて」(内原節子, 知念信正ほか)
      パネル展示 於:沖縄県立図書館
  ・全国図書館大会(岐阜)第9分科会の運営(2001.10.25)に向けて検討(近畿地区で担当)
  ・『図書館雑誌』に「こらむ図書館の自由」執筆(全員が分担執筆)
  ・ニューズレター『図書館の自由』第28号(2000.6)～第31号(2001.3)の発行
      第29号より電子メール版の試行(編集担当:井上委員) 購読料1000円／年 購読者:約150名
  ・研修への講師の派遣
      滋賀県図書館員専門講座 2000.7.6 三苫委員長
      広島県公共図書館等職員研修会 2000.7.13 三苫委員長
      JLA中堅職員ステップアップ研修区分C 2000.11.8 山家小委員長
      徳島県図書館大会 2000.11.30 三苫委員長
      千葉県図協 2001.1.17 山家小委員長
      大阪府職員研修 2000.1.18 馬場小委員長
  ・「図書館の自由」展示パネルの貸出 立命館大学国際平和ミュージアム, 沖縄県立図書館
  ・『「図書館の自由」との関連で問題となった主な資料』リストの編集(近畿地区で担当)
  ・『表現の自由と「図書館の自由」』(図書館の自由シリーズ第16集)の編集発行(近畿地区で担当) 2000.5
  ・『図書館の自由シリーズ第17集』の編集(関東地区で担当)未刊
                        なお, 本シリーズは第17集をもって終刊とする。
  ・『図書館の自由に関する文献目録(仮称)』データベース化へ向けて作業開始(近畿地区で検討)
  ・『自由宣言 79改訂解説』の増補に向けて検討開始
  ・委員会の組織のあり方について協議し『委員会規程(案)』の作成
○図書館の自由と関連する主な事案
  ・「個人情報保護基本法制」をめぐる問題
  ・「通信傍受法」の問題
  ・週刊誌の過激な性表現, 袋とじをめぐる問題
  ・「有害図書」指定関係の条例改定問題
      『完全自殺マニュアル』から各県で論議, 東京都改定へ
  ・自民党による「青少年有害環境対策基本法(素案)」, 民主党も「有害情報規制」の法案
  ・少年事件で被疑者の実名報道に関連して「報道と人権」問題
  ・『三島由紀夫―剣と寒紅』手紙の無断掲載について最高裁判決
  ・富山県立近代美術館「天皇コラージュ」訴訟で最高裁判決
  ・子どものインターネット利用に関連して「フィルタリングソフト」の問題点
  ・雑誌『クロワッサン』2000.10.10号回収問題と『ハリー・ポッターと秘密の部屋』(静山社)
      関連して,「差別的表現を批判された蔵書の提供について」原則を確認
○その他
   IFLA エルサレム大会(2000.8.13～18)へ井上委員 FAIFE(表現の自由と情報のアクセスに関する委員会)
の委員として参加。

図書館の自由　第32号　2001年5月

1. 図書館と知的自由をめぐる事例

・「ハリー・ポッターと秘密の部屋」について（続）

（資料1（再掲））「差別的表現を批判された蔵書の提供について（コメント）」について
　　　　　　　　　［※第31号記事と同内容につき集成版編集にあたり掲載略］

（資料2）

平成13年1月15日
口唇・口蓋裂友の会　会長　安田真理

教育長殿

「ハリー・ポッターと秘密の部屋」（静山社発行）における口唇口蓋裂者に対する差別的表現箇所の削除にいたる経緯説明と削除前の本の教育現場や学校図書室（館）での扱いに関するお願い

謹啓，皆様ますますご健勝のこととお喜び申し上げます。
　私たち口唇・口蓋裂友の会は全国に16支部・約1,000家族の会員を持ち，口唇・口蓋裂児者とその家族のために相互の連絡や情報交換につとめ，医療制度の改善と社会保障の拡充ならびにこの疾患に対する社会的理解の促進を図ることを目的とした会です。
　このたび，静山社発行の「ハリー・ポッターと秘密の部屋」P.438に，「兎口」と書いて「みつくち」とルビを振り，また内容的にも 一先天性疾患である口唇口蓋裂が「醜さ」の象徴として引き合いに出された事に対して，静山社社長及び訳者でもある松岡佑子さんと話し合い，11月10日，著者J. K. ローリングさんの代理人から承諾を得て，問題の箇所を含む一文の削除を約束していただきました。（次ページ及び同封の機関紙p.23以降をご参照ください）
　かつて口唇口蓋裂を指すことばとして用いられていた「みつくち」「兎唇」ということばは現在では差別的としてほとんど使われておりません。今の子どもたちは，口唇口蓋裂という疾患と，こうしたことばとが結びつかないのです。それだけに，今回記録的に売上げを伸ばして話題になっている本の中で，これらのことばが，「兎の口」というイメージや，「醜い」「とても見られたものじゃない」という価値観と一緒に投げつけられることで，疾患をもつ本人や家族は心に大きな傷を受けてうちひしがれるとともに，それらが多くの人々，それもこれからの社会を担う子どもたちに記憶されることを，私たちは大変危惧しております。
　この本は大変人気の高いシリーズであり，推薦図書その他に選定される可能性もあるでしょうが，静山社では削除前のものについて回収はできないということで，削除前のものと削除後のものが入り混じって店頭に置かれることになります。
　削除後の版は平成12年12月2日発行の初版第66刷以降となりますので，以上の主旨を十分ご理解の上ご検討いただき，教育的にご配慮いただけるよう，各学校の図書室（館）にある削除前の蔵書の扱いについてなど，管轄市区町村の教育委員会・学校等へのご連絡をよろしくお願い申し上げます。
　現在までに，「ハリー・ポッター」をよい本として紹介している文が神奈川県川崎市全域での中学校の国語の試験問題に採用されたり，東京都調布市のある小学校で，毎日のように読みきかせの本として教室で使用されているという報告が入っています。これらは問題となっている「第二巻」を特定して行われているものではありませんが，第一巻を手にとれば，内容を確認せずに第二巻に進むことは大いに考えられます。この点をぜひご考慮いただきたいと存じます。

またこのシリーズは全漢字にふりがなをふってあるなど, 子どもが読むことを前提に考えられている面があり, 私たちは当該書籍を「児童書」として認識しておりましたが, 静山社ではこれを「一般書」として取扱っているということでした。その点からも十分内容を吟味していいただければ幸いです。

なお, ご検討の結果を弊会事務局までお知らせくだされば幸いです。必要があれば, ご説明に伺いますので, ご連絡をお待ちしております。　　　　　　　　　　　　　　　　　　　　　　　　　以上

問題の箇所
「ちょっと考えればわかることだ。私の本があんなに売れるのは, 中にかかれていることを全部私がやったと思うからね。もしアルメニアの醜い魔法戦士の話だったら, たとえ狼男から村を救ったのがその人でも, 本は半分も売れなかったはずです。本人が表紙を飾ったら, とても見られたものじゃない。ファッション感覚ゼロだ。<u>バンドンの泣き妖怪を追い払った魔女は兎口（みつくち）だった</u>。要するに, そんなものですよ…」

　　　　　　　　　　　　　　　　　　　　　　　　　　　　　　　　（「ハリー・ポッターと秘密の部屋」P. 438)
　　　　　　　　　　　　　　　　　　　　　　　　　　　　　・初版第65刷以前は下線部分が削除されていません

《当該書籍に関する情報》
著者:J. K. ローリング　訳者:松岡佑子　発行者:松岡佑子
発行所:(株)静山社　（住所, 電話番号は掲載省略)

　　　　　　　　　　　　　　　　　　　　　　　連絡先：　口唇・口蓋裂友の会（口友会）事務局
　　　　　　　　　　　　　　　　　　　　　　　　　　　　（住所, 電話番号は掲載省略)

(資料3)

　　　　　　　　　　　　　　　　　　　　　　　　　　　　　　　　　　　平成13年2月13日
　　　　　　　　　　　　　　　　　　　　　　　　　　　　　　口唇・口蓋裂友の会　会長　安田真理

「ハリー・ポッターと秘密の部屋」(静山社発行)について
ご検討いただいたことへのお礼とこの件に関する現状報告

謹啓, 皆様ますますご健勝のこととお喜び申し上げます。

昨年末から今年初めにかけて, 図書館協会と全国の図書館のうち520館, 文部省と全都道府県及び全政令指定都市の教育委員会, 地域によっては市区町村教育委員会, 全国の書店のうち150店及び取次店14店に「ハリー・ポッターと秘密の部屋」(静山社発行)に対するお願い文をご送付申し上げたところ, 2月8日までに, 20教育委員会, 75図書館, 6書店から書面・FAX・お電話での回答やお問合せを寄せていただきました。まことにありがとうございます。また, ご回答のなかったところでも, 対応を始めてくださっている地域の会員等からその報告もいただいております。

いずれもお忙しい中, 皆様にはこの問題について多くの時間を割いてご検討いただいたことに, 心から感謝申し上げます。

これまでのご回答の内訳は, 次頁の通りです。私たちは, すべての検討結果をそれぞれに尊重したいと思います。ただ, 「口友会からの文書を添付して貸し出したい」という図書館からのお申し出については, 文書が図書館長宛であり一般の図書館利用者向けに書いた文章ではないため, 問題となる表現や疾患名が書かれているので, かえって疾患と差別的表現を結びつけてしまうと判断し, お断りしました。同様の対応を考えていらっしゃる場合は, ぜひご再考願いたいと存じます。(次頁＊参照)

また, いくつかの図書館から「差別表現のある本はどう扱うべきか」という大きな視点のみからの回答を受けました。私たちは出版社が削除に応じた時点で削除前の本についての対応(図書館・学校への通知と本の交換及び販売前の書店在庫回収)を求め, それらが出版社側から拒否された経緯を受けて, 何とかその方面にこの事実をお知らせし, 削除されたことの効果が半減しないようご検討をお願いしたつもりでした。その観点からのご意見をお聞きできなかったのは残念でした。

第 32 号（2001 年 5 月）

　ご回答の中には，励ましのお言葉も多く，私たちの気持ちは決して当事者だけの過敏な反応ではなかったと確信することができ，大変勇気づけられました。
　また，図書館は「資料の自由提供」という観点から，都道府県教育委員会は市区町村教育委員会の自主性・独自性を尊重するという分権の精神から，公共の機関としてのお立場を十分に熟慮された上で，人権や差別という問題にいかに対処するべきか，懸命に方策を考えてくださったことがわかり，私たちも大変勉強になったとともに，皆様のご尽力に頭の下がる思いです。
　皆様の温かい心に守られて，この疾患をもつ多くの人々やその家族が，不用意に傷つけられることなく読書の楽しみを享受し，あるいは学校で勉学にいそしむことができます。本当にありがとうございました。

図書館からの回答内訳
　①削除後のものへの買い替え:46　‥‥‥削除前の本の扱い
　　　　　　　　　　　　　　　　　　・返却され次第除籍
　　　　　　　　　　　　　　　　　　・一部を研究用に閉架扱い
　　　　　　　　　　　　　　　　　　・貸出しは禁止，閲覧のみ
　　　　　　　　　　　　　　　　　　・予約状況解消するまではそのまま貸出し
　②当該部分を削除して貸出し:8　‥‥‥マスキングに対する処置
　　　　　　　　　　　　　　　　　　・館長名で註
　　　　　　　　　　　　　　　　　　・質問があった場合口頭で説明
　③買い増しは削除後のものを:3　‥‥‥削除前の本の扱い
　　　　　　　　　　　　　　　　　　・そのまま貸出し
　　　　　　　　　　　　　　　　　　・註や文書をつけて貸出し（前頁＊参照）
　　　　　　　　　　　　　　　　　　・個人攻撃でない場合は，対応しない
　④出版社に交換を希望:4　‥‥‥蔵書数が多く，予算上買い替えは難しい
　　　　　　　　　　　　　　　　　　・出版社に回収する社会的責任がある
　　　　　　　　　　　　　　　　　　　（出版社は一切の交換に応じていません）
　⑤特別な対応はしない:2　‥‥‥図書館の資料提供の自由の使命から
　　　　　　　　　　　　　　　　　　・個人攻撃でない場合は，対応しない
　⑥削除前の本(65刷以前)は所蔵していない:2
　この他，児童書としての扱いをやめたという報告，センターから児童書として納入されているので，このまま児童書として扱うという報告，各2館ずつありました。

教育委員会等からの回答内訳
　①都道府県の関連施設及び管轄市区町村への連絡:11
　②都道府県の関連施設への連絡・関連市区町村への会の文書一括送付支援:3
　③都道府県の関連施設への連絡のみ:5
　　（小・中学校をもつ教育委員会から，買い替え等の報告がありました）
　　（中学校や高校の校長先生や担当の方からの個別のご連絡もありました）

書店からの回答内訳
　①削除前のものは返品する:2　（取次店は返品に応じなかったとの報告も受けています）
　②削除後のものを扱う:2
　③広告宣伝を中止し，内容を検討する:1
　④出版社の社会的責任を問い，書店同士の勉強会で話題にする:1

　　　以上

　　　　　　　　　　　　　　　　　　　　　　　　　　　　　連絡先:口唇・口蓋裂友の会（口友会）事務局

(住所，電話番号は掲載省略)

(資料4)
中野区立図書館では「図書館だより」(中野区立図書館報 No.22 2001年2月号)に以下のような文章を掲載し，利用者にアンケート調査を実施した。(※結果は未入手)

中野区立図書館の資料提供の基本的な考え方 「ハリーポッターと秘密の部屋」の提供について

この度，ある時期までに発行された「ハリーポッターと秘密の部屋」(J. K. ローリング/著　松岡佑子/訳　静山社)について，身体上の特徴に対して，現在では大変に差別的であるとしてほとんど使用されていないことばが同書に使われているため，図書館での提供に配慮を求める要望が，図書館に寄せられました。また，要望を出された団体と日本版の発行元との交渉により，ある刷以降はそのことばを含む一文が削除されているとの情報が添えられていました。

中野区立図書館では，要望を受け職員による検討会を1月23日に開催し，図書館としての対応を検討いたしました。

その結果，以下の理由により，従来どおりに提供を続けることにいたしました。

①同書の差別的な表現は，特定の個人に対したものではなく，プライバシーや人権保護の観点から制限すべき場合とは異なる。

②ことば自体は差別的なものであるが，作品の流れを見ると障害者を差別する意図で使用されたものではない。

③図書館の基本的な役割は，特定の立場から資料内容をチェックすることではなく，公平中立な立場から資料提供を行うことである。今回のような問題については，社会全体としての検討のために資料を提供し続ける必要がある。

現在の日本には，いまだに差別を助長するような資料が多く存在しており，図書館でも長年にわたり，様々な論議を行ってきました。そのようなことばを投げかけられた方の気持ちを思うと，まことに何とも言いようがありません。

「ピノキオ」問題を始めとする図書館界の長年の論議の中で確認されてきた図書館の資料提供の基本的な立場は，「批判を受けた資料の取り扱いについては，特定の個人の名誉やプライバシーを侵害する場合以外は」提供を行いながら検討し，合意を作るために，図書館職員の責任で努力するということです。

問題があると指摘された資料を，図書館が皆さんから遮断することは，差別について皆さんが自由に思考し論議し学習することの妨げになり，逆に真の問題解決を遠ざけることになるという現在の日本の図書館での認識は，私ども中野区立図書館の認識でもあります。

この問題について，皆さんのご意見をお願いいたします。

※編注：参考資料
・西尾肇　『ハリー・ポッター』の提供をめぐって　出版ニュース　2001.3中旬号　P26-27
・篠田博之　「ハリー・ポッター」差別表現事件の波紋　創　2001年4月号　2001.03.07. P104-111
※編注：英米では別の理由で焚書にあっている。詳しくは以下のサイトで確認してほしい。
・"Harry Potter series again tops list of most challenged books" 2001.01. アメリカ図書館協会によれば，2000年最も焚書にあった本のトップが「ハリー・ポッター」シリーズであったとのことである。
　　http://www.ala.org/pio/presskits/midwinterawards2001/challenged.html
・"In Defense of Harry" Muggles for Harry Potter　http://www.mugglesforharrypotter.org/potter3.htm
・Judy Blume "Is Harry Potter Evil?" The New York Times. October 22, 1999
　　http://www.ncac.org/cen_news/cn76harrypotter.html
・ハリー・ポッター公式HP　http://www.scholastic.com/harrypotter/home.asp

2. 図書館と知的自由をめぐる論点

・青少年社会環境対策基本法案についての見解

2001年3月21日
社団法人 日本図書館協会

　参議院自民党政策審議会の下に設置された青少年問題検討小委員会が昨年4月に策定した「青少年社会環境対策基本法案」(当初は,青少年有害環境対策法案。以下,法案)が,議員立法として今国会に提出されようとしています。

　日本図書館協会は,戦前に公立図書館が国家意志を担って「思想善導」と検閲のための機関となった歴史を反省し,戦後,「図書館の自由に関する宣言」(1954年総会決定。1979年改訂)を図書館界の総意として確認し,国民の知る自由・学習する権利を保障することが公立図書館の基本的任務であることを表明しました。少数意見,あるいは不快,危険と批判を受ける表現をも含め,言論・思想が自由に表出され自由にアクセスできることが必要です。それが日本国憲法の原理の求めるところであり,図書館はその実現維持のために不断に努力することを使命とします。

　本法案は,政府と地方公共団体に対し,子ども達の発達に悪影響を与えると考えられる商品や情報を幅広く規制する権限を与えるものです。子ども達が幸せに成長することは社会の願いです。しかしながら,法案はそれに応えるものではなく,次のような重大な問題点をもっています。

　第1に,規制の対象とする表現等の内容の定義が不明確で,恣意的な拡大解釈を許すことです。

　規制を予定する対象を「有害な社会環境」とし,それが「誘発し,若しくは助長する」ものとして性と暴力の逸脱行為に加え,これも曖昧な「不良行為」を例示していますが,なおこの3つに限定してはいません。これらの行為を「誘発し」「助長する等青少年の健全な育成を阻害する恐れのある社会環境をいう」と同義反復して,規制対象とする表現内容を明確に定義していません。これは規制する表現対象の恣意的拡大を可能にし,表現の自由の萎縮をもたらす立法であり,違憲の疑いが強いものです。

　第2に,政府は1977年度以来,再三「有害」図書類と青少年の「逸脱行動」とを関係づけるべく調査を重ねていますが,「有害」図書類に接することが逸脱行動の原因であるという結果は得られていません。表現と行動の因果関係が科学的に証明できないのですから,どのような表現が逸脱行動の原因であるかを科学的に定義することは不可能で,このことも規制する表現対象の恣意的拡大を可能にします。

　法案作成者の談話によると,子どもに親しまれてきた絵本の『くまのプーさん』でさえ大きなまさかりで殺す場面が出てくるという理由で規制の対象になりかねない状況です。(長岡義幸:強まる「有害」規制の動き『文化通信』2000.2.5号)

　第3に,現在46都道府県で施行されている青少年条例の有害図書類の規制に比べて,規制のレベルが高いことです。

　これら青少年条例の有害図書指定制度は,規制の度を強める一方,一部世論に迎合し,目的逸脱の疑いのある指定事例が見られるとはいえ,多くが第三者審議機関による指定審査や不服申立ての制度を備えて指定の客観性や透明性を図っています。しかしながら,法案にはこのような表現の自由を尊重する制度はなく,全国斉一の行政措置が強力に執行されることを許すものです。

　第4に,政府や地方公共団体などの行政機関に,人の価値観やモラルなど内心の領域への侵入を許すことです。

　例示されている性に関する表現にしても,規制立法は青少年保護が目的とはいえ違憲性の高いものです。例えば衆議院法制局が衆議院文教委員会に提出した見解『「ポルノ」出版物の規制について』(1977年5月13日)の中でも,「そもそも性の問題は,人間存在の根元にかかわることであり,家庭・学校その他の場を通じ,良識による判断・選択により問題の解決が図られるべきもの」と述べられています。

　第5に,政府や地方公共団体などの行政機関に,社会の木鐸たる報道メディアに直接介入する権限を与え

ることです。すでに報道・出版に関わる諸団体から検閲の危険さえ指摘されていますが，私たちもその危惧を抱くものです。

　「図書館の自由に関する宣言」改訂から20年経過し，宣言は資料提供の規制や排除などの事例を通じて社会的理解と支持を広げてきました。しかしながら，宣言の基本的精神に反する自己規制が，行政の指示や誘導に基づいて行われる事例が増加しております。本法案が成立すれば，一層それを助長し，ひいては民主主義の根幹である国民の知る権利を著しく阻害する結果になります。

　以上の理由により，当日本図書館協会は，本法案が今国会に提出されることに反対を表明します。

※日本図書館協会HPから転載。また『図書館雑誌』95巻5号　P343にも掲載。
※参考URL　ドキュメント「青少年社会環境対策基本法案」
　　http://www.win.ne.jp/~straycat/seinenkaigi/law.htm

4. 資料

・「東京都青少年の健全な育成に関する条例の一部を改正する条例」（東京都議会平成13年第1回定例会第53号議案）に反対するアピール　（図書館問題研究会，ヤングアダルト・サービス研究会）　転載許可済み

各会派御中
　東京都議会の議案となっている条例改正案について，危惧を覚えるものがありますので，至急，電子メールで送信させていただきます。
　図書館問題研究会は，公共図書館等の職員，住民，研究者などで構成する個人加盟の任意団体です。住民の要求にこたえ，住民に役立つ図書館を目指して活動しています。
　YA（ヤングアダルト）サービス研究会は，おもに公共図書館で青少年へのサービスを担当する職員，また関心を持つ人の個人加盟の任意団体です。「YA（ヤングアダルト）サービス」とは，青少年を子ども扱いするのではなく，一定の責任と権利を持った，未成年であっても「若い大人」として扱い図書館でサービスしていこうという姿勢を示す図書館用語です。アメリカの図書館界で使われ始めた言葉なので，「アダルト」という言葉に日本語独特の「ポルノ」に類するニュアンスはまったくないことを念のため申し添えます。

連絡先　下記のメールアドレスにお願いいたします。
　図書館問題研究会事務局長
　YAサービス研究会代表　山重壮一　電子メール（メールアドレスは掲載省略）
　図書館問題研究会事務所住所（住所は掲載省略）　ホームページ　http://jca.apc.org/tomonken/

・「東京都青少年の健全な育成に関する条例の一部を改正する条例」（東京都議会平成13年第1回定例会第53号議案）に反対するアピール

図書館問題研究会常任委員会
YA（ヤングアダルト）サービス研究会

　図書館は住民の要求に基づいて，様々な資料や情報を提供することを任務としています。「わいせつ物」として刑が確定しているもの，特定個人のプライバシーを明らかに侵害するものを除き，資料や情報の内容によって提供を制限することは，行わないことを図書館の姿勢としています。資料や情報の内容の評価は住民が主体的に行うべきものと考えます。一方で図書館は，住民が様々な情報や資料を的確に探索し，活用し，評価できる情報リテラシーをはぐくむための支援を行わなければなりません。これは，青少年についても言えることです。

第32号（2001年5月）

　いわゆる「不健全図書」を行政が指定するということ自体，以上のような考え方からすると疑問を持つものですが，今回の改定では，「自殺又は犯罪を誘発するおそれのある図書類」まで範囲が拡大されています。これは非常に範囲があいまいであり，行政の恣意的な判断を招く危険性が大きく，一種の検閲に近いものになることを危惧します。

　条例によって指定されると，図書館における提供も影響を受けます。これは，図書館の様々な資料・情報を蓄積・提供するという基本的機能を損なうものです。

　従って，私たちは，この条例には賛成できません。

　行政は，図書類やその他の情報について「取り締まり」を行うという発想ではなく，住民の情報リテラシーの向上の支援を行うための教育行政と図書館の充実を図るべきです。

2001年3月28日

※編注：この条例は3月29日定例会で可決されました。施行は10月からです。新しく「自殺・犯罪」が有害判断理由としてもりこまれています。改定された条例は以下のサイトで全文読むことができます。
　　http://www.win.ne.jp/~straycat/watarumovement/regulation/3-29.htm
なお，東京都の公式HPでは改定した条例はまだ掲載されていません。
　　http://www.seikatubunka.metro.tokyo.jp/index9.htm
※編注　また，「有害社会環境」の規制を問いただす青年会議は5月25日付けで東京都生活文化局都民協働部青少年課あて抗議声明を提出したとのことです。
　　参照URL　http://www.win.ne.jp/~straycat/seinenkaigi/top.htm

・民主党「子ども有害情報からの子どもの保護に関する法律案」骨子についての意見

平成13年4月4日

民主党「子ども有害情報からの子どもの保護に関する法律案」骨子についての意見

(社)日本民間放送連盟

　貴党が本法律案骨子で展開している，"子どもが健全に育つために社会が責任を負っている"との考えを，われわれ民間放送事業者は共有している。しかしながら，本法律案骨子は国家による「表現の自由」への介入につながりかねず，反対である。「表現の自由」にかかわる領域について，国家がみだりに干渉しないことは民主主義の基本原理である。

　また，本法律案骨子とあわせて公表した文書の中で，貴党は子どもの権利擁護の法律をめざすと主張されている。しかしながら，児童の権利に関する条約第13条第1項は，「児童は，表現の自由についての権利を有する」としたうえで，この権利には「国境とのかかわりなく，あらゆる種類の情報及び考えを求め，受け及び伝える自由を含む」としている。本法律案骨子の問題点は，この子どもの自由を軽視しているところにある。子どもが保護の対象であるとともに，表現の自由の主体であることを考えれば，子どもが受け取る情報について国家が有害か否かの指針を示すことの問題性は明らかであろう。

　以下，上記を前提として，われわれの考え方を述べる。

①法案骨子全般に関する意見
1. 自主規制機関のある分野では，その取り組みを尊重すべきである。
　　言論・表現の自由にかかわる問題への公的規制を避け，自主規制を最大限尊重すべきである。
　　マスメディア各界は自主規制の強化を進めている。こうした分野別の取り組みを最大限尊重すべきである。貴党も自民党も，「自主規制を促進するための立法が必要」と主張するが，公的規制によらないのが本来の自主規制である。
2. 自主規制の行われない分野については，既存法規の活用などにより対応すべきである。
　　この法律案骨子とあわせて貴党が公表した文書では，有害情報の事例として，「テレフォンクラブのピンクチラシ」が挙げられているが，テレフォンクラブについては風俗営業適正化法改正による規制強化が日程に上っ

ている。このように，真に子どもに有害な情報については，個別的に業態等を検討したうえで，既存法規の活用などにより公的規制および自主規制を促進させるべきではないか。
3. 放送については，放送法による規制と自主規制に委ね，対象外にすべきである。
　放送については，憲法21条による「表現の自由」の保障に加えて，「放送法」により「表現の自由」の確保(同法第1条)，放送番組編集の自由(同法第3条)，番組編集準則の順守(同法第3条の2)，番組基準の制定とその順守(同法第3条の3)，番組審議機関の設置(同法第3条の4)，総務大臣への資料の提出(同法第53条の8)などが規定されている。さらに，民放連放送基準による自主規制，視聴者からの苦情を処理する放送界の自主的第三者機関「放送と青少年に関する委員会」の設置など，複層的な自主規制システムが整えられている。
　貴党のめざす法規制の対象に放送が含まれるとすれば，法律による二重規制となるため，放送分野については対象外とすべきである。具体的には，「骨子三　基本的理念　3」および骨子九で明記すべきである。

②法案骨子の個別的問題点
　冒頭述べたとおり，われわれは国家による表現規制を容認できない。この観点からみて，この法案には少なくとも以下の個別的問題点があると考える。
1. 有害情報の定義について
　有害情報は「残虐な暴力，性暴力，人種，民族，障害等による差別，薬物に係る犯罪又は売買春に関する情報」であり，かつ「子どもの心身の健全な発達を阻害するおそれのあるもの」と定義されている。情報の種類については一定の限定が試みられているが，内容については「おそれのあるもの」との文言で，曖昧さが残っており，具体的な運用が恣意的になる懸念がある。
2. 子どもの心身の発達について
　「子どもは，心身の発達の状況に応じ」(骨子三ほか)とあるが，具体性を欠いている。乳幼児や7歳児の段階に必要な保護と，10代後半という成人に近づきつつある世代に必要な配慮の違いについて，発達心理学などの見地から明確化しておくべきである。
3. 子どもの主体性の尊重について
　子どもの保護について，保護者が第一義的責任を有する(骨子一，三，四)との基本理念が掲げられているが，こうした保護者の責務も，子どもが表現の自由の主体であるという児童の権利に関する条約の規定に沿うものであること，また，子どもの「心身の発達の状況に応じ」るものであることを明示すべきである。
4. 国および地方公共団体の責務について
　骨子七で「国の責務」について規定されているが，具体的な行政措置としては十七の「中央子ども有害情報対策委員会」以外にはありえないことを明記しない限り，自民党法案と同様，公権力の恣意的運用に委ねられるおそれが強い。骨子八「地方公共団体の責務」についても同様である。
5. 中央子ども有害情報対策委員会について
　骨子十七の「中央子ども有害情報対策委員会」については，①委員会の独立性を確保するための措置，②委員の人選にあたっての多元性と透明性の保障，③事業者に対する権限は「勧告」から「助言」に変更——が最低限必要である。骨子十八の「地方子ども有害情報対策委員会」についても同様である。
　また，「中央子ども有害情報対策委員会」が「事業者が講ずべき措置に関する指針」を定めることになっているが，児童の権利に関する条約においても，「締約国は，(中略)第13条及び次条の規定に留意して，児童の福祉に有害な情報及び資料から児童を保護するための適当な指針を発展させることを奨励する」とされており，国の機関である同委員会の役割は指針作りを支援する立場に限られるべきだ。　　以　上
　※情報源は日本放送連盟HP　http://www.nab.or.jp/htm/press/press20010404.html

5. IFLA/FAIFE(表現の自由と自由なアクセスについての委員会)ニュース

・第67回IFLA大会(ボストン)へのお誘い
　2001年度 IFLA(国際図書館連盟)の大会はアメリカ・ボストンで開催される。テーマは Libraries and

Librarians: Making a Difference in the Knowledge Age「図書館と図書館員：知識の時代に違いをつける」として8月16日から8月25日に行われる。

　今年度はとくに選挙の年にあたるので，選挙権をもつIFLA加盟の図書館協会・学会さらに図書館などは積極的に参加されることが求められる。会議に参加しない会員は日本図書館協会に委託されることをおすすめする。

　オフ・サイトの会議やワークショップをのぞいて，大会はボストンの中心にある国際会議場でおこなわれる。ボストン・パブリック・ライブラリーやホテルまで歩いて5分程度の位置にある。ボストン美術館やハーバード大学などすべて地下鉄で30分以内にある。また魔女狩りや明治期の日本の文物を集めたピーボディ博物館，焚書された小説『緋文字』の舞台で有名なセーレムや，超絶主義者のエマソンや『若草物語』の作者オルコット，市民の自律を主張した『森の生活』の著者ソローの住んでいたウォールデンの池があるコンコードまで電車で1時間以内である。ボストン・パブリック・ライブラリーを設立する思想的背景としてのユニタリズムや超絶主義者の生活環境を知ることで，なぜニューイングランドに公共図書館がつぎつぎと生まれていったのかを体験することができるかもしれない。

○FAIFE（表現の自由と自由なアクセスについての委員会）の会議・ワークショップ・展示などの予定。
・展示（開催期間中）
Banned in Boston – History of Censorship to Highlight the Nature of Censorship
というテーマで行われる。場所は未定。ボストンにおける検閲・焚書は社会学史では有名な事例である。現在でも，昨年からボストン・パブリック・ライブラリーで地域行政資料の収集・提供制限の自己検閲が行われているとの事例で論議されている。参考文献
・会議
8月18日（土）　12:00から15:00　事務局会議　（傍聴可能）
8月22日（水）　15:30から18:00　オープン・フォーラム
　　　　　　　　　'Supporting Intellectual Freedom through Libraries Worldwide'
8月23日（木）　8:30から10:30　ワークショップ（1）
　　　　　　　　　'X-rated'検閲・焚書とはどういうことかをスライドを使って説明
　　　　　　　　10:30から12:30　ワークショップ（2）
　　　　　　　　　'Taking a stand'世界各地での事例と状況説明　フランス，ロシア，イギリス，
　　　　　　　　　　アメリカ（ミルフォード図書館館長）などを予定
8月24日（金）　10:45から12:45　事務局会議　（傍聴可能）
　　　　　　　　13:00から14:00　パネル・ディスカッション　キューバ問題について
ほかの会議内容の詳しいスケジュールや参加申込方法などはIFLAのサイトで確認してほしい。
　　　　　　　※参照URL　http://www.ifla.org/IV/ifla67/index.htm
8月20日（月）　14:10から15:00　開会
8月24日（金）　15:00から17:00　評議員会および閉会

6. 全国図書館大会第9分科会（図書館の自由）参加のお誘い

　今年度の全国図書館大会は10月24日（水）から26日（金）にかけて岐阜市で開催される。大会テーマは「2001年・岐阜・図書館の旅－IT時代の図書館像を考える－」図書館の自由に関する分科会では以下のような内容で討議を行う予定。多数の参加を期待しております。
　なお，図書館大会についての案内は「図書館雑誌」6月号に掲載されるほか，図書館大会事務局のHPでも読むことができる。　　　※参照URL　http://www.smile.pref.gifu.jp/library/taikai.htm

第9分科会
テーマ：情報格差と図書館における知的自由

日時: 10月25日(木)9時30分(受け付けは9時から)から16時
会場: 岐阜県美術館ハイビジョンホール(岐阜県図書館の向かい側)
概要: インターネットの普及にしたがって，情報格差を解消するためにインターネットをだれもが利用できるようにしている図書館が増加している。IT講習で利用技術を学んだのちの，つぎの情報入手段階では市民は図書館に期待するものは大きいだろうと考えられる。図書館はその期待に応える責任がある。それにともない，インターネット利用有料化の問題も含めたソフト面や設備などハード面で多様な課題が生じてきている。個人情報保護の面では，住民基本台帳の汎用でいわゆる市民カードを図書館利用に使用する試みが論議されている。情報電子化にともなうプライバシー侵害などの問題の危険性は考える課題となろう。また，青少年社会環境基本法案や各地での青少年保護育成条例の強化にともない，広範囲にわたる「有害図書」指定などの動きとともに，学校図書館や公立図書館でのフィルタリングの動きが未成年者の情報資料への自由なアクセスの疎外状況をうみだしている。子どもという図書館利用者への情報資料提供保障をあらためて確認しなければならない。この分科会では以上の動きを概観し，さらに各論としてそれぞれの課題について論議を深めることをめざしたい。分科会各参加者の図書館でのインターネット導入の動きにともなう問題点や課題などについて，広く情報交換・論議を期待したい。

図書館の自由　　第33号　2001年10月

2　資料

・日本ペンクラブ「著作者の権利への理解を求める声明」

　一冊の本が書店で読者と接するまでには，まず著作者がいて，さらには編集者，校正者，装幀者の協力があり，そして印刷，製本，取次業者とさまざまな人びとにリレーされる道程がある。書店に届くまでに定価のほぼ八割のコストが分担されて振り分けられている。そのなかに著作者の知的所有権としての著作権料が含まれている。

　ところが最近，こうした著作者等の権利を侵害する動きが顕著になっており，日本ペンクラブは深い憂慮の念をいだいている。問題は，新古書店と漫画喫茶の隆盛，公立図書館の貸し出し競争による同一本の大量購入，である。

　新古書店とは，従来の古書店と異なり新刊に近い古書を廉価で売る大規模店の意味で，急速に売上げを伸ばしつつある。制作コストを度外視し成立している新古書店は売上げの75パーセントが粗利と推定される。著作者権料を含めた制作費，流通費が省かれているからで，本は新古書店と読者の間を行ったり来たりする構造により一種の貸本屋的な機能を果たすかたちで成長している。

　去る5月15日に，「21世紀のコミック作家の著作権を考える会」が新古書店でのコミック売買に反対する緊急アピールを出して窮状を訴えた。定価に換算すると漫画本で1300億円，一般書で500億円相当分が，一年間で新古書店に奪われていると同会は見積もっている。日本の書籍の市場(雑誌を除く)は年間約一兆円であり，このままで推移するとその20パーセント近くが著作権料を支払わない新古書店で売買されることになる。

　漫画喫茶は，友人同士の回し読みとは違い，営利を目的として利用者の回覧に供するもので，著作権侵害の恐れがある。また，公立図書館の同一作品の大量購入は，利用者のニーズを理由としているが，実際には貸し出し回数をふやして成績を上げようとしているにすぎない。そのことによって，かぎられた予算が圧迫され，公共図書館に求められる幅広い分野の書籍の提供という目的を阻害しているわけで，出版活動や著作権に対する不見識を指摘せざるを得ない。

　いかなる時代でも書籍が読者の手に届きやすくするための努力は続けられるべきだが，著作者が継続的に

生産活動を続ける基盤を奪うことは断じて許されない。日本ペンクラブは，著作権に対する幅広い理解を訴えるとともに，今後，著作権法の改正等を視野に入れながら著作者の権利と日本の文化活動を守るための主張と行動を続けるつもりである。

2001年6月15日

社団法人　日本ペンクラブ　会長　梅原　猛

日本ペンクラブ　http://www.japanpen.or.jp

・図書館問題研究会　日本ペンクラブの「著作者の権利への理解を求める声明」について（見解）

2001年6月15日，日本ペンクラブが「著作者の権利への理解を求める声明」を発表した。そこでは，公立図書館について，次のように言及されていた。

「ところが最近，こうした著作者等の権利を侵害する動きが顕著になっており，日本ペンクラブは深い憂慮の念をいだいている。問題は，（中略）公立図書館の貸し出し競争による同一本の大量購入，である。」

「また，公立図書館の同一作品の大量購入は，利用者のニーズを理由としているが，実際には貸し出し回数を増やして成績を上げようとしているにすぎない。そのことによって，かぎられた予算が圧迫され，公共図書館に求められる幅広い分野の書籍の提供という目的を阻害しているわけで，出版活動や著作権に対する不見識を指摘せざるを得ない。」

貸出し競争との指摘であるが，公立図書館の意図は競争にはない。貸出しをつうじて「利用者のニーズ」に徹底的にこたえようとする公立図書館の姿勢が，競争と捉えられるなら，それは誤解である。たとえば予約である。大量の予約が入るベストセラーもあるのは事実だが，大部分は，書店では手に入らないものも含めた，幅広い分野の多様な本に対する予約である。どちらに対しても，確実にこたえるのが，現代の公立図書館の姿勢である。それが可能になったのは，戦後日本の公立図書館が，資料提供をサービスの中心として発展してきたからであった。

当研究会で1999年8月〜9月にかけて行われた調査サンプルによれば，1998年のベストセラー20点の購入費の資料費全体に占める比率がもっとも高い図書館でも1%程度である。（『みんなの図書館』2000年3月号）。ベストセラーの大量購入によって，資料費が圧迫されているという事実も存在しない。ベストセラーのみを購入する図書館は存在しない。ベストセラーの要求に確実にこたえている図書館は，同時に高度な専門書を含め幅広い蔵書構成を有しており，それらに対する要求にもしっかりこたえている。

また，同一作品の大量購入は，大人向けのいわゆるベストセラーにかぎられない。児童書や地域資料のきめ細やかな複本購入によって出版文化を支え，多くの読者を育てているという側面もある。

公立図書館のサービスは，むしろ，出版文化のショーウィンドウ的な役割を果たしている。書店もないような地域において，図書館は住民が本に触れることのできる貴重な場となっていることも指摘しておきたい。

図書館は著作権者の敵ではない。共に，豊かな出版文化を創造していくパートナーであると，われわれは認識している。今後は，著作権者の権利と図書館利用者の権利の双方を保障していくことをめざして，当研究会としても積極的に取り組んでいきたい。全自治体のおよそ半分におよぶ図書館未設置自治体の存在など，多くの問題を抱える図書館への理解を求めるとともに，共に，図書館設置促進と図書館資料費の増額に取り組みたい。

2001年7月10日

図書館問題研究会第48回全国大会

図書館問題研究会　http://www.jca.apc.org/tomonken/

3. IFLA/FAIFE（表現の自由と自由なアクセスについての委員会）ニュース

・ボストン大会報告

第67回IFLA大会（国際図書館連盟年次大会・総会）は2001年8月16日から25日にかけてボストンで開催された。今年度の大会テーマはLibraries and Librarians: Making a Difference in the Knowledge Age（知の

時代に違いを際立たせる図書館と図書館員)と題され，5000人以上の参加者というIFLA大会としては最大規模のものとなった。電子情報時代における著作権や公貸権といった課題やWIPOでの市民活動と同じくグローバル化による国際的情報格差の問題など法律・政治をふまえた内容が多く論議された。また，新しく改訂された「公共図書館サービス・ガイドライン」が発表された。
　http://www.ifla.org/VII/s8/news/pg01.htm（このサイトから全文ダウンロード可能。130頁あり。）
　特に，図書館と知的自由の点では，最終総会でキューバ問題について決議が採択されたり，これまでインターネット上でのみ公開されていた「世界報告書」http://www.ifla.org/III/misc/pr300801.htm が刊行されたことなどで，大きくとりあげられた大会であったといえる。また，インターネットとフィルタリングについてのディスカッションがおこなわれた。http://www.ifla.org/VII/dr/idg/01idg.htm
　キューバ問題は，この「図書館の自由」ニュースレターでも過去に報じたが，キューバにある図書館が政府の圧力をうけ検閲・焚書されているという事例である。訴えにもとづいてIFLA/FAIFEが訪問調査をおこなった。その報告にもとづいてFAIFEでは決議文を作成，理事会の承認を得て最終総会に提出した。同じくアメリカ図書館協会もキューバの図書館員とともに同様の内容の決議文を提出，最終的には両者をあわせた決議文が採択された。以下，その決議文を掲載する。原文はIFLAのホームページに掲載されている。

・キューバ問題についての決議文　http://www.ifla.org/IV/ifla67/resol-01.htm

（原文）Resolution adopted at IFLA Council II held at Boston, USA on Friday 24th August 2001
　　　　　　　　　　［※集成版編集にあたり原文掲載省略］
（仮日本語訳）
2001年8月24日金曜日，ボストンにおいて国際図書館連盟(IFLA)第2回総会において採択された決議文

以下の決議文が採択された。553票が賛成であり，54票が反対であった。12票の棄権があった。

「IFLAはつぎのことを決議する
1　アメリカ合衆国の通商停止の影響が以下のことに及ぶことに強い関心を感じていることを表明するものである。すなわち，
　・通商停止が情報資料を正式に除外しているにもかかわらず，キューバへの情報資料輸出に阻害があること
　・この通商停止の経済的影響として，情報資料や関連する機械をキューバの図書館や市民が購入する能力の著しい減退が見られること
　・キューバで電力供給や電話回線，そのほか生活面に及ぶ影響により，キューバの人々やキューバの図書館による情報へのアクセスの間接的な混乱がみられること
　・キューバ国籍者のアメリカ合衆国へ，またアメリカ国籍者のキューバへの渡航制限により，専門家同士の交換交流に制限があること
2　この通商禁止や他のあらゆるアメリカ合衆国政策によって課せられる情報へのアクセスと専門家の交流に対する障害を除去することをアメリカ合衆国に強く求めるものである。
3　政策によって課している情報へのアクセスに対する障害を除去することをキューバ政府に強く求めるものである。
4　印刷された情報資料，また，インターネット経由も含めた電子情報資料への自由なアクセスをキューバの図書館界が保障できるように主導権をもてるよう絶えず監視し，支持していくものである。特に，
　・ASCUBI(キューバ図書館員協会)がキューバにおける図書館活動サービス活動の基準と原則のための倫理綱領を率先して発展させるように援助し，支持するものである
　・キューバ図書館界が IFLA 公共図書館ガイドライン（The Public Library Service : IFLA/UNESCO Guidelines for Development. Aaur: 2001）を十二分に採択することを強く求めるものである
5　2002年4月22日から26日にハバナで開催されるIDICT(情報科学と技術学会)主催の国際情報会議にIFLAの会員が参加して，キューバとのさらなる専門家としての関係発展を援助することを強く勧めるものである。

6 情報技術とともに，あらゆる分野で図書やそのほかの資料を，図書館資料の強化を通じてキューバにおける情報へのアクセスを改善しようと願っている人々すべてにとって，もっとたやすくアクセスできるキューバの図書館と共有できるように適切な政策をたてることをアメリカ合衆国政府に強く求めるものである。

7 アメリカ合衆国の政治的関心を代表するような「個人や独立した非政府組織の機関」とだけでなく，情報資料をキューバ全域広く，特にキューバの図書館と共有できるようにアメリカ合衆国政府に強く求めるものである。」

この決議は同じテーマのふたつの決議文をあわせたものである。
最初の決議文はIFLAの情報への自由なアクセスと表現の自由委員会(FAIFE)委員長アレックス・バイン氏が動議提案し，IFLAの学校図書館リソース・センター部会の部会長グレニス・ウィラーズ氏が動議支持をおこなった。
つぎの決議文はアメリカ図書館協会会長ジョン・W.ベリー氏が動議提案し，キューバのホセ・マルティ国立図書館館長のエリアデス・アコスタ氏が動議支持をおこなった。
この合体した決議文はボストン図書館理事長のバーナード・マルゴリス氏が動議提案し，ボルティモアにあるジョンズ・ホプキンス大学図書館館長のジェームズ・ニール氏が動議支持をおこなった。

ロス・シモン IFLA事務局長 2001年9月3日

(仮訳：訳責 井上靖代)

・テロリズムとインターネット，情報への自由なアクセスについての国際図書館連盟(IFLA)声明

http://archive.ifla.org/V/press/terrorism.htm

(原文) International Federation of Library Associations and Institutions
Committee on Free Access to Information and Freedom of Expression
[※集成版編集にあたり原文掲載省略]
(仮日本語訳；本文のみ 問い合わせは上記へ英語でお願いします)
　国際図書館連盟 情報へのアクセスと表現の自由委員会 報道発表 2001年10月6日

テロリズムとインターネット，情報への自由なアクセスについての国際図書館連盟(IFLA)声明

ニューヨークとワシントンへの最近のテロリストの攻撃は世界中の図書館員と情報専門職に衝撃を与え，震撼とさせた。生命と80の図書館を含む施設の破壊はわれわれをぞっとさせている。国際図書館連盟(IFLA)はわれわれ図書館員の仲間たちと世界中の人々ともに事件にまきこまれた被害者に哀悼の意を表し，深い同情の念を広くしめし，被害者の家族や友人たち，それに被害をうけたそのほかの人々を援助するものである。

表現の自由と情報への自由なアクセスという核となる人間としての権利を制限する呼びかけが，これらの悲劇的なできごとに引き続いて報告されている。容疑者とされているハイジャッカーのうちの数名が公共図書館のインターネット・サービスを利用してお互いに連絡をとりあっていたかもしれないということがほのめかされている。テロリストたちは自分たちの非道な行為を計画するためにWWWを利用していたと強く主張されている。そういった暗に関係あるとすることで，言論の自由や情報の自由を制限し，監視を増大することを正当化しようとしている。

だが，われわれはこの話の別の面を聞いていない。インターネット・ニュースのサイトは攻撃のあとの週で倍増している。家族や友人たちは都市をこえて，世界をこえて，愛する人々の安全を確かめるため電子メールを利用している。ウエッブサイトの管理者たちは，そのサーバーを補強し，最新化の頻度を増やし，ニュースを求める人々に応えてきた。その結果，世界中の人々がウェブ・サイトや音声やビデオの流れを利用し，この出来事やその余波についての情報をすぐに得ることができるようになっている。

このことは情報への自由なアクセスと表現の自由の理想の力を論証している。まちがった使われ方がされるかもしれないが，世界中の人々を強くすることにもなる。

反テロリズムのキャンペーンは成功するだろう。きわめて重大な方策は，最善の情報へのアクセスを守ることである。情報の自由な流れの障壁，特に，不公平さや貧困，絶望を助長するものはとりのぞかれるべきである。

国際図書館連盟　情報へのアクセスと表現の自由委員会委員長であるアレックス・バイン氏はつぎのように述べている。
「われわれは世界の多様な文化のあいだで尊敬と理解を構築すべきである。われわれは異なる背景をもつ人々が隣人として共に暮らせる地域社会をつくる援助をすべきである。自由とは，制限するのではなくて強くすることによって，そのためにわれわれがたたかわねばならないものである。」

知的自由という公約は世界中の図書館と情報機関の専門職にとって中核となる責務である。図書館には知識の表現と知的な活動にアクセスすることを保障し，促進する責任がある。あくまで図書館は恐れやへつらいなしにアクセスを提供するためのものである。この公開性はわれわれの自由を守るものである。これらの自由を危険にさらすことなく制限することはできない。

国際図書館連盟は，世界中の図書館や情報機関の専門職が，世界規模で情報への自由なアクセスと表現の自由を示すわれわれの努力を倍層することによって，これらの悲劇的事件に応えようとしていることを宣言する。

以上　　（仮訳：訳責　井上靖代）

4. 全国図書館大会第9分科会（図書館の自由）参加へのお誘い

　全国図書館大会は10月24日（水）から26日（金）にかけて岐阜市で開催される。ぜひ積極的な参加をお願いしたい。詳細は日本図書館協会事務局あるいは図書館大会事務局（岐阜県図書館内）へ問い合わせてほしい。　http://www.smile.pref.gifu.jp/library/taikai.htm
　「図書館の自由」に関する分科会は岐阜県美術館ホールでおこなわれる。開催期間中，隣接する岐阜県図書館で「図書館の自由」パネル展示がおこなわれるのであわせてご覧ください。
　分科会の内容は以下のとおり。『図書館雑誌』9月号より転載。

全国図書館大会第9分科会（自由）「情報格差と図書館における知的自由」

基調報告「図書館の自由をめぐる最近の動き」
　　三苫正勝（JLA図書館の自由に関する調査委員会，夙川学院短期大学）
　差別表現など問題になりそうな内容を含む資料に対する取り扱いについて，職制段階でいち早く提供制限を決めてしまう自己規制的対応が顕著である。判断を国民に委ねる民主主義の基本が無視されている事例は，大図書館に多い。
【図書館の自由関係目録抄2000．10－2001．7】
2000年：――
10月6日『クロワッサン』10月10日号（9月26日発売）に差別表現が見られるという理由で，発行元マガジンハウスが自主的に書店からの回収を決定，取次店を通じて返品を要請。日図協の助言で図書館への回収依頼はなかったにもかかわらず10月6日に新聞報道されると各地の図書館で閲覧制限が行われた。横浜市立図書館では管理職のみの判断で該当ページを取り外した。それに対して「行き過ぎ」の批判が起こり，2001年6月10日，「市民の知る自由と図書館の資料提供を守る交流集会」に発展。
10月27日　富山県立近代美術館コラージュ訴訟の上告審で最高裁判決。美術館の収蔵作品の特別閲覧の不許可は権利侵害と判断した一審の判決を覆した二審判決を是認し，上告棄却。
11月9日　最高裁は，福島次郎『三島由紀夫―剣と

『寒紅』に三島由紀夫の未公開の手紙を掲載したのは著作権侵害とする二審までの判決を支持して上告棄却。

11月28日　少年法改正。刑事罰対象年齢が16歳以上から14歳以上に引き下げられた。

12月6日　堺通り魔殺人事件（1998年1月）で『新潮45』誌上に実名と顔写真を掲載された男性（当時19歳）が新潮社側を名誉毀損で訴えた訴訟で、男性側は最高裁への上告を取り下げ、「凶悪事件では実名報道も正当」とする大阪高裁判決が確定。一審の大阪地裁は男性側の主張を認めたが、二審で逆転判決、男性側が上告していた。

2001年：――

1月10日　『ハリー・ポッターと秘密の部屋』（静山社）に口唇口蓋裂者に対する差別的表現があると、口唇・口蓋裂友の会から図書館宛に、該当箇所削除前の版（初版65刷まで）の提供には「配慮を」との依頼。

2月　自由委員会「差別表現と批判された蔵書の提供について（コメント）」を『図書館雑誌』2月号に発表。

2月15日　東京高裁、柳美里「石に泳ぐ魚」の出版、公表を禁止した一審判決を支持。

3月　参院自民党の青少年問題検討小委員会が前年4月に策定した「青少年社会環境対策基本法案」が国会に提出されようとしていることから、日図協も含め各界から批判声明が出された。

3月　「個人情報保護法案」が国会に上程されたが継続審議に。

3月23日　東京都中央区議会予算特別委員会で、公明党区議が同区立図書館に創価学会を批判した図書が何冊もあることを非難し、職員の人事異動を要求。これについて5月29日、共産党区議団は同区教育委員会に対し、「図書館の自由と言論出版の自由を守ることについての申入れ」を行った。公明党東京都本部も、質問を行った同党区議に対し「極めて不適切な発言であった」と「口頭で厳重注意」。

3月30日　東京都青少年健全育成条例改正。これまで不健全指定の対象が「性」と「暴力」に限定されていたのを「自殺や犯罪を誘発するおそれの強い図書類」まで含めた。

4月　政府は、2003年を目処に官民共用のICカードを発行する方針。2001年秋から全国21地域で実証実験を実施する。「住民基本台帳システム」に基づくものである。

4月2日　情報公開法施行。

5月　東京都杉並区は、改正住民基本台帳法（1999年8月制定）に基づく個人情報をコンピュータで一元管理する「住民基本台帳ネットワークシステム」の予算化を見送った。国は、2002年8月までにシステムの構築を予定している。

5月　小中学校などの教育現場でフィルタリングソフトの利用が増えている。文部科学省の調査によると、2000年3月末までに全国の公立小中学校・高校の99％にパソコンが配備され、その6割がインターネットに接続されていた。

5月25日　法相の諮問機関「人権擁護推進審議会」が答申、人権侵害を受けた被害者救済のための人権委員会（仮称）をつくるよう提言。日本新聞協会は6月6日、「取材・報道活動が制約される懸念」を表明。

基調講演「IT時代の図書館と知的自由－情報格差と著作権を中心に」
福永正三氏（大阪市立大学法学部）

1　情報格差と「自由に関する宣言」
1.1　憲法と「宣言」
1.2　IT時代の図書館と「宣言」
1.3　「公平な権利」と情報格差

　「宣言」は憲法で保障された情報に関わる基本的人権を図書館において具現化するものである。例えば、「宣言」がイメージする一つの図書館像は、行政への住民参加を実質化する知る自由を、図書館の資料と施設を提供することによって地域住民に日常的レベルで保障する社会的装置としての図書館である。

　その図書館がいま、IT時代を迎えて新たな対応を強いられている。上のイメージとの関係で一例をあげれば、公立図書館の設置するインターネット端末を通じて簡便に政治・行政情報を入手できる地域の住民とそうでない地域の住民との不平等は、地方分権化の流れのなかの自治体の自己決定・自己責任の名のもとに、だまって受け入れるべき事態なのだろうか。

　ここでは、「宣言」が情報格差とどう向き合うことを図書館人に求めているかを概観する。

2　図書館における情報格差
2.1　情報格差の多様性
2.2　IT環境と情報格差
2.3　「望ましい基準」と情報格差

　一口に情報「格差」といっても、中身は多様であ

る。まず，図書館間の格差と利用者間の格差に分類できる。さらに前者は，図書館の設置主体の財政能力からくる容量格差と，個々の図書館における資料の運用格差に分けられよう。ここでは主として，IT環境への取組みのあり方とオンライン系情報の有料性の問題，および情報源へのアクセス規制の問題を中心に概観する。

図書館利用者間の格差については，主として情報の収集・活用能力における格差に焦点を当てて，これに対する図書館のコミットの仕様を考える。

いずれもIT時代になって新たに生じてきた問題と従来から引きずってきた問題を含んでいるが，さまざまに絡み合う各様の格差の整理を通じて問題点を洗い出し，「望ましい基準」(文部科学省告示第132号)も視野に入れながら，各論の検討につなぎたいとおもう。

3　図書館と著作権
3.1　現著作権法制と図書館資料
3.2　メディア環境の進展と著作権
3.3　図書館の役割の変容と著作権

図書館資料の自由で十全的な利用は，その複製化による利用をも含むはずである。好むと好まざるとに拘わらず，電子資料はますます図書館に溢れ，必然的にその複製を要求する。この点における図書館利用者と著作権者との利害の調整はもっぱら著作権法31条に委ねられているが，ファックスと公衆送信権との関わり一つを取り上げてみても，図書館をとり巻くメディア環境の進展のなかで，現法制が必ずしも十分な調整機能を果たしているとは言い難い。

そこで，電子資料の利用に関する平成15年の著作権法改正の見通しや「2005年の図書館像」(地域電子図書館構想検討協力者会議)も射程に入れて，図書館政策の一環としての図書館資料と著作権の問題を考え，その課題を探ってみたいとおもう。

基底において，図書館の公共性とは何なのかが問われているのである。

各論(1)「インターネットの有害情報対策と図書館」
　中村百合子氏　(東京大学院教育学研究科博士課程)

図書館において利用者用のインターネット端末の導入がはじまっている。インターネットには光の部分と影の部分があり，それらが具体的にどのような形で現れてくるのかを，利用者端末の導入にあたって，私たちはいったん立ち止まってよく考えてみる必要があるだろう。インターネットの光の部分としては，インターネット上の情報の量と多彩さとそれらへのアクセスの容易さ，そして反対にインターネット上での情報発信の容易さ，などが挙げられよう。これらの特徴を備えて，インターネットはすでに情報源，情報メディアとして最も重要なもののひとつとなっている。そして，公立図書館が利用者にインターネットへのアクセスの保証であり，「持てる者」と「持たざる者」の間の情報格差の是正をも意味する。他方でインターネットの影の部分としては，違法情報・有害情報の氾濫，様々なネット犯罪やトラブル，セキュリティーやプライバシー保護の困難さ，インターネット中毒や社会的不適応，知的所有権(著作権)の侵害，情報格差の拡大の可能性など，これもまた多岐にわたる。

そうしたインターネットの特徴が明らかになる中で，図書館への利用者用のインターネット端末の導入が先行した米国では，違法情報・有害情報への対策が非常に大きな論議となっている。インターネット上の有害情報については，そもそもその定義すら曖昧だというのに，市民の規制に対する要求は少なくないと考えられているらしい。しかし，法が制定されるなどして，社会とまた図書館がその規制を受け入れることにはどのような意味があるのか，今いちどよく考えてみる必要があるだろう。特に公立図書館において有害情報対策としてフィルター・ソフトを導入することの是非は，川崎良孝氏が指摘するように，"図書館思想，司書職の専門的業務，図書館での日常業務に，そして歴史的に形成された公立図書館の存在目的に直接関わってくる"もので，そうした非常に根本的なところに立ち戻って考える必要がある，と同時に，現場では最終的にフィルター・ソフトを導入するかしないか，どちらかひとつの決断を求められるため，ただ思索と議論を重ねているだけでは不充分である。これに対して，アメリカ図書館協会(ALA)はすでに，図書館の権利宣言(Library Bill of Rights)の反検閲の精神はインターネット上の情報の提供にあたっても変わることなく適用されるという解釈を明確にして，図書館のフィルタリングの導入に反対している。ただし他方で現場では，フィルター・ソフトを導入する図書館が増加しているというNCLIS(National Commission on Library and Information Science)による継続調査の結果もある。

2000年度の調査では，25％の回答館がなんらかの形でフィルター・ソフトを導入していた。

そして，フィルタリング導入に関する公立図書館の選択については，米国では訴訟が続いており，"a lose-lose situation" つまり導入と非導入どちらを選んでも図書館の負け（敗訴），などと言われるほど難しい立場に図書館は追い込まれている。起こされた訴訟の中でこれまでに結審に至ったものが2つある。1997年にヴァージニア州メインストリームでの "Mainstream Loundoun et al. v. Board of Trustees of the Loundoun County Library, et al." と，1998年にカリフォルニア州のリバーモアでの "Katheleen R. v. City of Livermore, et al." である。両裁判では結局，フィルター・ソフトの導入の必要性は支持されなかった。ALAの強硬な反対の態度の表明もあり，フィルター・ソフトの導入は一見社会的にも否定される方向である。しかし，それでも，2000年12月15日には，1998年頃から繰り返し上程されてきた「公共・学校図書館がインターネットに接続するにあたり政府の資金援助を受ける場合には，端末へのフィルター導入を義務付ける」といった主旨の法案が，CIPA（Children's Internet Protection Act）の一部に盛り込まれて法制化するなど，フィルター・ソフトを肯定する人々の動きも続いている。

以上のように，フィルター・ソフトによる情報提供の制限の問題は，有害図書と言論の自由に関するこれまでの議論以上に複雑かと思われる。しかし今後，図書館において利用者へのインターネット端末の提供が進む中で，情報の専門家である図書館員の判断が問われていくだろう。それに対して私たちは積極的に発言し，議論してゆかねばならない。

各論(2)「青少年有害情報規制と「図書館の自由」」
山重壮一氏（目黒区立大橋図書館）

1 都道府県の有害図書条例の実情

　特徴として，基準が不明確で，網羅性はなく，特定の出版社や特定の雑誌が繰り返して指定される傾向などがあげられる。

2 青少年有害情報規制と憲法との関係

　違憲という判断には必ずしもなっていない。

3 国の青少年対策と有害情報規制の中央立法化

3.1 脱「青少年対策」

　青少年「対策」から青少年「政策」への転換が図られている。青少年「教育」との関係に注意する必要がある。教育の独立性，教育行政の独立性の観点から問題があるともいえる。一方で，行政サービスの対象（一定の権利を行使し，一定の義務を担う住民）として青少年を認識する必要はある。

3.2 「教育改革」をめぐる論議

　「人格の完成」を目指す教育から，「日本人」の育成を目指す教育へという主張が展開されている。教育基本法の改定が図られている。

3.3 情報法制の編成

　住民基本台帳法，個人情報保護法等，情報をめぐる法制が編成されつつある。

4 有害情報規制の根拠を問う

4.1 「有害」とはなにか

　「何にとって」有害であるかは必ずしも明確ではない。「規制」そのものに意味が見出されている。

4.2 特定の情報と犯罪行為との相関関係

　犯罪行為に及ぶ可能性については，科学的な検定は不十分である。基本的には関係は逆である。つまり，「いわゆる有害情報に接しているから，犯罪行為に及ぶことが多い」のではなく，「犯罪行為に及ぶ人間は，いわゆる有害情報に接していることが多い」という関係である。

　「犯罪行為」の原因は，「情報」そのものではなく，「情報処理」にある。具体的には，情報処理の基体となっている心，あるいは，脳の問題である。

5 青少年と「図書館の自由」（青少年の教育に必要なもの）

5.1 本当の意味での人権教育を

　ポルノ，暴力，自殺といった問題は人権に関わる問題で，人権尊重の教育が正しく推進されることが必要であって，情報規制によっては何も解決しない。

5.2 メディア・リテラシーのトレーニング

　情報を批判的に分析し，主体的な総合判断ができれば，特定の情報の影響下に置かれることはない。そういう訓練を教育の場で行うことが必要である。

5.3 論理的思考力と情操教育の重要性

　「心の教育」が文部（科学）省の教育政策となった。これが，いわゆる「道徳」教育推進の根拠にもなってきている。しかし，心というものが外に存在するものではなく内に存在するもので，論理的思考力と情操の基体となっていることを確認する必要がある。

図書館の自由　　第34・35号　2002年2月

1.「図書館の自由」に関する事例報告

編者注:以下の文章は『図書館雑誌』Vol.96　No.1　2002年1月号　P74－76からの転載である。

・横浜市図書館における『クロワッサン』(2000年10月10日号)掲載のアニマルレスキュー関係記事の提供停止措置について　調査報告

日本図書館協会図書館の自由に関する調査委員会関東地区小委員会

　JLA図書館の自由に関する調査委員会は，標記の件について，2001年8月14日午後，横浜市図書館に訪問調査を行った。この問題では，「職業差別語」や「事実誤認」を理由として閲覧禁止という強い提供制限措置がとられたことに対して，図書館関係者からの「異例の対応」「行き過ぎ」等の批判の声があがったことが報道され[1]，図書館研究団体の学習会や市民の集会[2]が催された。

　調査には関東地区小委員会の山家委員長と西河内委員があたり，横浜市図書館の企画運営課長と調査資料課長に対応していただいた。

　まず主な経過等について企画運営課長から説明を受け，次に委員の質問に両課長からお答えいただいた。

　調査の記録は委員会が項目整理し文章化したうえ，9月13日，正確を期するため両課長に目を通してくださるようお願いし送付した。その2か月後の11月15日，委員の質問に対する答えの部分が大幅に修正，変更された文書を受領した。訪問調査は当委員会の設置規定に基づいて行い，当委員会の責任で記録を作成し，必要に応じて公表するものである。このことは横浜市図書館に電話や文書で再三説明申し上げたところだが，当報告では，「質問と答え」の「答え」については，私どもの記録(2－1)とともに受領文書(2－2)を掲載する。

1. 横浜市図書館の検討の経過と内容

　横浜市図書館の管理職は，『朝日新聞』2000年10月6日付(夕刊)の記事「雑誌クロワッサン不適切表現で回収」[3]を7日に読み，回収の事実を知った。

　中央図書館の管理職で協議し，図書館長の手元に当該号を取り置くよう，各館に連絡した。市教育委員会にも報告した。

　検討に際しては，都立図書館，国立国会図書館および他都市の図書館に問い合わせた。臨時館長会を開き，館長から意見を聴いた。館長は全員が管理職である。

　中央図書館の管理職会で次のように決定された。「当該記事には，人権に関わる不適切な内容や，事実誤認があり偏見や差別意識が顕著であること，それを無制限に提供することは，差別意識を拡散し助長する恐れがあること，市として差別解消に積極的に取り組んでいること，このため，10月10日号は当該記事のみを白紙としたコピーに差し替えて利用に供する」。『クロワッサン』は色刷りの雑誌であるため，該当ページだけを白紙とし，元の雑誌をできるだけ生かしていくこととされた。

　横浜市図書館は2000年10月19日に，当該記事を取り外した『クロワッサン』10月10日号を利用に出し，利用者への文書[4]を館内に掲示した。

2. 自由委員会の質問と横浜市図書館の答え

2－1　自由委員会の質問と横浜市図書館の答え－委員会が作成した記録

(1)　横浜市は早くから司書職制度を確立し，政令指定都市の中で群を抜いたサービス実績を支える司書職員集団があると認識している。本件の検討過程で職員参加は図られたか。

　——当該雑誌の表現が拡散していくことに不安があったので，次号が発売される(当該旧号が貸出可能となる)10月10日までに結論を出すこととした。

　図書館では人権研修が遅れていて，知っている職員は非常に少なかった。自分の中にある差別性に気

づくのに不足している部分がある。
　　職員へは館長から通知を出したのみである。時間がなかった。職員全体の合意形成ということは，すべての事案で行われねばならないのか。
(2) 時間がなかったとのことだが，職員の意見を聴くことは考えられたか。
　　――職員には判断する能力はないと考え，意見を聴くつもりはなかった。
(3) 図書館界は1970年代から被差別部落や障害者に関わって非難された資料の扱いについて論議を積み重ね，共通認識をつくってきた。図書館界の蓄積はどう受けとめられたか。
　　――市立図書館でも『ピノキオ』問題などで侃々諤々やったというが，私たちが把握できる形での積み上げがほとんど残されていない。市としての基準もない。そのため，これを機に積み上げようと，相当な時間をかけて対応した。
(4) 表現に込められた意味は，受け手によってさまざまに認識されたりする。差別的と非難された表現が，受け手に差別的意識を植え付けるとは必ずしも言えないのではないか。
　　――受け止め方は人によっていろいろであり，おかしいと考える人もいるだろうし，友達との議論になる場合をあろうが，書かれたことをそのまま信じる人もいるだろう。
　　横浜市の啓発事業では，"誰もが差別をしてもおかしくない。いつも点検しましょう"ということで，誰でも心の中に差別意識を持っているという認識を前提としている。
(5) 図書館の自由に関する宣言の解説では提供制限が例外的にあり得る場合として部落地名総鑑をあげ，特定個人の名誉毀損やプライバシー侵害を結果するものと説明している。
　　名誉毀損罪は個人への侵害についてのみ成立し，集団については成立しないとした昭和元年の大審院判決は現在も支持されている。『クロワッサン』の表現は人の思想・考え方のレベルであり，人格権侵害とは言えないのではないか。
　　――個人名は出されていないが，屠殺場という言葉がでてくる。「屠殺場」というのは，と場で働く人に非常な打撃を与える表現ととらえている。本件の記事で紹介されている女性の談話には，と場に対するこの女性の差別観がはっきり出ている。マガジンハウスがそれに気付かなかったことも問題である。そういう状況で出されたものなので，提供すべきではないと考える。
　　部落地名総鑑にも個人名は載っていない。
(6) 図書館が自ら，著作者の思想について差別性のあるなしを判断し評価することは許されないと考えるが，どうか。
　　――決定前にマガジンハウスや市民や団体など外から提供制限を求められたことはないが，国会図書館の提供制限に関する内規にも「関係者」とある[5]ので，広げてもよいと考えた。
(7) 今年(2001年)7月，マガジンハウスは「本誌64～67ページをお読みの皆さまへ」という「説明」を当該号に貼付することを依頼する文書を図書館に送った。著作権者による自著の訂正等内容変更の方法はさまざまだが，これは正誤表に準じた措置といえよう。宣言は提供制限措置の再検討を求めている。「説明」を貼付して提供制限を解除することを検討されるか。
　　――何とも言えない。判断したものであり，貼付することに意味があるだろうか。「説明」は何の措置もとらない図書館を念頭にして作成・送付されたものと理解している。状況の変化に応じた見直しがありうることを考え，調査資料課長が取り外したものを管理している。
　　と場関係者にどういう打撃を与えているかの受けとめ方の違いがあるのかなと思う。
　　見解を付けて議論をまき起こせばすむと，楽観的に考えることはできない。当該記事を提供することが差別の拡大につながると考えるので，貼付して提供するというスタンスに立ちきれない。

2－2 自由委員会の上記の質問に対する横浜市図書館の答え－横浜市図書館が作成した文書

(1) 職員に意見を求めるということは場合によってさまざまである。クロワッサン問題では，次の号が発売される10月10日までに結論を出すこととした。そのため職員へは館長からの通知により考え方を知らせた。
(2) 早期に結論を出すことを考えていたので，今回は意見を聞く対応とはしなかった。
(3) これまでの各地図書館のいくつかの状況は承知しているし，参考にもなった。当館についても文書化されてはいないが議論してきた経過はある。これを機に積み上げに努力するつもりだ。

(4) 受けとめ方がさまざまであるということは，受け手によっては差別的表現を肯定し差別意識の助長，拡散につながることがあるということでもある。
(5) 当該記事には，特定の業務に対する差別意識がはっきり出ており，その業務に従事する人々に非常に打撃を与えるものと判断した。
(6) 資料提供が無制限で良いとは考えていない。
(7) 差別を受けている人々の立場に立って対応した結果であって，新たな措置が必要とは考えていない。

注
1)「横浜市立図書館，差別表現など取り外し／利用制限に異論続出」『神奈川新聞』2001年6月8日
2)「市民ら交流集会，影響の拡大に懸念も」『神奈川新聞』2001年6月10日
3) 記事の内容要旨は次ぎのとおり。マガジンハウス社は，9月25日に発売した『クロワッサン』2000年10月10日号を，9月27日，自主的に回収することを決め，10月2日に取次店を通じて返品を要請した。同社によると，同号の捨て犬や捨て猫の問題を扱った記事の中で，「一部に差別的ともとられかねない不適切な表現や事実誤認があった」という。発行後，社内から指摘があった。
4)「『クロワッサン』10月10日号（マガジンハウス発行）は一部記事を取り外しています。
　『クロワッサン』10月10日号の64頁から67頁の記事"一人ではできなくても，みんなが家に集まれば，何かが始まる，何かができる"において，発行元のマガジンハウスは，「一部に差別的ともとられかねない不適切な表現や事実誤認があった」として，全国の書店から当該号を自主的に回収しました。
　しかし，横浜市立図書館では，本誌の他の記事を読みたいというニーズに応えてゆく必要もあると考え，回収の原因となった記事のみを取り外し利用者の皆様に提供することとしました。
　ご理解くださいますようお願いいたします。　　　　　　　　　　　　　横浜市立中央図書館長」
5) 該当する内規の規定は次のとおり。「資料の利用制限は，その資料の著作者若しくは発行者又はその資料の掲載事項に直接の利害関係を有するものからの文書による申出により行うものとする。」国立国会図書館資料利用制限措置等に関する内規（昭和63年国立国会図書館内規第6号）第6条1項

(文責・山家篤夫：東京都立日比谷図書館)

3. 資料

・アメリカ図書館協会個人情報保護に関する声明

　以下の文章は9月11日の世界貿易センター事件後，犯人と考えられている人物が図書館の利用者であり，インターネットを利用していたとマスコミのインタビューに答えたフロリダ州のデルレイ・ビーチ図書館司書キャサリン・ヘンズマンの事例に関して，アメリカ図書館協会として図書館利用者の個人情報保護のための図書館専門職としての意識の再確認をはかる目的で2001年12月10日公表されたものである。(編者注・仮訳も)
　http://www.ala.org/news/privacy.html
Statement American Library Association Confidentiality and privacy of library records
　　　　　　　　　　　［※集成版編集にあたり原文掲載省略］
(仮訳)――――――

アメリカ図書館協会による図書館記録の秘密性とプライバシーについての声明

　アメリカ図書館協会は6万人以上の会員を有する専門職団体である。最高の質の図書館情報サービスの促進がその使命である。このために，われわれ会員は地域に対する責任を十二分にまっとうするために働く図書館員を援助するため，政策とガイドラインを制定している。
　われわれはすべて，9月11日の出来事に深く心を動かされてきた。図書館員たちは，多分野で働く専門職ともども，テロリストたちの攻撃と進行中の戦いを思い，そして長く維持してきた諸原則とともに葛藤している。われわれは，過去をみれば，守るべき原則が危機の際に最も挑戦されることを知っているし，図書館利用者のプライバシー保護がそういった原則のひとつであることを知っている。

アメリカの図書館界は，ブッシュ大統領，およびアメリカ人として何度も実際にかちとられてきた自由を維持し守る努力をしている政府議会指導者たちを支持している。図書館員は州の秘密法を研究し，理解するようにしているし，さらに，法律で示されているガイドライン内の権限機関と協力するよう求められている。

図書館員には，国家安全に関する案件の合法化に対応する際に，図書館利用者のプライバシーを保護する責任がある。

もし，図書館員が州の秘密法や法律手続きに従わなければ，現在進行中の法的権力の調査を実際に妨害する危険を冒すことになる。州はアメリカ人が擁護しているプライバシーと自由を守るため秘密法を作り上げてきた。これらの法律は無作為な個人情報探索あるいは侵害に対するセーフガードとなり，国家安全の関心事に対応するために明確な枠を提示している。

アメリカ図書館協会はフロリダ州デルレイ・ビーチの事例には関与しないし，またその図書館の司書キャサリン・ヘンズマンを非難も叱責もしない。

アメリカ図書館協会は図書館員たちの熱心な仕事ぶりを評価する。時には困難な状況下で行われている図書館員を支持し，仕事そのものも評価する。

―――――――

なお，アメリカ図書館協会はPATRIOT法にともなう図書館における個人情報保護を図書館界としてどう対応していくのかについて「図書館の権利宣言」の一部として声明・解釈文をだした。
　　　　　　　　　　　　　　　　　　　　　　　　http://www.ala.org/alaorg/oif/privacy.html

PATRIOT法＝Uniting and Strengthening America by Providing Appropriate Tools Required to Intercept and Obstruct Terrorism (USA PATRIOT) Act of 2001. H.R.3162 Public Law 107-56
　日本では反テロ法と一括して報道されているが，多様な法律群を対象としているようである。第107回議会に提出，審議されている。条文は議会図書館から検索できる。　　http://thomas.loc.gov
EPIC＝Electronic Privacy Information Center のサイトから電子情報上での個人情報保護関係の議会資料が検索できる。　　　　http://www.epic.org/privacy/bill_track.htm

4. IFLA/FAIFE ニュース

・デンマーク王立大学図書館情報学大学院における博士課程との合同プロジェクト

IFLA／FAIFE事務局はデンマーク市図書館の援助により運営されてきたが，昨年度から援助が打ち切られた。その代替策としてデンマーク王立大学図書館情報学大学院に図書館情報学分野における知的自由に関する講座を設置し，その博士後期課程学生の研究支援とともに事務局運営援助を要請することになった。学生はデンマーク人に限らず，世界中から公募することとした。事務局は大学内に設立され，世界各国からの応募者のなかからイギリス人学生などが選ばれた。今後，IFLAなどの会議でその研究成果の報告と事務局運営支援が要求される。

・「グラスゴー宣言」採択予定について
The Glasgow Declaration on Libraries, Information Services and Intellectual Freedom

ボストン大会でのIFLA／FAIFE討議事項のひとつとして，「グラスゴー宣言」の採択をめざすこととなった。グラスゴー大会はIFLA結成75周年という節目にあたる。「グラスゴー宣言」は，図書館・情報の分野での知的自由についての国際合意を明確化し，さらに図書館・情報界内外に対して国際的に主張し，理解と協力を求めようとするものである。3月の理事会での討議・合意が得られれば8月の総大会で公表・投票の運びである。IFLA会員は可否投票を求められる。

5. 全国図書館大会第9分科会（図書館の自由）報告

近年増加傾向にあった本分科会は，今年度参加者数64名と減少した。しかし，図書館と知的自

由をめぐる事例は減少したわけでもなく，さらに新しい側面から課題をなげかけてきている。今年度は図書館における電子情報提供について，図書館の自由の観点から，著作権や「有害情報」，未成年への情報提供などの課題が報告された。

　まず，JLA 図書館の自由に関する調査委員会全国委員長の三苫正勝氏から，この一年間の図書館や社会における知的自由をめぐる事例について報告した。前年度大会直前におこった事例のひとつとして，雑誌『クロワッサン』提供制限について，図書館でどのような対応がなされたのかという調査と，全国各地の図書館での動きをもとにしてその一連の流れを説明した。管理職が図書館職員全員参加による十分な討議を経ずに，提供規制決定・実施をおこなわれている事例が少なからずみられたことに対する憂慮を表明した。また，全国的にもその対応がマスコミからも注目された事例として『ハリー・ポッターと秘密の部屋』の事例や，数年来法律的な判断を求められつづけてきている富山県立近代美術館コラージュ訴訟の結審の事例なども報告した。

　つぎに，元大阪市立大学法学部の福永正三氏から「IT 時代の図書館と知的自由－情報格差と著作権を中心に－」と題して，電子情報提供と「知る自由」との関連や著作権を法律面から分析される，など図書館員とは異なる視点から報告した。

　午後には二人の方から報告発表があった。

　まず，東京大学大学院生の中村百合子氏からは「インターネットの有害情報対策と図書館」と題して報告発表があった。フィルタリングの定義や問題点など，その導入に関して，アメリカでの事例をひきながら整理報告した。すべてそのまま受け入れるか，まったく拒否するのかという対応よりも，その開発・導入に図書館や図書館員が参加していくことも必要ではないかとの問題提起をした。さらに，インターネット上での有害情報に関して，情報リテラシー教育の必要性や図書館のおすすめウェブ・サイトのリンク集であるホワイト・リストの作成，図書館でのインターネットやフィルタリング導入への図書館員参加，法制化や政策化への注意喚起など具体的な対策を提案した。

　つぎに，目黒区大橋図書館員であり，ヤングアダルト・サービス研究会代表でもある山重壮一氏から「青少年有害情報規制と「図書館の自由」」と題して，東京都など全国各地での青少年保護育成条例変更の動きや国の政策などの状況について説明したあと，青少年が成熟していく過程として，メディア・リテラシー訓練や人権教育，それに情操教育の必要性を主張した。

　そのあとの質疑応答では，電子情報も当然のことながら，印刷資料の図書館側の選択・収集・提供について，個人図書館利用者にどのような対応をするのかという基本にたちもどった議論が行われた。この日の報告発表とは別に地元の図書館利用者から，予約制度に関連して個人の購入要求に図書館はどう対応するのかについて発言があって，それに議論が流れ焦点がまとまらず，消化不良になった観が否めないのは残念であった。

(注:『図書館雑誌』1 月号の再掲)

6. 新刊・近刊紹介

・菊池久一著『憎悪表現とは何か：「差別表現」の根本問題を考える』勁草書房 2001.1 4-326153-51-2
・Robbins, Louise S. *Dismissal of Miss Ruth Brown : Civil Rights, Censorship, & the American Library.* Univ of Oklahoma Pr., 2001.1 0-806133-14-7
・Heins, Marjorie. *Not in Front of the Children : "Indecency," Censorship & the Innocence of Youth.* Hill & Wang, 2001.5 0-374175-45-4
　　……Heins はこの研究で今年度の Oboler 賞(ALA がだす知的自由に関する賞)を受賞。
・American Libray Association, The Office for Intellectual Freedom (OIF). *Intellectual Freedom Manual,* 6th Edition. Chicago, ALA, 2001.10　ISBN 0-8389-3519-2
　　……知的自由マニュアル第 6 版(邦訳予定あり)
・『富山県立近代美術館問題・全記録　裁かれた天皇コラージュ』富山県立近代美術館問題を考える会編著 桂書房 2001.10 4-905564-32-8 6000 円
・メディア総合研究所編『誰のためのメディアか：法的規制と表現の自由を考える』花伝社, 共栄書房(発売) 2001.6 4-763403-69-9

第37号(2002年5月)

・田島泰彦著『人権か表現の自由か：個人情報保護法・メディア規制立法を問う』日本評論社 2001.11 4-535512-93-0
・川崎良孝編著『図書館・図書館研究を考える：知的自由・歴史・アメリカ』京都大学図書館情報学研究会発行　日本図書館協会発売 2002.1
・長岡義幸著『出版時評 ながおかの意見1994－2002』ポット出版 2002.1 4-939015-39-4 2200円

図書館の自由　　第36号　2002年5月

1. 図書館の自由に関する事例

・"メディア規制3法案"について

◆人権擁護法案について
・2002年4月25日　日本出版労働組合連合会・中央執行委員会「人権擁護法案」についての声明」
　　http://www.ne.jp/asahi/jfpw/unions/ketsugi/2002ketsugi.html#05
◆個人情報保護法案について
・個人情報の保護に関する法律案（官邸）
　　http://www.kantei.go.jp/jp/it/privacy/houseika/houritsuan/index.html
・2002年4月11日　日本書籍協会「表現の自由を規制する個人情報保護法案に反対する共同アピール」
　　http://www.jbpa.or.jp/kojinjoho-hantaiapl.htm
◆青少年社会環境保護法案(→今回, 国会に上程見送り)
・2001年3月21日　日本図書館協会「青少年社会環境対策基本法案についての見解」
　　http://www.jla.or.jp/kenkai/seisyonen.html

・「船橋市西図書館蔵書除籍」問題について

◆＜資料＞マスコミ報道分
・市立図書館が西部, 渡部両氏の著書を廃棄　教科書論議高まった昨年8月　船橋市教委調査へ　産経新聞 2002.04.12.
・(コラム)産経抄　産経新聞 2002.04.13.　　（※船橋市図書館の廃棄問題について）
・あいまい説明に終始　市教委「政治的意図など」　船橋市西図書館西部氏らの著書廃棄　産経新聞千葉版 2002.04.13.
・船橋西図書館　別の著者も廃棄　西尾氏, 福田氏の20冊　産経新聞 2002.04.13.
・「つくる会」教科書著者らの著書処分　船橋市西図書館　毎日新聞西北版 2002.04.13.
・船橋市立西図書館特定著者の本廃棄　市教委が調査　読売新聞京葉版 2002.04.13.
・(主張)船橋の図書廃棄　特定の著者を狙った愚行　産経新聞 2002.04.15.
・船橋市西図書館特定著書廃棄　疑いさらに拡大　不自然な対応に教育長が疑問符　産経新聞 2002.04.16.
・船橋市西図書館大量廃棄　全リスト判明　保守系集中くっきり　購入わずか5カ月の本も「思想的に変更」つくる会抗議　産経新聞 2002.04.16.
・【談話室】図書館の蔵書私も偏り実感　産経新聞 2002.04.19
・市教委全員「おかしい」　船橋市西図書館特定著者廃棄「公平であるべき」　産経新聞千葉版 2002.04.19.
・船橋市西図書館の大量廃棄　抗議集会に市民80人　産経新聞 2002.04.21.

・全容解明どこまで　船橋市西図書館大量廃棄　西部氏の著書2日で44冊も「事故」で捨てられる？　産経新聞千葉版　2002.04.22.
・石井竜生【アピール】船橋市西図書館の偏向廃棄に厳罰を　産経新聞　2002.04.23
・石井竜生　保守言論人の大量廃棄事件が示す図書館の偏向実態『正論』通巻358号2002年6月号 2002.05. p137-144
・無署名　船橋市西図書館が捨てた書籍187冊全リスト『正論』通巻358号2002年6月号　2002.05. p145-149
・船橋市西図書館　実用書7日で除籍　不適切認める　寄贈本も入力ミス　産経新聞千葉版　2002.05.06.
・井沢元彦　朝日新聞読者だけが知らされない船橋市西図書館「焚書事件」の犯人像　SAPIO　5月22日号 p96- 2002.05.08.（※参照URL http://www.shogakukan.co.jp/main/magazines/sapio.html）
・船橋西図書館　大量廃棄　西部氏らの著書　市教委, 再購入へ　産経新聞　2002.05.10.
・基準にはずれ特定著者の本107冊廃棄　船橋市立図書館　朝日新聞　2002.05.11
・船橋市西図書館の著書大量廃棄　司書の単独行為　市教委調査結果　館長ら処分へ　産経新聞 2002.05.11.
・特定著者の本107冊を廃棄　船橋の西図書館　東京新聞千葉中央版　2002.05.11.
・館長決済前に廃棄　船橋西図書館特定著者書籍　関係者4人処分へ　千葉日報　2002.05.11.
・107冊, 正当理由なく廃棄　船橋市西図書館の蔵書処分問題　関係職員が再購入で弁償　読売新聞京葉版 2002.05.11.
・船橋市西図書館　大量廃棄　「女性司書の独断」市が調査報告　明確な理由なし　産経新聞千葉版 2002.05.11.
・特定著者の図書大量除籍－船橋市西図書館　公共の財産　理由不明のまま廃棄　甘すぎたチェック体制 千葉日報県西版　2002.050.14.
・関係者の本の廃棄「つくる会」再抗議書　読売新聞京葉版　2002.05.17.
・「つくる会」が船橋市に再抗議　西図書館大量廃棄で　産経新聞千葉版　2002.05.17.
・船橋西図書館特定著者廃棄「趣旨に反する行為」40人参加し「考える会」　産経新聞千葉版　2002.05.19.
・「信頼損ねて遺憾」船橋西図書館特定著書廃棄　藤代市長が陳謝　産経新聞千葉版　2002.05.23.

◆船橋市「船橋市西図書館の蔵書廃棄問題」臨時記者発表　2002年5月10日付け
　　　　　http://www.city.funabashi.chiba.jp/

◆関東小委員会による中間報告　2002年5月22～24日　JLA理事会, 評議員会, 総会にて
「船橋市西図書館の蔵書廃棄問題について（中間報告）」
　　　　　　　　　　　　　　　　　　　　　図書館の自由に関する調査委員会　関東地区小委員会　山家篤夫
　今年4月12日に報道された船橋市西図書館の蔵書廃棄問題について, 当委員会は5月14日に西図書館長から説明を受けた。現在, 問題に関わった職員と職員組合からも事情を聞くことで了承をうけており, 日程を調整している。
　館長の説明と提供を受けた資料について報告する。

1. 経過
　今年4月9日, 産経新聞記者から, 西部邁氏らの著書が殆どなくなっていることについて問い合わせがあり, 調査し記者会見した。その後, 全職員から事情を聞くなどさらに調査し, 5月10日に公表した。
2. 平成13年度の蔵書除籍数
　　　図書　2,528冊　内訳　8月187冊, 9月967冊, 11月866冊, 他の月26～93冊
　　　雑誌　2,259冊
　　　8月除籍の187冊中, 107冊の除籍理由不明図書について
　　　　年間平均貸出回数　1回未満26冊,　5回以上37冊, 10回以上6冊
　　　　受入年　　　　　　1990年以前16冊, 1996年以降68冊, 2001年5冊

西図書館のみ所蔵　17 冊

3. 除籍作業のながれ

　通常は，職員 14 名中 8 名（内，司書有資格者 3 名）が主題を分担し，紛失，長期延滞，汚破損など以外の内容判断を要するものについては，貸出回数，出版年を画面で確認して選定し，除籍担当職員が点検後，各館の書庫に移すか除籍処理を行う。翌月，リスト出力して館長が決裁する。

　昨年 8 月の 107 冊は，除籍担当職員が選定し，除籍処理した。

4. 除籍担当職員の説明

　「新しい歴史教科書をつくる会」の教科書が入っているかという問い合わせがあり，調べてみようと思い，本を集めた。もう一人の自分がいた。思想的観点はない。

5. 館の問題把握と再発防止方策

　(1) 問題を防止できなかった理由
　　　〇館長決裁が実際の除籍作業の処理の後であった。
　　　〇特定の職員に判断を委ねていた。
　(2) 再発防止方策
　内容判断を要する除籍対象図書は，館長決裁により共同書庫に収蔵し，4 館職員で構成する共同書庫運営委員会の合議判断をへて，4 館長の決裁で除籍する。

◆図書館問題研究会「船橋市西図書館の蔵書廃棄問題について（見解）」2002 年 5 月 28 日付け
　（http://www.jca.apc.org/tomonken/）

・東大和市図書館[閲覧要求]判決について

＜概要＞

　「東大和市の住民である控訴人が，平成 12 年 4 月 8 日，同市立桜ヶ丘図書館で，平成 10 年 1 月 8 日に大阪府堺市内で起きた幼稚園児殺害事件の容疑者の少年を顔写真入りで実名報道した雑誌「新潮 45」1998 年 3 月号（本件図書）の記事を読もうとしたところ，東大和市立中央図書館長（図書館長）が市立の各図書館での本件図書の閲覧を禁止していたために読むことができず，違法な閲覧禁止処分によって閲覧できなかったことにより精神的損害を被ったとして，国家賠償法 1 条に基づいて 10 万円の損害賠償を求めた事案である。」（高裁判決より引用）

　東京地裁は原告の請求を棄却し，「公立図書館がすでに市販された図書について閲覧を禁止することは表現の事前抑制には該当しない。」「公立図書館は全ての蔵書を提供することを義務づけられているものではなく，正当な理由があれば閲覧禁止を含む利用の制限をできると解すべきである。」とした。そのため原告が控訴したが，東京高等裁判所は控訴を棄却している。

　なお，「新潮 45」少年実名報道事件について，大阪地裁は 1999 年 6 月 9 日，新潮社に少年への損害賠償を命じ，一方大阪高裁は 2000 年 2 月 29 日，原判決を取り消す逆転判決を下した。少年側はこれを不服として上告していたが，2001 年 1 月 12 日，大阪地裁において，少年と殺害された幼稚園児の両親との間に損害賠償をめぐる和解が成立し，同日少年から名誉毀損容疑で告訴されていた新潮社側の前編集長と筆者を告訴取り消しによる不起訴処分とした。

＜資料＞

・東京地方裁判所　平成 12 年（行ウ）第 175 号　雑誌閲覧禁止処分取消請求事件　平成 13 年 9 月 12 日判決言渡
・少年容疑者の実名掲載雑誌，「閲覧禁止は適法」　東京地裁判決　朝日新聞　2001.09.13.
・東京高等裁判所　平成 13 年（行コ）第 212 号（原審・東京地方裁判所平成 12 年（行ウ）第 175 号）　平成 14 年 1 月 29 日判決言渡

＜争点＞

1. まず本件判決の前提に，

①表現の自由とプライバシーの侵害との調整をどうつけるか
　②実名報道されない権利(少年法61条)とはいかなるものか
の問題がある。
2.本件判決[控訴審で引用する原審の判旨を含む]に限れば,
　①図書館は国民の知る権利にどこまで奉仕すべき責任をもつのか
(図書館資料の提供は恩恵的サービスにとどまるものなのか,国民の権利に対応する義務的サービスなのか)
　②問題の雑誌は大量に市販され,図書館外で容易に入手できるから,図書館で提供制限しても利用者の知る権利を侵害していないという判旨は妥当か
(この判旨からすれば,公刊されている資料の提供制限はかなり自由ということにならないか)
　③図書館資料の利用に関する図書館長の裁量権の範囲・程度はどこまで認められるのか
(図書館資料の利用提供は他の公共施設の利用に関する自由裁量権と同視できるか)
が主な争点になろう。

　本件判決を機縁にして,図書館の資料提供の自由(『自由宣言』第2の1)についての具体的な議論の深まりを期待したい。

2. 『図書館の自由に関する宣言1979年改訂解説』の改訂について

　1987年10月に標記解説を公表出版してから,図書館と「図書館の自由」をめぐる多様な事例が起こっています。今回,解説文を見直し改訂することとなりました。すでに「図書館員の倫理綱領」解説増補版は公表・出版されていますが,「図書館の自由に関する宣言1979年改訂解説」も今年度中に改訂文を公表し,特に図書館大会分科会などで論議していきたいと予定しています。委員会では,みなさんの活発なご意見・お考えをお待ちしています。

4. IFLA/FAIFE ニュース

・「グラスゴー宣言」のドラフトがHP上に掲載される。
IFLA Internet Manifest　http://www.ifla.org/III/misc/im-e.htm
　前回(34・35)号でお知らせした「グラスゴー宣言」のドラフトが3月理事会で承認された。この宣言文は国際的にその表現内容が見直され,最終文章がIFLA総会(グラスゴー)で討議の上,投票され決定される運びとなった。日本国内で投票権(個人会員には投票権はないので,投票権をもつ団体・図書館代表者に意見を述べてほしい)をもっておられる専門職団体や図書館の担当者はぜひお読みいただいて,団体や図書館内で討議していただきたい。文章表現についてはIFLA公用語である英語・仏語・西語・露語・独語で確認してほしい。グラスゴー大会で最終文が確定しだい,図書館の自由委員会で日本語訳をおこない公表する予定である。

5. 新刊情報

日本図書館協会図書館員の問題調査研究委員会編『「図書館員の倫理綱領」解説増補版』日本図書館協会,2002　ISBN4－8204－0124－6　¥700(JLA会員は¥588)

図書館の自由　第37号　2002年7月

1. 図書館の自由に関する事例

1-1. "メディア規制3法案"について

（資料）メディア規制二法案の廃案を求めるアピール

　今国会で審議中のメディア規制法案(個人情報保護法・人権擁護法)は，その名称とは違い，マスコミの報道に国家権力が介入して規制し，国民の目から真実を隠すものです。

　この法案は，報道機関の取材方法・発表方法のそれぞれに規制を加えるもので，例えば政財界の汚職など疑惑の取材方法や内部告発などが規制され，マスコミの報道は根底から制約されます。

　これは国民の「知る自由」を明らかに侵害するものにほかなりません。「知る自由」を保障することを任務とする図書館を追求する私たちは，この二法案に反対し，その廃案を求めます。

2002年7月9日

図書館問題研究会第49回全国大会

1-2.「船橋市西図書館蔵書除籍」問題について

〇船橋市西図書館の蔵書廃棄問題について，協会が見解を公表

　常務理事会は，6月5日，船橋市西図書館の蔵書廃棄問題について協議し，下の見解を確認，公表しました。

　同問題について，図書館の自由委員会関東地区小委員会は船橋市図書館と船橋市教育委員会の調査がまとまるのを待って，5月14日，船橋市西図書館に訪問調査を行いました。西図書館長からは館の選書方針，除籍基準等の資料と，市議会や市のホームページに報告・公表された調査結果と改善方策について詳しい説明を受けました。

　廃棄に関わったとされる職員にも面談を求め電話で事情を聞きましたが，市教委の調査結果を覆す説明は得られませんでした。また，処分発表後の6月10日に面談ができましたが，新たな事実は示されませんでした。

　常務理事会は，自由委員会に引き続き解明に努めるよう求めるとともに，船橋市西図書館が自由宣言の思想を踏みにじり，図書館に対する社会の信頼を傷つけたことについて，日本図書館協会が自らの問題として引き受けて謝罪し説明する責務があると判断し，見解を公表することとしました。

（『図書館雑誌』2002年7月号から再掲）

船橋市西図書館の蔵書廃棄問題について

2002年6月5日　　社団法人日本図書館協会

　昨年8月に船橋市西図書館が除籍・廃棄した図書に，「新しい歴史教科書をつくる会」の会員の著書が集中的に含まれていることが，今年4月12日に新聞報道され，その後船橋市教育委員会が調査，5月10日にその事実を確認・公表し，5月29日には関係者の処分も行いました。日本図書館協会は，ことの重大性に鑑み，新聞報道後直ちに調査を申し入れました。図書館の自由に関する調査委員会関東地区小委員会が5月14日に船橋市西図書館に訪問調査を行ない，さらに関係者からの事情聴取を続けています。

　わが国の図書館には，戦前・戦中における公権力の思想統制強化の中で，自主規制を進め，思想善導機関の役割を担っていった歴史があります。日本図書館協会が1954年に採択し，1979年に改訂した「図書館の

自由に関する宣言」(自由宣言)は,かつての誤りに陥ることなく,国民の基本的人権のひとつである「知る自由」を資料提供によって保障することが図書館の基本的使命であり,そのために力を尽くすことを内外に約束したものです。

　私たちは,自由宣言第1「資料収集の自由」の第2項において「多様な,対立する意見のある問題については,それぞれの観点に立つ資料を幅広く収集する」として,社会で問題として取り上げられることがらこそ,図書館が資料・情報を収集して国民の関心に応えることの重要性を確認しています。そして自由宣言第2「資料提供の自由」において,「図書館は,正当な理由がないかぎり,ある種の資料を特別扱いしたり,資料の内容に手を加えたり,書架から撤去したり,廃棄したりはしない」として,寛容と多様性の原理に基づく図書館は,排除の論理とは無縁であることを表明しています。

　広く社会の論議を呼び注目を集めた歴史観に関連した資料を提供することは,図書館への社会の期待に応えるものであり,図書館の責務です。船橋市西図書館が,これらの蔵書を廃棄したことは,自由宣言の思想に反し,これを踏みにじるものと言わざるをえません。

　日本図書館協会は,船橋市西図書館および関係者のみなさんが,問題の再発防止に取り組むことはもとより,図書館の管理・運営・サービスの基本にたちかえって,市民の信頼回復に努められることを求めます。

　そして,今回の問題を図書館界全体の問題として受け止め,自由宣言の理念を学習し,再確認することを全図書館員に要請するとともに,今後,図書館界と社会に対して,自由宣言のいっそうの普及に力を尽くすことを改めて表明します。

図書館の自由に関する宣言

　図書館は,基本的人権のひとつとして知る自由をもつ国民に,資料と施設を提供することを,もっとも重要な任務とする。
　この任務を果たすために,図書館は次のことを確認し実践する。
　　第1　図書館は資料収集の自由を有する。
　　第2　図書館は資料提供の自由を有する。
　　第3　図書館は利用者の秘密を守る。
　　第4　図書館はすべての検閲に反対する。
　図書館の自由が侵されるとき,われわれは団結して,あくまでも自由を守る。

<資料>「船橋市西図書館の蔵書廃棄問題について(見解)」

図書館問題研究会常任委員会

　船橋市西図書館で昨年(2001年)8月に廃棄された一般図書170冊について,107冊が廃棄基準に適合していなかったとされる新聞報道があった。このうち,船橋市立図書館全体の蔵書として一点のみ所蔵していたものは17冊だったが,廃棄された図書の内訳が特定の著者のものが多く,いくつかの新聞や雑誌で批判的な記事が掲載された。これらの著者は,いわゆる「自由主義史観」の著者で,廃棄に政治的・思想的な意図があったのではないかとの疑いが出ているものである。船橋市教育委員会の調査の結果,廃棄に不適切な点があったとして,司書と館長が処分されることになり,日本図書館協会の調査も行われた。同調査は,さらに続けられるが,廃棄の理由・背景についてはいまだに不明なままである。

　事実を解明した上でなければ,適切な見解を公表することはできないが,図書館資料としての図書の廃棄にあたって,図書館としてどのように考えるべきか社会的に問われているので,図書館問題研究会常任委員会として,一般的見解をここに明らかにするものである。なお,ここでの見解は,一般的な市区町村立図書館の一般的なコレクションのあり方を述べたものである。都道府県立図書館や国立図書館,大学や学校の図書館,特殊なコレクションなどは,廃棄の考え方の水準そのものが異なることを付言する。

1　公共図書館における図書の廃棄について

　市区町村立図書館においては,直接,利用者が接する書架については,新鮮さと使いやすさが求められる。そのため,利用の少ない図書,発行の古い図書,盗難・書き込みのおそれが高い図書を,書庫に入れたり,書架構成をわかりやすく保つために,一部の図書を別置するなどの方策をとるのが一般的である。消耗の激

しい図書，相対的に利用の少ない図書を廃棄するという行為も，限られた書架を新鮮で使いやすい状態に維持する目的で行う方策の選択肢の一つである。

　しかし，市区町村立図書館の図書は，通常，その大半が自治体の予算により購入したものであり，住民の財産であって，安易に廃棄することはできない。したがって，図書の廃棄にあたっては，住民に説明できる客観的な基準に基づいて行うことが必要である。

2　自治体における図書館行政の役割

　以上のことから，自治体教育行政においては，住民の信託にこたえうる専門的教育機関として図書館が機能できるように条件整備を行うことが求められる。まず，司書の専門職制度を整備することが必須である。図書館で行われる業務のうち，専門的なものについては，司書を採用・配置すべきである。また，これら専門職集団の長としての図書館長には，当然，専門的能力を有した人材が求められる。地方分権の推進の中で，規制緩和の一環という政府側の位置付けによって，図書館長の資格要件がまったくなくなったが，このようなことは，今回のような事態（事実がどうであれ，図書館長がチェックできない）を多く招きかねない。自治体行政の見識として，司書資格があり行政運営能力と教育に関する識見を持つ図書館長を配置する努力が求められる。人材を広く全国や他館種からも求めることが必要であろう。また，国としても，図書館長に専門的能力・行政運営能力・教育に関する識見を備えた人材の配置を促進する施策が必要である。

　さらに，図書の保存に関して言えば，書庫の整備や，他の図書館との協力が推進されなければならない。

3　今回の廃棄処理の問題点

　今回の廃棄については，当該の司書のみが関与したことなのか，図書館全体の問題なのか，ミスであるのかどうかといった事実でいまだ不明な点があるが，少なくとも次の問題点がある。

(1)廃棄基準に適合しない資料が多数あったことは，事実である。たとえ，ミスであるにしても，図書館資料の廃棄は慎重に行わなければならないことであり，それ自体，責任を問われる問題である。

(2)もし，何らかの政治的・思想的意図があったとすれば，「図書館の自由の宣言」の「第2　図書館は資料提供の自由を有する」の1に述べられている「図書館は，正当な理由がないかぎり，ある種の資料を特別扱いしたり，資料の内容に手を加えたり，書架から撤去したり，廃棄したりはしない」という文言に明らかに抵触する。また，同宣言の資料の収集について述べたところであるが，「第1　図書館は資料収集の自由を有する」「2　図書館は，自らの責任において作成した収集方針にもとづき資料の選択および収集を行う」「(2)著者の思想的，宗教的，党派的立場にとらわれて，その著作を排除することはしない」に本質的に抵触するものである。極めて重大な問題であり，司書や図書館全体に対する信頼失墜行為であり，その責任は大きい。

(3)仮に，政治的・思想的な意図がなかったにせよ，実際に廃棄対象になった図書の内訳を見ると，特定の著者が多く，かつ，廃棄基準に沿っていないものがあり，極めて不見識な行為と言わざるを得ない。

(4)当該の司書が実際にどの程度，関与していたのか，今後の調査を待たなければならない部分があるが，司書の資格を有している職員が，このように問題のある廃棄にかかわっていたとすると，その責任は大変重いと言わざるを得ない。関与したとされる司書は，専門家としての説明を公式に行う責務がある。

(5)図書館長は教育機関として決済を行う。図書館長のチェックが入っていなかったこと自体が大きな問題である。司書の資格を持っていなかったにせよ，図書館長がチェックを行っていなかったことの責任は重い。

(6)船橋市立図書館は職員の司書の比率も大変低く，図書館長も司書の資格を持っていない，専門職制度を導入しているとはいえない図書館である。これでは，司書集団としての専門家同士のチェック機能が働かず，教育機関としての図書館長の決裁権も実質的な意味を持たない。図書館をこのような状態にしておいた行政側の責任も重い。市及び市教育委員会としても，図書館に司書の専門職制度を正式に導入し，図書館長にも司書を配置し，図書館としてのチェック機能が働くようにすべきである。

4　図書館の自由とは何か　－　いわゆる「良書主義」との訣別を

　「図書館の自由」とは，住民の知る権利を保障する図書館の働きを示す言葉である。住民の知る権利を保障する確かな砦としての図書館の教育機関としての独立性を宣言したものである。図書館はこの住民の信託にこ

たえなければならない。今回の問題は，廃棄の意図がどのようなものであったにせよ，住民の不信を招くものである。

「図書館の自由」とは，司書の評価する資料を中心に住民に提供することができることを表明するものでは断じてない。司書は，専門職として，当然，資料の評価は一定できなければならないが，それは，公平・公正であるべきであるのは言うまでもなく，評価しない資料についても，住民の要求や必要性に応じて提供しなければならないのである。この点，いわゆる「良書主義」と呼ばれるもの－住民に悪い影響が及ぶと考える資料を排除する考え方－は，知る自由を保障する図書館として取るべき態度ではない。この点について，司書及び図書館は今一度，認識を再確認する必要がある。

国立国会図書館の壁には「真理はわれらを自由にする」と書かれている。しかし，「真理」とは，誰かが一方的に押し付けるものではない。さまざまな立場から書かれた多様な資料(判断材料)を比較検討することによって，だんだんと明らかにされるものである。図書館の壁にこの言葉が書かれている意味を再度，確認したい。図書館問題研究会としては，この問題を大きな反省材料として，「図書館の自由に関する宣言」についての一層の理解のために，図書館職員自身，また，各方面に対する普及活動に取り組みたい。

2002年5月28日

<資料>船橋市西図書館の蔵書廃棄問題に関するアピール

船橋市西図書館が「新しい歴史教科書をつくる会」の会員らの著書107冊を，昨年8月に廃棄していたと報道されました。その後，船橋市教育委員会及び日本図書館協会の調査により，西図書館の司書がこの蔵書廃棄を行ったことが明らかになりました。

当該職員は，思想的意図や外部からの圧力はないとしています。しかし，この廃棄処分は「図書館の自由に関する宣言」が「多様な対立する意見のある問題については，それぞれの観点に立つ資料を幅広く収集」し，「正当な理由がない限り，ある種の資料を特別扱いしたり・・・廃棄したりはしない」と述べて示している寛容と多様性の原理を，図書館の担い手である図書館員自らが踏みにじるものです。

私たちは，「図書館の自由に関する宣言」で表明した図書館の社会的責任を自覚し，「社会の期待と利用者の要求をよりどころとして職務を遂行する」ことを表明する「図書館員の倫理綱領」を支持しています(1980年，全国図書館大会決議)。

しかしながら，今回の廃棄問題は，図書館員が社会との緊張の中で不断に努力することを怠るとき，この倫理綱領は，図書館員自らによってとり崩されることを示しています。

私たちは，図書館と図書館員に対する信頼を失墜させた，船橋市図書館と当該職員が責任を自覚することを求めます。同時にこの問題を図書館員一人一人が自らの問題として受け止め，図書館の自由と図書館員の倫理を踏まえた図書館サービスを実践することで信頼の回復に努め，国民の知る自由を支える図書館員の使命を担っていく決意を表明します。

2002年7月9日

図書館問題研究会第49回全国大会

1－3.「著作権侵害物の取扱に関するお願い」について

標記依頼文(以下に掲載)が，関東地域の各図書館に送付されている。図書館における資料収集・提供の自由の観点から，各図書館においてはその扱いについては館内での慎重な協議を求めるものである。

・・

2002年5月27日

○○○○図書館御中

著作権侵害物の取扱に関するお願い

拝啓　時下ますますご清栄のこととお喜び申し上げます。

当方は，趣味の歴史研究サークル「歳月堂」を主宰し，調査・研究の成果を自費出版して同好の方々に頒

布する，という活動を行なっている者です。
　さて，98年10月，「のんぷる舎」と称する出版社が『土方歳三の歩いた道』と題する書籍を出版し，多摩地域を中心に全国へ販売しました。現在も，当該書籍がごく一部において流通し，また図書館など公共施設において利用されています。
　しかしながら当該書籍は，私共「歳月堂」の発行物『ふぃーるどわーく多摩』を不当に複製した著作権侵害物であり，その違法性は著作権侵害裁判の判決によって法的に立証されています。
　公共の場において，当該書籍があたかも被告らのオリジナルな出版物であるかのように扱われている状況は，二次的な著作権侵害に当たる可能性があります。
　もしも，貴館におかれまして当該書籍を収蔵していらっしゃいましたら，お手数ながら展示・閲覧・貸出を中止するなど，二次的侵害を避ける対策を採ってくださいますようお願い申し上げます。
　なお，国立国会図書館，都立中央図書館，都立多摩図書館，小金井市立図書館，北広島市図書館など，当方がこれまでに連絡を差し上げた公共図書館では，すでに対応していただいております。
　当方へのご回答ならびにお問い合わせは，お手数ながら，郵便，FAX，電子メールのいずれかにて上記へお願いいたします。日中は不在につき，お電話いただきましても対応させていただけませんので，悪しからずご了承下さい。
　以上，宜しくお取り計らい下さいますようお願い申し上げます。　　　　　　　　　　　　　　　敬具

2.『図書館の自由に関する宣言1979改訂解説』の改訂について

　現在，解説文改定作業を行っている。内容については，図書館大会(群馬)で論議する予定であるので，草文は次号にて大会開催までにお手元に届ける予定である。大会までにぜひ読んでいただいて，活発な議論を期待したい。主な変更点は以下のとおりである。

(1)「人権またはプライバシーを侵害するもの」のより厳密な定義
(2)軋轢を生じやすい著作権法と「図書館の自由」の問題
(3)インターネットの普及によるフィルターソフトの問題
(4)子どもと「図書館の自由」をめぐる問題
(5)1987年以降の図書館をめぐる問題(『フォーカス』問題など神戸児童連続殺傷事件意向の一連の少年法がらみの報道問題や一連の週刊誌規制要求問題，住民基本台帳システムやICカードなどの利用問題，船橋市西図書館図書廃棄問題など)
(6)日本図書館協会や委員会，海外の図書館団体が発表した見解などの収録
(7)その他，関係法令など

3. 住民基本台帳ネットをめぐる動き

<資料>住民基本台帳ネットワークに反対するアピール

　住民一人ひとりに十一桁の番号をつけ，全国的に個人情報をデータベースにして管理するネットワークを構築する住民基本台帳ネットワーク(住基ネット)が，八月から実施されます。
　さらに来年から予定されるICカードは，運転免許証や健康保険証，キャッシュカードなどの情報をすべて一枚のカードに集めてしまうもので，将来はこれに図書館の利用カードの機能を持たせることも視野に入れた検討が進められています。住所・氏名はもちろん預貯金や納税額，健康状態，読書の状況まで，プライバシーのすべてが一枚のカードに収められ，コンピュータで管理されるようになります。
　このように地方自治体が管理する個人情報は，本人の知らないところで国家権力の手で自由に利用される危険性があり，それとともに，図書館の利用と結びついた情報が外部に漏れてゆく危険性があるという事に，私たちは無関心でいる事はできません。
　利用者のプライバシーと思想信条・内心の自由の大切さを身にしみて感じている私たちは，住民に番号を

つけそのプライバシーを管理するこの住民基本台帳ネットワークに強く反対します。
　　　2002年7月9日

　　　　　　　　　　　　　　　　　　　　　　　　　　図書館問題研究会第49回全国大会

4．IFLA/FAIFE　ニュース

4－1．The IFLA Internet Manifesto「インターネット宣言」IFLA/FAIFE

　　　　　　　　　　　　　http://www.ifla.org/III/misc/im-e.htm

　原文は公式言語である英語・仏語・独語・西語・露語で作成（IFLAのサイト）されており，順次，多言語で公表される予定である。2002年度IFLA年次大会（グラスゴー）総会にて最終決定される予定である。

日本語訳（仮訳）
IFLA インターネット宣言

干渉されることなく，情報にアクセスできることは，自由と平等，地球規模での理解と平和に不可欠のものである。したがって，IFLA（国際図書館連盟）は次のことを強く主張する。

知的自由は，人それぞれが意見をもち，意見を表明し，情報を求め受け取る権利である。それは民主主義の基本であり，図書館サービスの核となるものである。
どんなメディアであっても，国境をこえて，図書館・情報専門職にとって，情報への自由なアクセスは中核的な責務である。
図書館・情報サービス機関が，干渉されることなく，インターネットにアクセスできる情報提供は，自由と繁栄，それに発展を望むコミュニティと個人を援助することである。
情報流通に対する障壁は除かれる，特に不平等や貧困，絶望を助長するような場合にはなおさらである。

情報への自由なアクセスとインターネット，図書館・情報サービス
図書館・情報サービス機関は，地球規模で人々が求める情報源と思想，創造的な著作物と人々とを結びつける活気にみちた組織である。図書館・情報サービス機関は，すべてのメディアにおいて，豊かで，人間的な表現と多様な文化を利用できるようにする。

地球規模でのインターネットは，どんなに小さく人里離れた村ででも，巨大都市ででも，世界中の人やコミュニティそれぞれが個人的な成長をとげ，教育や知的刺激を受け，豊かな文化と経済活動，民主主義社会への主体的な参画をおこなうため，情報に平等にアクセスできるようにするものである。すべての人々やコミュニティは，自分たちの興味関心や知識，文化を世界中に発信することができる。

図書館・情報サービス機関は，インターネットへの不可欠な入口を提供する。ある人々にとっては，図書館・情報サービス機関は便利で，ガイダンスしてくれたり，援助してくれるところであるが，ほかの人々にとってはアクセス・ポイントとして唯一利用できるところである。図書館・情報サービス機関は，情報源や技術，訓練の相違によって生じる障壁をのりこえる仕組みを提供しているのである。

インターネット経由での情報への自由なアクセスの原則
インターネットを通じて情報への自由なアクセスは，国連の世界人権宣言，特に19条と整合性をもつものである。

　　　すべての者は自由に意見をもち，表明する権利を有する。干渉されることなく
　　　　自由に意見をもつ権利を含み，国境とのかかわりなく，あらゆる種類のメディア

を通じて，情報と考えを求め，受け及び伝える自由を含む。

地球規模でインターネットが相互接続していくことは，この権利をすべての人々が享受できるメディアを提供していることである。それゆえに，アクセスについては，いかなる形であれ，思想的あるいは政治的，宗教的検閲に屈するべきではならず，経済的障壁を理由とするべきではない。

また，図書館・情報サービス機関には，地域社会のすべての成員にサービスする責任がある。年齢や人種，国籍，宗教，文化，政治的立場を問わず，身体的やそのほかの障がいの有無，性別や性的志向，あるいは他のいかなる状況をも問わない。

図書館・情報サービス機関は，利用者が自己選択によって情報を求める権利を支援すべきである。

図書館・情報サービス機関は，利用者のプライバシーを尊重し，その利用された情報源は秘密にしておくべきであることを認識すべきである。

図書館・情報サービス機関は，質の高い情報とコミュニケーションへの公共に公開されたアクセスを円滑にし，促進する責任を有する。利用者が選択した情報源とサービスを，自由にかつ秘密に活用するため，必要な技術と適切な環境を援助する。

インターネット上には入手できる多くの価値ある情報源に加えて，不正確で誤解をまねき，不快かもしれないような情報源もある。図書館員は，利用者が能率よく効果的に，インターネットと電子情報を利用することを学ぶため，情報と情報源を提供する。図書館員は，積極的に子どもや若者を含むすべての利用者のために，質の高いネットワーク化された情報への信頼できるアクセスを容易にし，促進していく。

ほかの核となるサービスと同じく，図書館・情報サービス機関でのインターネットへのアクセスは無料とするべきである。

宣言の実行
IFLAは国際社会が世界中あまねく，インターネットへのアクセスが可能できるように発展を支援することを奨励する。とりわけ発展途上国で，インターネットによりすべての人々に供せられている情報を地球規模の利益として獲得できるように，その発展の支援を強く求める。

IFLAは国家政府がすべての居住する人々がインターネットへのアクセス供給可能な国家規模の情報基盤を発展構築するように強く求めるものである。

IFLAは国家政府が図書館・情報サービス機関による，インターネット上での入手可能情報の干渉なき流通を支持し，検閲したりアクセスを禁じたりする試みに反対することを強く求める。

IFLAはこの宣言で表明された原則を実行するために，国家や地域レベルで，図書館界やその図書館政策決定者が戦略や政策，計画をすすめていくことを強く要請する。

・・

この宣言はIFLA/FAIFEで作成された。
2002年3月27日オランダ，ハーグにて理事会承認
2002年5月1日 IFLAにより布告

（訳責:井上靖代 IFLA委員, 図書館の自由委員会委員）

4-2. IFLA グラスゴー大会へのお誘い

　IFLA/FAIFE 図書館の自由に関するプログラムは以下のとおりです。国際図書館連盟第 68 回年次大会は 2002 年 8 月 18 日から 24 日にかけて，スコットランドのグラスゴー市で設立 75 周年記念大会として開催の予定です。ただし，直前に変更もありますので，手続き完了後再度日程をご確認ください。図書館の自由に関心のある方で，IFLA に参加される方はぜひ各部会・委員会などにどうぞお越しください。委員会会議も一般参加については委員長の許可で参加できます。ただし英語のみです。

8月16日(金)9:00～11:00　IFLA/FAIFE助言委員会会議(1)
8月17日(土)　11:30～14:30　IFLA/FAIFE実務委員会会議(部屋番号#27)
　　　　　　　※この日は各部会・委員会などの実務会議が一日中おこなわれます。
8月18日(日)　10:00～12:30　IFLA/FAIFE 公開シンポジウム「図書館と争い」(#79)
　　　　　　　※はじめてIFLA参加した人向け紹介プログラム 13:00～14:00(#85)
　　　　　　　※評議員会(1)16:00～17:30　(#86)
　　　　　　　※展示会開場 17:30～20:00 そのあとスコットランド舞踊が披露される予定
8月19日(月)　※開会式　9:30～11:00
　　　　　　　※IFLA年次総会(1)　16:00～17:00
　　　　　　　※開会パーティ　19:30～23:00
8月20日(火)※総会(2)14:00～15:00
　　　　　　　※ロイヤル・コンサート・ホールにて文化の夕べ 19:45～21:15
8月21日(水)9:00～11:00IFLA/FAIFE助言委員会会議(2)
　　　　　　　※総会(3)
8月22日(木)8:30～12:00　ワークショップ(FAIFEと大学研究図書館部会と中南米地域委員会との合同)「民主主義と多様性をすすめる大学図書館の役割」The role of university library in promoting democracy and diversity（#147）
　　　　　12:15～15:45 ワークショップ(FAIFEと視覚障害者図書館サービス部会との合同)「視覚障がい者への図書館サービス:無知か検閲か。「特別な人々に対して離れたところに図書館があることは検閲のひとつの形であると当議会は信じる」という動議についてのディベート」Library services to the blind: Ignorance or censorship. A debate on the motion "This house believes that the existence of separate libraries for special populations is a form of censorship"（#165）
　　　　　　　※午前あるいは午後　図書館訪問
　　　　　　　※(追加払いが必要)スコットランド・ミリタリー・タトゥー音楽祭
8月23日(金)8:00～10:00IFLA/FAIFE実務委員会会議(2)（#184）
　　　　　　　※総会(4)12:30～13:30
　　　　　　　※閉会式　14:15～15:30
　　　　　　　※評議員会(2)　15:45～16:45

5.図書館大会分科会へのお誘いとセミナーの予告

・平成14年度(第88回)群馬大会
　　開催期間:2002年10月23日(水)～25日(金)
　　開催地:前橋市　会場:群馬県民会館　ほか
　　大会テーマ:進化する図書館, 未来を拓く群馬から～ひとりひとりの豊かな生のために～
　　　全国大会ホームページ:　http://www.library.pref.gunma.jp/taikai.html
第9分科会(図書館の自由)
　　場所:群馬県市町村会館502研修室　24日(木)9:30～5:00
　　テーマ:国民の「知る権利」をめぐる状況と『「自由宣言1979年」解説』の改訂

自由な報道や表現を規制しかねないとして,メディアがこぞって反対している,いわゆる「メディア規制三法案」(個人情報保護法,青少年有害社会環境対策基本法,人権擁護法)は「知る権利」を保障する機関としての図書館にとっても重大な問題である。これらの法案の問題点について明らかにしていきたい。また,「図書館の自由宣言」解説について,これまでの経過や現在のさまざまな状況を踏まえた改訂作業を現在すすめているが,その内容について検討,論議する。　　申込締切は8月31日です！！！

○セミナー予告

図書館の自由・関東委員会では法律の専門家(奥平康弘氏(東京大学名誉教授・憲法)を予定)を招いてのセミナーを企画している。
日時は11月11日(月)18:15～21:00　　於:日本図書館協会　　詳細は次号で案内。

図書館の自由　　第38号　2002年9月

1. 図書館の自由に関する事例

・船橋市西図書館の蔵書廃棄問題に関する調査報告　(『図書館雑誌』10月号より転載)

船橋市西図書館の蔵書廃棄問題に関する調査報告

2002年8月25日
日本図書館協会図書館の自由委員会

1. 蔵書廃棄問題の経緯

昨年8月に船橋市西図書館が「新しい歴史教科書をつくる会」関係者の著書を集中的に廃棄した問題について,船橋市教育委員会は今年5月10日に調査結果を市議会に報告し公表した[1]。同29日に廃棄の直接責任を問われた西図書館職員(以下,「A 職員」という)と,図書館および教育委員会事務局の管理職の処分(A職員は減給1/10×6月,西図書館長は同3月など)を公表した。

処分から60日を過ぎて不服申し立ては行われず,一方,除籍された図書の著者など8名と「新しい歴史教科書をつくる会」は,8月13日,A職員と船橋市長に対し,表現の自由を侵害された等として損害賠償を求める裁判をおこした。

図書館の自由委員会はこれまで,船橋市西図書館長とA職員および市職員組合役員に面談調査を行ってきた。今後,新たな事実が示されることも考えられるが,現時点での調査内容を報告する。

2. 面談調査報告

(1) 船橋市西図書館長の説明(5月14日)

今年4月9日,産経新聞記者から,西部邁氏ら「新しい歴史教科書をつくる会」の著書がほとんどなくなっていることについて問い合わせがあり,急ぎ調査し,記者会見した。その際,汚破損や利用が少なくなったなどが理由として考えられると述べた。12日に産経新聞に報道されたが,全職員から事情を聞くなどさらに調査し,5月10日に市議会に報告し,プレス公表した。

[廃棄図書の内容]

平成13年度の蔵書除籍数は,図書は2,528冊。その月別内訳は,8月／187冊,9月(特別整理)／967冊,11月(地域資料移籍)／866冊で,他の月は26～93冊だった。8月は平均より100冊程度多かった。雑誌は保存期間を過ぎたもの2,259冊を順次廃棄していった。

8月に除籍した187冊中,除籍理由不明の図書が107冊あった。「新しい歴史教科書をつくる会」会員もしくは関係者の著書である。この中には,年間平均貸出回数が1回未満のものが26冊ある一方,5回以上のもの

が37冊あり,10回以上のものも6冊あった。また,受入年では1990年以前のものが16冊ある一方,1996年以降のものが68冊あり,2001年のものも5冊あった。船橋市立図書館で1冊しかないものは共同保存庫で保存することとしているが,西図書館のみ所蔵のものが17冊あった。

[除籍作業のながれ]

通常は,職員14名中館内奉仕担当の8名(うち,司書有資格者3名)が主題を分担し,紛失,長期延滞,汚破損などを除く内容判断を要するものについては,貸出回数,出版年をカウンター端末画面で確認して選定入力し,各館の書庫に移すか除籍を行う。翌月にリストを出力して館長が除籍を決裁する。

昨年8月の107冊の除籍は,A職員が10,14,15,16,25,26の6日間に選定入力し,廃棄処理した。

[A職員から聴取した内容]

A職員は次のように説明している。「新しい歴史教科書をつくる会」の教科書が入っているかという問い合わせがあり,調べてみようと思い,本を集めた。思想的な観点から行ったことではない。

[館の問題把握と再発防止方策]

問題を防止できなかった理由は,①館長の除籍決裁が実際の作業の後であったこと,②特定の職員に判断をゆだねていたことである。再発を防止するため,今後は①内容判断を要する除籍対象図書は,館長決裁により共同書庫に収蔵し,②4館の職員で構成する共同書庫運営委員会の合議判断を経て,4館長の決裁で除籍する。

(2) A職員の説明(6月10日)

[図書を集めた経緯]

昨年8月はじめごろ,利用者から「つくる会の教科書のどこが問題になっているのか,分かりやすく書いた本はないか」と聞かれ,関連図書を知るために,職員とパートに本を集めてもらった。

展示とかリスト作成などは考えず,自分でも目的ははっきりしていないが,本を知る研修の一環で,「目次くらいは見てね」という感じだった。誰の著書を集めるという指示はしなかった。どのようなものが集まったのかというまとめもしなかった。

[ミスの可能性について]

除籍図書を入力するのは,狭いカウンター上の3台の端末で,貸出・返却,督促,レファレンス検索,利用者入力,寄贈本処理,除籍入力などの業務に回し使っていた。除籍入力は,対象本のバーコードをハンディターミナルで読み込むだけで完了し,その際,リストは出力できない。ミスが起こりやすい状況である。その後,パート職員が表紙を本体から剥がして廃棄する。

[市教委の調査について]

報道で犯人扱いされている感じがあり,記者に家族が声をかけられたり,市民からの告訴の可能性が言われたりする状況で,市教委の事情聴取が行われた。冷静・的確に対応できないまま自分がやったという文書に署名した。

除籍があった8月の他の日はともかく,15日は毎年の児童室の「お話会」に忙殺され,ほかのことをする気持ちのゆとりはなかった。

(3) 船橋市職員労働組合役員の説明(6月15日,7月6日)

船橋市は1972年から77年ごろまで,司書,社教主事,学芸員など社会教育の専門的職員を選考採用していたが,その後,打ち切った。かつて採用された職員は,補職名にそれらの職種名があり,他の職場への異動はない。

職員組合は,社会教育の専門的職員の選考採用と専門職としての任用を運動方針に掲げている。

船橋市の社教施設は公民館25館,図書館4館を含め45ある。社会教育支部は専門職制度や政策づくりに取り組んでいるが,これを機会に市民参加をすすめ,市民の求める図書館づくりを支部として進めていきたい。

3. 調査のまとめ

図書館の自由委員会としては,事実経過について次のように確認し,当面のまとめとしたい。

(1) A職員が,昨年8月はじめ,「新しい歴史教科書をつくる会」会員らの著作蔵書を研修の一環として集めることを館内奉仕担当職員に提起・指示したことは,市教委とA職員がともに認めている。

(2) 集められてくる蔵書107冊について，A職員が8月10日から26日までに逐次除籍を決定・入力したという市教委調査結果に対し，A職員は少なくとも8月15日は除籍作業を行う「気持ちのゆとりがなかった」と話している。一方，除籍作業は短い時間で行えるものである。また，市教委は事情聴取を行い，非常勤職員にA職員が廃棄作業を指示したとしているが，A職員からはこれに反論する事実や職員の証言は提示されなかった。

(3) この除籍・廃棄行為に思想的動機や組織的背景はなかったとすることで，市教委とA職員は一致している。

(4) 市教委は，結果として「意図的であると思われても仕方なく，市民の信頼を著しく損なうもの」として，上記処分を行った。

　図書館の自由委員会は調査の状況を理事会等に逐次報告し，常務理事会は6月5日，この蔵書廃棄問題を図書館界全体の問題として受け止め，図書館の自由の理解と普及に努めるという見解を公表している。

　今後進められる裁判では，公立図書館が行う資料提供が，表現の自由を中心とする憲法の権利保障の枠組みにどう位置づけられるかが中心的争点になると考えられる。自由委員会は上記見解の認識をふまえ，新たな展開への対応に努める。

(文責・図書館の自由委員会副委員長　山家篤夫)

注1) 船橋市のホームページ　http://www.city.funabashi.chiba.jp　参照
※編注：新しい歴史教科書をつくる会　http://www.tsukurukai.com/

2.『図書館の自由に関する宣言1979改訂解説』の改訂について

・改訂のポイント

2002.7.14 三苫

自由宣言解説改定案

(章)宣言の採択・改訂とその後の展開(p.10～)
①「図書館の自由をめぐる問題の新たな局面」(p.14～)
　この節に続いて，次の一節を入れる。(p.16)
　(富山問題に関しては棚橋氏から意見が出ているが，再検討できていない)

1987年以降の新たな展開

　公立図書館の貸出の推移を見れば，1970年代の大躍進と90年代に入ってからの町村立図書館を中心にした進展期を経る中で図書館は社会の中での認知度を増していく。その結果として，つぎつぎに図書館の自由に関する事件が生起することとなった。

　1986年に始まる富山県立近代美術館における天皇コラージュ作品の処置をめぐる国民の知る権利訴訟とそれに関連する富山県立図書館図録問題は，作品や資料の処置は管理責任側の裁量に委ねられるという最高裁の判決で，国民の知る権利に制約を加える結果になった。しかしそれはマスコミに大きく取り上げられ，社会の関心を呼んだ。

　1988年には絵本『ちびくろサンボ』が人種差別であるとの批判を受けて，日本では絶版になった。しかしこの絵本が差別書であるかどうかはその後も論議が続いている。

　1995年には，東京の地下鉄サリン事件捜査過程での国立国会図書館利用記録53万人分の無差別差し押さえも各界の批判を呼び抗議声明が出された。

　1997年の神戸連続児童殺傷事件における少年被疑者の顔写真を掲載した『フォーカス』(同年7月9日号)，その検事調書を掲載した『文藝春秋』(1998年3月号)，1998年の堺通り魔幼児殺害事件を実名記事にした『新潮45』(同年3月号)など，問題となる報道が続発した際，その資料の提供について公共図書館がマスコミの注目を集めることになり，改めて図書館の自由のあり方が社会的関心のもとに問われることになった。東大和市においては，『新潮45』の閲覧制限は住民の知る権利の侵害であると訴訟が起された。

そのほか,『タイ買春読本』(1994年初版)『完全自殺マニュアル』(1993年初版)の廃棄要求や閲覧制限要求は住民の間でも論議を呼び,やがて有害図書指定の動きになり,図書館が時勢の「常識」の中で,図書館の国民の知る自由への取組みの姿勢が試されている。
　1996年には秋田県で地域雑誌『KEN』が個人のプライバシー侵害を理由に頒布禁止の仮処分が決定され,申立人から県立図書館に利用禁止を求めて「警告書」が送付されるということが起こった。この場合は図書館に対して仮処分が決定されたものではないが,今後利用禁止を法的に求められた場合の対応が迫られている。
　1997年には,タレント情報本の出版差し止め認められるということがあり,個人情報をめぐって,以後,出版の事前差し止めの法的判断の事例がいくつか出てくる。

②「『解説』改訂の意義」(p.16)
　この節に続いて次の1節を入れる。
　(項目については再整理が必要との意見があるが,まだできていない)

『解説』再改訂の意義
　前回の改定のあと,情勢は急展開し,新たな指針を求められている事柄がいくつか生じていることと,宣言文を危惧すべき方向での拡大解釈が行われる傾向が見られ,放置できないという指摘がなされたことなど,いずれも重要な内容なのでこの際必要最小限の改訂をすることとした。
　改訂にあたって留意した点は次のとおりである。
 (1)　「人権またはプライバシーを侵害するもの」のより厳密な定義
 (2)　情勢の新たな変化に応じた加筆
 (3)　船橋市西図書館図書廃棄問題
 (4)　『フォーカス』問題等,神戸児童連続殺傷事件以降の一連の少年法がらみの報道問題
 (5)　住民基本台帳システム実施を背景に,ICカードや学籍番号の広がり
 (6)　軋轢を生じ易い著作権法と図書館の自由の問題
 (7)　インターネットの普及によるフィルターソフトの問題
 (8)　子どもの図書館の自由をめぐる問題
 (9)　一連の週刊誌規制要求問題
 (10)　日本図書館協会および図書館の自由に関する調査委員会が発表した見解等の収録
 (11)　その他,関係法例等の付録類の点検補充

(章)宣言の解説(p.17～)
　(前文)
③「公平な権利」(p.20)
　この節の冒頭の3行を次のように変える。

　現在,公立図書館がまだ設置されていない地方自治体があるし,1997年の学校図書館法の改正により,2003年度より(一応)司書教諭の発令が義務づけられることになったとはいえ,ひきつづき発令が猶予される12学級に満たない小中学校も約半数残される。

第2　図書館は資料提供の自由を有する。(p.23～)
④「わいせつ出版物」(p.26)
　「このようにわいせつ文書とする判断基準は‥‥」以下を次のように変える。

　『悪徳の栄え』は1969年,『四畳半襖の下張り』は1980年に最高裁で有罪判決を受けたが,その後これら3文書はいずれも無削除で公刊されている。このように,裁判基準がありながら,わいせつ文書も社会の常識が

変化することによって許容されることになるのである。従って，わいせつ出版物の提供の制限も，時期をみて再検討されなければならないものである。

⑤「資料の保存」（p.27）

「1984 年の広島県立図書館問題では，‥‥が切断破棄された。」に続いて，次の段落を入れる。

2002 年には船橋市西図書館で「新しい歴史教科書をつくる会」会員の著書が，前年の夏に 100 冊以上集中的に廃棄されていたことがわかった。

第 3　図書館は利用者の秘密を守る。（p.28～）

⑥「最近の事例としては，‥‥事件がある。」（p.29）を次のように書きかえる。

1995 年 3 月に起きた地下鉄サリン事件捜査に関連して，警視庁は捜査差押許可状に基づき国立国会図書館の利用申込書約 53 万人分をはじめ，資料請求票約 75 万件，資料複写申込書約 30 万件を押収した事件がある。1 年余の利用記録すべてである（注 8）。

注 8　JLA 図書館の自由に関する調査委員会関東地区委員会「裁判所の令状に基づく図書館利用記録の押収―『地下鉄サリン事件』捜査に関する事例」　図書館雑誌　89（10）p.808－810

第 4　図書館はすべての検閲に反対する。（p.33～）

⑦「図書館と検閲」（p.33～）

（p.34）「青少年を「有害図書」の影響から‥‥」の段落を次のように書きかえる。

青少年を「有害図書」の影響から守るという趣旨の地方自治体で制定されている青少年保護育成条例についても憲法上の論議をよんでおり，さらに国民の言論・表現及び出版の自由を侵すおそれのある「青少年有害社会環境対策基本法案」の立法化がすすめられている。

⑧「検閲と同様の結果をもたらすもの」（p.35）

冒頭の「1985 年に東京都世田谷区議会で，‥‥重ねる事件がおきた。」に続いて，次の文を追加する。

その後も特定政党の批判記事を掲載した週刊誌を名指して図書館からの排除が要求されることがあった。1999 年末には，いくつかの区議会で，過激な性表現を理由に週刊誌を名指して図書館からの排除要求がされた。また 2001 年には，特定団体を批判した図書を所蔵していることを理由に，区立図書館の人事異動を要求した区議会議員もいた。

再改訂版のあとがき

……………………………………………………………………

人権またはプライバシーの侵害　（以下のとおり全面修正）

宣言の採択時と異なり，プライバシーの権利が人権に含まれることに今日ではほとんど異論がないと考えられるから，この制限項目の文言を「プライバシーその他の人権を侵害するもの」と読み替えられるべきである。

ところで，この制限項目については，いくつかの疑問点が指摘されている。ある資料が「侵害するもの」であるという判断基準はどういうものであり，その判断を誰がするのか，また，制限項目に該当する範囲が拡大解釈されることはないのか，利用の制限はどのような方法でおこなわれるのが適当か，などの諸点である。

これらの疑問点について，これまでの体験を通じて得られた教訓や反省を踏まえて以下のような一応の解説をしますが，さらに今後も広く各層の意見を集結し，なお一層の社会的合意の形成に努めるべきものである。

(a) まず「侵害するもの」であるという判断基準についてであるが，被害者の人権保護と著者の思想・表現の自由の確保とのバランス，および国民の知る自由を保障する図書館の公共的責任を考えれば，次のようになろう。
　(1)「その他の人権」とは，名誉をはじめとして表現行為によって精神的苦痛を余儀なくされる可能性のある人権の侵害に直結するものを除き，制限項目に該当しない。(注1)(注2)
　(2) ここにいうプライバシーとは，特定の個人に関する精神，肉体，生活環境などに関する情報で一般に他人に知られたくないと望むことが正当であると認められ，かつ，公知のものである情報に限定される。
　(3) 問題となっている資料(以下，当該資料という。)に関して人権侵害を認めた司法判断があった場合に，図書館としては必ずしもそれに拘束されるものではないが，その趣旨を汲み取った上での判断が求められよう。

(b) その判断は誰がするのか。(a)に述べた基準の適用について意見の対立が予想されるところから，図書館内外の多様な意見が公平に繁栄されつつも，図書館の主体性が確保された合議体による判断が求められる。(注3)
　(1) 各図書館に資料の利用制限の是非・程度を検討する委員会を設置しておくことが望ましい。小規模図書館においては，全館員による検討会を委員会に代えることができる。
　(2) 委員会は全ての館員の意見が反映されるような組織であることを要する。
　(3) 委員会または検討会は，当該資料に関して直接の利害を有する者および一般の図書館利用者の求めに応じて，意見を表明する機会を与えなければならない。
　(4) 委員会は個別の資料と人権の関わりを検討するのみでなく，ひろく図書館の自由に関する日常的な研修の場として利用すること，および研究会を主催することができるものとする。

(c) 利用制限が必要だと判断された場合，その措置はどのような方法が適当か。「極力限定して適用」すべきだとする宣言の趣旨は，利用制限の方法を選択する際にも援用される。したがって，措置が過度に制限的にならないように注意する必要がある。
　なお，利用者などから当該資料の利用制限を要求されたにもかかわらず，検討の結果，何らの措置も採らなかった場合には，その経緯を掲示などにより一般的に説明する必要があろう。報道機関などで人権侵害が話題になっている資料についても同様である。
　(1) 閲覧を含む全面的な利用禁止は，原則として，単一著者の著作であって，人権を侵害しているとされる箇所(以下，該当箇所という。)が当該資料全体にわたっている場合またはその他の部分と不可分の場合に限って許される。
　(2) 利用者による該当箇所の切り取りなどの破損に対する配慮が必要であるから，当該資料を適当な場所に別置するなどの特別の利用方法を採ることは許される。
　(3) 図書館自らが，事前に該当箇所を切り取ったり塗り潰すことは，著(編集)者の許諾のある場合にのみ許される。後日の原状回復の可能性を見越して該当箇所を袋綴じにする場合も同様である。
　(4) 貸出または複写(当該資料の全部または一部)を禁止する措置を採った場合には，(2)と併用したうえで，その理由を利用を申し出た者に個別に説明して，利用者の理解を求めることが必要である。

(注1) いわゆる「部落地名総鑑」の類の資料，一部の古地図やある種の行政資料などは，これを利用してある人の出身地を調べれば，その人が被差別部落出身者であることが明白になり，就職差別や結婚差別に直ちにつながることになる。この制限項目は，差別をもたらす可能性のある資料のうち，特定の個人のプライバシーや名誉などの人権侵害に直結するものに限って適用されるべきものである。
(注2) これらの基準に特定の資料が該当するかどうかについて，意見が対立する可能性がある。1976年11月，名古屋市においていわゆる『ピノキオ』事件がおきたとき，同市鶴舞中央図書館は『ピノキオ』の回収を市立14館に指示した。同書中に身体障害者差別の思想を助長する内容が含まれているとされたのである。
　　これに対し図書館問題研究会常任委員会は「全体的にみるならば『ピノキオ』は差別図書であると簡

単に規定できない内容をもっている」と判断した。

また，1980〜81年におきた『長野市史考』事件では，長野県立図書館等において一時的にせよ同書およびその他の資料32点の利用が規制された。これも同書中に身分上の差別を温存・助長するおそれのある表現がみられるとされたのである。このときも，この規制を不当であるとしてその撤回を要求する意見があった。

同様のことは訴訟の場でもおこった。少年犯罪を実名・顔写真入りで報道した雑誌記事が少年の人権を保護することを目的とした少年法61条に抵触するかどうかが争われた，いわゆる堺通り魔事件において，第一審（大阪地裁判決平成11年6月9日）と第二審（大阪高裁平成12年2月29日）の判決とが真っ向から対立し，当該雑誌の取扱いについて図書館側の対応に少なからず混乱を生じさせたことがある。

(注3)注2で紹介した『ピノキオ』事件の処理にあたって，名古屋市図書館では次のような3原則が確認されたが，解説本文ではこれを参考にした。
　(1)問題が発生した場合には，職制判断によって処理することなく，全職員によって検討する。
　(2)図書館員が制約された状況のなかで判断するのではなく，市民の広範な意見をきく。
　(3)とりわけ人権侵害にかかわる問題については，偏見と予断にとらわれないよう，問題の当事者の意見を聞く。

(担当：福永)

インターネットについて（新規項目）

大学や専門図書館ではもちろんのこと，公立・学校図書館でもインターネット接続，利用者への端末開放は個人の「知的自由」確保の手段である。インターネット上の情報を図書館内で提供することは，電子情報社会での情報格差を解消する手段のひとつとして位置づけられ，その導入と活用が積極的に行われるべきである。インターネット情報提供は図書館資料提供として考えられうるものであり，制限条件についても，年齢などによって設定されるべきものではない。特に，公立図書館における年齢を理由とするサーバー段階でのフィルタリングの導入は，未成年者のみならず，すべての人々の「知る自由」「知る権利」を阻害するものとして認識されるものである。また，学校図書館や大学図書館でのフィルター・ソフト設定については，教育の場における情報選択能力や批判判断能力といった情報リテラシー育成の機会をも阻害しうるものと考えられる。利用時間制限などの図書館におけるインターネット情報利用条件については，図書館資料におけるものと同じく，図書館職員集団と利用者との合意のうえ決定すべきものである。

なお，フィルタリングとは，フィルター・ソフトの導入などによって，語句表現を設定してアクセスできないようにしたり，あらかじめ作成機関等が画像などを確認したサイトごとにブロックしたりしたものなど多様なものがある。問題は，誰がどのようにして，どのような基準で設定しているか公開されておらず不明な点が多いことである。さらに，「すみわけ」選択可能な端末ごとの設定よりも，図書館外のサーバーなどにあらかじめ設定されて包括設定されている場合が問題である。

(担当：井上(靖))

子どもと知的自由について（新規項目）

子ども・若者への資料提供

子どもや若者たちにも，「知る自由」である「読む自由」は保障されており，その「読む自由」を保障するためにも「読書の秘密」は守られる。「読む自由」は印刷媒体のみならずインターネットのサイトを「読む」ことや，映画や音楽といった視聴覚資料情報を「読む」ことも含む。「読む」ことは情報選択能力や情報批判・判断・活用能力といった情報リテラシー育成の基本である。特に，学校図書館は，子どもたちの「読む自由」を守るために貸出方式をはじめとして，教師や親にも子どもたちの人権を認識してもらい，「読む」ことの意義を理解してもらう努力をおこなう重要な場である。

「子どもの権利条約」（児童権利条約 1994年批准）にみるように，何を読むか，何を読みたいかである「読む自由」は子どもたち自身の意見表明であり，図書館はそれを保障すべきである。宣言の前文の5に述べて

いるように，子どもや若者たちも，図書館利用に公平な権利をもっている。年齢を理由とした図書館施設・資料利用制限や，極端な「良書主義」は図書館員の自己規制につながる可能性がある。

　子どもたちは，知的好奇心をもち，多様な対立する意見のある問題について，それぞれの観点にたつ資料にもとづいて，情報・資料を理解し，批判し，判断し，自己意見をもつ地域市民として，これから成長していく存在である。図書館は子どもたちの，その健やかな成長の保障をおこなうべき存在であり，阻害要因となってはならない。

（担当：井上(靖)）

・・

著作権について（新規項目）
※編注：原稿未入手－図書館大会分科会当日に配布予定　（担当：南）

・・

住民基本台帳制度，ICカードと図書館について
※編注：原稿未入手－図書館大会分科会当日に配布予定　（担当：西河内）

4. 自由委員会内規について

「図書館の自由に関する調査委員会」は「図書館の自由委員会」と名称変更がなされた。また，自由委員会の内規が常務理事会(8月8日)で承認された。

図書館の自由委員会内規

第1条　図書館の自由委員会(以下，委員会という)は，日本図書館協会委員会規程第2条に定める事業執行型委員会として設置する。

第2条　委員会は，図書館員が利用者の読書と調査の自由をまもり，ひろげる責務を果たすため，つぎのことをおこなう。
　1.「図書館の自由に関する宣言」の趣旨の普及につとめ，その維持発展をはかる。
　2. 図書館の自由をめぐる侵害および抵抗の事実についてひろく情報を収集するとともに，当事者の求めに応じて調査研究する。
　3. 会員もしくは地方組織の求めに応じて，調査研究の成果を提供し，または発表する。

第3条　委員会の構成は，つぎのとおりとする。
　1. 委員会は東地区委員会と西地区委員会とをもって構成する。
　2. 委員会は全体で25名以内の委員をもって構成する。
　3. 東西両地区委員会の委員は，関東圏及び近畿圏の会員の中から，それぞれ10名以内，さらに両圏外の全国の会員の中から定数の範囲内で理事長が委嘱する。全国の会員で委嘱された委員は，希望する地区委員会に所属する。
　4. 委員会に委員長と副委員長2名を置く。委員長は委員の互選による。副委員長は東西両地区委員会からそれぞれ1名，互選により決める。

第4条　東西両地区委員会および全体会は，定例会を開くほか，委員長が必要と認めたとき臨時会を開く。委員長が必要と認めた場合，会員の出席を認める。

　　付　　則
　この内規は，平成14年8月8日から施行する。

説明：──
〔委員の構成について〕
・全国委員会制を廃止する。
・東西の地域区分は明確に区切らず，広域委員は動きやすい方の地区委員会に所属する。
・地区委員会の担当案件はその都度協議して決める。

第38号(2002年9月)

・今後全国に，県単位で協力員を置くべきだが，一律にはできないので，置けるところから委嘱する。
〔委員の人選について〕
・委員が推薦した会員及び公募して応募した会員の中から，委員会で決定し，常務理事会の承認を得る。
・委員の条件はおおむね次のとおり
①委員会規程第2条の遵守につとめることのできる人
②出身母体が偏らないこと
〔会議の開催について〕
・会議は東西両地区委員会および全委員が参加する全体会とする。
・定例の地区委員会を年8〜12回，全体会を年2回開催する。そのほか必要があれば臨時に開催する。
・会議は委員の出席を前提とするが，委員が遠隔地の場合，あるいは出席できない場合，レポートの提出を求める。なおそのほか，電子メール，FAX，電話，郵便によって意見交換を行う。
・旅費は日図協の旅費規程に拠って支給する。
〔副委員長について〕
・副委員長はそれぞれの地区委員会の委員長を兼ねる。 (2002.8.8)

※編注:JLA の組織改変により，委員会機構が変更になった。これから上記のような各委員会での内規が決定され，公表されると思われる。これにより，さらに各委員会の活動目的・範囲や委員の選任などが JLA 会員に明らかとなり，会員からの各委員会への活発な要望・参加や委員会活動の改革が期待される。ただし，各委員会での内規決定・公表は義務ではないので，図書館の自由委員会としては，その端を発すべくここに公表するものである。

5. IFLA/FAIFE ニュース

・IFLA/FAIFE 報告

http://www.ifla.org/faife/index.htm （IFLA/FAIFE の HP アドレスが変更になりました）
　Libraries for life: democracy, diversity, delivery をテーマとして，8月18日から24日にかけてグラスゴーで第75回IFLA大会が開催された。FAIFEでは会議中，助言者会議(3回)，実務会議(2回)，ワークショップ(2回)，分科会(1回)を行った。実務会議では，過去1年間の財政や活動報告がなされ，また，各国の知的自由に関する情勢報告や情報交換が行われた。特に南フランスでの図書館などへの右翼政権の圧力による現状について，エクス・アン・プロヴァンス図書館長でABF(フランス図書館員協会)の会員から報告があった。また，来年度のベルリン大会では，図書館員の倫理をテーマとして，自己規制などについてとりあげる1日のワークショップと，児童・YAセクションと合同で子どもの知的自由の問題をとりあげる分科会の予定が説明された。最終日，閉会式のあと続いて行われた評議員会では「グラスゴー宣言」が満場一致で採択された。
　2002年度の世界報告書として *Libraries, Conflicts & The Internet; IFLA/FAIFE World Report Series vol. II: IFLA/FAIFE Summary Report 2002*. (Copenhagen : IFLA/FAIFE, 2002 ISBN 87-988013-2-5)が刊行された。
　なお，大会中の発表についてはIFLAのHPに掲載されているので参照してほしい。http://www.ifla.org また，CILIP(Chartered Institute of Library & Information Professionals 旧名 LA＝イギリス図書館協会)のHPからもアクセスできる。http://www.cilip.org.uk
　2003年8月1日から第76回IFLA大会がベルリンで開催される。詳細はhttp://www.ifla.org で確認してほしい。

6. 図書館大会分科会へのお誘いとセミナーの予告

・平成14年度(第88回)群馬大会
開催期間　2002年10月23日(水)〜25日(金)

開催地　　前橋市
会場　　　群馬県民会館 ほか
大会テーマ　進化する図書館, 未来を拓く群馬から～ひとりひとりの豊かな生のために～
全国大会ホームページ　http://www.library.pref.gunma.jp/taikai.html

※編注:HPから大会参加申込ができます。

第9分科会（図書館の自由）

場所　群馬県市町村会館 502 研修室　24日（木）9:30～5:00

テーマ　国民の「知る権利」をめぐる状況と「自由宣言 1979年」解説の改訂

　図書館の自由委員会では『「図書館の自由に関する宣言 1979年改訂」解説』(1987年刊行)の改訂を計画している。本分科会は, まず改訂の委員会試案を披露し, 試案に対する会員からの意見を聴取する場としたい。活発な議論が行えることを期待している。

　また, 「メディア規制三法案」や船橋市西図書館蔵書廃棄問題等, この一年の図書館の自由に関わる事例についても検討を行いたい。

○情勢報告"図書館の自由に関わる事例この一年" 山家篤夫（JLA 図書館の自由委員会東地区委員会委員長, 東京都立日比谷図書館）

　船橋市西図書館における蔵書廃棄問題など, この一年の図書館の自由に関わる事例を概観する。

○講演"メディア規制をめぐる状況について" 北村肇（毎日新聞記者・元『サンデー毎日』編集長）

　いわゆる「メディア規制三法案」（個人情報保護法, 青少年有害社会環境対策基本法, 人権擁護法）を中心に, メディア規制をめぐる現状を, 元『サンデー毎日』編集長の北村肇氏に講演していただく。メディア規制は, 「知る権利」を保障する機関として, 図書館にとっても重大な関心事である。これらの法案の問題点と図書館サービスへの影響等について考えてみたい。

○報告"「自由宣言」解説改訂　委員会試案について" 三苫正勝（JLA 図書館の自由委員会委員長, 夙川学院短期大学）

　「図書館の自由に関する宣言」1979年改訂が採択されてから20余年の月日が経った。同年, 宣言改訂の趣旨を普及することを目的として解説を刊行し, 1987年には解説の改訂版『「図書館の自由に関する宣言 1979年改訂」解説』を刊行した。今回は2度目の改訂となる。

　この間, 館界の情勢は急展開し, 新たな指針を求められている事柄がいくつか生じている。また宣言文を拡大解釈する危惧すべき傾向が見られ, 放置できない状況にある。

　本来なら, 宣言そのものを改訂すべきとの意見もあるが, 現状に対処するため, この際, 必要最小限の改訂を計画した。

　改訂にあたっての留意点は以下のようなものである。

①「人権またはプライバシーを侵害するもの」のより厳密な定義
②1987年以降の図書館をめぐる問題
　・『フォーカス』問題等, 神戸児童連続殺傷事件以降の一連の少年法がらみの報道問題
　・一連の週刊誌規制要求問題
　・住基ネットやICカードなどの利用問題
　・船橋市西図書館蔵書廃棄問題
③軋轢を生じやすい著作権法と「図書館の自由」の問題
④インターネットの普及によるフィルターソフトの問題
⑤子どもと「図書館の自由」をめぐる問題
⑥JLAおよび委員会, 海外の図書館団体が発表した見解などの収録
⑦その他, 関係法例等

　分科会を契機に, 館界からの積極的な意見をいただき, 改訂作業に反映したいと思っている。
（佐藤眞一:JLA 図書館の自由東地区委員会委員, 東京都立中央図書館）

※編注:図書館雑誌 96(9) p674 から転載

・セミナー予告 「図書館を利用する権利の法的位置付け－図書館所蔵資料の閲覧請求を中心に」
　　主催:日本図書館協会図書館の自由委員会(東地区委員会)
　　日時:11月11日(月)18:15-20:30
　　会場:日本図書館協会2階研修室
　　講師:奥平康弘(東京大学名誉教授・憲法)
　　内容:米国の事例もふまえて,図書館と憲法が保障する権利との関係性を論じていただき,図書館界として
　　　の課題や対応を検討・論議。
　　参加費:500円(資料費含む)
　　申込先:日図協事務局自由委員会担当までFAXで　FAX.03-3523-0841

7. 新刊案内

・ロバート・S. ペック著　川崎良孝・前田稔訳　「図書館・表現の自由・サイバースペース」日本図書館協会 2002.8月刊　ISBN 4-8204-0211-0　￥2000
・ヘンリー・ライヒマン著　川崎佳代子・川崎良孝訳　「学校図書館の検閲と選択(第3版)」 日本図書館協会 2002.10月刊　ISBN 4-8204-0216-1　￥4000
・The Ethics of Librarianship: An International Survey. (IFLA Publications 101) Ed. By Robert W. Vaagan. München : K.G.Saur, 2002. ISBN 3-598-21831-1

図書館の自由　　第39号　　2002年12月

1. 図書館の自由に関する事例

・柳美里著「石に泳ぐ魚」の図書館の扱いについて

……＜＜国立国会図書館への質問書＞＞……

2002年10月18日

国立国会図書館長　黒沢　隆雄　様

社団法人日本図書館協会　常務理事・事務局長　横山　桂
図書館の自由委員会　委員長　三苫正勝

『新潮』1994年9月号所収の柳美里著「石に泳ぐ魚」の閲覧禁止措置について(お尋ね)

　拝啓　時下ますますご清祥のこととお喜び申し上げます。
　平素より当協会の事業にご支援,ご協力をいただき,誠にありがとうございます。
　さて,貴館におかれましては,『新潮』1994年9月号所収の柳美里著「石に泳ぐ魚」の閲覧を禁止する措置をとられたと報道されております。このことについてお伺いいたします。
　当協会図書館の自由委員会は,当該資料につきましては,「図書館の自由に関する宣言」第1-2-(1)「多様な,対立する意見のある問題については,それぞれの観点に立つ資料を幅広く収集する」の趣旨をふまえ,また,当該資料に関する裁判の内容に鑑み,図書館が提供制限をする積極的な理由はないと考えております。
　つきましては,貴館における当該資料の閲覧禁止措置に関し,下記4点についてお尋ねいたします。
　ご回答・ご教示下さいますようお願い申し上げます。

敬具

記

1. 貴館において標記の資料の閲覧を禁止されたという報道は事実でしょうか。
2. 事実である場合，貴館の提供制限等の検討に関する規定である「国立国会図書館資料利用制限措置等に関する内規」(昭和63年国立国会図書館内規第6号)に基づき，利害関係者からの利用制限措置申し出があり，利用制限等申出資料取扱委員会で調査審議され閲覧禁止措置をとることが適当との結論をみて，館としての決定が行われたと理解してよいでしょうか。
3. 調査審議及び決定に際して，次のことについては，どのように留意・検討されたのでしょうか。
 (1) 標記作品に関する裁判の一審において，原告(被害者)は，図書館の蔵書について，図書館には直接に制限的取扱を求めることは行わなかったこと。
 (2) 同じく，原告(被害者)は，図書館の蔵書について，著者と出版社に対して，判決の趣旨を徹底させる目的の文書を貴館を含む全国の図書館に送付することを請求したこと。
 (3) 判決においては，かかる原告の請求については，被害の回復及び予防措置としての必要性を認めず，棄却したこと。
 (4) 原告は上記請求をもって控訴することなく，一審判決が確定したこと。
4. 閲覧禁止措置は，図書館が利用者と蔵書を遮断する，最も厳しい利用制限措置です。「図書館の自由に関する宣言」第2-1は，提供制限条項は「極力限定して適用」することを求め，また法的通説では，憲法21条の保障する知る自由を制約することは，より制限的でない方法がとられる場合にのみ許されるとしています。
   報道が事実とすれば，最も厳しい利用制限措置をとられたのはなぜでしょうか。

以　上

……＜＜国立国会図書館からの回答文書＞＞………

国図収第109号
平成14年11月1日

社団法人日本図書館協会
常務理事・事務局長　横山　桂　殿
図書館の自由委員会委員長　三苫正勝　殿

国立国会図書館収集部長　千代正明

『新潮』1994年9月号所収の柳美里著「石に泳ぐ魚」の閲覧禁止措置について(回答)

平成14年10月18日付け文書をもってお尋ねのあった標記の件について，別紙のとおり回答いたします。
(別紙)
1.　国立国会図書館は，平成14年10月8日に，『新潮』1994年9月号について利用制限措置(柳美里著「石に泳ぐ魚」掲載部分の利用禁止)を採ることを決定しました。
2.　当館における図書館資料の利用制限は，国立国会図書館資料利用規則(昭和61年国立国会図書館規則第5号)第19条(「館長は，人権の侵害等により閲覧させることが不適当と認められる資料の閲覧を制限することができる。」)等を根拠とするもので，貴簡引用の「国立国会図書館資料利用制限措置等に関する内規」は，その手続等を定めるものです。同内規は，その内容が関係者のプライバシーその他の人権を侵害することが裁判により確定した資料については，当該資料の著作者若しくは発行者又はその資料の軽視ア事項に直接の利害関係を有する者からの申出がない場合であっても，当該資料の利用制限について利用制限等申出資料取扱委員会において調査審議を行うことができる旨定めており，本件資料については，この場合に該当するものとして同委員会で調査審議し，その結果を踏まえて館として利用制限を決定しました。
3.　当館による今回の利用制限措置は，本件資料が被上告人である女性の名誉を毀損し，プライバシーを侵害しているという最高裁判所の判決(損害賠償等請求事件　平成13年(オ)第852号　平成14年9月24日　第三小法廷判決)を受けて，国立国会図書館資料利用規則に基づいて採られたものです。当館の利用制限措置が必ずしも利害関係者等からの申出によって採られるものでないことは，上述のとおりです。当館の利用制

限措置は，また，裁判所の判決が図書館の資料の利用に関する事項を含むかどうかということとは独立に，資料の利用と人権の侵害等との関係を判断して採られるものです。

4. 当館は，所蔵資料を広く国民の利用に供しています。わずかに，個別具体的な資料につき，人権の侵害等により閲覧等の利用に供することが不適当と認められる場合に，例外的，限定的に利用制限をすることがあります。今回採られた措置は，極めてまれな例です。

当館は，本件資料が個人の名誉を毀損し，プライバシーを侵害しているという最高裁判決を重大に受け止め，特に当館が全国民に対してサービスを提供しており，多数の閲覧者があり，遠隔利用（郵送による複写など）も行っていることにかんがみ，当該資料を利用に供することによりそのような毀損，侵害が繰り返されることは適当でないと判断したものです。

······＜＜東京都立中央図書館の取扱決定文書＞＞······

平成 14 年 11 月 1 日
都立中央図書館

新潮（平成 6 年 9 月号）に掲載された小説，柳美里著「石に泳ぐ魚」の取扱いについて

標記の小説が平成 14 年 9 月 24 日の最高裁判決で出版等の公表差止めとなったことを受け，その取扱について検討した結果，下記のとおり決定する。

記

1 閲覧等の利用禁止措置
　都立図書館は，平成 14 年 11 月 2 日以降，新潮（平成 6 年 9 月号）に掲載された小説，柳美里著「石に泳ぐ魚」の閲覧および複写並びに当該雑誌の協力貸出しを禁止する。

2 閲覧等利用禁止措置をとる理由
　平成 14 年 9 月 24 日の最高裁判決内容による。
　① 最高裁判決は，小説「石に泳ぐ魚」の登場人物のモデルとなった女性のプライバシー等の人格権侵害を理由に，出版等差し止めを認めた。「人格権」と「表現の自由」とを比較衡量し，「表現の自由」が制約される場合があることを示した。
　② 判決理由では，「本件小説の出版等がされ，読者が新たに加わるごとに女性の精神的苦痛が倍加され，平穏な日常生活や社会生活が害される可能性が増大することから，出版等による公表を差止める必要性は極めて大きい」としている。
　③ 都立の図書館が，このような最高裁判決が出た当該小説を，閲覧等により利用者に提供することは，日々，モデルとなった女性の人格権を侵害することになる。
　④ 図書館は，資料等の提供により「国民の知る権利」を保障するという重要な役割を担っているが，本件の場合には，この最高裁判決から，「知る権利」が制約されるケースである。

2 経過 （別紙）
3 参考資料（別添）

・大阪府の青少年健全育成条例改正条例案と図書館でのフィルタリングについての動き

・有害ネット 学校から遮断 ［大阪］府が条例改正へ 朝日新聞大阪版 2002.10.19.
・管理者にフィルタリング導入の努力義務 大阪府が条例案 毎日新聞 2002.12.5.
　　　　参考URL 大阪府 http://www.pref.osaka.jp/seishonen/kenzen.html
······（上記の URL から以下引用）······

大阪府青少年健全育成条例の改正案の概要
1 改正の趣旨（略）
2 改正の内容
① 犯罪を誘発するような図書類を有害な図書類とします。（略）

② 包括指定基準を見直します。(略)
③ 有害図書類の陳列方法を定めます。(略)
④ 図書類の自動貸出機を自動販売機と同様に条例の対象とします。(略)
⑤ インターネット上の有害な情報から青少年を保護するための規定を置きます。
（改正案骨子・新設）
(1)インターネットを利用できるパソコンを設置する学校（大学及び専門学校を除く。）の管理者や広く府民が利用できるパソコンを管理する者は，青少年がパソコンを利用するときは，フィルタリングソフトの活用など適切な方法により，青少年の健全な成長を阻害するおそれのある情報の視聴を防止するよう努めるものとする。
(2)大阪府は，(1)に関する助言や情報提供などの支援に努めるものとする。
(注1)青少年
18歳未満のもの（婚姻により成人に達したものとみなされる者を除く。）をいいます。
(注2)図書類
書籍・雑誌，絵画及び写真並びにレコード，録音テープ，ビデオテープ，ビデオディスク，コンパクトディスク(CD)，デジタルバーサタイルディスク(DVD)，映画フィルム，スライドその他これらに類するものをいいます。
(注3)包括指定基準
条例には，図書類について，大阪府清祥円健全育成審議会への諮問・答申を経て，大阪府知事が個別に有害図書の指定をするもの以外に，量的に一定の基準に該当するものを同審議会に諮問するまでもなく有害な図書類とみなす制度があります。これを包括指定制度といい，その基準を包括指定基準といいます。
……（ここまで引用）……
※大阪府民が利用する公共施設や学校で使うインターネットにフィルタリングを求める条例案があり，このことについてパブリック・コメントを上記のサイトで受け付けている。府立学校図書館や府立図書館でのインターネット利用にフィルタリングを義務化する可能性が高く，このことについて意見をだし，広く論議を行うことが求められる。2003年1月6日まで受付。

2.『図書館の自由に関する宣言 1979改訂解説』の改訂について

※「図書館の自由」と著作権に関しての原稿ドラフト(2)です。2002年12月11日現在。この原稿について，みなさまからのご意見をうかがいたいと思います。編集担当者までメール・ファックスなどでご意見をお送りください。

なお，この原稿および全国図書館大会で配布した改訂案はさらに文言等を整理し，近日中にホームページを通じて改訂についての意見募集を行う予定です。

資料提供の自由と著作権

資料提供の自由については，宣言本文において3つの制限項目が掲げられているほか，その内在的制約として，著作権法の規定に則った範囲内で行うことが要件となっている。

しかし，著作権制度においては，著作権者の所在又は個々の著作物の権利が消滅しているか否かについての確認手段というような，取引の円滑化を図るために必要不可欠な手段がほとんど整備されていないため，著作権法は，事実上「規制」と同じような働きをすることとなる。

このような状況の下において，図書館の利用者に対する情報提供の自由を確保しようとするためには，著作権を制限することが必要不可欠となる。

このため，著作権法においては，31条において図書館等におけるコピーサービスを条件付きながら図書館等が行うことを許容し，37条において視覚障害者向けの著作物の利用を許容し，38条において非営利・無料の場合の上演，演奏，貸与等を許容しているのである。

ただ，迅速な情報提供を実現するための図書館資料の利用（コピーのファクシミリ等による送信等），入手困

難な図書館資料の利用（絶版本に掲載された個々の論文全体の複写等），通常の手段では図書館資料にアクセスできない者（視覚障害者，読字障害者，肢体不自由者等）に対するアクセスの保障のための手段としての利用（公共図書館等による録音図書の作成等）のような，著作権者に及ぼす経済的利益の損失の度合いもほとんどなく，また，その利用が公益に適っている利用に関しては，著作権の制限は行われていない。とくに，後者については，これらの者に対する迅速な資料提供が不可能となる点から言って，これらの者への「見えない障壁」となっている点からも問題であると思われる。

　これらの利用については，文化庁において行われている図書館等における著作物等の利用に関する検討において，図書館側の参加者から要望事項として出されており，権利者側との協議事項ともなっている。利用者に対する情報アクセス権の保障の観点からも，これらへの対応を積極的に行っていかなければならない。

いわゆる「公貸権」

　ここ数年，出版不況を背景として，文芸著作者，出版者，書店といった書籍の製作・流通に携わっている側から，図書館が利用者に対して行っている貸出しによって出版物の売上げが減少し，経済的損失が発生しているという声が出始めている。その典型的なものが「無料貸本屋論」，「複本問題」等と言われるものである。

　そして，この問題の解決方法としては，例えば，「新刊本の貸出しを一定期間行わない」とか「1館当たりの所蔵冊数に上限を設ける」といったものが挙げられる一方で，いわゆる「公貸権」を日本に導入すべき，という声が，文芸作家の団体から上がっている。

　この「公貸権」とは，public lending right という文言を和訳したものであるが，要するに，図書館における図書等の貸出回数や所蔵数に応じ，その図書等に掲載された著作物の著作者に金銭を給付するという制度全般を示す概念である。

　この「公貸権」をもって，「欧州先進国において導入されている制度」とよく喧伝されているが，現在13カ国において導入されているに過ぎず，また，北欧諸国では，著作者等の経済的損失を補填するためでなく，自国の文化や文芸活動を振興するために設けられたものである。また，「公貸権」を設けた趣旨も各国によって異なるため，先進国において導入されたからと言って日本で導入しなければならないということにはならない。それどころか，安易にこの制度を導入することにより，例えば資料購入予算の削減や，貸出しの抑制につながるおそれもある。

　このような弊害も考えられる以上，この「公貸権」の導入への動きに関しては，図書館界としても十分注意を払って対応しなければならないものと思われる。

著作権侵害が裁判で確定した図書館資料の取扱い

　著作権侵害が裁判で確定した図書館資料について，その原告から図書館に対し，その閲覧を禁止するよう要請が来ることがある。この場合においても，資料提供の自由を利用者に保障する観点から，法的に許容される範囲において最大限の利用を保障する必要があるため，安易にその要請に応じてはならないことは当然のことである。

　著作権侵害によって作成された著作物については，著作権法第113条により，それを「情を知って頒布し，又は頒布の目的をもって所持する行為」をもって，著作権を侵害する行為とみなされることとされている。そして，この場合の「頒布」とは，「有償であるか又は無償であるかを問わず，複製物を公衆に譲渡し，又は貸与すること」をいうこととされている。

　したがって，著作権侵害によって作成された図書館資料の場合には，①その図書館資料が著作権侵害によって作成されていたことを知っていて，なおかつ，②その図書館資料のコピーを提供するか，貸し出すときに，はじめて違法行為となることになる。

　すなわち，図書館において，その図書館資料が著作権侵害によって作成されていたことを知らなかったときには，このような要請に従う必要はないが，要請状に確定判決文が添付されていたときには，一応①の要件を満たすことになる。

そうすると，②に掲げた行為を行うことはできなくなるが，それ以外の行為，すなわち，閲覧サービスや朗読サービス等までに拡大する必要はない。

　したがって，仮に著作権侵害によって作成された図書館資料の場合であったとしても，その閲覧を禁止することは，利用者への資料提供の自由を保障する観点からは，行き過ぎた措置であると言わざるを得ないものと思われる。

(担当：南)

3. 資料 —住民基本台帳制度と図書館でのICカード導入に関連して—

※住民基本台帳制度導入と図書館での扱いについての関連資料。最近，住民基本台帳制度の番号をどのように「活用」するかということで，図書館カードに転用を企画する地域が出始めている。その際には以下の基準を参考にして，外部に一括委託せず，図書館で必ず検討することを強く期待するものである。

貸出業務へのコンピュータ導入に伴う個人情報の保護に関する基準

〔一九八四年五月二五日社団法人日本図書館協会総会議決〕

　私たちは「図書館の自由に関する宣言 一九七九年改訂」において，「図書館は利用者の秘密を守る」ことを誓約した。さらに，一九八〇年五月に採択した「図書館員の倫理綱領」においても，このことを図書館員個々の共通の責務として明らかにした。

　近年，各図書館においてコンピュータがひろく導入され，貸出業務の機械化が進行している。これに伴って他の行政分野におけると同様，個人情報がコンピュータによって記録・蓄積されることに，利用者の関心が向けられつつある。

　コンピュータによる貸出しに関する記録は，図書館における資料管理の一環であって，利用者の管理のためではないことを確認し，そのことに必要な範囲の記録しか図書館には残さないことを明らかにして，利用者の理解を得るよう努めなければならない。さらに，コンピュータのデータは図書館の責任において管理され，それが目的外に流用されたり，外部に漏らされたりしないこと，そのために必要な方策を十分整理することがぜひ必要である。

　コンピュータ導入は，大量の事務処理を効率的に行う手段であって，この手段をいかに運用するかは図書館の責任である。いかなる貸出方式をとるにせよ，利用者ひいては国民の読書の自由を守ることが前提でなければならないことを再確認し，その具体化にあたっては，以下の基準によるべきことを提言する。

一　貸出しに関する記録は，資料を管理するためのものであり，利用者を管理するためのものではないことを前提にし，個人情報が外部に漏れることのないコンピュータ・システムを構成しなければならない。

二　データの処理は，図書館内部で行うことが望ましい。

三　貸出記録のファイルと登録者のファイルの連結は，資料管理上必要な場合のみとする。

四　貸出記録は，資料が返却されたらできるだけすみやかに消去しなければならない。

五　登録者の番号は，図書館で独自に与えるべきである。**住民基本台帳等の番号を利用することはしない。**

六　登録者に関するデータは，必要最小限に限るものとし，その内容およびそれを利用する範囲は，利用者に十分周知しなければならない。

　利用者の求めがあれば，当人に関する記録を開示しなければならない。

(附)「貸出業務へのコンピュータ導入に伴う個人情報の保護に関する基準」についての委員会の見解

日本図書館協会図書館の自由に関する調査委員会
〔『図書館と自由 第六集』日本図書館協会昭和五九年一〇月二五日で公表〕

　日本図書館協会は，一九八四年五月二十五日の総会において「貸出業務へのコンピュータ導入に伴う個人情報の保護に関する基準」を採択した。

　この基準の検討過程で問題となった論点について，委員会の見解を表明しておきたい。

一　データ処理の外部委託について

貸出しが図書館奉仕の中核的業務として確認されてきたなかで，貸出記録が資料の貸借関係終了後は図書館に残らない方式が，利用者の読書の自由を保障するために重要であることが確認され，ひろく利用者の支持を得てきた。

この利用者のプライバシー保護の原則は，コンピュータが貸出業務に導入されることになっても，これまでと同様に守られなければならない。したがって，貸出記録が外部に漏れるのを防ぐためコンピュータによる貸出記録の処理は，本来図書館内で行なわれるべきものである。

しかしながら，コンピュータの急激な普及に伴い，その保守・運用にあたる態勢が十分に整わないとか，大型機器採用の経済性を重視するなどの理由から，データ処理業務の一部を外部機関にゆだねたり，民間業者に委託したりする事例が生じている。さきに述べた理由から，貸出の処理を委託することは望ましいことではないが，過渡期において一時的にそうした方式を採用することが起こりうる。

委員会としては，貸出記録の処理は図書館の責任において館内で行うことを原則とし，これを可能にする方式を追求すべきであると考える。

もし，やむを得ず委託する場合には，委託契約等に厳格な守秘義務を明記することを条件とし，できるだけ早い機会に館内処理に移行するよう措置することを希望する。

二　貸出利用者のコードの決め方について

貸出業務のなかでは，利用者をコードで表示するのが一般的であるが，基準ではそのコードには図書館が独自にあたえたものを採用することにしている。

これは，貸出記録を資料管理の目的以外には使用せず，また貸出記録のファイルを他の個人別データ・ファイルと連結利用することを不可能として，利用者のプライバシーを最大限に保護しようという趣旨である。

基準検討のさい論議された大学図書館等において学籍番号を利用者コードとして利用することは，この番号が教務記録その他学生管理に使用することを目的としたものである点からみて，委員会としては上記の趣旨にそわないものであると考える。

※日本図書館協会HPから引用　http://www.jla.or.jp/

5. 海外での図書館と知的自由に関する情勢

10月9日付でIFLAとIPA（国際出版協会）は合同で表現の自由に関する声明を報道発表した。全文は　http://www.ifla.org/V/press/ifla-ipaf.htm　で読むことができる。

6. 図書館大会（第88回）分科会報告

第9分科会（図書館の自由）2002年10月24日　於：群馬県前橋市
"国民の「知る権利」をめぐる状況と「自由宣言1979年」解説の改訂"

最初に，山家東地区委員長が，図書館の自由をめぐるこの1年の主要事例の報告を行った。今回は，
・船橋市西図書館蔵書廃棄事件，
・柳美里氏の小説「石に泳ぐ魚」の最高裁判所判決と図書館の閲覧制限，
・東大和市立図書館の閲覧禁止措置取消訴訟
の3件に絞って報告された。

船橋市西図書館の事件は，参加者も詳細を知りたいという意識が高かった事例だが，除籍の動機等が明らかでない事件であることが説明された。「石に泳ぐ魚」は，判決確定後直ちに国立国会図書館が閲覧制限措置を取り，他の図書館にも波及しているところから，日本図書館協会が同図書館に対して，提供制限の必要性はないとの見地から質問書を提出していることが報告された。また，東大和市立図書館の訴訟については，経緯を説明すると共に，公共図書館の憲法上の位置付けを考える上で重要な事例であることが指摘された。

次に，「『メディア規制法』の背景」と題して毎日新聞社社長室委員北村肇氏が講演した。氏は，メディア規制の背景や流れ，法案成立が社会に及ぼす影響，新聞社等の取り組み等について，新聞人ならではの事例を紹介しつつわかりやすく説明された。

午後は,『自由宣言』解説の改訂について, 図書館の自由委員会試案を各担当者が紹介し, 参加者からの意見を求めた。自由宣言解説改訂の必要性や, 人権またはプライバシーを侵害する資料の閲覧制限の問題を中心に, 活発な意見交換が行われた。

　当日の出席者は 35 名だった。いくつかの事例は, マスコミでも大きく報道され, 図書館の自由の問題に関する社会的関心が高まっているにも拘らず, 出席者が少なかったことは残念だった。

　※群馬大会HPより転載　http://www.library.pref.gunma.jp/youshi.html

　2003年度は静岡で 11 月 27・28 日開催予定。

　※配布資料あり

7.「図書館の自由」セミナー報告

JLA「図書館の自由」セミナー開かれる

※図書館雑誌　Vol.96, No.12　p923-924 より転載

　日本図書館協会図書館の自由委員会主催のセミナー「図書館を利用する権利の法的位置付け－図書館所蔵資料の閲覧請求を中心に」が, 憲法学者の奥平康弘東京大学名誉教授を講師に招いて, 11 月 11 日開かれた。

　このセミナーは, 図書館所蔵資料の閲覧制限措置の違法性が争われた東大和市立図書館事件を契機に, 公共図書館の資料提供機能を法的にどのように位置付けるかを考察する目的で企画された。最初に, 山家篤夫図書館の自由委員会東地区委員長がセミナー開催の趣旨を説明し, 続いて奥平名誉教授が講演を行った。

　講演では, 最初に, 民主主義的・個人主義的憲法を成り立たしめるための基幹となるものが「豊かで自由な情報の流れ」であることが指摘された。

　しかしながら, 図書館を含む文化施設は, 歴史的には, 権利としてその使用が国民に保障されていたわけででなく, 国家（自治体を含む）が給付した施設を事実上反射的に使用できるだけのものとして始まっており, それゆえ, 今もって行政側の自由裁量による資料等の提供内容の決定を可能にしていることが併せて指摘された。

　他方, アメリカ合衆国では, 行政の裁量権に対抗する理論として「パブリック・フォーラム」理論が生まれ, この理論を援用して, 公共図書館を利用する権利は情報を受け取る権利の中心的位置を占めることが連邦裁判所によって示されていることが紹介された（「クライマー事件」）。

　翻って, わが国の東大和市立図書館事件判決をみると, 憲法的発想が欠如していることが厳しく批判された。

　また, 国立国会図書館が「石に泳ぐ魚」の閲覧制限措置をとったことに対しては, 図書館が, 判決を拡大解釈して, 当該小説を読むことが人権侵害になると判断することへの強い疑問が呈された。

　セミナーへの関心は高く, 約 70 名が参加して熱心に聴講した。

　　　　　　　　　　　　　　　　　　　　　　　　　（佐藤毅彦：国立国会図書館：図書館の自由委員会委員）

8. おしらせ

・**近刊案内　ALA『図書館の原則　第 6 版』日本図書館協会発行　近刊予定**

・**「図書館の自由に関する宣言」絵はがきについて**

　このほど委員会で作成した「宣言」の絵はがきをニューズレター購読者に 2 枚ずつ同封しました。はがきとして友人への便りにも使え, さりげなく貸出カウンターに置いて利用者とのコミュニケーションをはかることもできます。1 枚 10 円で販売しますので希望者は下記まで。また日本図書館協会会館でも販売しています。

　なお, 館名を入れるなど文面を変えて作成することもできます。枚数により単価は 7.5 円から 15 円。詳細は下記までご相談ください。

　問合・申込先：図書館の自由委員会　熊野清子（兵庫県立図書館内）　TEL 078-918-3366

第 40 号（2003 年 5 月）

図書館の自由　　臨時増刊号　2003年3月

1.『図書館の自由に関する宣言　1979 改訂解説』の改訂について　意見集約会

　「図書館の自由に関する宣言」は，図書館のあり方の基本を示すものとして評価され，現場で起きた事件などに対処するためのよりどころにされています。1979 年に「宣言」を改訂した際，その趣旨の理解と普及のために「解説」を発行しました。その後，現場での経験の蓄積などを踏まえた新版を 1987 年 10 月に公表出版しました。その後も図書館と「図書館の自由」をめぐる多様な事例が起こっています。インターネットの普及，著作権法の改正など図書館を取り巻く環境にも大きな変化があります。そこで，解説文を見直し，必要最小限の改訂をすることになり，図書館の自由委員会は検討を重ねてきました。昨年秋の全国図書館大会（群馬大会）分科会では，それを提案，論議をしました。その結果を踏まえた案を協会ホームページに公表し，意見を募りました。寄せられた意見について集約する時期となりました。下記の日程で開催します。多くの方のご参加をお願いします。

　　日時：2003 年 3 月 28 日（金）18:00-　（評議員会終了後）
　　会場：日本図書館協会 2 階研修室
　　担当：図書館の自由委員会事務局（TEL.03-3523-0811）
　なお，解説改訂原稿は随時更新しております。　　http://www.jla.or.jp/jiyu/statement.html
　　　　　　　　　［※この他の記事は第40号と重複のため集成版編集にあたり掲載略］

図書館の自由　　40号　2003年5月

1. 図書館の自由に関する事例

・「石に泳ぐ魚」利用禁止措置の見直しについて

<<日本図書館協会より国立国会図書館への要望書>>

　　　　　　　　　　　　　　　　　　　　　　　　　　　　　　　　　2003 日図協第 47 号
　　　　　　　　　　　　　　　　　　　　　　　　　　　　　　　　　2003 年 3 月 6 日

　国立国会図書館長　黒澤　隆雄　様

　　　　　　　　　　　　　　　　　　　　　　　社団法人日本図書館協会　理事長　竹内　悊
　　　　　　　　　　　　　　　　　　　　　　　同　図書館の自由委員会　委員長　三苫正勝

柳美里著「石に泳ぐ魚」（『新潮』1994 年 9 月号所収）の利用禁止措置の見直しについて（要望）

　拝啓　時下，ますますご清栄のこととお喜び申し上げます。
　さて先般，「『新潮』1994 年 9 月号所収の柳美里著「石に泳ぐ魚」の閲覧禁止措置について」お尋ねしましたところ，貴館より平成 14 年 11 月 1 日付でご回答をいただきました。ご多用のところありがとうございました。
　当協会図書館の自由委員会は，貴館の措置が各図書館に及ぼす重大な結果に鑑み，ご回答の内容を慎重に検討いたしました。その結果，このたびの措置について見直しをお願いしたいという結論に至りました。それは以下の見地にもとづくものです。どうぞご検討をお願いします。

国民の知る自由を保障するという貴館の役割に鑑み，憲法に定められた国政調査権の存する国会の議員をも含めた，完全な閲覧禁止措置には深い危惧をいだきます。
　閲覧禁止の理由として，貴館は最高裁判所判決がこの「石に泳ぐ魚」の頒布差し止めを命じたものとされておられますが，この判決は裁判の被告である著者と出版者に出版等の公表を差し止めたもので，国民が当該作品を読むことを禁じたわけではありません。また原告も図書館に対して，閲覧禁止を求めたものでもありません。
　貴館の措置は全国の図書館に影響を与えており，国民の知る自由を保障する機関としての図書館の在り方を図書館界内外に示すためにも，できる限り早い時期に閲覧禁止措置の見直しをご検討いただきますよう強く要望いたします。
敬具

《都立図書館内の日本図書館協会会員有志より都立中央図書館への要望書》

　都立中央図書館館長　幸田昭一様

2003年3月28日
都立図書館内日本図書館協会会員

柳美里著「石に泳ぐ魚」(『新潮』1994年9月号所収)の閲覧禁止措置の見直しについて(要望)

　拝啓　時下，ますますご清栄のこととお慶び申し上げます。
　私たちは都立図書館の職員として，また日本図書館協会の会員として，資料収集の自由，資料提供の自由は職務の基本であると考えております。
　このたび，館長判断で，都立三館が所蔵する柳美里著「石に泳ぐ魚」(『新潮』1994年9月号所収)の閲覧が禁止されました。これについて，私たちは市民の知る自由を保障する図書館が，みずからその役割を規制していくことになるのではないかと危惧します。
　この閲覧禁止措置は，最高裁判決が本作品の頒布差し止めを命じたことを根拠としています。しかし，判決は裁判の被告である著者と出版者に大して出版等の公表を行わないよう命じるもので，市民が当該作品を読むことを禁じたものではありません。
　また，本件の一審裁判で，原告・被害者は図書館の資料提供に際して，被害を予防するための一定の措置を請求しましたが，東京高裁はその請求を退け，原告はこれを受け入れています。
　司法判断は，被告・出版者らに損害賠償，頒布差し止め等を命じましたが，国立国会図書館はじめ公立，大学等図書館が所蔵する当該作品を市民の自由な利用に供することが違法不当に原告の人格権を侵害するとは認定していないのです。
　都立図書館の閲覧禁止措置は，裁判所が必要を認めず，被害者も請求していない過剰な自己規制であると，私たちは考えます。
　都立図書館の措置は，東京のみならず全国の図書館に大きな影響力を持っています。速やかに閲覧禁止措置を見直して下さいますよう，要望いたします。
敬具

日本図書館協会理事　山家篤夫　江森隆子
日本図書館協会評議員　鏡文子　佐藤苑生　佐藤眞一

・江東区図書館業務委託企業パート社員による個人情報流用

※新聞記事報道から
　・江東区図書館　業務委託先企業のパート社員が個人情報を私的利用　CDを借りたいと偽名督促　区は厳重注意と再発防止策の提出求める　区職労は「直営に戻せ」　都政新報　2002.12.17.
　・図書館で個人情報引き出す　委託企業の派遣社員　他人の名で返却督促　江東区　東京新聞したまち版

2002.12.18.
・図書館の派遣社員個人情報引き出す　江東　読売新聞　2002.12.19.

※事件の概要
　TRC関連企業の子会社である人材派遣会社からのパート社員が，その仕事上知りえた個人情報を利用した事例である。その社員本人が借りたいと思っていたCDが貸出期限を越えていたことから，その次の予約をしていた人の家族名を利用して，返却督促を要求する電話を図書館にかけた。偶然，その電話を受けた職員がその予約者当人であったことから，事態が判明。電話をかけた本人はその電話での対応から事件の重要さに気づき，自分から上司に告白。即時解雇処分となった。
　正規職員だけでなく，人材派遣，アルバイト，ボランティアなど様々な人々が図書館員として，有給・無給をとわず働いている現在，ますます「図書館の自由に関する宣言」「図書館員の倫理綱領」の周知・理解の徹底が個々の図書館員・図書館活動関係者に強くもとめられる事例である。（文責：井上靖代）

・大阪府青少年保護育成条例の改定
　大阪府ではこのことについて，平成14年12月4日に条例の改正案の概要を公表し，平成15年1月6日まで意見募集していたが，その結果が次に公開されている。「大阪府青少年健全育成条例(案)」「大阪府青少年健全育成条例案の新旧対照表」「府民意見とこれに対する大阪府の考え方」などを含む。
　　　　　http://www.pref.osaka.jp/seishonen/pubcomkekka.html
「大阪府青少年健全育成条例一部改定案」は平成15年2月定例府議会に上程され，2003年3月13日，原案どおり可決された。新条例は2003年7月1日から施行される。改訂された「大阪府青少年健全育成条例」に対応した「大阪府青少年健全育成条例施行規則」及び「大阪府青少年健全育成条例・施行規則改正リーフレット」が次に公開されている。
　　　　　http://www.pref.osaka.jp/koseishonen/joreikaisei.html

※図書館問題研究会大阪支部による大阪府教育委員会への要望
　（『大阪支部報』図書館問題研究会　No.393　2003年1月号2pから引用。転載許可ずみ）…以下，引用…

青少年健全育成条例の改正についての支部のコメント
　青少年健全育成条例の改正についても図問研大阪支部の意見を送付しています。

○「①犯罪を誘発するような図書類を有害な図書類とします。」について
　犯罪を誘発するような図書類を有害図書類に位置づけることについて，有害図書かどうかの判断は誰がするのですか，規則は誰が定めるのですか。規則の案については府民の意見も反映されるのでしょうか。
　「規則」に従って有害図書を決めるとして，100％判断の一致する規則はありうるのですか。今，全国で問題になっている『完全自殺マニュアル』のように，ある県では有害図書に指定せず，ある県では指定されています。このように大きく判断が分かれるような，あいまいな事由で有害図書の範囲を広げるべきではありません。

○「②包括指定基準を見直します。」について
　また，包括基準の見直しについても，今回の変更では総数の「5分の1又は合計30ページ以上を占めるもの」，ビデオの場合は「合計3分を超えるもの」という条項では一般書店で販売されている，ごく普通の小説・文芸書・写真集・文芸ビデオの類でも，有害図書の範疇に入る恐れがあります。これは「犯罪を誘発する図書」についても言えることです。場合によってはごく普通に一般書店で販売されていて，青少年も含めた多くの人が健全に楽しんでいる推理小説の類でも，該当する恐れがあります。
　こうした図書類を一時的に青少年の目から隠しても，一般書店でも売られている限り，青少年の入手を阻止することは困難です。一般書店で販売されている多くの図書類が青少年にとって有害かどうか，判断をするのは検閲そのものではないでしょうか。多くの一般の大人たちが楽しんでいる作品を「有害図書類」と決めつける

ことは，社会的にも大きな影響があり，作る側，読者の側にも大きな心理的負担をもたらすだけで益するところはありません。

○「⑤インターネット上の有害な情報から青少年を保護するための規定を置きます。」について

　インターネット上の有害な情報から青少年を保護するために学校や公の施設で管理するパソコンにフィルターソフトを導入する件についても，ある程度の管理が可能な場所での規制ではどれだけの意味があるのでしょうか。むしろ，そのことによって，一般成人あるいは青少年の本当に必要とする情報へのアクセスが阻害される恐れが大いにあります。

　情報通信技術が高度に発達した現代社会では「有害情報」から青少年を完全に「守る」ということは不可能です。「隠す」のではなく，あふれかえる情報との正しい付き合い方(ネチケット等)を教える教育の力でこそ解決すべきではないでしょうか。自ら判断する力を育成することが教育の本来的な目標ではないでしょうか。性や暴力の問題については正しい性教育や人権教育の力で解決すべき問題でしょう。「犯罪」に関しては，若者が希望を持てる社会，努力したものが報われる社会の実現を目指して，行政をあげて取り組むことで解決すべき課題ではないでしょうか。

　私たちは規制を強める今回の改正に反対します。

<おまけ>有害図書の指定基準です…。

青少年育成条例13条	大阪府青少年健全育成条例施行規則4条(有害図書類の指定基準)
１　青少年の性的感情を著しく刺激し，青少年の健全な成長を阻害するもので，規則で定める基準に該当するもの	第4条　条例第13条第1項第1号の規則で定める基準は，次に掲げるとおりとする。 　(1) 陰部，陰毛若しくはでん部を露出しているもの(これらが露出と同程度の状態であるものを含む。)又はこれらを強調しているもので，青少年に対し卑わいな，又は扇情的な感じを与えるものであること。 　(2) 全裸，半裸若しくはこれらに近い状態での自慰の姿態又はこれらの状態での女性の排せつの姿態を露骨に表現するもので，青少年に対し卑わいな，又は扇情的な感じを与えるものであること。 　(3) 異性間若しくは同性間の性行為若しくはわいせつな行為を露骨に表現するもの又はこれらの行為を容易に連想させるもので，青少年に対し卑わいな，又は扇情的な感じを与えるものであること。 　(4) 変態性欲に基づく行為又は近親相かん，乱交等の背徳的な性行為を露骨に表現するものであること。 　(5) ごうかんその他りょう辱行為を表現するものであること。 　(6) 青少年に対し明らかに卑わいな，又は扇情的な感じを与える表現が文字又は音声によりなされているものであること。
②青少年の粗暴性又は残虐性を著しく助長し，青少年の健全な成長を阻害するもので，規則で定める基準に該当するもの	第4条２　条例第13条第1項第2号の規則で定める基準は，次に掲げるとおりとする。 　(1) 殺人，傷害若しくは暴行(動物を殺し，傷つけ，又は殴打する行為を含む。)又はこれらの行為による肉体の苦痛を残忍に，又は陰惨に表現するものであること。 　(2) 殺人，傷害，暴行等の暴力的な行為を賛美し，又は扇動するような表現をするものであること。
③青少年に対し著しく犯罪を誘発し，青少年の健全な成長を阻害するもので，規則で定める基準に該当するもの	一体何が来るんでしょう…。まだ，公開されてないんです…。

第 40 号（2003 年 5 月）

◆ インターネットでみつけました。参考までに…。
　　＊コンテンツ・フィルタリングの光と影　大阪府の条例化で検閲論再燃も
　　　　http://www.mainichi.co.jp/digital/coverstory/archive/200212/06/index.html
　　＊図書館のインターネット端末提供と有害情報対策
　　　　http://www.avcc.or.jp/library/sa01fil/index.html
……ここまで引用……

※追加：英語ですが，インターネットとフィルタリングについての論文など多様な情報のリンク集です。
　　　http://www.ifla.org/faife/links/filters.htm

2. 海外での図書館と知的自由に関する情勢

・国際図書館連盟　IFLA　と世界サミット

　World Summit on Information Society（情報社会についての世界サミット）の準備会議が 2 月 17〜28 日にかけて，スイスのジュネーブで開催された。IFLA から理事や担当部局の職員が参加し，以下の 3 点について主張した。アジア太平洋地域会議は 1 月 13〜15 日にかけて，東京で開催された。
　(1)図書館の役割　Role and Position of Libraries　http://www.ifla.org/III/wsis_a.html
　(2)インターネット宣言 The IFLA Internet Manifesto　http://www.ifla.org/III/misc/internetmanif.htm
　(3)グラスゴー宣言　The Glasgow Declaration on Libraries, Information Services and Intellectual Freedom
　　　http://www.ifla.org/faife/policy/iflastat/gldeclar.html

　World Summit 本会議は 12 月 10〜12 日にかけて，同じジュネーブで開催される予定であり，世界各国の首脳に情報社会における図書館の役割を認識してもらうねらいがある。
詳細は http://www.ifla.org/III/wsis.html　http://www.itu.int/wsis/preparatory/prepcom/prepcom2.html

　なお，第 69 回 IFLA 総会は 2003 年 8 月 1 日から 9 日にかけて，ベルリン（ドイツ）で開催されるが，その名称を World Library and Information Congress と称することになった。
ベルリン大会について，詳細は　http://www.ifla.org/IV/ifla69/index.htm　を参照してください。
　今後の予定は以下のとおりである。
第 70 回　2004 年 8 月 20 日から 27 日　ブエノス・アイレス（アルゼンチン）
第 71 回　2005 年 8 月 14 日から 19 日　オスロ（ノルウェイ）
第 72 回　2006 年　ソウル（韓国）
第 73 回　2007 年　ダーバン（南アフリカ）

・IFLA「学術研究文献のオープンアクセスに関する宣言」草案を発表

(国立国会図書館『カレントアウェアネス-E』no.13 E071　2003.4.16.より転載)
　国際図書館連盟(IFLA)は，「グラスゴー宣言(E002 参照)」の理念に基づき全ての人々に広範な情報アクセスを保証するため，今年夏のベルリン大会で「学術研究文献のオープンアクセスに関する宣言(Manifesto on Open Access to Scholarly Literature and Research Documentation)」の採択を目指している。現在，9 項目からなる草案が公表され，同案に対する意見を 4 月 30 日まで募集している。その概略は以下のとおり。

　1.著作者人格権を承認し保護する。
　2.公正で効果的な査読プロセスが学術文献の質を保証することを認識する。
　3.開発途上国の研究者の質の高い学術研究を出版する機会を促進する。

4.全ての学術研究文献の著作権を,パブリックドメインへ移行されるまでの一定期間保護する。
5.自由なアクセスのために,法令や出版契約,ライセンスにおいて公正使用の規定を強化する。
6.全ての人々に対して,あらゆる種類の学術研究文献の入手を保証する。
7.障害者や開発途上国の住民など不平等な情報アクセス環境にある人々に対して,学術研究文献へのアクセスを提供する機構や制度を構築する。
8.関係法令や契約,ライセンスの中に,図書館や文書館での学術研究文献の保存を保証する規定を含める。
9.図書館と出版社とで,学術研究文献の保存を促す効果的なシステムを実施する。

Ref: http://threader.ecs.soton.ac.uk/lists/boaiforum/39.html　　E002

・IFLA/FAIFE「キューバにおける知的自由」について声明を発表

　国際図書館連盟・表現の自由と情報のアクセスに関する委員会(IFLA/FAIFE)は2003年5月9日,キューバ政府に対し,情報アクセスへの妨害をやめるよう再度要請する声明を発表した。
　　http://www.ifla.org/V/press/faife-cuba03pr.htm

・アメリカ図書館協会によるCIPA裁判

　「子どもインターネット保護法」The Children's Internet Protection Act, CIPA(2001年4月20日施行)＋　公共図書館:「地域インターネットNeighborhood Children's Internet Protection Act, NCIPA(2001年4月20日)学校図書館:Schools & Libraries Division of the Universal Service Administrative Company により,図書館や学校が連邦補助金を活用して,インターネット設置を行い,低価格インターネット料金(E－レート)で接続し,利用者に無料提供しようとする際,フィルタリングを義務化する法律。図書館サービス技術法 the Library Services and Technology Act と初等中等学校教育法 the Elementary and Secondary Education Act, 公法Public Law 106-554と連動する。
　この法律に対して,アメリカ図書館協会は「アメリカ図書館協会対アメリカ合衆国」ALA v. United States として裁判を起こした。2003年3月5日最高裁での意見陳述が開始になった。
　※CIPAに関する判決文　http://www.paed.uscourts.gov/documents/opinions/02D0415P.HTM
　2002年5月31日東部地区フィラデルフィア裁判所はこれを違憲であり,修正第1条に反すると結論をだした。ただし,子どもを違法情報から保護するための4点の意見付帯をおこなった。(1)公共図書館で子どもが利用する場合,家族の選択としてフィルターをつけるのは可能である (2)インターネット利用の訓練と教育をおこなうプログラムを実施する (3)図書館員によるインターネット利用方針の厳格な施行 (4)端末の配置,プライバシー保護スクリーンの利用,引っ込んだところにモニターを配置する。
　2002年現在,99％の公立公共図書館でインターネット接続をおこなっている。アメリカの図書館状況については Institute of Museum and Library Services http://www.imls.gov/ で報告書が公開されている。また,州法として未成年に「有害」資料・情報を見せることを禁止したり,フィルターソフトをつけることを図書館や学校に義務づけている州もあるが,州図書館協会などの批判を受けて破棄された州(イリノイ州)や,違憲と司法判断された州(アリゾナ州),限定条件をつけた州(オハイオ州,バーモント州),そのまま受け入れている州(ミズーリ州)など,その対応は同じとは言えない。ほかにニューヨーク州, ニューメキシコ州, バージニア州, ミシガン州に類似の州法があり,係争中である。 こういったインターネット経由を含めた未成年への情報・資料提供を法的に限定する動きはここ数年の間,全米で強化される傾向にある。詳細は各州図書館あるいは州図書館協会サイト,州法サイトを参照してください。
　※各州図書館および統治地区図書館局リスト　http://www.imls.gov/grants/library/gsla_cos.htm

・UNESCO「みんなのための情報(IFA)計画」第2回政府間協議

(1) IFLAインターネット宣言を支持し普及

　2003年4月22日～24日に開催されたUNESCO「みんなのための情報(IFA)計画」政府間協議においてIFLAインターネット宣言が提起された。インターネットに関する図書館の役割について積極的に論議され，インターネット宣言の精神とその目的を歓迎し，支持することを決定した。会議はまた，宣言をUNESCO加盟各国に普及すること，及びUNESCOがIFLAと協働してIFLA-UNESCOガイドラインの作成にあたることも了承した。（IFLA／FAIFE事務局長より井上靖代委員への書簡から紹介しました。）

(2) イラクの図書館・公文書館への援助

　同じ会議はまた，図書館・公文書館はイラクの貴重な文化遺産の中できわめて重要なものだとして，とりわけ留意するようUNESCOに要望している。　http://www.ifla.org/VI/4/admin/iraq2504.htm

・IFLA／FAIFEの新サイト・アドレス　http://www.ifla.org/faife/index.htm

　デンマーク図書館協会の後援により，FAIFE事務局を運営していたが，IFLAの核プログラムとなったことをうけて，IFLAのサイト内に移行した。

・IFLA／FAIFEの2002年度報告　http://www.ifla.org/faife/faife/ar2002.htm

　IFLA　Committee on Free Access to Information and Freedom of Expression (FAIFE)　Annual Report 2002

4. 新刊案内

・川崎良孝著『図書館裁判を考える－アメリカ公立図書館の基本的性格－』京都大学図書館情報学研究会発行　日本図書館協会発売　2002.11　¥4000　ISBN4－8204－0221－8

目次：第1章初期の図書館裁判と公立図書館の性格／第2章宗教グループによる集会室の利用をめぐって／第3章ホームレスの図書館利用をめぐって／第4章利用者用インターネット端末をめぐって／第5章2冊の絵本をめぐって／第6章「子どもをインターネットから保護する法律」をめぐって／第7章まとめ

・橋本健午著『有害図書と青少年問題　大人のオモチャだった"青少年"』明石書店　2002.11　¥2800　ISBN4－7503－1647－4

目次：第1章戦後も検閲を受けた言論界，そして子どもたちは／第2章昭和30年，燃え盛る悪書追放運動／第3章太陽族映画，そして不良週刊誌問題／第4章不良図書追放と「出倫協」の結成／第5章官民結集による青少年育成国民会議の発足／第6章少女誌の性表現に腰を抜かした？大人たちの攻防／第7章"少年少女向けポルノ"コミック本騒動／第8章「子どもの権利条約」批准を渋った日本政府／第9章感情論を理論で補強する法律の専門家

・アメリカ図書館協会知的自由部編『図書館の原則　改訂版　図書館における知的自由マニュアル(第6版)』日本図書館協会　2003.1　¥4800　ISBN4－8204－0223－4

目次：第1章知的自由と図書館：概観／第2章図書館の権利宣言／第3章読書の自由を擁護する／第4章知的自由と法律／第5章検閲者がやってくる前に：準備に欠かせないもの／第6章知的自由のために書く

・川口信行著『メディアの試練－21世紀とテロと報道責任』日本図書センター　2003.02　¥4600　ISBN4-8205-8769-2

目次：第1章　米同時多発テロとメディア──報道検証／第2章　二十一世紀初頭のメディア環境／第3章　説明責任について──ペルー大使公邸人質事件への視点／第4章　報道責任と検証責任──TBSビデオ問題と松本サリン事件の曲折／第5章　「権力」と「日常」と調査報道／第6章　メディア規制への十年の軌跡／第7章　「報道の自由」と「社会的責任」の接点

・市川正人著『表現の自由の法理』日本評論社　2003.2　¥8200　ISBN4-535-51362-7

目次：第1編　表現の自由総論　第1章　表現の自由論の過去と今／第2章　差別的表現の規制／第2編　表現の規制・内容中立的規制二分論／第3編　最高裁の表現の自由論　第1章　表現の自由と「公共の福祉」

論／第2章 表現内容の規制と内容中立的規制／第3章 事前抑制の禁止と明確性の要件／第4章 集会の自由／第4編 署名活動の自由 第1章 署名活動と表現の自由・プライバシー／第2章 署名活動と請願権・名誉権／第3章 署名簿の電算処理と請願権

・マーク・スミス著 戸田あきら[ほか]訳 根本彰監訳『インターネット・ポリシー・ハンドブックー図書館で利用者に提供するとき考えるべきことー』日本図書館協会 2003.4 ¥2000 ISBN4-8204-0300-1
目次:第1章 運用方針を作るプロセス／第2章 インターネットと図書館の使命を結びつける／第3章 機器の配置と利用条件／第4章 許容される利用とは／第5章 禁止事項と違反に対するペナルティ／第6章 フィルタリングに関する検討／第7章 ガイド付き利用と図書館の運用方針／第8章 ホームページ作成に関する運用方針／第9章 次のステップアップ:運用方針を書き終えたあと／付録:インターネット運用方針の例

・奥平康弘著『憲法の想像力』日本評論社 2003.4 ¥2500 ISBN4-535-51125-X
目次:プロローグ 法と想像力／第1章 憲法を嗤う時代／第2章 危機のなかのメディア／第3章 自由とジレンマ／第4章 法・物語・直感／第5章 文化と憲法的思惟

・田島泰彦,梓澤和幸編『誰のための人権か』日本評論社 2003.4 ¥2200 ISBN4-535-51387-2
目次:第1章 人権擁護法とは何か 総論1 人権擁護法とは何か／総論2 表現・メディア規制の動向と個人情報保護法案／総論3 新個人情報保護法と市民的自由／第2章 条文解説／第3章 徹底討論／座談会・人権擁護法案の検討／第4章 比較研究／「メディアと人権救済」の国際動向／資料編 人権擁護法(案) 国家機関(国内人権機関)の地位に関する原則(パリ原則) 規約第四〇条に基づき締結国から提出された報告の検討 自由権規約委員会の最終見解

5. 図書館の自由委員会2002年度の活動と2003年度の課題

1.2002年度の主要活動
(1)集会・セミナー等
・全国図書館大会(群馬)第9分科会の運営
・図書館の自由セミナー「図書館を利用する権利の法的位置付けー図書館所蔵資料の閲覧請求を中心に」(講師:奥平康弘)開催 2002.11.11
・研修への講師の派遣:
日図協2002年度中堅職員ステップアップ研修「図書館の自由と現代の動向」三苫正勝 2002.9.16
京阪奈大学・研究機関生涯学習ネット「公開講座フェスタ2002」「国民の『知る自由』と図書館の担うべき役割」三苫正勝 2002.11.25
公共図書館地区別研修(近畿地区)「図書館の自由:最近の事例から」三苫正勝 2003.2.7 ほか

(2)刊行物等
・ニューズレター『図書館の自由』第36〜39号の発行
・『図書館の原則 第6版』の刊行
・「宣言」主文の絵葉書作成と配布
・『「自由宣言」1979改訂解説』の増補改訂作業
・『「図書館の自由」に関する文献目録』編集作業

(3)「こらむ図書館の自由」(『図書館雑誌』連載)執筆
(4)相談への対応と事例研究
(5)図書館の自由に関する記事・文献の収集
(6)「図書館の自由」展示パネルの各地での展示
(7)委員会の組織強化に関すること
・委員会の改編及び内規の制定(2002年8月8日施行)
・自由委員会メーリングリストの開設
・自由委員会ホームページの作成(2003年1月公開)

(8) IFLA/FAIFE（表現の自由と情報のアクセスに関する委員会）委員に井上靖代氏が就任し情報提供

2.図書館の自由に関連する主な事案
(1)「個人情報保護基本法制」「人権擁護法案」「青少年有害社会環境対策基本法案」をめぐる問題
(2)「住民基本台帳ネットワークシステム」ICカードの図書館資料貸出機能
(3)船橋西図書館蔵書廃棄提供問題
(4)柳美里『石に泳ぐ魚』最高裁判決と図書館の提供制限
(5)大阪府青少年健全育成条例の改正案
(6)東大和市立図書館雑誌閲覧禁止措置取消訴訟
(7)人権またはプライバシーを侵害する資料，個人情報を掲載する資料の提供をめぐる問題
(8)インターネット利用端末と「有害情報」対策
(9)著作者と図書館の関係，図書館の無料原則と公貸権（補償制度）の問題
(10)図書館の利用事実，未返却者をめぐる問題

3.委員会の開催日
・全体会(旧全国委員会)：5月23日，10月24日
・「宣言」解説改訂検討会：7月14・15日，　同意見集約会：3月28日
・東地区委員会(旧関東地区小委員会)：4月26日，5月21日，6月20日，7月12日，9月10日，
　10月8日，11月7日，12月11日，1月21日，2月19日，3月17日
・西地区委員会(旧近畿地区小委員会)：4月6日，5月11日，6月8日，7月6日，9月14日，10月12日，
　11月16日，12月14日，2月22日，3月22日

4. 2003年度の課題
(1)「自由宣言」の普及及び相談への対応と事例研究
(2)全国図書館大会(静岡)第7分科会「図書館の自由」の運営
(3)『「自由宣言」1979改訂解説』増補改訂版の刊行
(4)『「図書館の自由」に関する文献目録』の刊行
(5)ニューズレター『図書館の自由』第40～43号の発行
(6)「こらむ図書館の自由」(『図書館雑誌』連載)執筆
(7) 研修への講師の派遣
(8)「図書館の自由」展示パネルの改訂と活用促進
(9) 図書館における名簿の取扱いガイドラインの検討
(10)各図書館内の「図書館の自由」に関する委員会組織の推進
(11) 図書館資料への異議申立制度の研究

6. おしらせ

・『「図書館の自由に関する宣言1979改訂」解説』の改訂について，意見集約会開催

　図書館の自由委員会は3月28日に，日本図書館協会で「宣言解説」改訂についての意見集約会を開催した。参加者は40数人。昨年の全国図書館大会(群馬)分科会と図書館の自由全国委員会での議論を経て，案を策定した。それをニューズレター「図書館の自由」及び協会のホームページ上に公表し，広く意見を募っていたものである。
　これまでの策定，検討の経過と寄せられた意見を紹介したあと，参加者と意見交換をした。インターネット資料提供の位置づけや著作権法改正論議との関係について，「良書主義」について，「子ども」「若者」の年齢規定について，「国民」という用語について，など多くの意見があった。また，図書館の自由をひろげるよう本文の改訂が必要だという意見や，手続きについて他の委員会との調整や図書館雑誌への掲載がなかったことへ

の批判があった。

　今後，出された意見を整理し，5月評議員会終了後，再度意見集約会を行うなど，各方面ともさらに協議を深め，図書館の自由について，図書館界がいまの時点で合意した到達点を示すものとして「改訂解説版」を刊行する予定である。

　当日配布した改訂案と寄せられた意見などの資料が必要な方は事務局までご連絡を。

(熊野清子:JLA図書館の自由委員会)
(図書館雑誌　vol.97, no.5(2003.5)　より転載)

・『「図書館の自由に関する宣言 1979 改訂」解説』の改訂　意見集約会

　図書館の自由委員会では，『「図書館の自由に関する宣言 1979 改訂」解説』の改訂作業を行っております。「図書館の自由に関する宣言」は，図書館のあり方の基本を示すもので，現場で起きた事件などに対処するためのよりどころとされています。これの『解説』版も広く活用されておりますが，図書館をとりまく社会の動きに応じた内容にすることが求められております。委員会として検討を重ね，全国図書館大会で改訂案を紹介し，その後意見を募り，3月には意見集約会を行いました。

　委員会はこれら意見を踏まえた新たな案をまとめ，再度意見集約会を下記のとおり開催いたします。多くの方のご参加をお願いします。

　日時:5月28日(水)　18:00から
　会場:日本図書館協会2階研修室
　問合先:日本図書館協会図書館の自由委員会事務局　電話03-3523-0811

(図書館雑誌　vol.97, no.5(2003.5)　より転載)

・「図書館の自由に関する宣言」絵はがきについて

　委員会では「宣言」の絵はがきを作成しました。はがきとして友人への便りにも使え，さりげなく貸出カウンターに置いて利用者とのコミュニケーションをはかることもできます。1枚10円で販売しますので希望者は下記まで。また日本図書館協会会館でも販売しています。なお，館名を入れるなど文面を変えて作成することもできます。枚数により単価は7.5円から15円。詳細は下記までご相談ください。

　問合・申込先:図書館の自由委員会　熊野清子(兵庫県立図書館内)　TEL 078-918-3366

・図書館の自由委員会 HP ができました！　http://www.jla.or.jp/jiyu/index.html

　このほど，日本図書館協会のホームページ内に「図書館の自由委員会」のページを開設しました。ニューズレター『図書館の自由』目次，図書館雑誌連載中の「こらむ図書館の自由」全文，図書館の自由に関連した声明や見解などを掲載しています。どうぞご活用ください。

※2003年3月発行の臨時増刊号と一部記事が重複していますがご了承ください。

図書館の自由　第41号　2003年8月

---

1. 図書館の自由に関する事例

・朝日新聞，拉致被害者家族の住所報道

　朝日新聞が2003年5月13日夕刊紙上に拉致被害者の曽我ひとみさんの北朝鮮に住む家族の住所を報道したことについて，JLA事務局に該当部分を隠すよう全国の図書館に手配してほしいとの依頼があり，また，同

趣旨の申入れを受けた図書館もあった。

朝日新聞社は住所の掲載は不適切であったとして，同記事の朝刊掲載分には住所を掲載せず，また電子版の記事からは該当部分を削除し，その旨の告知を行っている。

JLAではメールマガジンで以下の記事を掲載するほか，文書での要請者へも下記のとおり回答した。

○北朝鮮家族住所掲載の朝日新聞への対応について

5月13日の朝日新聞夕刊に，北朝鮮拉致被害者の曽我ひとみさんの家族の住所が掲載されたことに関連して，図書館が所蔵する同紙の該当部分を墨塗り等隠すよう求める意見が協会宛に寄せられた。また同様の申し入れを受けた図書館もある。

日本図書館協会は，図書館は著作物の同一性を保持することが求められていること，および「図書館は，正当な理由がないかぎり，ある種の資料を特別扱いしたり，資料の内容に手を加えたり…はしない」（「図書館の自由に関する宣言」）ことを資料提供の原則としており，慎重な対応を求めた。

JLAメールマガジン第156号（2003.05.21）より転載

○文書での要請者（A氏）への回答　2003年6月2日付け

Aさま

ご意見をいただきありがとうございました。

「図書館の自由に関する宣言　1979年改訂」では「図書館は資料提供の自由を有する」条項に，ご指摘のとおり以下のことを記しております。

　提供の自由は，次の場合にかぎって制限されることがある。これらの制限は，極力限定して適用し，時期を経て再検討されるべきものである。

（1）人権またはプライバシーを侵害するもの。［以下　略］

これは，当時被差別部落出身者を特定する文書が出回るなかで盛り込まれたものです（『図書館の自由に関する宣言 1979年改訂解説』日本図書館協会 p.24）が，昨今はマスメディアによるプライバシー侵害が争われる訴訟も起きており，それに対する対応を検討するためのよりどころともなっています。これまで，わが国マスメディアによるプライバシー侵害が裁判で認められたケースは100件にのぼると言われております（『プライバシーと出版・報道の自由』青弓社 p.26）。

しかし当協会は個人，団体の任意加盟の社団法人です。ご意見を現場や関係者に伝え，検討していただくための情報提供はしておりますが，各図書館に対し個別に「墨塗り」などの対応を求める関係にはありません。

ご理解をいただけますようお願いいたします。

ご返事が遅くなり申し訳ございません。

今後ともよろしくご教示賜りますようお願い申し上げます。

社団法人日本図書館協会　図書館の自由委員会

※関連記事

- 曽我ひとみさんに夫から手紙　朝日新聞（夕）2003.05.13.
- 曽我さん本社に抗議　支援室長が会見　「救う会」も抗議　朝日新聞　2003.05.14.
- 東京編集局長ら処分　曽我さん家族住所報道で　朝日新聞社　朝日新聞　2003.05.30.
- 「もう静かに」と曽我さんが談話　本社住所報道問題　朝日新聞　2003.05.30.
  （ほか新聞・雑誌記事スクラップ参照）

・ちくま文庫「私の遍歴時代」の表現問題

ちくま文庫の『私の遍歴時代』（三島由紀夫著・筑摩書房発行）のなかの「特殊部落」という表現について部落解放同盟中央本部は筑摩書房と話し合いをつづけていた。次期重版から文庫の最後のページに「読者のみなさまへ」と題したこの表現についての編集部の見解を入れる。この間の経過を宣伝誌『ちくま』に掲載する。

全社的なとりくみをさらに強める。等の確認をおこなった。

※関連記事
・読者に見解文掲載　底本の全集にも問いかけ　ちくま文庫『私の遍歴時代』問題で　解放新聞　2003.06.09.

・国立国会図書館「18歳未満入館不可能」への異議申立
JANJAN（日本インターネット新聞）2003/07/11　より転載（許可済）
　　http://www.janjan.jp/living/0307094771/1.php

○国立国会図書館「18歳未満入館不可能」，違憲・違法の恐れ　（奥山俊太郎）
　国立国会図書館で18歳未満の入館不可能であり，利用者登録もできない。
　この現状は図書館の自由に関する宣言（日本図書館協会）や国立国会図書館法，憲法などに違反している恐れが極めて強い。
　7日に利用者登録不受理処分を下した国立国会図書館関西館に対して私は異議申立をしました。

◎私の意見
　国立国会図書館は他の図書館に比べて蔵書数も多く，また納本制度により，書店にはない読みたい本がすぐ見つけられる特性がある。それなのに，ただでさえ社会的弱者であるこどもの，本を読む権利（知る権利），平等権などを侵害している。
　同図書館によれば，1959年（昭和34年）から国立国会図書館利用規則で決めており，昨年1月から18歳未満に引き下げられたとのこと。
　違法ではないかとの質問には，「裁量措置であり違法でない。」との答えが返ってきたが，それを最終的に決めるのは裁判所だ。
_____
以下は異議申立書（一部他の人の個人情報に該当する部分は省略）です。

異議申立書
2003年7月　　日
国立国会図書館関西館館長　殿

　　　　　　　　　　　　　　　　　　異議申立人　　　奥山俊太郎　　印
　　　　　　　　　　　　　　　　　　法定代理人　　　◎◎◎◎　　　印

次のとおり異議申立てをします。

1.異議申立人の住所, 氏名, 年齢, 電話番号
　住所:　　　　　　　　　　氏名:奥山　俊太郎　年齢:14　　電話:
2.異議申立人の法定代理人の住所, 氏名, 年齢, 電話番号
　住所:◎◎◎◎◎◎◎◎◎◎　氏名:◎◎　◎◎　年齢:◎◎　電話:◎◎-◎◎◎◎-◎◎◎◎
3.異議申立てに係る処分
　2003年6月30日付送付（※送付書類の日付。なお, 送付日と同じであるかどうか分からない）の国立国会図書館長行利用者登録申請書に対する応答として, 国立国会図書館館長が7月1日ごろに異議申立人に対して行った不受理処分。
4.異議申立てに係る処分があったことを知った年月日　2003年07月03日
5.異議申立ての趣旨　記載の処分を取り消す
6.異議申立ての理由
A　第1号証のとおり,「申し訳ございませんが, 申請者が18歳未満のため, 受理できません。尚, 証明書類は

◎◎様の登録証と共にお返しいたします」とあり，案内書にも「満18歳以上の方ならどなたでも申請することができます」とあるが，これは1954年に日本図書館協会で採択された「図書館の自由に関する宣言」の複数に渡る条文に明らかに反しておりきわめて不当な処分である。

　特に宣言中の5「すべての国民は，図書館利用に公平な権利をもっており，人種，信条，性別，年齢やそのおかれている条件等によっていかなる差別もあってはならない」といっているのに対し，当該処分は明確に反する。

B　私がAで主張しているとおり当該処分は図書館の自由に関する宣言に明らかに反しているわけだが，一国の議決機関である国会のもとにおかれた機関がなぜそのような行動をするのか理解し難い。

C　当該処分は，両議院，委員会及び議員ならびに行政及び司法の各部門からの要求を妨げるとは言えず，国立国会図書館法第21条「国立国会図書館の奉仕及び収集資料は，直接に又は公立その他の図書館を経由して，両議院，委員会及び議員並びに行政及び司法の各部門からの要求を妨げない限り，日本国民にこれを最大限に利用させる。この目的のために，館長は，次の権能を有する」に反し，明確に違法である。

　さらに，国立国会図書館法前文「国立国会図書館は，真理がわれらを自由にするという確信に立って，憲法の誓約する日本の民主化と世界平和とに寄与することを使命として，ここに設立される」にも反している。

　国立国会図書館では18歳未満のみ本を読む自由が与えられておらず，非常に不自由な状態であり，非民主的であって前文上の「真理」を知ることさえできない。

D　また，国立国会図書館法第22条によって設置された国際子ども図書館によってCで述べた違法状態が改善されるものではなく，さらに成年者はすべての国会図書館に入館できるのに18歳未満は国際子ども図書館1階にしか立ち入れないことも付け加えておく。

E　憲法第13条「すべて国民は，個人として尊重される。生命，自由及び幸福追求に対する国民の権利については，公共の福祉に反しない限り，立法その他の国政の上で，最大の尊重を必要とする」，憲法第14条第1項「すべて国民は，法の下に平等であって，人種，信条，性別，社会的身分又は門地により，政治的，経済的又は社会的関係において，差別されない」，第31条「何人も，法律の定める手続きによらなければ，その生命若しくは自由を奪はれ，又はその他の刑罰を科せられない」，第21条第1項「集会，結社及び言論，出版その他一切の表現の自由は，これを保障する」を根拠とする「知る権利の保障」に明確に反しており，違憲である。違憲な処分は憲法第98条第1項「この憲法は，国の最高法規であって，その条規に反する法律，命令，詔勅及び国務に関するその他の行為の全部又は一部は，その効力を有しない」により，当該処分は無効である。

　なお，18歳未満に利用者登録を認めることは重大な結果を招くものとも言えず，憲法第13条中の公共の福祉には反しないことも付け加えておく。

　以上のとおり，当該処分は憲法，国立国会図書館法，「図書館の自由に関する宣言」に反しており，強く取り消しを求める。

7.処分庁の教示の有無及びその内容　教示なし

8.添付書類
　　第1号証　「利用者登録申請手続き案内」コピー
　　第2号証　「利用者登録申請書」コピー

(奥山俊太郎)

国立国会図書館・総務課の話。
「18歳未満であっても館長が利用できると判断した場合は，利用可能。事由を申し出れば受付ける」

(編集部)

・東京都議会で性教育関連図書教材の実態調査と都教委教育長が答弁

　平成15(2003)年7月2日，東京都議会第2回定例会本会議で民主党の土屋たかゆき（つちや　たかゆき　板橋区選出）議員による性教育についての一般質問に対し，東京都教育委員会教育長は「次に，不適切な図書，教材の調査等についてでございますが，学校教育におきまして教材を使用する場合には，学習指導の充実に努める観点から，有益，適切なものを選ぶ必要がございます。そのため，都教育委員会としましては，すべ

ての公立学校に対して，性教育にかかわる図書と教材の保有状況について調査を実施してまいります。その上で，不適切な図書と教材については，各学校や区市町村教育委員会に対して，廃棄など適切に処理するよう指導してまいります。」と回答した。
※東京都議会　平成15年第2回定例会　本会議の質問と答弁(速報版)より
　http://www.gikai.metro.tokyo.jp/gijiroku/honkaigi/2003-2/d5123314.htm

・長崎少年事件で付添人(弁護士)など少年の読書について発言

　長崎幼児誘拐殺人事件で補導された少年の付添人(弁護士)が，少年と鑑別所で初めて面会した後の記者会見で，「鑑別所の本を5冊借りて」と言い，その後，借りた本の著者と書名を言っていた(2003.07.11.テレビ放映)。翌日，その記者会見を報道した新聞記事にも借りた本の著者と書名が掲載されている。また，別のインタビューに答えて中学校長も少年の愛読書を答えている旨報道されている。

　発言者は，少年が特別な存在ではなくどこにでもいる少年だということを伝えたくて，読んでいる本の著者と書名を言ったのかもしれないが，少年の権利を守るべき立場にある付添人の弁護士が，読書の秘密，知的自由に関して配慮に欠ける言動をとったことは問題である。

※関連記事
　・「学力はトップクラス」中学校長ら＜12歳の死角　長崎誘拐殺人事件＞　毎日新聞　2003.07.10.
　・付添人一問一答＜12歳の死角　長崎誘拐殺人事件＞　毎日新聞　2003.07.12.

2．海外での図書館と知的自由に関する情勢

・アメリカ連邦最高裁判決「公立図書館でのフィルタリングソフト合憲」

　図書館にフィルタリング・ソフトのインストールを義務付け，従わない場合は，インターネット接続に対する連邦政府からの資金援助が得られないとする法律の是非について，最高裁はこの法律は合衆国憲法修正第1条[言論の自由等の保障]の違反にあたらないとした。『アメリカ図書館協会』(ALA)はこの裁定に反対の声明を発表している。

問題点:フィルタリング・ソフトの有効性への疑問　ポルノを排除しようとしてポルノ以外のコンテンツを遮断してしまうという欠陥がある。
　　　:フィルタリング・ソフトを提供する企業側は遮断リストと判断基盤をともに企業秘密として扱い，図書館側はその基準を知ることができない。
　　　:成人は未成年者の保護を目的としたフィルタリング・ソフトの停止を図書館員に要求できると定めている。フィルタリングの合憲性は，この条件なしには確保されない。
　　　:特定のサイトにアクセスする前に，フィルタを無効にするための許可を図書館員に求めなければならないとなると，図書館の利用者はコンテンツを探しづらく感じる可能性があると，ALAは主張する。
　　　:多くの図書館はネットワーク上でプログラムを動かしており，コンピュータ1台単位でフィルタを無効にできる簡単な方法がないため，ソフトの停止そのものが技術的に難しい場合もある。

(1)図書館へのフィルタリングの義務付けに合憲裁定，反対派は猛反発　Joanna Glasner 著　(日本語版:米井香織／高森郁哉)　wired news 2003.06.24.
　http://www.hotwired.co.jp/news/news/culture/story/20030625204.html

(2)米図書館「ポルノ選別ソフト」は合憲　青木まりも著　JANJAN　2003/06/28　より転載(許可済)
　http://www.janjan.jp/living/0306274522/1.php

米ワシントンポスト紙は 24 日，米連邦最高裁判所が，公立図書館のコンピュータにポルノサイトを閲覧不可能にするフィルタリング（情報選別）ソフトウェアを導入することを定めた CIPA（Children's Internet Protection Act, 児童インターネット保護法）に違憲性はないとの判決を下した，と報じた。

米国では，児童インターネット保護法が連邦議会で可決された 2000 年 12 月以来，未成年者による図書館でのポルノサイト閲覧を防止するためのソフトウェア導入の是非が問われてきた。

連邦政府を相手取って起こしたこの裁判で，原告の米国図書館協会（American Library Association）は，図書館のコンピュータにフィルタリングソフトウェアを導入することは，1）「どこまでがわいせつか」のあいまいな線引きによって，問題のない医療や芸術などほかの分野のサイトの閲覧制限も同時に引き起こし，2）同国憲法の定める表現の自由を侵害していると訴えていた。

広く情報を提供したい図書館側としては，ソフトウェアの導入は「余計なお世話」というわけだ。

全米図書館協会のジュディス・クラッグ氏は，昨年行われたワシントンポスト紙のインタビューで以下のように語っている。

「現在，多くの学校施設でフィルタリングソフトウェアを導入しているのは非常に不自然。（中略）子供たちを情報から保護するためには，情報リテラシーを教えることが最も重要なことだ。（危険防止のために）スイミングプールの周りに壁を設けるよりも，われわれは子供たちにどうやって泳ぐかを教えるべきなのだ。図書館は治安の守られた場所だが，同時にすべての人にオープンであるべき。（中略）親は子供と一緒に図書館に出掛けて，何を閲覧してはいけないかを教えてあげてほしい。ポルノサイトを識別，排除するソフトウェアは，基本的な問題を何も解決しない」。

また，「図書館には『プレイボーイ』などの雑誌は置いていないが，なぜインターネットという理由で，それら雑誌のホームページにはアクセスすることができるのか」とのインタビュアーの問いには，「それらの雑誌を持参して読んでいるだけのことだ。図書館員は，その内容までをも監視することはできない」と語っている（同紙ホームページより）。

例えば，オハイオ州の Akron-Summit Country Public Library に所属する 17 の公立図書館が現在所蔵している 360 余りのコンピュータのうちの約 9 割が，フィルタリングソフトウェアを内蔵する。また，連邦政府は，フィルタリングソフトウェア導入のため年間 40 万ドルを全米の公立図書館に援助しているという。

しかし，いったい誰がサイトの「わいせつ性」を判断するのか。

米国図書館協会の代表のひとりは，「連邦政府から何を閲覧させてはいけない，という指導は何もない。一方で，フィルタリングソフトウェアのメーカー企業も何を非閲覧にするかの指針を図書館側にはまったく提示してこない。各社が独自で決定している」とその実情を述べる（同紙ホームページより）。

政府からの直接的な指導もないまま，「わいせつ」の内容はメーカー企業が判断している状態だ。

甲南大学法学部で刑法と情報法を専門とする園田寿教授は，今回の判決についてこう語る。

「グローバルなインターネットで情報の発信を規制することが困難である以上，フィルタリングはひとつの選択肢として有効な手段。今後，フィルタリングそのものの技術は高度化する可能性があり，青少年保護という観点からすると，問題のない情報も遮断されてしまうのはやむを得ない」。

また，実際にポルノ情報規制が児童犯罪の抑止力につながるのかという問題については，「ポルノ情報と性犯罪との因果関係は証明されていない。これだけ多くの性情報が溢れているのに，現実の性犯罪が増加していないというのは，巨視的に見た場合，因果関係はないとするのが社会的に妥当」と見る。

しかし，「少なくとも，一定の性表現を青少年に見せたくないという人が多数いることは現実であるから，これらの人の感情を無視することは，法的な原則を考える上でも妥当ではない」と今回の判決の妥当性を肯定する。

ちなみに，日本でも青少年健全育成条例に基づき，大阪府の教育機関などが，フィルタリングソフトウェアをこの 7 月から導入する予定だ。

児童インターネット保護法（CIPA）

http://www.filteringinfo.org/pdf/001218cipa.pdf

(3) ALA denounces Supreme Court ruling on Children's Internet Protection Act

(For Immediate Release June 23, 2003)

http://www.ala.org/Template.cfm?Section=News&template=/ContentManagement/ContentDisplay.cfm&ContentID=36124 より転載

[※集成版編集にあたり原文掲載省略]

※関連記事
- ポルノサイト：図書館での接続規制は合憲　米連邦最高裁判決 毎日新聞 2003.06.24.
- 公立図書館でのネットポルノ規制は合憲　米最高裁　朝日新聞 2003.06.24.
- 図書館のポルノ規制は合憲　米連邦最高裁　産経新聞 2003.06.24.

・IFLA/FAIFE

(1) IFLA/FAIFE Office Annual Report 2002 (2003年2月公表)
http://www.ifla.org/faife/faife/ar2002.htm
(国際図書館連盟／情報への自由なアクセスと表現の自由に関する委員会事務局年次活動報告書2002年)
2002年の事例としては以下があげられている。
- キューバ問題・・・IFLA/FAIFEとして公式声明をだした。特にアメリカ政府に対して資料や情報の自由な交流を妨げている現状の変更を求めている。
- ジンバブエ問題・・・調査中。ムガベ政権に対して質問状を2001年に出している。
- 東チモール問題・・・大学図書館の破壊など。ユネスコを通じて東チモール政権に申し入れをおこなった。
- アフガニスタン問題・・・IFLAとユネスコ共同で専門家派遣の図書館再構計画をたてアフガニスタン政府の了承を得たが、そのための基金設立準備中である。
- パレスチナ／イスラエル問題・・・内戦による図書館の被害についての調査をIFLA理事会に提案。
- フランス問題・・・南仏におけるフロント・ナショナル（極右政権）による図書館侵害は6年目になるが、変化はない。すべての専門職は退職ないしは解雇されている。6年前に比べると、図書館費用は80%削減されている。新しい動きとしてはフランス図書館協会が来春にむけて図書館員の倫理綱領を策定する動きがあり、影響をあたえるものとして期待されている。　　　　　（この項　IFLA/FAIFE委員　井上靖代氏による）

(2) IFLA/FAIFE World Report 2003 （2003年4月公表）　http://www.ifla.org/faife/report/intro.htm
The IFLA/FAIFE Office published the first IFLA/FAIFE World Report on Libraries and Intellectual Freedom in 2001, and the IFLA/FAIFE Summary Report on Libraries, Conflicts and the Internet last year.

[※集成版編集にあたり原文掲載省略]

4. 新刊より

・田島泰彦編『個人情報保護法と人権　プライバシーと表現の自由をどう守るか』明石書店　2002.12.
¥2500　ISBN：4-7503-1660-1
　個人情報保護法をめぐるさまざまな課題を、プライバシーや表現の自由など、主として人権の観点から批判的に検討。市民の表現・コミュニケーションや、メディアの取材・報道まで、国家が乱暴に規制することの危険性を、法案解説、諸外国との比較などを通して明らかにする。巻末には、関連の法案を資料として付す。
もくじ：第1部個人情報保護法とは何か（個人情報保護法とネットワーク・学術研究―利用と保護のはざまで；行政機関個人情報保護法とその改正；検証／個人情報保護法とジャーナリズムの対応　ほか）第2部解説・個人情報保護法案（総則（第一条・第二条）基本原則（第三条～第八条）国及び地方公共団体の責務等（第九条～第十一条）ほか）第3部個人情報保護法の国際動向（アメリカ合衆国におけるプライバシー情報の保護；EU・イギリスにおける個人情報保護法制とメディア―イギリスのIDカードの動向にも触れて；ドイツ―プレスの公的地位と「自律的」規範　ほか）

・文部科学省『「子どもとインターネット」に関するNPO等についての調査研究—米国を中心に—報告書』文部科学省 2003.03. http://www.mext.go.jp/a_menu/sports/ikusei/030301.htm （2003.7.22 確認）
・白石孝　小倉利丸　板垣竜太編『世界のプライバシー権運動と監視社会　住基ネット，ICカード，監視カメラ，指紋押捺に対抗するために』明石書店 2003.06. ￥2200 ISBN:4-7503-1749-7

　あなたの「日常」を，事細かに他人が知っているとしたら？住所・氏名・性別はもちろん，学歴・職業といった社会生活から，外出先・買物・預貯金，果ては顔のつくりといった極私的生活まで，自分のプライバシーがすべて他人に把握されている——。世界各国で現在，IT技術の進展に伴い，官民でそんな社会が作られようとしている。日本，韓国，アメリカ，ヨーロッパの各国における事例・法制の研究と，新たな人権としてプライバシー権・反監視権の確立を提唱。いかに管理／監視に対抗し，個人のプライバシーや日常を守るのか。

　もくじ：第1章日本 1-1 日本型監視社会に対抗するために　小倉利丸　1-2 反住基ネット運動　白石孝／第2章日本と東アジア 2-1 帝国の臣民管理システム——過去と現在　板垣竜太 2-2 外国人登録法と指紋拒否運動　佐藤信行／第3章韓国 3-1 韓国における住民登録法の変遷過程と問題点　尹賢植 3-2 電子住民カード導入反対闘争　金基中／第4章台湾 4-1 台湾の住民監視体制と「国民身分証」　何義麟 4-2 聯台湾反ICカード運動　清川紘二／第5章アメリカ 5-1「愛国者法」という名の権力の飽くなき欲望　米国自由人権協会 5-2 自由を死滅させる国民IDカード法案　米国自由人権協会／第6章法制 6-1 欧米の監視カメラ規制立法——監視カメラと市民のプライバシー　石村耕治 6-2 監視社会の到来と〈反監視権〉——既存の個人情報保護の限界と代案の模索　李殷雨／世界各地のプライバシー　オーストラリア／中国／EU（欧州連合）／香港特別行政区／インド／マレーシア／フィリピン／シンガポール／資料1：アメリカワシントンDC規則第25章／資料2：カナダ公共機関によるビデオ監視技術利用に関するプライバシーガイドライン

・岡村久道著『個人情報保護法入門新法解説』商事法務 2003.06. ￥2,000 ISBN:4-7857-1076-4

　2003年5月に公布された「個人情報の保護に関する法律」について，どのような法律なのか，また個々の適用の方法などを，理論面と実務面の双方から平易に解説した入門書。講演原稿をベースに大幅に加筆修正したもの。

5.『「図書館の自由に関する宣言1979改訂」解説』の改訂について

　図書館の自由委員会は5月28日に，日本図書館協会で「宣言解説」改訂についての2回目の意見集約会を開催した。参加者は約30人。策定，検討の経過とこれまでに寄せられた意見を紹介したあと，参加者と意見交換をした。

　6月中旬には，図書館の自由委員会全体会で検討を行い，改訂の概要を図書館雑誌9月号に掲載した上，今秋には『宣言解説　改訂版』を刊行する予定である。

　この紙面で，雑誌9月号掲載予定原稿の一部と，現時点での改訂案全文を掲載する。

　意見があれば，2003年9月30日までに協会事務局（FAX：03-3523-0841　email: somu@jla.or.jp）へお寄せいただきたい。

・「図書館の自由に関する宣言1979年改訂」解説の改訂について（雑誌9月号掲載予定案）

JLA図書館の自由委員会　委員長　三苫正勝

1　新たな改訂の必要性

　今回，解説を再度改訂する必要に迫られた最大の理由は，「宣言」第2の資料提供の自由に関して，副文に「極力限定して適用」されるべきものとして挙げてある「人権またはプライバシーを侵害するもの」について，近年その前提が無視されて，安易に提供制限が行われ，それがあたりまえのように定着しかねない傾向への危惧である。

　また，図書館の発展と図書館活動の活発化に伴う，図書館の自由にかかわる問題や事件の増加と多様化に対応する解説の補訂である。解説部分の増補箇所の主要なものは次のとおりである。
　＊流動する著作権状況に関係する項目
　＊インターネットや貸出方法など，コンピュータ環境の進展に伴ういくつかの問題
　＊「子どもの権利条約」の批准に伴い，子どもの

知る自由の確認

　紙数の関係で,改定案の主要な部分だけを掲載した。全体は,JLA 図書館の自由委員会のホームページを見ていただきたい。またそれができない方は協会事務局にコピーを求めていただきたい。さらに,当委員会が発行しているニューズレター『図書館の自由』にも掲載する。

　すでに何回か意見を募集してきた結果であるが,なおご意見があれば,至急に協会の事務局にお寄せいただきたい。

2　改訂にあたって出された意見

§「公平な権利」(現行 p.20)
◎宣言では,対象となる利用者を「国民」(=日本国籍をもつ人)と「外国人」(副文の 5)に二分する。一体としてとらえる用語がふさわしい。
【委員会の見解】1979 年の宣言改訂にあたって,「民衆」を「国民」と言い換えた理由は,現行解説の 18 ページに書いてあるとおり,「国民」とすることによって,より明確に憲法で保障されている基本的人権の規定に根拠を置くことを表明したものである。1979 年に日本も批准した国際人権規約 B 規約[市民的及び政治的権利に関する国際規約]においても,「すべての者」にその権利があることが表明されていることが,現行解説にも述べられている。
◎副文の 4 項に,知る自由を「ひろげていく」という表現があるが,5 項に関連して,障害者サービスなどのアウトリーチサービスにおいて,もっと強く図書館に努力を求めるよう書く必要がある。
【委員会の見解】多文化社会図書館サービスの進展に伴う記述が手薄であるのは確かで,この項の第 2 段落「また,施設や資料の面から障害者の図書館利用が妨げられている面も多い」原因は,図書館員,広くは社会の認識の現状から来ていることを言及した。
§「人権またはプライバシーの侵害」(p.24〜)
◎人権・プライバシー侵害に敏感なのは賛成で,図書館ごとの委員会(全司書+市民)の論議を経た判断にも賛成だが,「館内での研究者の閲覧」については,完全な「学問の自由」を保障すべきである。学問の自由は歴史概念を包摂している不動の概念だから,司法判断とは別に図書館独自の判断がありうる。
§「子どもへの資料提供」(新規)
◎「読む自由」の保障には賛成だが,子どもたちの「健やかな成長」の保障としての積極的な読書サービス・読書指導による理性と感性の啓発を行わなければ,反面を欠いている。
【委員会の見解】子どもへの資料提供については,「子どもの権利条約」に表明されているように,「資料提供の自由」を基本とすることを確認するにとどめる。実際にどう提供するかについては,いろいろ主張があり,それに相応する場で論議をするべきであると考える。
§「資料提供の自由と著作権」(新規)
◎「著作権を開放することが必要不可欠」とすべきである。著作人格権は尊重すべきだが,使用権は図書館法前文の思想となじまない。
§「いわゆる「公貸権」」(新規)
◎公貸権を認める世界潮流は,知的自由と根本的に食い違う。公共図書館は知的自由の砦である。
§「著作権侵害が裁判で確定した図書館資料の取り扱い」(新規)
◎「著作権侵害が裁判で確定した図書館資料」でも館内閲覧は最大限に確保すべきだ。
§「貸出記録の保護」(現行 p.30)
◎国家,企業,隣人が容易に個人情報に近接できる時代に入っていることを図書館は重大に認識し,「市民の知的自由の砦」として外部から独立した情報システムを堅持すべきである。
§　無料原則について
◎商用データベースの導入に伴う費用負担の問題があり,また規制緩和特区の募集に「図書館利用の有料化」を提案した自治体が現われる情勢では,知る自由を実質的に制限する要素として有料化が登場するおそれがある。
§　フィルタリングについて
◎グリーンピース・ジャパンのホームページへのアクセスを制限するソフトには参った。拒否理由が「反社会的」と出てきた。

　(以下,改定案の一部を掲載予定　(略))

・「図書館の自由に関する宣言 1979 年改訂」解説の改訂案　(2003 年 7 月 31 日現在)
(下線部分が改定案)

（章）宣言の採択・改訂とその後の展開(p.10～)
① ｢図書館の自由をめぐる問題の新たな局面｣(p.14～16)
(▼この項の標題を次のように変え，本文の末尾に以下の文(段落)を追加する。)
「宣言改訂以降の図書館の自由をめぐる問題」
　1981年に明らかになった愛知県下の‥‥大きな示唆を与える。
　1986年に始まる富山県立近代美術館における天皇コラージュ作品の処置をめぐる国民の知る権利訴訟は，作品の処置は管理者側の裁量に委ねられるという最高裁の判決(2000年)で，国民の「知る権利」の保障が，いまだ博物館の役割として，法的には認知されるに至っていないことが明らかになった。それはマスコミに大きく取り上げられ，社会の関心を呼んだ。それに関連する富山県立図書館図録損壊事件(1990年)は，1995年に犯人の有罪判決が確定した後も，図書館が図録の所有権を放棄したままいまだに回復されていない。
　1988年には絵本『ちびくろサンボ』が人種差別を助長する本であるとの批判を受けて，日本では絶版になった。しかしこの絵本が差別書であるかどうかはその後も論議が続いている。
　1995年には，東京の地下鉄サリン事件捜査過程での国立国会図書館利用記録53万人分の無差別差し押さえも世論の批判を呼んだ。
　1997年の神戸連続児童殺傷事件における少年被疑者の顔写真を掲載した『フォーカス』(同年7月9日号)，その検事調書を掲載した『文藝春秋』(1998年3月号)，1998年の堺通り魔幼児殺害事件を実名記事にした『新潮45』(同年3月号)など，少年法にかかわって問題となる報道が続発した際，その資料の提供について公共図書館がマスコミの注目を集めることになり，改めて図書館の自由のあり方が社会的関心のもとに問われることになった。東大和市においては，『新潮45』の閲覧制限は住民の知る権利の侵害であると訴訟が起された。
　そのほか，『タイ買春読本』(1994年初版)『完全自殺マニュアル』(1993年初版)の廃棄要求や閲覧制限要求は住民の間でも論議を呼び，やがて有害図書指定の動きになった。時勢の「常識」の中で，図書館の，国民の知る自由に対する取組みの姿勢が試されている。
　1996年には秋田県で地域雑誌『KEN』が個人のプライバシー侵害を理由に頒布禁止の仮処分が決定され，申立人から県内の図書館に利用禁止を求めて「警告書」が送付されるということが起こった。
　1997年には，タレント情報本の出版差し止めを認める最高裁判所判決があり，個人情報をめぐって，以後，出版の事前差し止めの法的判断の事例がいくつか出てくる。

② ｢『解説』改訂の意義｣(p.16)
(▼この項の標題を次のように変え，本文を以下のように書き替える。)
「『解説』を刊行することの意義」
　1979年10月，宣言改訂の趣旨を早急に普及することを目的として，解説『図書館の自由に関する宣言1979年改訂』を編集・刊行した後，少なからぬ社会状況の変化もあり，図書館界は，図書館の自由に関して貴重な経験を積んだ。それをふまえて，宣言をより具体的な図書館活動の指針として役立つものにするために，解説の改訂版を編集した。1987年に一度改訂し，今回は二度目である。
　改訂にあたって留意した諸点は，次のとおりである。
　(1) 館界の経験にもとづき新しい事例を取り入れることに努めた。
　(2) 学校図書館における収集の規制
　(3) コンピュータ導入に伴う個人情報の保護基準の採択を取り入れる。
　(4) 情報公開制度の発展に伴う図書館の役割
　(5) 国民の支持と協力にもとづく社会的合意のなかで図書館の自由の発展をはかる。
　(6) 「人権またはプライバシーの侵害」に関する厳密な定義
　(7) インターネットによる情報提供にかかわる問題
　(8) 「子どもの権利条約」の批准と「知る自由」
　(9) 多様化する著作権問題と図書館のかかわり

(10) 住民基本台帳ネットワークにつながる IC カードや学籍番号利用の危険性
このうち(6)以下が今回の留意点である。

（章）宣言の解説（p.17～）
（前文）
③「公平な権利」（p.20）
（▼この項の第 4 段落「図書館を利用する権利は，‥‥当然である。」を冒頭に移し，次の文を改行せずに追加する。）
従って，宣言本文および解説文等に「国民」とのみ書かれているところも，そのように意識して読む必要がある。
（▼「公平な権利」の項の冒頭の3行を次のように書き換え，第2段落とする。）
　　現在，公立図書館がまだ設置されていない地方自治体があるし，学校図書館も職員体制の不備は解決されていない。1997 年の学校図書館法の改正により，司書教諭の発令が義務づけられたとはいえ，ひきつづき発令が猶予される12学級に満たない小中学校も約半数残されるうえ，発令される司書教諭には「専任」の保障がないなかで，図書館サービスの担い手が求められている。
（▼「公平な権利」の項の第 2 段落「また，施設や資料の面から‥‥整っていないのである。」の次に，改行せずに次の文を追加する。）
それは，社会が，ひいては図書館員自身が，図書館利用に障害のある人びとの存在を十分認識できていない結果である。

第2　図書館は資料提供の自由を有する。（p.23～）
④「人権またはプライバシーの侵害」（p.24～25）
（▼この項を全面的に次のように書き換える。）
　　宣言の採択時と異なり，プライバシーの権利が憲法の保障する権利に含まれることに今日ではほとんど異論がないと考えられるから，この制限項目の文言「プライバシーその他の人権を侵害するもの」と読み替えられるべきである。そして「その他の人権」とは，表現行為によって社会的不利益や精神的苦痛を余儀なくされる可能性のある名誉や名誉感情等の権利を意味するものと解される。
　　ところで，この制限項目については，いくつかの疑問点が指摘されている。ある資料が「侵害するもの」であるという判断基準はどういうものであり，その判断を誰がするのか，また，制限項目に該当する範囲が拡大解釈されることはないのか，利用の制限はどのような方法でおこなわれるのが適当か，などである。
　　これらについて，これまでの事例を通じて得られた教訓や反省を踏まえて以下のような解説をするが，今後も広く各層の意見を集め，なお一層の社会的合意の形成に努めるべきものである。
1　まず「侵害するもの」であるという判断基準についてであるが，被害者の人権保護と著者の思想・表現の自由の確保とのバランス，および国民の知る自由を保障する図書館の公共的責任を考えれば，次のようになろう。
　(1)　ここにいうプライバシーとは，特定の個人に関する情報で，一般に他人に知られたくないと望むことが正当であると認められ，かつ，公知のものでない情報に限定される。
　(2)　差別的表現は，特定個人の人権の侵害に直結するものを除き，制限項目に該当しない。
　2001 年 10 月，雑誌『クロワッサン』にと場労働者への差別的表現があるとして図書館の取り扱いが報道された問題に際し，図書館の自由委員会はそれまでの検討事例を集約して，いわゆる差別的表現それ自体は提供制限の理由にはならないという見解（巻末資料）を公表した。
　　いわゆる「部落地名総鑑」の類の資料や一部の古地図，行政資料などは，これらを利用して特定個人の出身地を調べれば，その人が被差別部落出身者であることが明白になり，就職差別や結婚差別に直ちにつながるおそれがあるから，差別的表現が人権侵害に直結するものの例にあげられよう。
　(3)　問題となっている資料に関して人権侵害を認める司法判断があった場合に，図書館はそれに拘束されることなく，図書館として独自に判断することが必要である。

裁判所が人権侵害を認定し，著者・出版社など権利侵害の当事者に被害の回復や予防のために命じる措置と，国民の知る自由を保障する社会的責任をもつ図書館の利用制限の要否についての判断は別のものとして考えるべきである(注)。

ちなみに，『週刊フライデー』肖像権侵害事件の裁判で，原告は判決内容の告知する付箋を資料に貼付するよう依頼する文書を全国の主要図書館に対して送付することを求めたのに対し，裁判所は被害を認めて出版社に損害賠償を命じたが，図書館に関わる原告の要求を認めなかった(東京高裁判決 1990.7.24)。『新潮』1994年4月号所収の柳美里著「石に泳ぐ魚」の公表差し止めを命じた裁判の一審判決も，図書館に関わる同様な請求を認めなかった(東京地裁判決 1999.6.22。この請求棄却について控訴されず，確定)。裁判所は権利侵害の当事者に被害の回復や予防の措置を求める場合も，図書館には独自の判断がありうることを認めているのである。

2 その判断は誰がどのような手続きで行うのか。個々の図書館が，図書館内外の多様な意見を参考にしつつ，公平で主体的に意思決定することが求められる。

　(1)　各図書館に資料の利用制限の可否・方法の検討，および利用制限を付した資料に関して再検討をおこなう委員会を設置しておくことが望ましい。

　(2)　委員会には全ての職員の意見が反映されるべきである。

　(3)　委員会は，当該資料に関して直接の利害を有する者および一般の図書館利用者の求めに応じて，意見を表明する機会を設けるべきである。

　(4)　委員会は個別の資料の取扱いについて検討するとともに，職員に図書館の自由に関する情報と研修・研究の機会を提供することが望ましい。

1976年11月，名古屋市の市民団体が『ピノキオの冒険』を障害者差別の本であるとして出版社に回収を求めたことが報道され，名古屋市立図書館はその貸出・閲覧を停止した。以後3年間にわたり，名古屋市立図書館は障害者団体，文学者はじめ幅広い市民の合意づくりに努め，1979年10月に提供制限を解除した。そして，今後，批判を受けた蔵書については，「明らかに人権またはプライバシーを侵害すると認められる資料を除き，提供制限をしながら市民と共に検討」することとして，次の原則を確認した。

　　1) 問題が発生した場合には，職制判断によって処理することなく，全職員によって検討する。
　　2) 図書館員が制約された状況のなかで判断するのではなく，市民の広範な意見を聞く。
　　3) とりわけ人権侵害にかかわる問題については，偏見と予断にとらわれないよう，問題の当事者の意見を聞く。

3 利用制限の方法について。知る自由を含む表現の自由は，基本的人権のなかで優越的地位をもつものであり，やむをえず制限する場合でも，「より制限的でない方法」(less restrictive alternativeの基準)によらなければならない。裁判所が人権を侵害するとして著者らに公表の差し止めを命ずる判断を行った資料についても，図書館は被害を予防する措置として，当該司法判断の内容を告知する文書を添付するなど，表現の自由と知る自由を制限する度合いが少ない方法を工夫することが求められる。

4 人権の侵害は，態様や程度が様々であり，被害の予防として図書館が提供を制限することがあっても，時間の経過と状況に応じて制限の解除を再検討すべきである。

注　参考文献：「平成9年度全国図書館大会(山梨記録)」第9分科会　シンポジウム「資料提供とプライバシー保護」

⑤「わいせつ出版物」(p.26)

(▼この項の冒頭の3行を次のように書き換える。)
　刑法第175条のわいせつ文書にあたるという裁判所の判決が確定した資料については，提供の制限がありうる。

(▼「わいせつ出版物」の項の第2段落の末尾「このように，わいせつ文書とする判断基準は‥‥再検討されなければならないものである。」を次のように書き換える。)
　『悪徳の栄え』は1969年，『四畳半襖の下張り』は1980年に最高裁で有罪判決を受けたが，その後これら3

文書はいずれも無削除で公刊されている。このように，ある時点で裁判所が示したわいせつ文書の判断の基準は，社会の常識や性意識が変化することによって事実上，修正変更されることになるのである。従って，わいせつ出版物の提供の制限も，時期をみて再検討されなければならないものである。そのために，「人権またはプライバシーの侵害」の項で述べたと同様な検討のための組織が必要である。

⑥「寄贈または寄託資料と行政文書」(pp.26〜27)
(▼この項の冒頭の「日記や書簡など‥‥やむをえない」の段落を，次のように書き換える。)
　日記や書簡などの未公刊資料が図書館に寄贈または寄託されるに際し，寄贈者または寄託者が，その条件として一定期間の非公開を要求することがある。その理由としては，プライバシーの保護のため，政治上・行政上の必要性に基づくもの，著作者人格権の一つである「公表権」の保護のためなど，当該資料が未公刊となっていることに関係するものが挙げられる。
　従って，寄贈者または寄託者のこのような要求を踏まえた上で，ある程度公開が制限されることはやむをえない。

⑦「子どもへの資料提供」(新規)
(▼新たにこの項を起し，「寄贈または寄託資料と行政資料」(p.26〜27)の項の次に入れる。)
　子どもへの資料提供
　1994年に，ようやく日本も「子どもの権利条約」(正式名「児童の権利に関する条約」)を批准し，国際連合憲章のもとに子ども(児童)の権利を保障していくことを約束した。その第13条に，「あらゆる種類の情報及び考えを求め，受け及び伝える自由」を有することを表明している。それを基本にした上で，17条に「児童の福祉に有害な情報及び資料から児童を保護」する配慮も求めているが，その責任は，まず父母または法定保護者にあると規定している。(18条)
　子どもは，強い好奇心を持っている。その時期に，多様な情報・資料に接し，それを理解し，判断し，批判することによって自らの主体的な意見を形成し，成長していく。それを保障するのは社会の責任である。図書館はその責任の一端を負っているのであり，子どもの主体的な成長を妨げてはならない。特に学校図書館は，子どもにも「読む自由」があることを子ども自身に自覚させ，教師や保護者に認識してもらう重要な場である。
　しかし現実には子どもたちが，商業主義などによって「有害な」読み物や情報にさらされることが多い。それを懸念して，「すぐれた資料・情報」を提供するよう特に留意しなければならないと考える人たちも多い。子どもの健全な成長を保障するその方法において，意見の違いが見られるが，「有害」とされる一部の資料を排除するのではなく，基本においては「読む自由」を保障しながら，日常的に「すぐれた資料・情報」と子どもたちを出会わせる環境が求められよう。

⑧「資料の保存」(p.27)
(▼この項の第4段落「1984年の広島県立図書館問題では，‥‥が切断破棄された。」に続いて，次の段落を入れる。)
　2002年には船橋市西図書館で「新しい歴史教科書をつくる会」会員の著書が，前年の夏に100冊以上集中的に廃棄されていたことがわかった。

⑨「資料提供の自由と著作権」(新規)
(▼新たにこの項を起し，「施設の提供」(p.27〜28)の項の次に入れる。)
　資料提供の自由と著作権
　図書館が行う資料提供には，原則として著作権が関係してくる。しかし利用者に対する自由な資料提供を確保するため，この著作権を一定範囲で制約する規定が著作権法には置かれている。コピーサービスを一定の条件で図書館等が行うこと(31条)，視覚障害者向けの一定範囲の著作物の利用(37条)，非営利・無料の場合の上演，演奏，貸与等(38条)などである。
　しかし，図書館の利用者に迅速な情報提供を実現するためには，これらの制約だけでは不十分との声があ

る。通常の手段では図書館資料の利用に支障がある人たち(視覚障害者,読字障害者,肢体不自由者等)に対して利用の自由化(公共図書館等による録音図書の作成等)を実現することは,健常者と同様の情報アクセス環境を保障するために必要不可欠なことである。しかし,著作権者に及ぼす経済的利益の損失はほとんどないにもかかわらず,現在のところ認められておらず,図書館利用の「見えない障壁」となっている。

また,著作権者の所在または個々の著作権の消滅の確認手段がほとんど整備されていないにもかかわらず,複写物のファクシミリ送信や論文集掲載の一論文の全部複写を許容する内容となっていないことも,図書館がその役割を十全に果たせない一因となっている。

それに加え,著作者の権利の制約が撤廃されるという動きがある。現在自由に行うことができる視聴覚資料の閲覧サービスや図書等の貸出しについて,著作権者への許諾又は補償金の支払いを条件とする方向での法改正が,文化庁の報告書で提言されている。利用者の情報アクセス権を保障する観点からも,著作権者を含め,国民的合意を形成する方向の対応が求められる。

⑩「いわゆる「公貸権」」(新規)

(▼新たにこの項を起し,前の項「資料提供の自由と著作権」の次に入れる。)

いわゆる「公貸権」

1900年代後半以来の出版不況を背景として,文芸著作者,出版者,書店など書籍の製作・流通に携わっている側から,図書館の貸出しサービスによって出版物の売上げが減少し,経済的損失が発生しているという声が出始めている。その典型的な批判が「無料貸本屋論」であり,「大量複本貸出問題」などである。

そして,この問題の解決方法としては,例えば,「新刊本の貸出しを一定期間行わない」とか「1館当たりの所蔵冊数に上限を設ける」といった方法が挙げられる一方で,いわゆる「公貸権」(公共貸出権)を日本に導入すべきである,という声が文芸作家の団体から上がっている。

この「公貸権」とは,英語のpublic lending rightの日本語訳である。図書館における図書等の貸出回数や所蔵数に応じ,その図書等の著作者に金銭を給付するという制度を示す概念であり,権利として行使されるものではない。この制度は,現在のところ,北欧を中心に十数ヵ国で導入されている。

しかし,「公貸権」が設けられた趣旨は,各国によって様々である。例えば,北欧諸国では,著作者等の経済的損失を補填するためではなく,自国の文化や文芸活動を振興するために設けられている。このため,先進国において導入されたからと言って日本で導入しなければならないということにはならない。それどころか,安易にこの制度を導入することにより,例えば資料購入予算の削減や,貸出しサービスの抑制につながるおそれもある。

このように,「知る自由」を損ないかねない「公貸権」の導入の動きに関しては,図書館界としても十分注意を払って対応しなければならない。

⑪「著作権侵害が裁判で確定した図書館資料の取扱い」(新規)

(▼新たにこの稿を起し,前の項「いわゆる「公貸権」」の次に入れる。)

著作権侵害が裁判で確定した図書館資料の取扱い

著作権侵害が裁判で確定した図書館資料について,その原告から図書館に対し,その資料を提供し続けることが,著作権侵害に該当するという理由を挙げて,閲覧の禁止や回収を要請されることがある。

この場合に著作権侵害が問題になるとすれば,せいぜい,この行為が著作権法第113条に該当するかどうかということだけである。この条文によれば,著作権侵害によって作成された著作物について,「情を知って頒布し,又は頒布の目的をもって所持」すれば,著作権を侵害する行為とみなされる。なお,この場合の「頒布」とは,「有償であるか又は無償であるかを問わず,複製物を公衆に譲渡し,又は貸与すること」である。

すなわち,図書館への要請状に確定判決文が添付されていたときには,まさにこの条文の「情(その資料が著作権侵害によって作成されていたこと)を知った」ことになるため,その資料のコピーを提供するとか,貸し出しするといった,「頒布」に該当するような行為をしてしまうと,形式的にはこの条文の要件に該当することになる。

ただこの113条という規定は,もともと海賊版の流通防止を目的として設けられたもので,このような場合に

適用することは疑問である。
　まして貸出しや複写が伴わない，閲覧サービスや朗読サービス等まで違法行為となるという解釈は，どのような観点からも取り得ない。従ってこのような要請は，根拠がないので従う必要はない。

第3　図書館は利用者の秘密を守る。(p.28～)

⑫▼「最近の事例としては，‥‥事件がある。」(p.29－5行目)を次のように書きかえる。
　1995年3月に起きた地下鉄サリン事件捜査に関連して，警視庁は捜索差押許可状に基づき国立国会図書館の利用申込書約53万人分をはじめ，資料請求票約75万件，資料複写申込書約30万件を無差別に押収した事件がある。1年余の利用記録すべてである(注8)。

注8　JLA図書館の自由に関する調査委員会関東地区委員会「裁判所の令状に基づく図書館利用記録の押収―『地下鉄サリン事件』捜査に関する事例」図書館雑誌89(10)p.808－810

⑬「貸出記録の保護」(p.30)
(▼この項の最後の段落「日野市立図書館の‥‥採用を期待している。」(p.30)の箇所を次のように書き換える。)
　2002年8月に住民基本台帳ネットワークシステム(住基ネット)が稼動したが，上記「基準」及び「見解」に明示したように，住民基本カードを図書館利用カードとして利用したり，住基ネットに利用者情報データベースをリンクしてはならない。また，他のICチップを利用した図書館利用カードを導入するにあたっても，利用資料の情報を蓄積するようなことがあってはならない。
　大学等において，学籍番号を利用者コードとして利用する事例が増えているが，この場合も，学内の他のデータベースとリンクしてはならない。日野市立図書館の「コンピュータ導入の原則」などにも学び，利用者のプライバシーを侵害しないよう慎重な運用が望まれる。
　行政機関個人情報保護法(4, 5, 9, 12条)および，各自治体の個人情報の保護に関する条項を遵守し，必要最小限の個人データのみを扱って他にリンクしないシステムを形成するほか，運用する職員が図書館における個人情報の保護の重要性を常に認識するよう努めなければならない。

注　「コンピュータ導入に伴う利用者情報の保護」(『図書館の自由に関する事例33選』p.178－183)

⑭「利用事実」(p.30～31)
(▼この項の冒頭から第2段落までを，次のように書き換える。)
　第2項は，第1項に掲げた読書事実以外の利用事実に関する項である。これらも利用者のプライバシーに属するものであるから，本人の許諾なしに第三者に知らせてはならない。来館のつど入館記録，書庫立入簿などの図書館施設の利用に関して住所・氏名を書かせることのないようにし，登録手続きのさいも必要最小限の記録にとどめるようにすることが望ましい。
　文献複写申し込みの記録については，利用者の申込みが著作権法第31条の要件を満たすかどうかを審査するために行っていることを念頭に置いて，その記録範囲を最小限にしぼり，しかも図書館が慎重に管理し，外部へ漏れることのないようにしなければならない。

⑮「外部とは」(p.31～32)
(▼この項の第5段落「従って，読者の人格の‥‥解決されなければなるまい。」(p.32)に続いて，改行せずに次の文を加える。)
容易に児童・生徒の利用記録が取り出せないような貸出方式を採用することは，その前提であろう。

第4　図書館はすべての検閲に反対する。(p.33～)

⑯「図書館と検閲」(p.33～35)

(▼この項の第5段落「青少年を「有害図書」の影響から‥‥動きが，ときにみられる」(p.34)を次のように書き換える。)

　青少年を「有害図書」の影響から守るという趣旨を含む，地方自治体で制定されている青少年保護育成条例についても，図書類の有害指定の方法が個別指定から包括指定へと強化され，内容も自殺の誘発などにまでひろげられてきた。これらの規制強化は憲法上の論議をよんでいる一方で，国民の言論・表現及び出版の自由を侵すおそれのある「青少年有害社会環境対策基本法案」の立法化がすすめられている。

⑰「検閲と同様の結果をもたらすもの」(p.35)
(▼この項の冒頭の「1985年に東京都世田谷区議会で，‥‥重ねる事件がおきた。」に続いて，改行せずに次の文を追加する。)
その後も東京都のいくつかの区議会で，特定政党の批判記事を掲載した週刊誌を名指して図書館からの排除を要求されたことがあり，1999年末には，過激な性表現を理由に週刊誌を名指して図書館からの排除要求がされたこともある。また2001年には，特定団体を批判した図書を所蔵していることを理由に，区立図書館の人事異動を要求した区議会議員もいた。

⑱「インターネットと図書館」（新規）
(▼新たにこの稿を起し，「図書館における自己規制」(p.35～36)の項の次に入れる。)

インターネットと図書館
　インターネットを通じた情報は，今や人類に欠かせないものになった。図書館においても，その情報を提供することは，国民の知る自由を保障する重要な役割である。伝統的な媒体とは全く違った情報伝達方法であるため，大学図書館や専門図書館のみならず，公共図書館や学校図書館においても，利用者による情報格差を解消するよう努め，だれもが外部の情報資源に自由にアクセスできる環境を積極的に整えなければならない。
　公共図書館において，子どもも利用するという理由で，サーバー段階でフィルタリングをかけることは，すべての利用者の知る自由を阻害することになる。また学校図書館や大学図書館でのフィルタリングも，利用者が自ら情報を選択し，批判し，利用する能力(情報リテラシー)を育成する機会を阻害することになる。それぞれの図書館において，利用者の意見を踏まえて，情報利用の条件を決めていくべきである。
　なお，フィルタリングとは，フィルター・ソフトなどにより，あらかじめ設定された語句や表現が含まれる情報をアクセスできないようにしたもの，また管理機関等が不適当と判断した画像などをサイトごとに遮断したりしたものなどさまざまである。多くはだれがどのような基準で設定しているか公開されておらず不明な点が多い。特に図書館外のサーバーなどにあらかじめ包括設定されている場合が問題である。

（結語）
⑲「不利益処分の救済」(p.37)
(▼この項の末尾の文「図書館の身分を‥‥示唆を与えてくれる。」を削除する。)

6. おしらせ

・第89回(平成15年度)全国図書館大会　静岡大会へのお誘い
今大会は11月27日(木)・28日(金)の2日間，「創(はじ)めよう！図書館の世紀―知・人・夢づくり―」をテーマに開催，分科会は第2日目の9:00～16:00の予定である。
大会の関する最新情報は次のとおり　http://www.tosyokan.pref.shizuoka.jp/taikai/
第7分科会(図書館の自由)　　会場：グランシップ(JR東静岡駅前)
テーマ：図書館の「社会化」と図書館の自由
図書館の自由に関する問題に，地域，社会，行政の感心が高まっている。非常勤職員や賃金職員の比率の高まり，図書館固有業務の民間委託が進む中で，職場に自由委員会がある図書館，利用者とともに図書館の

自由を深めた事例など，図書館の自由を仕事の中で担う職員一人一人と職場の力量を高める様々な努力が行われている。各地の取り組みを紹介し，交流する。当委員会からは，この一年間の事例とその取り組みを報告する。あわせて「図書館の自由に関する宣言・解説」の改訂版の内容説明を行う。

・「図書館の自由に関する宣言」絵はがきについて[掲載略]

図書館の自由　第42号　2003年11月

1. 図書館の自由に関する事例

・住基カードによる図書館利用

　2003年8月25日に住民基本台帳ネットワークシステムの本格稼働にともない，住基カードを図書館の利用カードに利用するかのような報道があった。JLA事務局の調査によると，住民基本台帳番号を直接図書館の利用データとリンクさせるようなシステムではないことが判明し，JLAメールマガジンの記事のとおり現状を報告し，注意を喚起した(2003.8.27)。（→①）

　住基カードの表面に図書館独自の利用者番号のバーコードを貼付するような方法について，危惧する声も寄せられている。（→②）

　図書館雑誌には次の記事「住民基本台帳カードを利用した図書館の貸出しサービス－多目的利用への懸念－」図書館雑誌 vol.97,no.10(2003.10)（→③)を掲載したが，自由委員会ではさらに論点を整理してみた。（→④）

①住基カードによる図書館利用

(JLAメールマガジン第169号(2003.08.27)より転載)

　8月25日に住民基本台帳ネットワークシステムが本格稼働し，住民基本台帳カード(住基カード)の利用についてのマスコミ報道がいっせいに行われた。

　そのなかには住基カードを利用しての図書館サービスが始まったという事例も紹介されている。日本図書館協会事務局は総務省が発表した「住基ネット第2次稼動の準備状況(住民基本台帳カード関連)」で，「図書館利用サービス」が事例として挙げられた市町のほか，マスコミ報道されたところも含め，6市1区1町の図書館に直接電話で事情を聴いた。

　その結果すべて，住基ネットのシステムをそのまま利用したものではなく，カードの裏面等に図書館独自のID番号のバーコードを貼付，または印刷するなど，住基番号を図書館登録番号として利用するものではないことが分かった。

　協会事務局の問合せに対して，図書館利用が住基番号と繋がることについての懸念，これまで発行してきた登録者カードのバーコード体系との異なり，読み取り機器の新規設置，蔵書バーコードも同時に読み取り可能とするシステム変更，子どもに住基カードを渡す不安，カード紛失による悪用への懸念などを指摘する意見が多かった。

　さらに図書館において，住基ネットシステムにアクセスするための手段(端末機)などが配置されておらず，住基カードを提示しても住所の確認ができず，従前どおり健康保険証や免許証などの提示を求める，とのことである。

　住基カードを申請した件数は全体として大変少なく，図書館利用も合わせて申請した件数はゼロ件から10件を超える程度のようである。

　なお，図書館の自由委員会は現在，「図書館の自由に関する宣言・解説版」の改訂作業をしているが，この

ことについては,「住基カードを図書館利用カードとして利用したり,住基ネットに利用者情報データベースをリンクしてはならない」としている。 http://www.jla.or.jp/jiyu/index.html

総務省の発表やマスコミの報道は,住基カードに図書館利用の情報が組み込まれていたり,住基ネットに図書館がリンクしたりしているかのような内容となっており,正確ではない。

②住基カードによる図書館利用への危惧

(反住基ネット連絡会メーリングリストへの投稿より)

反住基ネット連絡会　http://www1.jca.apc.org/juki85/index0307.html

住基ネットの第2次稼働が開始された日,新聞に次のような記事が掲載されていた。
「大阪府羽曳野市は本格稼働目前の21日,臨時市議会で条例を駆け込み成立させた。通例は500円程度のカード発行手数料を無料にし,年内に3万枚の普及を目指す。同市にはすでに,住民票などを自動発行機で取れる『ハビキノシティカード』(発行枚数約7万枚),公共施設の利用予約ができる『ハビキノICシティカード』(同約9千枚),さらに図書館での貸し出しカードがある。新条例によって,これらのカードが持つ機能が,住基カードに一元化できるようになるが,当面は既存のカードも残す。市の担当者は『従来のカードになじんだ市民が,住基カードに切り替えてくれるのか』と不安を口にする。」(朝日新聞 2003年8月25日朝刊26面大阪本社版)

市の担当者の危惧は論外として,私たちには大きな危惧を抱かせるものであった。

日本図書館協会は1979年に「図書館の自由に関する宣言」を採択した。その中で「第3 図書館は利用者の秘密を守る」とし,図書館利用者のプライバシー保護義務が謳われている。
「個人が図書館を利用することで,図書館が知りうる事実として(1)利用者の氏名,住所,勤務先,在学校名,職業,家族構成(2)いつ来館(施設を利用)したかという行動記録,利用頻度 (3)何を読んだかという読書事実,リクエストおよびレファレンス記録(4)読書傾向(5)複写物入手の事実などがあげられる。いずれも利用者のプライバシーに属することであり,これらの事実は,本人の許諾なしには,他の人にたとえ保護者・家族であっても知らせたり,目的外に使用することは許されない。」(『「図書館の自由に関する宣言 1979年改訂」解説』)

その後の図書館業務へのコンピュータの導入に伴い,同協会は「貸出業務へのコンピュータ導入に伴う個人情報保護に関する基準」を1984年の総会で採択した。この基準の中に次のような規定がある。
「5 登録者の番号は,図書館で独自に与えるべきである。住民基本台帳等の番号を利用することはしない。」

住基カードが図書館の貸出カードを兼ねることで,ただちに住基コードを図書館の登録者番号としたことにはならない。しかし貸出カードの番号を住基コードのある同一のICカード(住基カード)で使用することは,同一番号を使用したと同様の危険が生じる。それはこの基準との関係においてきわめて疑義のあるものである。

この点について,羽曳野市の図書館関係者がどのような認識をもっているか,あるいはいないのか大きな問題だといえよう。　　　　　　　　　　　　　　　　　(※執筆者草加氏より掲載許諾済み)

※なお,羽曳野市では11月より住基カードに付加した情報による貸出を開始したが,これには各貸出拠点に1台ずつ新設した装置で処理を行っている。

③住民基本台帳カードを利用した図書館の貸出しサービス －多目的利用への懸念－

(図書館雑誌 vol.97,no.10(2003.10)より転載)

8月25日に住民基本台帳ネットワークシステムが本格稼動したが,総務省は住民基本台帳カード(住基カード=ICカード)の多目的利用の推進を図っている。カード内の住基ネットワークシステムで利用する領域から独立した空き領域を利用するもので,総務省は15の例を挙げている。そのなかに,「図書館の利用,図書の貸出し等を行うサービス」も挙げられ,(財)地方自治情報センターは「市区町村情報化支援事業(ICカード活用事業)」の一環として,そのシステム開発等を行っている。

カードの多目的利用の根拠は,住民基本台帳法第30条の44項第8項「市町村長その他の市町村の執行機関は,条例で定めるところにより,条例で規定する目的のために利用することができる」にあり,実施するにあたっては条例でその利用目的,利用手続き等を定める必要があるとしている。

条例で定める利用目的は，市町村長や教育委員会等の執行機関が自ら提供するサービスだけでなく，他の市町村，都道府県，その他の機関が提供するサービスについても，これらのサービスの提供主体と協定等を締結してカードに搭載することもできるとしている。自治体を超えた広域利用も可能となる。また協定等の締結先については，公共的団体に限定されていない。利用手続きの他，個人情報保護措置についても条例で定めるとしている。その規定例として「第○条　市町村長（もしくは教育委員会等）又は第○条の協定を締結したものは，第○条に掲げるサービスを提供するために，住民基本台帳カードの記録された個人情報及びこれらのサービスを提供するシステムにおいて保有する個人情報の漏えい，滅失及びき損の防止その他の当該個人情報の適切な管理のために必要な措置を講じなければならない」を示している。

　カードの交付に要する経費は特別交付税措置が図られているが，多目的利用についても（財）地方自治情報センターが開発したシステム以外のシステムや既存システムの改造も対象とした特別交付税措置をしている。

　総務省が発表した「住基ネット第2次稼働の準備状況（住民基本台帳カード関連）」のなかで室蘭市，水沢市，福光町（富山県），福井市，掛川市，の5市町が「図書館利用サービス」を「独自利用の主な団体の状況」としてあげている。このほかマスコミ報道では座間市，三条市，荒川区も挙げられている。日図協事務局はこれら6市1区1町の図書館に直接電話で事情を聴いた。

　その結果そのほとんどは，住基カード（IC）の空き領域を利用したものではないことがわかった。カードの裏面等に図書館独自のID番号のバーコードを貼付，または印刷するものである。現在推進されている「市区町村情報化支援事業（ICカード活用事業）」とは異なるものであるが，総務省はこれも法第30条の44項第8項でいう「カードの利用」にあたるとしている。

　住基カードの図書館利用について現場からは住民の住基カードネットワークシステムへの懸念や図書館利用記録がそれにつながるのではないかという不安のほか，初期費用，機器などの整備に要する経費やシステム変更，子どもに住基カードを渡す不安，カード紛失による悪用への懸念などの指摘があいついだ。

　図書館の自由委員会は現在，「図書館の自由に関する宣言・解説」の改訂作業をしているが，このことについては，「住基カードを図書管理用カードとして利用したり，住基ネットに利用者情報データベースをリンクしてはならない」としている。

④住民基本台帳カードの図書館利用について　　（図書館の自由委員会による論点の中間整理）

　「住民基本カードを利用した図書館の貸出しサービス」（『図書館雑誌』vol.97,no.10（2003.10））で，本年8月25日の住基ネット本格稼働にともなって交付が始まった住基カードの，図書館での利用状況が報告されている。そこでは導入する場合の懸念も指摘されている。

　住基カード番号を図書館カードの番号として利用したり，住基カードに図書館用のID番号を貼付し利用するときの問題点，将来住基カードの汎用性が増したときの問題点，貸出の記録を残す形で利用することにはならないか，それが図書館利用の阻害，抑制につながったり，利用者のプライバシーが侵されるのではないかなどの問題点も危惧される。

　日本図書館協会は1984年5月に「貸出業務へのコンピュータ導入に伴う個人情報の保護に関する基準」を総会で議決し，対応への基準を既に示しているが，住基カードの使用によって図書館利用における自由が制限されたり侵されることのないよう，あらためて以下の点を再確認しておきたい。

1. 住基カードの発行は有料となっている。図書館法がうたう無料の原則が，このことにより崩されることのないようにすること。
2. 住基カードは本人認証のデータが記入されており紛失時に悪用される懸念や，再発行時にさらに費用が求められる点などから，気軽な携帯に抑止がかかる。このことで図書館利用の後退を招くことのないようにすること。
3. 図書館システムが他のコンピュータのネットワークに組み込まれ，ウイルスやハッカーの侵入等によるトラブルで，図書館現場が大混乱に巻き込まれないようにすること。
4. 住基カードを利用する場合でも，貸出資料の記録やその履歴の記録は行わないこと。

5. 貸出サービスに利用するためには，住基カードによる貸出・返却装置の整備が必要となる。資料費の確保が厳しい状況のもとで，他の費目の圧迫につながらないようにすること。

・旧石器発掘ねつ造問題にかかる資料

2000年11月に，東北旧石器文化研究所元副理事長による旧石器発掘ねつ造問題が発覚した。日本考古学協会による検証作業の結果，2003年5月に同協会から最終報告書が刊行された。この間，誤った報告に基づく文献が多数出版される結果となっている。

なお，2003年5月24日には日本考古学協会総会で「旧石器発掘捏造問題関係の日本考古学協会発行図書の取り扱いについて」会告が配布された。(資料：後掲)

ある図書館では，ねつ造された資料に基づく出版物「縄文の生活誌(講談社・日本の歴史 01)」について利用者からの指摘があった。継続中の事案であるが，途中経過を以下に報告する。

○「縄文の生活誌(講談社・日本の歴史 01)」について

1. 経過

平成14年10月，A図書館へZと名乗る男性が来館し，見出しの図書について意見を述べていった。要旨は「図書館が明らかに間違っている本を並べて置くのはおかしい。訂正注記といったものが必要ではないか。」係長Pが本人と面談し，検討を約束した。具体的書名は挙がらなかったが上記書名を類推した。(この時点で出版社が改訂版を出すことを予告した期限は大幅に超過していた。結局，11月に広告が出された。)→改訂版との取替えの広告を受けて図書館内部の委員会で検討。その後，出版社からは改訂版が出版され，旧版も文書を添付して従来どおり提供することとした。平成15年4月，A図書館へ再度来館。その後の経過を問われたが館長・係長不在で伝えられず。

4月上旬，B図書館へ来館。A図書館と同趣旨の質問をしていった。4月下旬，C図書館へ来館。①B図書館の本を見せて，「バーコードが表紙の題名部分にかかっている。著作権法違反ではないか」②D図書館のビデオを見せて，「巻き戻してお返しくださいという注意書きがタイトルにかかっているが著作権法違反ではないか」の2点を主張していった。(著作物に図書館が手を加えることは，著作権法に反するという図書館の回答に反論する立場からと思われる。)

その後，以前からA図書館，C図書館には来館していることがわかった。

2. 当該図書に対する対応

改訂版が手に入った11月の図書館内部の委員会で検討。第1章が全面削除され，その代わりに，捏造問題に関する論文が挿入されていたため，元の本へもあたれるよう「取替えをせず，改訂版を追加購入することを勧める」ことになり，12月の館長会で報告，賛同を得た。最初から購入していなかった図書館を除く全館が追加購入で対処した。その後，両方があわせ読まれる保障がないとの意見が出て旧版を書庫入れしている館が8館ある。

3. その後の対応

A図書館長から手紙を出し，経過を説明。利用者からは手紙に対する返事が届いた。この中で利用者は次の4点を対策として提示してきた。

①関連図書に，捏造があったという事実を記載した付表を，図書館が作って貼付する。

②歴史書の書架に，捏造問題に関する事実を記載したポスターのようなものを図書館で作り，掲示して，注意を喚起する。

③所蔵している蔵書を調べて，該当する出版社に，講談社のような付表を作成するように要請する。あるいは，図書館が付表を貼ることを了解してもらう。

④図書館協会に問題を提起し，出版界全体の問題として，検討してもらうように働き掛ける。

(以上原文のまま)

図書館内部の委員会としては①～③は図書館の対応としてはできかねると考えた。一方，A図書館では，影響を受ける可能性のある本を一部リストアップし始めたが，膨大な冊数になることが判明。特に児童書では

大半が該当した。これらから，利用者に対しては，①いったん刊行された図書については，たとえこのような学術上の明確な誤りがあっても，図書館の関与することではないこと，②該当すると思われる図書は相当多くあり，すべては調べきれないこと，③今後とも発掘捏造を取り上げた図書を購入し閲覧に供していくことをA図書館長から伝えることとした。

なお，利用者指摘の④については，日本図書館協会自由委員会に報告することとした。

○日本考古学協会会告
旧石器発掘捏造問題関係の日本考古学協会発行図書の取り扱いについて

日本考古学協会委員会

以下の日本考古学協会刊行図書の報告・論文・記事等は日本考古学協会前・中期旧石器問題調査研究特別委員会や関係自治体等による検証の結果，捏造と判断された事実や資料に基づくものであり，旧石器時代研究の成果およびその成果に基づく歴史記述としては適正でないと判断されますので，**日本考古学協会は，旧石器時代研究資料としてこれらの事実や資料を利用してはならないものとします。**

（2003年5月24日）

『日本考古学協会総会研究発表要旨』・『大会報告』および『資料集』
『日本考古学年報』掲載の発掘調査概（略）報
日本考古学協会創立50周年記念講演会

――

『日本考古学年報』31～52
『日本考古学』第6号

（資料詳細　中略）

☆印については，当該の事実や資料に関して学術的な意味がないのであって，会告はこの点にのみ関わることです。それ以外の部分には及ばないことを念のため申し添えます。

（資料詳細　後略）

※「日本考古学リソースのデジタル化」のうち「前期旧石器論争」には，これまでの経過，関連資料が掲載されている。ここでは，会告に掲載された資料の位置づけについても触れている。
　　　http://www.amy.hi-ho.ne.jp/mizuy/zenki/
※前・中期旧石器問題調査研究特別委員編『前・中期旧石器問題の検証』日本考古学協会 2003.5. ￥4000
※講談社「日本の歴史」01巻「縄文の生活誌」改訂版［刊行のお知らせ］
「縄文の生活誌」(岡村道雄著)の改訂版が刊行された。希望者には2003年3月まで無償で旧版との交換を行う。下記URLから「改訂版刊行のお知らせ」がご覧になれます。(2002.11.1)
　　　http://www.bookclub.kodansha.co.jp/books/rekishi/
※毎日新聞旧石器遺跡取材班　古代史捏造（新潮文庫）新潮社 2003.10. ISBN4-10-146824-9（『旧石器発掘捏造のすべて』(毎日新聞　2002.9 刊の改題)

・船橋市西図書館の蔵書廃棄問題裁判　―東京地裁，被告職員の単独行為と認定，原告請求を棄却―

（図書館雑誌 vol.97,no.10(2003.10)より転載）

一昨年8月に船橋市西図書館が「新しい歴史教科書をつくる会」関係者らの著書を集中的に廃棄した問題で，著者8名と「つくる会」が，廃棄を行ったA職員と船橋市長に，計2,700万円の損害賠償を求めた訴訟の判決が9月9日，東京地裁であった。

判決は争点を，①除籍したのはA職員か否か，②本件除籍の違法性の有無とし，次のように判断を示した。

①船橋市教委が問題報道後に行った西図書館職員たちからの事情聴取記録(原告提出の証拠)に，被告A

職員が「西部氏, 渡部氏らの著書が沢山ある」「西部, 福田の本が偏っているので抜こうと思っている」などと言っていたこと, A職員から引き抜きを指示されたこと, A職員が除籍しているところを目撃したことなどの記載がある。A職員は市教委に自分が除籍した旨の上申書を提出している。これらの認定事実により, 「本件除籍は, 原告つくる会らを嫌悪していた被告Aが単独で行ったものと認めるのが相当である」「一時の偶発的行為ではなく, 周到な準備をした上で計画的に実行された行為であることが明らかであ」る。

②-1「現代社会における図書館は, いわゆる国民の知る権利の実効性を確保するための有力な施設の一つであると考えられるに至っている」が, こういう図書館の存在意義は, 著者が図書館に著書の購入を要求する権利を導くものではなく, そのような権利を定めた現行法令条項はない。②-2 原告は図書館蔵書の著者が持つ「閲覧に供せられる利益を不当に奪われない権利」や「利用者への思想・表現の伝達を妨害されない権利」侵害を主張するが, これらは被告船橋市の図書館が, その自由裁量に基づいて購入し市民の閲覧に供することの「反射的に生じる事実上の利益にすぎないものであって, 法的に保護された権利や利益」とは言えない。②-3 原告は除籍により作品評価を撤回されたことで名誉, 名誉感情侵害を主張するが, 自由宣言が述べるように図書館の収集提供は図書館が一定の「社会的評価を与える行為ではないと解され」原告主張は前提を欠く。

これらにより判決は, 本件除籍はA職員単独が船橋市の公有財産を損壊した違法行為だが, 原告らの権利を違法に侵害したものではないとして, 原告の請求を退けた。原告弁護団文書によると, 原告側は控訴する意向を表明している。

(山家篤夫・JLA図書館の自由委員会)

※原告の西尾幹二氏は陳述書及び地裁判決文の全文を自らのWebサイトに掲載している。
　http://nitiroku.hp.infoseek.co.jp/h150918.html/

2. 海外での図書館と知的自由に関する情勢

・ALAのプライバシーポリシーと声明

アメリカ図書館協会(ALA) 知的自由部は2003年9月11日にプライバシーポリシーと声明の一覧を公表した。「図書館の権利宣言」「読書の自由」「倫理綱領」などの基本的な声明, プライバシー及び秘密性に関する方針や声明, パトリオット法をめぐる対応など30数文献が参照できる。
　http://www.ala.org/Template.cfm?Section=Related_Links6&Template=/ContentManagement/ContentDisplay.cfm&ContentID=43554

・米国愛国者法をめぐる最近の動き(E110)

(国立国会図書館『カレントアウェアネス-E』no.20 2003.8.20.より転載)
http://www.ndl.go.jp/jp/library/cae/2003/E-20.html

連邦捜査局(FBI)に強大な捜査権限を与えた米国愛国者法に対する訴訟が7月30日, 米国自由人権協会(American Civil Liberties Union：ACLU)によってデトロイトの連邦地裁に提訴された。訴えの中でACLUは, 国民の個人情報を容易に入手できる権限をFBIに与え, またFBIの捜査を受けたことを外部に表明することを禁じた同法の第215条(注)は, 言論の自由等を保障する合衆国憲法修正第1条や不当な捜査・押収を禁じる同修正第4条に抵触すると主張している。

また訴訟と並行して, ニューメキシコとフロリダのACLUの地方支部は, 自由の女神の写真を背景にしたポスターを作製して図書館に配布し, 愛国者法のもとでFBIによって図書館の利用記録が秘密裡に捜査される危険性を図書館の利用者に訴えかけるキャンペーンを展開している。

一方, 連邦議会では, FBIの捜査権限を愛国者法成立以前の状態まで制限しようとする2つの法案「図書館, 書籍販売者及び個人記録保護法案」(S.1507), 「個人の権利を保護する法律案」(S.1552)が7月31日に相次い

で提出された。なお, 3月には, サンダース(Bernie Sanders)下院議員によって, 図書館および書籍販売者の記録を秘密裡に政府が閲覧することを禁じる「読書の自由保護法案」(H.R.1157)も提出されている。

（注）図書館の利用記録がFBIの捜査の対象となり利用者のプライバシーが侵害される危険があるとして図書館界からも批判を受けている。

Ref:
http://www.ala.org/al_onlineTemplate.cfm?Section=American_Libraries&template=/ContentManagement/ContentDisplay.cfm&ContentID=40212
http://www.ala.org/al_onlineTemplate.cfm?Section=American_Libraries&template=/ContentManagement/ContentDisplay.cfm&ContentID=40211
http://www.ala.org/al_onlineTemplate.cfm?Section=American_Libraries&template=/ContentManagement/ContentDisplay.cfm&ContentID=40209

平野美惠子ほか. 米国愛国者法(反テロ法)(上). 外国の立法, (214), 2002, 1-46.
平野美惠子ほか. 米国愛国者法(反テロ法)(下). 外国の立法, (215), 2003, 1-86.
高木和子. 米国愛国者法と図書館のプライバシー保護. 情報管理. 45(8), 2002, 580-583.

・インターネットにおける表現の自由, IFLA/IPA共同声明(E119)

(国立国会図書館『カレントアウェアネス-E』no.22 2003.9.17.より転載)
http://www.ndl.go.jp/jp/library/cae/2003/E-22.html

国際図書館連盟(IFLA)と国際出版者協会(IPA)は共同で, インターネットへのアクセスやそこでの表現が, 国連世界人権宣言, 特にその第19条に反し制限を受けてはならないという声明を発表した。これは両機関の共同運営グループが6月26日に採択したもので, 8月には同声明に関する共同の記者発表もなされている。

この声明において, IFLAとIPAは, インターネットへのアクセスは思想的・政治的・宗教的ないかなる検閲をも受けてはならないとして, 国際機関や各国政府に対して情報インフラの整備やインターネット情報の自由な流通への支援等を勧告している。

Ref:
http://www.ifla.org/V/press/ifla-ipaf03.htm
http://www.ifla.org/V/press/ifla-ipaprf082103.htm

・フィルターソフトの有効性を検証, 米商務省報告(E120)

(国立国会図書館『カレントアウェアネス-E』no.22 2003.9.17.より転載)
http://www.ndl.go.jp/jp/library/cae/2003/E-22.html

8月15日, 米国商務省電気通信情報局(NTIA)は, 「子どもをインターネットから保護する法律(CIPA)」(CA1473, E098 参照)に基づいて学校や図書館等の教育機関が導入した, インターネット上の有害情報を遮断するための技術(フィルターソフト等)の有効性を検証した報告書を発表した。遮断技術が教育機関のニーズに十分に応えられるものか, 有害情報から子どもを守るために各機関で策定されている指針がどれほど成果をあげているかの2点を軸とし, 関係者からのコメントや既存の調査研究等をもとに検証を行っている。

NTIAは, 現在の遮断技術は教育機関のニーズの大部分を充足できる性能を有するものの, 課題も残されているとして, (1)製作会社が教育機関に対し製品の特徴を説明する研修サービスの機会を提供すること, (2)有害情報を遮断する技術の範囲をフィルタリング以外の技術にも拡張できるように法改正すべきことを勧告している。

Ref:
http://www.ntia.doc.gov/ntiahome/ntiageneral/cipa2003/
CA1473 (http://www.ndl.go.jp/jp/library/current/no273/doc0007.htm)
E098 (http://www.ndl.go.jp/jp/library/cae/2003/E-18.html - E001)

4. 新刊より

- 岡村久道著『個人情報保護法入門新法解説』商事法務 2003.06. ¥2,000 ISBN:4-7857-1076-4

企業の遵守義務と具体的な対応策を中心に個人情報保護法を分かりやすく解説。新法の全体像を把握し，コンプライアンスプログラム作成にも役立つ。

目次 http://www.shojihomu.co.jp/newbooks/1076.html

- 田島泰彦・斎藤貴男・山本博 編著『住基ネットと監視社会』日本評論社 2003.08. ¥2,000 ISBN4-535-51404-6

8月の住基ネットの本格稼動を前に，違憲訴訟などの取組みとも連携しつつ，住基ネットを監視社会という広い文脈に位置付け，法的観点を軸に，徹底した批判的検討を加える。監視カメラや生活安全条例も批判的に分析。 目次 http://aserve.procen.net/nippyo/books/bookinfo.asp?No=2159

- 櫻井よしこ編著『あなたの「個人情報」が盗まれる』小学館 2003.08. ¥1400 ISBN4-09-389223-7

「住民票が全国どこでも受け取れる」「電子社会にはなくてはならない」総務省は，住民基本台帳ネットワークはまさにコンピュータ社会に日本が乗り遅れないために欠かせないシステムであると説明してきた。しかし，そこには大きな落とし穴があった。絶対安全だと政府が保証するこの住基ネットのシステムは，多くの専門家が指摘しているように，外部からも侵入し放題で，我々の個人情報はもちろん，国家機密さえも漏洩しかねない脆弱なものだったのだ。 決まったことだからと果たしてこのまま受け入れてしまってよいのか。'03年8月25日の本格始動を前にして，ジャーナリストの櫻井よしこ氏と専門家らがあらためて住基ネットの問題点を問いかける。

- 日本弁護士連合会編『プライバシーがなくなる日 住基ネットと個人情報保護法』明石書店 2003.08. ¥2500 ISBN4-7503-1775-6 C0036

個人情報保護が不十分なままの住基ネット本格稼動開始。個人情報の漏洩を懸念する住民や自治体の抵抗は稼動後も根強く続いている。個人情報の定義から，続発している個人情報の漏洩問題までを追及するとともに，電子政府・電子自治体構築を目指すe－Japan計画を検証し，個人情報コントロール権の確立と，IT時代のプライバシーのあり方を提言する。

目次 http://www.akashi.co.jp/Asp/details.asp?isbnFLD=4-7503-1775-6

- イーヴリン・ゲラー著, 川崎良孝・吉田右子訳『アメリカ公立図書館で禁じられた図書：1876－1939年, 文化変容の研究』京都大学図書館情報学研究会 日本図書館協会（発売） 2003.09. ¥5,000 ISBN4-8204-0312-5

アメリカにおいて，読書の自由という理想が，1876年から1939年の間にまったく異なるイデオロギーに取って代わられた道筋をたどる。イデオロギーの推移を大きな社会的な変化や文学上の変化を背景に探求。

- 小倉利丸編『路上に自由を—監視カメラ徹底批判』インパクト出版会 2003.10. ISBN4-7554-0134-8 ¥1900

小倉さんの監視カメラに反対する論拠についての総論的な考察，小笠原さん(朝日新聞記者)の現場取材ルポ，山口響さんの監視カメラ先進国イギリスの状況報告など，監視カメラ万能論を乗り越えていくための論点整理に本格的に取り組んでいる。

目次 監視カメラと街頭管理のポリティクス−ターゲットにされる低所得層とエスニック・マイノリティ 小倉利丸／視線の不公平—くらしに迫る監視カメラ 小笠原みどり／監視カメラ大国イギリスの今 山口響／監視カメラをめぐる法律問題 山下幸夫／Nシステム—4桁(プラスα)ナンバーで国民監視 浜島望／杉並区が設置した監視カメラに住民訴訟で抵抗中 山際永三／暴走する国会-ひそかに市民をカメラで監視 角田富夫 (インパクト出版会 http://www.jca.apc.org/~impact)

5.『「図書館の自由に関する宣言 1979 改訂」解説』の改訂について

　図書館の自由委員会はこのことについて2回の意見集約会を開催, 検討を加えて図書館雑誌9月号に改訂の概要を掲載した。また, 2003年7月31日現在の改訂案をJLAホームページ上等で公開してさらに意見を募った。第89回全国図書館大会 静岡大会では, 第7分科会(2003年11月28日)において, 改訂の経過と意見に対する委員会の考え方などを報告し, 本年度末には刊行する予定である。

6. おしらせ

・第89回(平成15年度)全国図書館大会　静岡大会へのお誘い

　今大会は11月27日(木)・28日(金)の2日間,「創(はじ)めよう! 図書館の世紀─知・人・夢づくり─」をテーマに開催, 分科会は第2日目の9:30～16:00の予定である。
大会の関する最新情報は次のとおり　　http://www.tosyokan.pref.shizuoka.jp/taikai/

第7分科会(図書館の自由)　　会場:グランシップ(JR東静岡駅前)
テーマ:図書館の「社会化」と図書館の自由
　図書館の自由に関する問題に, 地域, 社会, 行政の関心が高まっている。非常勤職員や賃金職員の比率の高まり, 図書館固有業務の民間委託が進む中で, 職場に自由委員会がある図書館, 利用者とともに図書館の自由を深めた事例など, 図書館の自由を仕事の中で担う職員一人一人と職場の力量を高める様々な努力が行われている。各地の取り組みを紹介し, 交流する。当委員会からは, この一年間の事例とその取り組みを報告する。あわせて「図書館の自由に関する宣言・解説」の改訂版の内容説明を行う。
プログラム概要
◇基調報告「図書館の自由, この1年間－事例と委員会の取り組み」
　　　　山家篤夫(図書館の自由委員会副委員長)
◇講演「『監視社会』と『情報主権』」
　　　　斎藤貴男(ジャーナリスト)
◇報告「図書館の自由に関する宣言・解説改訂のポイント」
　　　　三苫正勝(図書館の自由委員会委員長)
◇報告と交流「図書館の自由の取り組み」
　　　　浦部幹資(愛知芸術文化センター愛知県図書館)
　　　　大野恵市(町田市立中央図書館)
・「図書館の自由に関する宣言」絵はがきについて[掲載略]
・東京弁護士会人権擁護委員会主催　シンポジウム
「表現の自由と名誉毀損・プライバシー　～損害賠償額はどうあるべきか～」
　　　　日時:2003年11月20日(木) 午後6時～8時300分(開場午後5時30分)
　　　　場所:弁護士会館2階「クレオ」　　千代田区霞ヶ関1－1－3
　　　　パネリスト:秋山幹男　(弁護士)　岩本亜弓　(報道被害者(舞台女優))ほか
　　　　参照　http://www.azusawa.com/home.htm

・付録1 (2003.11.28　全国図書館大会第7分科会資料より)

「自由宣言」解説の改訂について(概要)　　　　　　　　　　　　　三苫　正勝

1　改訂の必要性
　今回, 解説を再度改訂する必要に迫られた最大の理由は,「宣言」第2の「資料提供の自由」に関して, 副文に, 提供が制限される場合も「極力限定して適用」されるべきものとして挙げてある「人権またはプライバシーを

侵害するもの」について，近年その前提が無視されて，安易に提供制限が行われ，それがあたりまえのように定着しかねない傾向があることへの危惧である。

そのほか，図書館の発展と図書館活動の活発化に伴う，図書館の自由にかかわる問題や事件の増加と多様化に対応する解説の補訂である。

2 改訂項目
§［宣言の採択・改訂とその展開］
　（この章では，前回の改定以降の情勢と事例研究の蓄積を書き加えた。）
　① 図書館の自由をめぐる問題の新たな局面(p.14～)
　② 『解説』改訂の意義(p.16)
§［宣言の解説］
　（この章の見直しと増補が今回の改訂の重点である。）
　③ 公平な権利(p.20)
　④ 人権またはプライバシーの侵害(p.24～)
　⑤ わいせつ出版物(p.26)
　⑥ 寄贈または寄託資料と行政文書(p.26～)
　⑦ 子供への資料提供(新項目)
　⑧ 資料の保存(p.27)
　⑨ 資料提供の自由と著作権(新項目)
　⑩ いわゆる「公貸権」(新項目)
　⑪ 著作権侵害が確定した図書館資料の取扱い(新項目)
　⑫ （第3の前文）「最近の事例としては，‥‥事件がある。」(p.29)
　⑬ 貸出し記録の保護(p.30)
　⑭ 利用事実(p.30～)
　⑮ 外部とは(p.31～)
　⑯ 図書館と検閲(p.33～)
　⑰ 検閲と同様の結果をもたらすもの(p.35)
　⑱ インターネットと図書館(新項目)
　⑲ 不利益処分の救済(p.37)
§［法令の関係条文］
§［図書館の自由に関する調査委員会規程］
　（規程を廃止して，「図書館の自由委員会内規」(2002)として制定。）
§［A statement on intellectual freedom in libraries, 1979(JLA)］　（全面的に改訳する。）
§［参考文献］
§［あとがき］
§［索引］

3 改定案の論点
④人権またはプライバシーの侵害
o解説に「特定の個人の人権またはプライバシー」と明記してあるにもかかわらず，個人が特定されないものに拡大されている。
o「人権またはプライバシー」を「プライバシーその他の人権を侵害するもの」と読み替える。
o改定案の内容
　1 「侵害するもの」の判断基準
　2 その判断は，だれがどのような手続きで行うのか
　3 やむを得ず利用制限を行わざるを得ないと判断した場合の制限の方法

4 制限の見直し
o 上記4項は，あまり細かすぎても，かえって部分的に取り上げて制限の根拠にされてはまずいという懸念も抱きながら抑制的に書いた。特に制限の方法はあえて「より制限的でない方法」ということにとどめた。

⑦子供への資料提供
o「子どもの権利条約」（1994年批准）において子どもも成人と差別することなく権利を保障することが表明されている。しかし実際のサービスの考え方や具体的な方法において，意見の違いが見られる。

⑨資料提供の自由と著作権
o 国民に自由な資料提供を保障する立場からは，図書館サービスの面で，一定の範囲で著作権を制約する現在の著作権法の規定でも不十分であるが，一方で，メディアの多様化に加えて，著作者の権利を守る要求が強くなっている状況もある。

⑩いわゆる「公貸権」
o 公立図書館の「大量貸出し」が，著作者の経済的損失につながるということで，作家などから提起されているいくつかの方法が，「知る自由」の観点から国民の利益になるかどうか，文化振興の観点から得策かどうか，論議が必要であろう。

⑪著作権侵害が確定した図書館資料の取扱い
o いわゆる司法判断に図書館は制約されるのかどうか議論がある。しかし実態は，論議する前に，判決に制約された判断をしている図書館が多い。

⑬貸出記録の保護
o 住基ネットシステムが本格実施されたが，総務省の思惑と違い，図書館では利用できる条件にはないことが明らかになってきた。

⑱インターネットと図書館
o インターネットを通じた情報の取得は，今や社会に欠かせなくなっているが，それに伴う問題も大きい。安易にフィルターをかける傾向があるが，図書館にとって重要な情報源を守る必要がある。

4 改定案に対する意見
現在の改定案ができるまでの意見は，おおむね『図書館雑誌』9月号に掲載しているとおりであるが，それ以降に出された意見をいくつか次に掲げる。

④「人権またはプライバシーの侵害」(p.24～)
＊「人権侵害を認める司法判断があった場合に，図書館はそれに拘束されることなく独自に判断することが必要である。」という箇所は，あたかも「図書館は法に拘束されない」と言っているような誤解を与える
＊司法の判断は，利用制限の要否を検討する際の重要な判断材料である。

⑩いわゆる「公貸権」」（新規）
＊公貸権を「権利として行使されるものではない」と言いきるのが適切であるかどうか疑問である。

⑪「著作権侵害が裁判で確定した図書館資料の取り扱い」（新規）
＊著作権侵害という場合，財産権（複製権）だけでなく，公表権，氏名表示権および同一性保持権，すなわち著作者人格権を侵害している場合が少なくない（盗作など）。著作権侵害に起因して引き起こされるさまざまな派生的問題まで視野に入れた上で，個別に充分な考慮が必要であることを明記しておくべきである。

⑬「貸出記録の保護」（現行 p.30）
＊住基カードの空き領域を利用して，一時的に記録し，返却後に抹消して蓄積しない方式なら，住基カードを利用することを認めてもいいのか。

・付録2（2003.11.28 全国図書館大会第7分科会資料より）

2003年11月14日　日図協・自由委員会

「図書館の自由に関する宣言 1979年改訂」解説の改訂案

第 42 号（2003 年 11 月）

◇【　】の中は，つながりを見るために，現行文を再掲したものである。
◇（　）の中のページ数は，現行冊子の該当箇所。

（章）宣言の採択・改訂とその後の展開（p.10～）

①「図書館の自由をめぐる問題の新たな局面」（p.14～16）

（この項の標題を次のように変え，本文の末尾に以下の文（段落）を追加する。）
「宣言改訂以降の図書館の自由をめぐる問題」

　1986 年に始まる富山県立近代美術館における天皇コラージュ作品の処置をめぐる訴訟は，作品の処置は管理者側の裁量に委ねられるという最高裁の判決（2000 年）で，国民の「知る権利」の保障が，いまだ博物館の役割として，法的には認知されるに至っていないことが明らかになった。それはマスコミに大きく取り上げられ，社会の関心を呼んだ。それに関連して，富山県立図書館における図録『'86 富山の美術』損壊事件（1990 年）は，1995 年に犯人の有罪判決が確定した後も，同館は図録の所有権を放棄したまま，欠号となっており，図書館の自由の観点から批判を呼んでいる。

　1988 年には絵本『ちびくろサンボ』が人種差別を助長する本であるとの批判を受けて，日本では絶版になった。しかしこの絵本が差別書であるかどうかはその後も論議が続いている。

　1995 年には，東京の地下鉄サリン事件捜査過程での国立国会図書館利用記録 53 万人分の無差別差し押さえも世論の批判を呼んだ。

　1997 年の神戸連続児童殺傷事件における少年被疑者の顔写真を掲載した『フォーカス』（同年 7 月 9 日号），その検事調書を掲載した『文藝春秋』（1998 年 3 月号），1998 年の堺通り魔幼児殺害事件を実名記事にした『新潮 45』（同年 3 月号）など，少年法にかかわって問題となる報道が続発した際，その資料の提供について公共図書館がマスコミの注目を集めることになり，改めて図書館の自由のあり方が社会的関心のもとに問われることになった。東大和市においては，『新潮 45』の閲覧制限は住民の「知る権利」の侵害であるとして訴訟が起こされたが，判決は，管理者の裁量の自由を優先させ，原告の主張は認められなかった。

　そのほか，『タイ買春読本』（1994 年初版）『完全自殺マニュアル』（1993 年初版）の廃棄要求や閲覧制限要求は住民の間でも論議を呼び，やがて有害図書指定の動きになった。時勢の「常識」の中で，国民の知る自由に対する図書館の取組みの姿勢が試されている。

　1996 年には秋田県で地域雑誌『KEN』が個人のプライバシー侵害を理由に頒布禁止の仮処分が決定され，申立人から県内の図書館に利用禁止を求めて「警告書」が送付されるということが起こった。

　1997 年には，タレント情報本の出版差し止めを認める最高裁判所判決があり，個人情報をめぐって，以後，出版の事前差し止めの法的判断の事例がいくつか出てくる。

②「『解説』改訂の意義」（p.16）

（この項の標題を次のように変え，本文を下のように書き替える。）
「『解説』を刊行することの意義」

　1979 年 10 月に，宣言改訂の趣旨を早急に普及することを目的として，解説『図書館の自由に関する宣言 1979 年改訂』を編集・刊行した後，少なからぬ社会状況の変化もあり，図書館界は，図書館の自由に関して貴重な経験を積んだ。それをふまえて，宣言をより具体的な図書館活動の指針として役立つものにするために，解説の改訂版を編集した。1987 年に一度改訂し，今回は二度目である。

　改訂にあたって留意した諸点は，次のとおりである。
（1）館界の経験にもとづき新しい事例を取り入れることに努めた。
（2）学校図書館における収集の規制
（3）コンピュータ導入に伴う個人情報の保護基準の採択を取り入れる。

(4) 情報公開制度の発展に伴う図書館の役割
(5) 国民の支持と協力にもとづく社会的合意のなかで図書館の自由の発展をはかる。
(6) 「人権またはプライバシーの侵害」に関する厳密な定義
(7) インターネットによる情報提供にかかわる問題
(8) 「子どもの権利条約」の批准に伴う子どもの「知る自由」への言及
(9) 多様化する著作権問題と図書館のかかわり
(10) 住民基本台帳ネットワークにつながるICカードや学籍番号利用の危険性
このうち(6)以下が今回の留意点である。

(章)宣言の解説(p.17～)

(前文)

③「公平な権利」(p.20)

(この項は，一部書き換えた上，段落を入れ換えた。全文を示す。)
 【図書館を利用する権利は，日本国民のみならず日本に居住しまたは滞在する外国人にも保障されるというのが，第5項後段の趣旨である。さらには，国際的な図書館協力を通じて，日本国外にいる人びとにもその権利が保障されるべきことは，先に述べた国際人権規約の趣旨からみても当然である。】従って，宣言本文および解説文等に「国民」とのみ書かれているところも，そのように意識して読む必要がある。
 現在，公立図書館がまだ設置されていない地方自治体がある。さらに学校図書館については，学校図書館法の改正により，2003年度より司書教諭の発令が義務づけられたが，発令される司書教諭には「専任」の保障がない。その上，12学級に満たない学校は発令が猶予され，それは小中学校のおよそ半数に及ぶ。それらの学校では，当然利用が制約される。
 【また，施設や資料の面から障害者の図書館利用が妨げられている例も多い。未だ，国民すべてが図書館を通じて必要とする資料や情報を入手し利用できる条件は整っていない。】それは，社会が，ひいては図書館員自身が，図書館利用に障害のある人びとの存在を十分認識できていない結果である。
 【こうした悪条件を速やかに解消するよう国や地方自治体の努力が望まれるし，住民や利用者も図書館の整備・充実についての働きかけを強めていくことが必要である。】

第2 図書館は資料提供の自由を有する。(p.23～)

④「人権またはプライバシーの侵害」(p.24～25)

(この項を全面的に次のように書き換える。)
 宣言の採択時と異なり，プライバシーの権利が憲法の保障する基本的人権に含まれることに，今日ではほとんど異論がないと考えられるから，この制限項目の文言は「プライバシーその他の人権を侵害するもの」と読み替えられるべきである。ここで「その他の人権」とは，表現行為によって社会的不利益や精神的苦痛を余儀なくされる可能性のある名誉や名誉感情等の権利を意味するものと解される。
 ところで，この制限項目については，いくつかの疑問点が指摘されている。ある資料が「侵害するもの」であると判断する基準はどういうものであり，その判断を誰がするのか，また，制限項目に該当する範囲が拡大解釈されることはないのか，利用の制限はどのような方法でおこなわれるのが適当か，などである。
 これらについて，これまでの事例を通じて得られた教訓や反省を踏まえて，以下のような解説をするが，今後も広く各層の意見を集め，なお一層の社会的合意の形成に努めるべきものである。
1 「侵害するもの」であると判断する基準
 被害者の人権保護と著者の思想・表現の自由の確保とのバランス，および国民の知る自由を保障する図書

館の公共的責任を考えれば，次のようになろう。
 (1) ここにいうプライバシーとは，特定の個人に関する情報で，一般に他人に知られたくないと望むことが正当であると認められ，かつ，公知のものでない情報に限定される。
 (2) 差別的表現は，特定個人の人権の侵害に直結するものを除き，制限項目に該当しない。

　2001年10月，雑誌『クロワッサン』にと場労働者への差別的表現があるとして図書館での取り扱いが報道された問題に際し，日本図書館協会「図書館の自由に関する調査委員会」はそれまでの検討事例を集約して，いわゆる差別的表現それ自体は提供制限の理由にはならないという見解（巻末資料）を公表した。
　いわゆる「部落地名総鑑」の類の資料や一部の古地図，行政資料などは，これらを利用して特定個人の出身地を調べれば，その人が被差別部落出身者であるという推定が可能になり，就職差別や結婚差別に直ちにつながるおそれがある。これなどは，差別的表現が人権侵害に直結するものの例にあげられよう。
 (3) 問題となっている資料に関して人権侵害を認める司法判断があった場合に，図書館はそれに拘束されることなく，図書館として独自に判断することが必要である。
　裁判所が，人権侵害を認定し，著者・出版社など権利を侵害した当事者に，被害者の被害の回復や予防のために命じる措置と，国民の知る自由を保障する社会的責任をもつ図書館が，利用制限の要否について判断することとは別のものと考えるべきである（注）。
　ちなみに，『週刊フライデー』肖像権侵害事件の裁判で，原告は，判決内容を告知する付箋を資料に貼付するよう依頼する文書を，全国の主要図書館に対して送付することを求めたのに対し，裁判所は，被害を認定して出版社に損害賠償を命じたが，図書館に関わる原告の要求は認めなかった（東京高裁判決1990.7.24）。『新潮』1994年4月号所収の柳美里著「石に泳ぐ魚」の公表差し止めを命じた裁判の一審判決も，図書館に関わる同様な請求を認めなかった（東京地裁判決1999.6.22。この請求棄却について控訴されず，確定）。裁判所は権利侵害の当事者に被害の回復や予防の措置を求める場合も，図書館には独自の判断がありうることを認めているといえるのである。

2　判断の主体と手続き
　その判断は誰がどのような手続きで行うのか。それには，それぞれの図書館が，図書館内外の多様な意見を参考にしながら，公平かつ主体的に意思決定することが求められる。
 (1) 各図書館に資料の利用制限の要否および方法の検討，また，利用制限措置をとった資料については，その措置の再検討をおこなう委員会を設置しておくことが望ましい。
 (2) 委員会には全ての職員の意見が反映されるべきである。
 (3) 委員会は，当該資料に関して直接の利害を有する者および一般の図書館利用者の求めに応じて，意見を表明する機会を設けるべきである。
 (4) 委員会は個別の資料の取扱いについて検討するとともに，職員に図書館の自由に関する情報と研修・研究の機会を提供することが望ましい。
　1976年11月，名古屋市の市民団体が『ピノキオの冒険』を障害者差別の本であるとして出版社に回収を求めたことが報道され，名古屋市立図書館はその貸出・閲覧を停止した。以後3年間にわたり，名古屋市立図書館は障害者団体，文学者をはじめ幅広い市民の合意づくりに努め，1979年10月に提供制限を解除した。そして，今後，批判を受けた蔵書については，「明らかに人権またはプライバシーを侵害すると認められる資料を除き，提供をしながら市民と共に検討」することとして，次の原則を確認した。
 1) 問題が発生した場合には，職制判断によって処理することなく，全職員によって検討する。
 2) 図書館員が制約された状況のなかで判断するのではなく，市民の広範な意見を聞く。
 3) とりわけ人権侵害にかかわる問題については，偏見と予断にとらわれないよう，問題の当事者の意見を聞く。

3　利用制限の方法
　知る自由を含む表現の自由は，基本的人権のなかで優越的地位をもつものであり，やむをえず制限する場合でも，「より制限的でない方法」(less restrictive alternative の基準) によらなければならない。裁判所が人権を侵害するとして著者らに公表の差し止めを命ずる判断を行った資料についても，図書館は被害を予防する

措置として，その司法判断の内容を告知する文書を添付するなど，表現の自由と知る自由を制限する度合いが少ない方法を工夫することが求められる。

4 制限措置の再検討

　人権の侵害は，態様や程度が様々であり，被害の予防として図書館が提供を制限することがあっても，時間の経過と状況に応じて制限の解除を再検討すべきである。

注 参考文献：「平成9年度全国図書館大会(山梨)記録」第9分科会　シンポジウム「資料提供とプライバシー保護」

⑤「わいせつ出版物」(p.26)

(この項は，一部書き換えた。全文を示す。)

　刑法第175条のわいせつ文書にあたるという裁判所の判決が確定した資料については，提供の制限がありうる。

【しかし，周知のようにローレンス著『チャタレイ夫人の恋人』(伊藤整訳)は，1957年最高裁判所においてわいせつ文書であるという判決をうけた。しかし，それから20年余を経て1979年3月東京高裁は「四畳半襖の下張り」事件の判決理由のなかで『チャタレイ夫人の恋人』にふれ，「伊藤整訳『チャタレイ夫人の恋人』や澁澤龍彦の『悪徳の栄え』などの文書が現時点においてなおわいせつと断定されるかどうかについては多大の疑問がある」と述べている。】『悪徳の栄え』は1969年，『四畳半襖の下張り』は1980年に最高裁で有罪判決を受けたが，その後これら3文書はいずれも無削除で公刊されている。このように，ある時点で裁判所が示したわいせつ文書の判断の基準は，社会の常識や性意識が変化することによって，事実上修正変更されることになるのである。従って，わいせつ出版物の提供の制限も，時期をみて再検討されなければならないものである。そのために，「人権またはプライバシーの侵害」の項で述べたと同様な検討のための組織が必要である。

【なお，この項に名誉毀損の判決があったもの，およびこれを理由とする公開拒否をも含めたいという論議があったが，事例が乏しいのでこれを除外した。】

⑥「寄贈または寄託資料と行政文書」(pp.26～27)

(この項の冒頭の「日記や書簡など‥‥やむをえない」の段落を，次のように書き換える。)

　日記や書簡などの非公刊資料が図書館に寄贈または寄託されるに際し，寄贈者または寄託者が，その条件として一定期間の非公開を要求することがある。その理由としては，プライバシーの保護のため，政治上・行政上の必要性に基づくもの，著作者人格権の一つである「公表権」の保護のためなど，当該資料が未公刊となっていることに関係するものが挙げられる。その場合，寄贈者または寄託者のこのような要求をふまえた上で，ある程度公開が制限されることはやむをえない。

⑦「子どもへの資料提供」(新規)

(新たにこの項を起し，「寄贈または寄託資料と行政資料」(p.26～27)の項の次に入れる。)

　1994年に，ようやく日本も「子どもの権利条約」(正式名「児童の権利に関する条約」)を批准し，国際連合憲章のもとに子ども(児童)の権利を保障していくことを約束した。その第13条に，「あらゆる種類の情報及び考えを求め，受け及び伝える自由」を有することを表明している。それを基本にした上で，第17条に「児童の福祉に有害な情報及び資料から児童を保護」する配慮も求めているが，その責任は，まず父母または法定保護者にあると規定している。(第18条)

　すべての人は，多様な情報・資料に接し，それを理解し，判断し，批判することによって自らの主体的な意見を形成し，成長していく権利を有している。それを保障するのは社会の責任である。図書館はその責任の一端を負っているのであり，子どもの場合にも，その主体的な成長を資料提供によって援助していかなくてはなら

ない。そのことをふまえて,権利条約第 3 条に規定された「子どもの最善の利益」を実現するよう努めるべきである。

しかし現実の社会はまさに多様であり,その多様性ゆえに子どもの成長の妨げになるような情報・資料も存在する。そこで,図書館が取り組まなければならないのは,基本においては子どもの「読む自由」を保障しながら,彼らが日常的にすぐれた情報・資料と出会うことのできる環境を作ることである。そのことを通じて,子どもの時期から情報・資料(メディア)の選択能力を高めるよう,すべての図書館は支援していかなければならない。

⑧「資料の保存」(p.27)

(この項の第 4 段落「1984 年の広島県立図書館問題では,‥‥が切断破棄された。」に続いて,次の段落を入れる。)

2002 年には船橋市西図書館で「新しい歴史教科書をつくる会」会員の著書が,前年の夏に 100 冊以上集中的に廃棄されていたことがわかった。

⑨「資料提供の自由と著作権」(新規)

(新たにこの項を起し,「施設の提供」(p.27〜28)の項の次に入れる。)

図書館の資料提供には,原則として著作権が関係してくる。しかし利用者への自由な資料提供を確保するため,著作権法には,この権利をある範囲で制約する規定が設けられている。一定の条件で図書館等が行う複写サービス(第 31 条),視覚障害者向けの一定範囲の著作物の利用(第 37 条),非営利かつ無料の場合の上演,演奏,貸与等(第 38 条)などである。

しかし,図書館の利用者に迅速に情報を提供するためには,これらの制約だけでは不十分という声がある。通常の手段では図書館資料の利用に支障がある人たち(視覚障害者,読字障害者,肢体不自由者等)の自由な利用(公立図書館等による録音図書の作成等)を実現することは,健常者と同様の情報アクセス環境を保障するために欠かせないことである。しかし,これらは著作権者に及ぼす経済的利益の損失はほとんどないにもかかわらず,現在のところ認められておらず,図書館利用の障壁となっている。

また,著作権者の所在または個々の著作権の消滅の確認手段が,ほとんど整備されていないにもかかわらず,複写物のファクシミリ送信や論文集のなかの一論文全部の複写を許容する内容になっていないことも,図書館がその役割を十分に果たせない一因となっている。

それに加え,著作者の権利の制約が撤廃されるという動きがある。現在自由に行うことができる視聴覚資料の閲覧サービスや図書等の貸出しについて,著作権者への許諾または補償金の支払いを条件とする方向での法改正が,文化庁の報告書で提言されている。利用者の情報アクセス権を保障する観点からも,著作権者を含めた国民的合意を形成する方向の対応が求められる。

⑩いわゆる「公貸権」(新規)

(新たにこの項を起し,前の項「資料提供の自由と著作権」の次に入れる。)

1900 年代後半以来の出版不況を背景として,文芸著作者,出版者,書店など書籍の製作および流通に携わっている側から,図書館の貸出しサービスによって出版物の売上げが減少し,経済的損失が発生しているという批判が出てきた。その論拠は,公立図書館は,大量に複本を購入して無料で大量に貸出しをする,いわば無料貸本屋であり,それだけ著者に入るべき印税が失われているというものである。

そして,この問題の解決方法として文芸作家の団体からは,たとえば,「新刊本の貸出しを一定期間行わない」とか「同一本の 1 館当たりの所蔵冊数に上限を設ける」といった方法が提案される一方で,いわゆる「公貸権」(公共貸与権)の要求も出されている。

「公貸権」とは,英語の public lending right の日本語訳である。図書館における図書等の貸出回数や所蔵数

に応じ，その図書等の著作者に，公的に金銭を給付する制度を示す概念であり，権利として行使されるものではない。この制度は，現在のところ，北欧を中心に十数ヵ国で導入されている。

「公貸権」が設けられた趣旨は，各国によってさまざまであるが，たとえば，北欧諸国では，著作者等の経済的損失を補填するためではなく，自国の文化や文芸活動を振興するために設けられている。しかし日本の図書館普及状況や出版流通状況を考えた場合，安易にこの制度を導入すれば，例えば資料購入予算の削減や，貸出サービスの抑制，ひいては知る自由を損なうことにつながるおそれもある。

⑪「著作権侵害が裁判で確定した図書館資料の取扱い」（新規）

（新たにこの稿を起し，前の項「いわゆる「公貸権」」の次に入れる。）

著作権侵害が裁判で確定した図書館資料について，その原告から図書館に対し，その資料を提供し続けることが，著作権侵害に該当するという理由を挙げて，閲覧の禁止や回収を要請されることがある。

この場合に著作権侵害が問題になるとすれば，この行為が著作権法第113条に該当するかどうかということだけであろう。この条文によれば，著作権侵害によって作成された著作物について，「情を知って頒布し，又は頒布の目的をもって所持」すれば，著作権を侵害する行為とみなされる。なお，この場合の「頒布」とは，「有償であるか又は無償であるかを問わず，複製物を公衆に譲渡し，又は貸与すること」である。

すなわち，図書館への要請状に確定判決文が添付されていたときには，まさにこの条文の「情（その資料が著作権侵害によって作成されていたこと）を知った」ことになるため，その資料の複写物を提供するとか，貸出しするというような，「頒布」に該当するような行為をすると，形式的にはこの条文の要件に該当することになる。

ただこの第113条の規定は，もともと海賊版の流通防止を目的として設けられたもので，このような場合に適用することは疑問である。

まして貸出しや複写が伴わない，閲覧サービスや朗読サービスなどまで違法行為になるという解釈は，どのような観点からも取り得ない。

第3 図書館は利用者の秘密を守る。(p.28～)

⑫「最近の事例としては，‥‥事件がある。」（p.29－5行目）を次のように書き換える。

1995年3月に起きた地下鉄サリン事件捜査に関連して，警視庁は捜索差押許可状にもとづき国立国会図書館の利用申込書約53万人分をはじめ，資料請求票約75万件，資料複写申込書約30万件を無差別に押収した事件がある。これは1年余の利用記録すべてである（注8）。

注8 JLA図書館の自由に関する調査委員会関東地区委員会「裁判所の令状に基づく図書館利用記録の押収—『地下鉄サリン事件』捜査に関する事例」図書館雑誌89(10) p.808－810

⑬「貸出記録の保護」(p.30)

（この項の最後の段落「日野市立図書館の‥‥採用を期待している。」(p.30)の箇所を次のように書きかえる。）

2003年8月に住民基本台帳ネットワークシステム（住基ネット）が本格実施されたが，上記「基準」及び「見解」に明示したように，住民基本カードの住民番号を図書館利用カード番号として利用したり，住基ネットに利用者情報データベースをリンクしてはならない。また，他のICチップを利用した図書館利用カードを導入するにあたっても，利用資料の情報を蓄積するようなことがあってはならない。

大学等において，学籍番号を利用者コードとして利用する事例が増えているが，この場合も，学内の他のデータベースとリンクしてはならない。日野市立図書館の「コンピュータ導入の原則」などにも学び，利用者のプライバシーを侵害しないよう慎重な運用が望まれる。

行政機関個人情報保護法(第4, 5, 9, 12条),および各自治体の個人情報の保護に関する条例に規定された,個人情報の保護に関する条項を遵守し,必要最小限の個人データのみを扱って他にリンクしないシステムを形成するほか,運用する職員が,図書館における個人情報の保護の重要性を常に認識するよう努めなければならない。

注 「コンピュータ導入に伴う利用者情報の保護」(『図書館の自由に関する事例33選』p.178-183)

⑭「利用事実」(p.30～31)

(この項の冒頭から第2段落までを,次のように書き換える。)

　第2項は,第1項に掲げた読書事実以外の利用事実に関する項である。これらも利用者のプライバシーに属するものであるから,本人の許諾なしに第三者に知らせてはならない。来館のつど,施設の利用に関して,入館記録,書庫立入簿などに住所・氏名を書かせることのないようにし,登録手続きのさいも必要最小限の記録にとどめるようにすることが望ましい。

　文献複写申し込みの記録については,利用者の申込みが著作権法第31条の要件を満たすかどうかを審査するために行っていることを念頭に置いて,その記録範囲を最小限にしぼり,しかも図書館が慎重に管理し,外部へ漏れることのないようにしなければならない。

⑮「外部とは」(pp.31～32)

(この項の第5段落「従って,読者の人格の‥‥解決されなければなるまい。」(p.32)に続いて,改行せずに下の文を加える。)

　【学校図書館の場合はもっと問題が複雑である。学校図書館はそれを設置している学校の一部局であり,独立した教育機関とはみなしがたい。従って学校外の機関や団体・個人に対してはその自主性を主張できるとしても,その学校内の校長や教頭・教員に対してはどうなるか。

　教員がみずから指導の責任を負っている児童・生徒の読書に関心を持つのは当然であり,そうした情報がなければ個別の教育指導は困難となろう。しかし,読者である児童・生徒の立場にたてば,独立した人格を持っているのであるから,何を読んだかを図書館員以外の教員に知られることを好まないこともあろう。

　従って,読者の人格の尊重と教育指導上の要請の兼ね合いは,教員と児童・生徒の信頼関係と,読書の自由に関する教員の深い理解にたって解決されなければなるまい。】容易に児童・生徒の利用記録が取り出せないような貸出方式を採用することは,その前提であろう。

第4　図書館はすべての検閲に反対する。(p.33～)

⑯「図書館と検閲」(p.33～35)

(この項の第5段落「青少年を「有害図書」の影響から‥‥動きが,ときにみられる」(p.34)を次のように書き換える。)

　青少年を「有害図書」の影響から守るという趣旨を含む,地方自治体で制定されている青少年保護育成条例についても,図書類の有害指定の方法が個別指定から包括指定へと強化され,内容も自殺を誘発させるおそれのあるものなどにまでひろげられてきた。これらの規制強化は憲法上の論議をよんでいるが,さらに進んで,国民の言論・表現および出版の自由を侵すおそれがあると批判が出ている「青少年有害社会環境対策基本法案」の立法化もすすめられている。

⑰「検閲と同様の結果をもたらすもの」(p.35)

(この項の冒頭の「1985年に東京都世田谷区議会で,‥‥重ねる事件がおきた。」に続いて,改行せずに下の文を追加し,それに続く「愛知県や‥」以下を改行する。)
【1985年に東京都世田谷区議会で,一区議が親子読書会を偏向していると非難し,図書館の読書会への団体貸出しとそのための蔵書に対して,執拗な攻撃を重ねる事件がおきた注11。】その後も東京都のいくつかの区議会で,特定政党の批判記事を掲載した週刊誌を名指して図書館から排除することを要求されたことがあり,1999年末には,過激な性表現を理由に,同様のことが起きている。また2001年には,特定団体を批判した図書を所蔵していることを理由に,区立図書館の人事異動を要求した区議会議員もいた。
　【愛知県や千葉県の高校における校長などによる禁書も,自分の価値観を一方的に押し付けようとする点で共通しており,そうした行為が権力を背景としてなされるときは,検閲と同様の結果をもたらすことになろう。】

⑱「インターネットと図書館」(新規)

(新たにこの稿を起し,「図書館における自己規制」(p.35〜36)の項の次に入れる。)
　インターネットを通じた情報は,今や社会に欠かせないものになった。図書館においても,その情報を提供することは,国民の知る自由を保障する上で欠かせないものになった。伝統的な媒体とは全く違った情報伝達方法であるため,大学図書館や専門図書館のみならず,公立図書館や学校図書館においても,利用者による情報格差を解消するよう努め,誰もが外部の情報資源に自由にアクセスできる環境を,積極的に整えなければならない。
　公立図書館において,子どもも利用するという理由で,サーバー段階でフィルターをかけることは,すべての利用者の知る自由を妨げることになる。また学校図書館や大学図書館におけるフィルタリングも,利用者が自ら情報を選択し,批判し,利用する能力(情報リテラシー)を育成する機会を阻害することになる。それぞれの図書館において,利用者の意見をふまえて,情報利用の条件を決めていくべきである。
　なお,フィルタリングとは,フィルター・ソフトなどにより,あらかじめ設定された語句や表現が含まれる情報をアクセスできないようにしたもの,また管理機関等が不適当と判断した画像などをサイトごとに遮断したりしたものなどさまざまである。多くは誰がどのような基準で設定しているか公開されておらず不明な点が多い。特に図書館外のサーバーなどにあらかじめ包括設定されている場合が問題である。

(結語)　⑲「不利益処分の救済」(p.37)

(この項の末尾の文「図書館の身分を‥‥示唆を与えてくれる。」を削除する。)

図書館の自由　　第43号　2004年3月

---

1. 図書館の自由に関する事例

・夏樹静子原作のテレビドラマについて

①夏樹静子原作のテレビドラマで問合せ　　　(JLAメールマガジン第182号(2003.11.26)より転載)
　テレビ東京系列6局(テレビ北海道,テレビ東京,テレビ愛知,テレビ大阪,テレビせとうち,ティー・ヴィー・キュー九州放送)が,11月19日(水)放映した「女と愛とミステリー人気作家シリーズ3 夏樹静子サスペンス『特捜刑事遠山怜子虐待夫に妻が贈った‥‥愛と復讐のウインターギフト殺人事件』」で,図書館が利用記録を見せる場面があり,日本図書館協会はテレビ局に問合わせをした。放送の翌20日朝,キー局の「テレビ東京」に

問合わせ，制作局プロデューサーに次のように訊いた。
- 図書館が第三者に，利用者の読書記録を見せることはありえない。
- 地方公務員法に触れる行為である。
- それに加えて，図書館においては思想の自由に関わることであり，自治体の条例により守秘義務を課しているところもある。
- また協会として，「自由宣言」や「倫理綱領」を制定している。
- 警察が捜査のうえで開示を求める場合は，通常刑事訴訟法にもとづく照会，憲法に基づく令状が提示される。これも，それがあれば直ちに開示することはない。
- このことは最近では警察等も承知しており，安易に求めることはなくなってきている。
- これまで小説やドラマでこういったシーンを描くことはないことはなかったが，そのつど機会を得て，上記のようなことを話して理解を求めるようにしてきた。
- 図書館に対する誤解を増殖させるので，善処をおねがいしたい。

これに対してプロデューサーから次のような返事があった。
- 昨夜から視聴者の電話が来ている。今の説明で問題の内容が分かった。
- 夏樹静子さんの原作にはない場面で，脚本の段階で入ったものである。

なお，再放送は問題の箇所を修正して制作することを検討中とのことである。
協会にはメール，電話等で図書館，利用者から合わせて9件の連絡があった。

②夏樹静子原作のテレビドラマでお詫び　　(JLAメールマガジン第183号(2003.12.3)より転載)

11月19日テレビ東京系列で放送のあった「女と愛とミステリー 人気作家シリーズ3 夏樹静子・サスペンス『特捜刑事遠山怜子 虐待夫に妻が贈った･･･愛と復讐のウインターギフト殺人事件』」で，図書館が利用記録を見せる場面があり，日本図書館協会はテレビ局に善処を要望したが(本メールマガジン182号既報)，その後プロデューサーから，次のような連絡があった。
- 再放送用に作り直す。問題の3シーンをカットする。
- 同シリーズの12月3日放送の際，不適切であった旨のお詫びを流す。

※なお，同内容を『図書館雑誌』NEWS欄にも掲載した。
- 夏樹静子原作のテレビドラマでお詫び　図書館雑誌 vol.98,no.1(2004.1) p.7-8

・X市図書館のスポーツ紙購入中止に関する要請について（調査報告）

2004年1月27日
日本図書館協会　図書館の自由委員会

1　経過

2003年9月12日付文書で，X市図書館の利用者A氏から，「日本図書館協会図書館の自由委員会への要請」をいただいた。内容は次のような趣旨である。

X市図書館で2003年8月以降，『サンケイスポーツ』『大阪スポーツ』2紙の定期購入を中止したため，閲覧ができなくなった。A氏は8月4日に，同図書館B課長に会いその理由を問うたところ，①財政の逼迫のため，購入する新聞を減らす必要があった。②その中で「図書館は児童・生徒も利用する公共の教育機関であり，そこに性風俗記事が掲載されているスポーツ新聞を置くのは問題である」との趣旨の意見が多く寄せられてきたため検討してきた。③性風俗関係の記事や広告を検討した結果，2紙の購入中止を決定したという趣旨の回答を得たが納得できず，日本図書館協会図書館の自由委員会に調査を要請した。

この要請書を受けて当委員会は，鈴木啓子・西村一夫の両委員を10月24日にX市図書館に派遣し，同課長から事情を聴取し，事実関係を確認した。

2　A氏の主張

(1)　B課長は購入中止の理由として財政の逼迫を挙げているが，同館が購入している非常に数多い新聞の中で2紙のみの購入中止では財政の好転につながるとは考えられないので，実際は性風俗関係の記事が多いというクレームを受け入れたためであると考えざるを得ない。
　このことは「図書館の自由に関する宣言1979改訂」(宣言)の第1の2(4)「(図書館は)個人・組織・団体からの圧力や干渉によって収集の自由を放棄したり，紛争をおそれて自己規制したりしてはならない(傍点部分は宣言本文では「しない」)」という条項に反し，個人・組織・団体の圧力に屈したものである。
　(2)　また，2紙の購入中止は，宣言第4の2および3にある「個人・組織・団体からの圧力」による「自己規制」であり，「検閲と同様の結果をもたら」している。
　(3)　両紙の購入中止によって，『サンケイスポーツ』の格闘技，『大阪スポーツ』のプロレスなど，他のメディアからは得られない情報が，見られなくなった。
　これは，宣言第2の1「1. 国民の知る自由を保障するため，すべての図書館資料は原則として国民の自由な利用に供せられるべきである。図書館は，正当な理由がない限り，ある種の資料を特別扱いしたり，資料の内容に手を加えたり，書架から撤去したり，廃棄したりはしない。」に反し，「ある種の資料を特別扱い」して「国民の自由な利用」を制限するものである。
　(4)　2紙の購入中止は「図書館の自由に関する宣言」に反し取り消されるべきである。
　(5)　図書館の自由委員会において調査を行ない，適切に対応を取っていただくことを求める。

3　図書館の自由委員会の訪問調査による事実確認の内容

　(1)　スポーツ紙2紙購入中止の理由は，A氏の要請文に書かれたとおり，財政の逼迫と，性風俗記事や広告が多いということによる。
　(2)　「サンケイスポーツ」「大阪スポーツ」の2紙は2003年8月1日以降，購入を中止した。
　(3)　財政逼迫のため，平成15年度資料費(消耗品扱いの新聞・雑誌・ビデオ・CD)が380万円減となった。なお図書費は現状維持である。
　(4)　同図書館の新聞受入タイトル数は201紙で，うち購入119紙，寄贈82紙である。
　(5)　購入を中止する資料は，利用サービスを担当する課の現場職員で検討し，決定は同課職員と管理職(課長)で決定する。
　(6)　今回購入を中止した資料は，上記2紙だけである。
　(7)　スポーツ紙2紙を購入中止した理由
　雑誌は自然減の可能性があり，ビデオ・CDは，予約(リザーブのみ)を始めたので一定の確保は必要であり，消耗が激しいため，買い替えの必要もある。
　新聞は地方新聞を減らそうとしたが，1紙だけを選ぶのは非常に困難である。
　スポーツ紙は，現図書館開館時には全紙を購入していたが，現在は『スポーツニッポン』『デイリースポーツ』『日刊スポーツ』『スポーツ報知』の4紙である。なお保存期間は，『スポーツニッポン』が5年，他は1年である。
　ちなみに，全スポーツ紙を購入している公立図書館は少なく，多くて4紙であり，2紙が一般的である。
　(8)　スポーツ紙の中で上記2紙の購入を中止した理由
　『サンケイスポーツ』は，他に購入している『夕刊フジ』と記事が重なっている。
　『大阪スポーツ』は8ヶ月前までのバックナンバーを閲覧できるが，切り抜きが多いため利用価値が低い。管理の効果も期待できない。
　職員でスポーツ紙の記事内容を検討，性風俗記事と広告の多寡を調べて決定した。
　(9)　市民の声について
　図書館が児童・生徒も利用する公共機関であるという理由から，「性風俗記事の多いスポーツ紙を置くのは問題だ」という声のほかにも，「教育機関としてスポーツ紙を入れるのはどうか」「切り抜きの多い雑誌は置かない方がよい」というような意見もある。
　(10)　購入中止は，図書館として主体的に検討して判断したものである。「圧力」の結果ではない。
　(11)　同館には，資料検討委員会が設置されているが，それは問題になった資料を提供制限するかどうかを

検討する場で，問題が起こったときだけ開かれる。

4 委員会の見解

(1) A氏は，外部からの要求をすべて「圧力」とし，それに添った結論をすべて「自己規制」としているが，圧力であるかどうかは権力的な背景を持っているかどうかが問題であり，一般に個人が要請したことまでも「圧力」ととらえてしまうならば，民主主義は成り立たない。あえていうならば，A氏の要請自体も圧力という自己撞着に陥ることになる。

そのことを懸念して，宣言の解説（末尾に記載）には「図書館の所蔵資料に対する市民や利用者からの意見やクレームを，直ちに圧力や干渉・検閲として受け止めることはせず，収集方針やその運用に対するひとつの意見として生かしていくよう，適切な処理手続きを定めておく必要がある。」(p.22)と書いている。X市図書館においては，館内の現場職員の検討を経て決定しているからには，利用者のある意見に添った結論と同じになったとしても，圧力に屈したとはいえない。同様に「自己規制」と断じることはできない。

(2) 児童・生徒の利用があるということをもって，性風俗記事の多いスポーツ紙を置かないという理由そのものは，「青少年保護育成条例」などによる「有害図書」指定を理由に，図書館が該当図書を排除するのと同じ論拠であって，利用者全体からその図書を遮断することになり，国民の知る自由を阻害することになるので，図書館は何らかの方策を講じることが望ましい。

(3) 予約（リクエスト）制度との関連では，予約（リクエスト）は特定の資料に対する要求であって，これには現在の図書館では原則として必ず提供するということが，図書館界の一致した姿勢である。この場合の当該資料の調達方法については，購入するか，他図書館との相互協力（借受け・複写依頼・紹介等）等によるかにかかわらず，各図書館の裁量にまかされる。

今回のように新聞・雑誌の継続購入ということになると，資料収集方針と予算との関連も含めて検討されることになるのが普通である。同館はその手続きを踏んだことになる。その他図書等についても同様である。

そこで，利用者として資料を「購入」に限定して要求する場合は，先の解説文にある「収集方針やその運用」に関わることとして，同館に購入を要求することになる。それを受けて，図書館としては，改めて購入するかどうか検討するべきであろう。

(4) 同館には，利用者の資料についての要求や異議申立てを検討する常設の委員会を設置し，なんらかの形で全職員が館の判断の形成に参加できるよう計らうと同時に，館の決定について利用者に理由を付して公開する制度の実施が望まれる。

(5) 最後に日本図書館協会の「図書館の自由委員会」の役割は，当委員会内規の第2条に規定されているように，「宣言」の普及と，情報の収集と調査研究，および情報提供にあって，図書館に対して指示したり裁定したりする立場にはない。それは当協会が，全国の個人の図書館員と個々の図書館の加盟によって成り立っているという職能団体としての性格でもある。あくまでも図書館員および各図書館の自主的，主体的判断を求めて，必要に応じて情報を提供し，時には助言をするのみである。

(参 考)
(1) 日本図書館協会図書館の自由に関する調査委員会編『「図書館の自由に関する宣言 1979年改訂」解説』日本図書館協会　1987
(2) 図書館の自由委員会内規
　第2条　委員会は，図書館員が利用者の読書と調査の自由をまもり，ひろげる責務を果たすため，つぎのことをおこなう。
　1.「図書館の自由に関する宣言」の趣旨の普及につとめ，その維持発展をはかる。
　2. 図書館の自由をめぐる侵害および抵抗の事実についてひろく情報を収集するとともに，当事者の求めに応じて調査研究する。
　3. 会員もしくは地方組織の求めに応じて，調査研究の成果を提供し，または発表する。

2. 海外での図書館と知的自由に関する情勢

・オープンアクセスをめぐる動き　ベルリン宣言採択(E144)

(国立国会図書館『カレントアウェアネス-E』no.26　2003.11.9.より転載)
http://www.ndl.go.jp/jp/library/cae/2003/E-26.html#E144

　ドイツのマックス・プランク協会(注)は, 10月22日,「自然・人文科学における知識へのオープンアクセスに関するベルリン宣言」を採択した。採択には, 同協会主催の国際会議に出席したドイツ国内を始め, フランス, イタリア, ノルウェー等の主要研究機関やドイツ図書館協会等が名を連ねている。

　誰もが無料で学術研究の成果を利用できるオープンアクセスを実現するためには, 知の生産と文化遺産の所有に関係するあらゆる人々の積極的な関与が欠かせないとして, 同宣言は, (1)研究者に対しては, オープンアクセスの原則に則って研究成果を発行すること, (2)文化機関に対しては, インターネットを活用してオープンアクセスを支援することを奨励し, また, (3)オープンアクセスの対象となる研究成果の質を保証する手段を開発するとともに, それが研究者の業績評価の対象となるように運動を進めていくこと等をうたっている。

　一方, 米国では, 学術雑誌の公共アーカイブを主張するPublic Library of Science(PLoS)が生物科学分野のオープンアクセス雑誌『PLoS Biology』を10月に創刊した(E046参照)。同誌は, 公開後アクセスが集中し, 一時サーバがダウンするほどの注目を集めている。

　　(注)Max-Plank Gesellschaft. 傘下に80の研究機関を有し, 自然科学から人文・社会科学に至る広範な学問領域において, 大学では十分に取り組めない基礎研究に取り組んでいる非営利組織。

Ref:
http://www.mpg.de/english/illustrationsDocumentation/documentation/pressReleases/2003/pressRelease20031016/index.html
http://dbs.cordis.lu/cgi-bin/srchidadb?CALLER=NHP_EN_NEWS&ACTION=D&SESSION=&RCN=EN_RCN_ID:21090
http://libraryjournal.reviewsnews.com/index.asp?layout=article&articleid=CA330373&display=breakingNews
http://www.arl.org/arl/pr/plos_biology.html
E046 (http://www.ndl.go.jp/jp/library/cae/2003/E-8.html#E046)　(以上カレントアウェアネス掲載記事)

　※関連記事
　・(文化は誰のもの)「論文はネットで」研究者に呼びかけ　オープンアクセスへ「ベルリン宣言」　朝日新聞　2003.12.25.

・世界情報社会サミットが開催される(スイス)(E159)

(国立国会図書館『カレントアウェアネス-E』no.29　2004.1.21.より転載)
http://www.ndl.go.jp/jp/library/cae/2004/E-29.html#159

　国連の世界情報社会サミット(WSIS)が2003年12月10日から12日まで, スイスのジュネーブで開催され, 176か国から政府首脳を含む1万人以上が参加し, 情報社会をめぐる共通ビジョンの確立とその実現のための行動計画をめぐり活発な議論を展開した。図書館界からも国際図書館連盟(IFLA)や各国図書館協会等が参加し, 働きかけを行った。

　サミットでは,「情報社会の構築:新世紀における世界の挑戦」と題する宣言と行動計画が採択された。宣言の中では, 情報ネットワークへの公的なアクセスポイントの提供, 情報への自由・平等なアクセスと保存の促進, 情報リテラシー教育の推進等の面において, 図書館および図書館員が積極的な役割を果たすべきことが明記された。IFLAはこれを評価する一方, 行動計画の達成目標(2015年)が遅すぎること, 目標達成に必要な財源が示されていないことの2点を問題点として指摘した。

次回サミットはチュニジアのチュニスで 2005 年 11 月 16 日から 18 日まで開催される予定である。

Ref:
http://www.ifla.org/III/wsis/wsis-1503.html
http://www.itu.int/wsis/
http://www.soumu.go.jp/s-news/2003/031215_4.htm　　　　　（以上　カレントアウェアネス掲載記事）

※関連情報及び記事
- 日本国際連合学生連盟 United Nations Student Association of Japan のページに情報あり
  http://members.at.infoseek.co.jp/unsajp/wsis.html
- 世界情報社会サミット開催へ　デジタル連帯阻む国境　ネット管理か自由か　格差是正基金創設へ溝　朝日新聞 2003.11.17.
- 情報サミット　ネット管理, 国連で検討　宣言案固まる　メディアに権利・責任　朝日新聞 2003.12.08.
- 「米国によるネット支配」を論じる世界情報社会サミット AP 通信　wired news 2003.12.09.
  http://www.hotwired.co.jp/news/news/culture/story/20031212203.html
- 「ネットで自由な表現を」国連の情報社会サミット始まる　朝日新聞 2003.12.11.
- ネット社会の「憲法」採択　情報サミット　朝日新聞 2003.12.13.
- 世界情報社会サミット　閉幕　先進・途上国　対立鮮明（ジュネーブ　黒井崇雄, 長谷川由紀）読売新聞 2003.12.13.　読売オンラインhttp://www.yomiuri.co.jp/net/news/20031214ij61.htm
- ネット管理誰が　世界情報社会サミットで論議　米主導見直し論高まる　中国政府の規制に批判　朝日新聞 2004.01.18.

・IFLA/FAIFE　キューバのインターネット接続禁止への憂慮を表明

　IFLA/FAIFE（国際図書館連盟・表現の自由と情報のアクセスに関する委員会）は, 2004 年 1 月 16 日に声明を発表し, キューバでのインターネット接続禁止への憂慮を表明した。キューバでは図書館員の逮捕などが続いているが, 2004 年 1 月 10 日からは, 一般市民が許可なしに自宅からインターネットに接続することを禁じる規制策の運用を始めている。　http://www.ifla.org/V/press/cuba160104.htm

原文　Librarians' deep concern over Cuba's move to restrict Internet access
　　MEDIA RELEASE16 January 2004IFLA HQThe Hague, Netherlands
　　　　　　［※集成版編集にあたり原文掲載略］

※関連記事
- 自宅でのネット接続禁止　キューバが IT 鎖国　共同通信　2004.01.10
- 京都新聞http://www.kyoto-np.co.jp/news/flash/2004jan/10/CN2004011001002456J1Z10.html
- 日刊スポーツ　http://www.nikkansports.com/ns/general/f-so-tp0-040110-0017.html
- yahoo ニュース　http://headlines.yahoo.co.jp/hl?a=20040110-00000097-kyodo-bus_all

・ユネスコ, 情報公開法に関する報告書を出版(E169)

（国立国会図書館『カレントアウェアネス-E』no.30　2004.2.4.より転載）
http://www.ndl.go.jp/jp/library/cae/2004/E-30.html#E169

　1 月 23 日, ユネスコは情報公開法に関する国際的な動向を調査した報告書『情報の公開：比較法調査(Freedom of Information: A Comparative Legal Survey)』の出版を発表した。同書の著者は表現の自由に関する NGO 団体 ARTICLE 19 のメンデル(Toby Mendel)氏で, 報告書の PDF が同団体のホームページ上で公

開されている。
　同報告書では,情報公開法に関する国際的な動向とともに,世界銀行や国連開発計画といった国際機関と日本や米国,インド(E052参照)など10か国についての事例が調査されている。

Ref:
http://www.article19.org/docimages/1707.pdf
http://portal.unesco.org/ci/ev.php?URL_ID=14138&URL_DO=DO_TOPIC&URL_SECTION=201&reload=1075267921
E052 (http://www.ndl.go.jp/jp/library/cae/2003/E-9.html#E052)

4.新刊より

・トニ・セイメック著　川崎良孝・坂上未希訳『図書館の目的をめぐる路線論争　アメリカ図書館界における知的自由と社会的責任　1967〜1974年』京都大学図書館情報学研究会　日本図書館協会(発売) 2003.10. ¥4,000　ISBN4-8204-0315-X

・ニコラス・J.キャロライズ著　マーガレット・ボールド著　ドーン・B.ソーヴァ著　ケン・ワチェスバーガー編　藤井留美訳　野坂史枝訳『百禁書　聖書からロリータ,ライ麦畑でつかまえてまで』青山出版社　2004.02. ¥1,900　4-89998-048-5
　聖書,「ロリータ」「ライ麦畑でつかまえて」など,検閲を受け禁書となった世界文学100作品とその理由を政治,宗教,性描写,社会問題の4つに分類し,作品ごとに内容の簡単な要約,検閲の経緯を紹介する。

・日本図書館協会図書館の自由委員会編『「図書館の自由に関する宣言　1979年改訂」解説』第2版
　日本図書館協会　2004.3　¥850　ISBN4-8204-0328-1
　1979年に本文改訂したときの解説書『図書館の自由に関する宣言　1979年改訂』,1987年刊行の『「図書館の自由に関する宣言　1979年改訂」解説』に続く第2版であり,実質的には宣言の第3冊目の解説書である。「人権またはプライバシーの侵害」の項について厳密な解釈を加え,また,子どもへの資料提供やインターネットと図書館,資料提供の自由と著作権をめぐる項目などを新規に設けた。資料編には見解やコメント,関連法令と国際的な宣言等を収録し,便覧としても役立つよう配慮した。

5.第89回(平成15年度)全国図書館大会　静岡大会　第7分科会報告

　第7分科会(図書館の自由)は2003年11月28日に,「図書館の「社会化」と図書館の自由」をテーマに開催した。参加者は約70人であった。『図書館雑誌』2月号で各分科会概要が掲載され,また,詳細な報告書は大会事務局より刊行の予定であるが,本誌では参加した委員のメモと当日配布資料から概略を紹介する。
　第90回(平成16年度)全国図書館大会・香川大会は2004年10月27日(水)〜29日(金)に開催され,図書館の自由分科会は28日(木)の予定である。

◇基調報告「図書館の自由,この1年間－事例と委員会の取り組み」
　　山家篤夫(図書館の自由委員会副委員長)
◎アメリカの状況
　インターネット・プロバイダへのソフト導入－違憲
　　　だが,アメリカ図書館大会中にプロバイダに義務付けの政策
　　　大阪・青少年への条例－おそらく全国初
　　　東京・"子どもを犯罪から守る"ための条例諮問　近県も対応始まる
　愛国者法
　　　日本ではまだあまり知られていない
　　　図書館とも関わりが深い

- 利用記録の提出を求められるケースも
- 米の図書館でも対応が始まっている
- 図書館員は危機感が薄い？
- 日本では住基カード，ICカードと図書館システムとのリンク問題と関連

◎「石に泳ぐ魚」問題
NDLの対応
都立中央図では「提供のルールが破られた」
法務局と教育長の対応……人格権侵害については提供しないというのが「無難」
↓
人権擁護法案
　　都立中央は館長に要望書提出

◎図書館関連の裁判
東大和市図・新潮45提供禁止
　　知る権利の侵害→「検閲にはあたらない」という判決
船橋西図・歴史教科書関係(著者)蔵書廃棄事件
　　「公共の施設」というより「知る権利を保障する施設」という認識
まだ日本の法認識は固まっていない
　　アメリカもようやく達成しつつあるところ

◇講演「『監視社会』と『情報主権』」　斎藤貴男(ジャーナリスト)
ここ数年，監視社会への傾向　　　　　　規制緩和・構造改革などともリンク

◎監視
監視の実態
　　住基ネット(2002.8施行)　国民は全て「番号」で扱われる
　　　　メリット　住民票(基本4情報)の取り出しは居住地に限らなくなった
　　　ICカードの交付　現在は任意だがいずれ義務化か？
　　　　　近い将来「国内版のパスポート」となるだろう
　　　　　多機能化・広域化　カード・証明書等の統合化
　　　　→　データが運用者に筒抜けになる
　　盗聴法の成立(1999)
　　監視カメラの普及
　　　　Nシステム(1980年代〜)　ナンバープレート読み取り
　　　　　盗難車向けと説明されたが実績は？
　　　　　(市民への監視が始まりつつある？)ナンバーだけでなく人間も監視？？
　　　人間対象のカメラ
　　　　　歌舞伎町に50台　(警察設置)
　　　　　商店街　　　　　(住民設置)最近の事件の影響
　　　　　　　警察が映像を掌握
　　　　　　　「防犯」カメラというがこれは監視カメラである
　　　顔認識システムの成立
　　　コンビニのカメラ　　　　　夜間，ATM
　　　　　　　　　　　　　　　ATMとカメラはセット
　　　　　　　　　　　　　　　情報は警備会社へ　→いずれ警察へ？
　　政府の緊急治安対策プログラム(2003)
　　　警察官増員
　　　監視カメラ奨励

有識者会議→スクール・サポーター・システム(学校への警察介入)
"防犯のための総動員態勢"
生活安全局　犯罪の未然抑止
役所への"派遣"(出向ではなく)
地域住民と警察の一体化
生活安全条例
　　　千代田・たばこの事例
　　　世田谷・愛犬家グループへの警察との連絡の事例
　　　マスメディア・新聞販売店と警察の連絡の事例
福祉・郵便と役所の連携
　　　ネット化・警察を含む各団体への情報が通る
IT 教育　プロバイダは市教委だが,監視は警察が行っている

◎なぜ監視か?
"戦争と差別の国へ"
　　差別－構造改革　保険,増税,リストラ
　　　　国際競争力と人件費
　　　　　社員の身分階層化
　　　　教育改革　ゆとり教育
　　　　　実態はエリート教育への指向・教育政策の優性学派化
　　　　自己責任原則の破綻
　　戦争－多国籍企業の利益
　　　　工場と人件費(政情の不安定)
　　　　　　political risk　country risk
　　　　　IJPC　イラン・日本石油化学の事例
　　　　　フィリピン・トヨタの事例
　　　　　経済同友会の姿勢
差別と戦争への反対抑制のための監視社会
　　杉並・落書き逮捕の事例
　　福田官房長官の発言(2002)
報道のあり方
　　オウム弁護士殺害への公安介入
　　マスメディア,読書傾向への関心
　　9.11 への新聞報道

◎ではどうすれば?
徹底した反抗を…
　　現在のジャーナリズムは戦前の追体験?
　　図書館の仕事も自戒を込めて…

質疑応答
Q. 斎藤氏の最近の発言はどこで見ることができるか?
A. 「現代」(講談社),「文藝春秋」(文藝春秋社),「世界」(岩波書店),「法学セミナー」(日本評論社),「サンデー毎日」(毎日新聞社)など。
Q. 図書館はマスコミの出した情報を提供する機関だが,選書はどうすればよいのか?
A. ベストセラー主体になりつつある。もっと専門的なものを増やして欲しい。
Q. 「(質問時に)所属と名前を明らかにせよ」という進行について何かコメントは?
A. この場は閉じた空間であり,"みんなが納得"というコンセンサスを得られればよいのでは。個人情報につ

いてはナイーヴになっている。
Q. 斎藤氏自身監視されているという意識は？
A. 電話やFAXがおかしいと感じることがある。家なら対処は可能だが，NTT側での細工では手の出しようがない。アムネスティ関係者なども同じことが起こり得る。実際には多少なりとも（監視が）あるだろう。
Q. イラク戦争などに関連し，戦争への現実感欠落をどう伝えていったらよいだろうか？
A. 清沢洌「暗黒日記」(筑摩書房ほか)の一読を勧める。昭和20年の正月の光景は，戦争を実感していないが，実際にはその直後に惨劇があった。現在の日本も同じような状況ではないか。
　　　　秋田の事例－自衛隊への志願率増　徴兵のロジック

◇報告『図書館の自由に関する宣言』解説改訂案について
三苫正勝(図書館の自由委員会委員長)　（後掲）

◇事例報告　町田市立図書館における自由委員会の活動について
大野恵市(町田市立中央図書館)
町田には図書館が6館，相模原とも相互利用
1.自由委員会設置の経緯
　1991.4に自由委員会発足
　　　「ちびくろサンボ」
　　　　14冊の「有害図書」の除架要求→　実態としては「無視」
　　　　　　だが，委員会をつくって対応を検討(8名)
　　　　　　　研修を重ねる
　1996.4　館長を加え，9名で正式に発足
　　　館内会議で討議し最終決定
　　　利用者情報の保護
2.自由委員会設置要領，運営要領（資料配付）
3.自由委員会取り扱い事例
　①　週刊新潮(神戸連続殺人)　　　　　　　暫定措置として，受入
　　　・特定の個人を扱っている
　　　・町田市立に直接の投げかけがあったわけではないが，社会的に影響が大きい
　　　　対応:閲覧のみの制限，復元可能な状態で提供
　②　新潮45　　　保存年限を過ぎているが，保存している
　③　行旅死亡人の件(資料参照)　　　町田市の個人情報保護条例
4.その他の活動状況

配布資料
　(1)町田市立図書館の自由に関する委員会設置要領　（後掲）
　(2)町田市立図書館の自由に関する委員会運営要領　（後掲）
　(3)図書館の自由委員会検討結果表
　　　①神戸小学生殺人事件
　　　②大阪通り魔事件
　　　③図書館利用者の個人情報の外部提供について(行旅死亡人身元照会)
　(4)警察からの照会対応マニュアル
　(5)研修資料
　　　①寸劇台本
　　　②演習ビデオ編

◇事例報告　愛知県図書館の自由委(略称)の立ち上げの経緯と現在
浦部幹資(愛知芸術文化センター愛知県図書館)

　Research Library からの出発→県立図書館へ(県文化センター内の組織)
　　「図書館法に拠らない図書館」　　　　管理職に司書3名
1980年代　　　　　　被差別部落資料の一部提供制限
1991年　　　　　　　新館での貸出開始に伴う規程類の見直し
1996～98年　　　　　資料提供に際し取扱要領があまり使われた形跡がない
　　　　　　　　　　(担当者が決裁にあげるのであまり館内で議論にならない)
2000年～
　ハリー・ポッターの件　　　事務連絡会議で初めて問題化
　「石に泳ぐ魚」制限しないという非公式見解
　　　　　→ NDL の対応後, 制限が提案され, 反対意見が出ず制限される方向へ
　　　　　事務連絡会議で議論し, 最終的には「複写禁止」
　　　　　手続きのルールが不分明・取扱要領の読み方の問題が浮上
　文献複写申込書の提供要求(警察から)
　　　　　管理部門からの提供許可とサービス部門からの反対意見の調整
　　　　　後日, 捜査令状により対応(提供)→プライバシーが明らかにされてしまった
・ルールの未整備
・事務連絡会議の機動性
　　　　　→自由委員会の発足へ
　　「自由」という語の誤解への懸念により, 正式名称を設定(略称が「自由委員会」)
　人権・プライバシーの取扱いについて再検討
　　　　　利用者情報の提供――捜査への対応ガイドライン

　　　　　・委員会をつくったからよし, ではなく, 全館的な議論の場の必要性
　　　　　・緊急時への対応方法の策定
　　　　　・委員会は館長の諮問機関である
　　　　　・「規制のための委員会」「館外への言い訳」にはならないように

配布資料
　(1)愛知県図書館組織図
　(2)図書館サービスにおける表現の自由, 個人情報の保護等についての検討委員会設置要綱　(後掲)
　(3)人権・プライバシーを侵害する資料の取扱要領　(後掲)

◇事例報告への質疑応答
Q. 町田の自由委員会の開催が毎月というが, 定期的にはどんなことを行っているか。また, 研修はどのようにおこなっているのか。
A. 課題を見つけてマニュアルや研修の役割分担, 広報なども会議の内容であり, 問題資料の話だけではない。　研修は自由委員が担当し, 対応事例などの後にフォロー研修も行う。グループで討議し, 講師が論評する。
Q. 愛知の自由委員会は館長の諮問機関というが, 町田は職制上の機関に思われる。館長と委員会の見解が食い違ったときの対応は？
A. 最高決定機関は「館内会議」であり, 館長が言ったこともくつがえされることがある。決裁は館長だが, 多数決で決めることもあり, そういう姿勢が伝統的にある。
Q. 愛知県図書館について, 透明性の確保はどうなっているか。対応などの利用者への公開は？
A. 公開要求に応じる, という行政全般の方針に従っている。ただし, 現在まで事例はないが。

◇資料1　町田市立図書館の自由に関する調査委員会設置要領(内規)

第1　設置

　町田市立図書館における図書館の自由に関わる事項を審議し、館としての具体的な対応策を提案するため、町田市立図書館の自由に関する調査委員会(以下「委員会」という。)を設置する。

第2　所掌事項

　委員会は、次に掲げる事項を所掌する。
　(1)論争的資料の取り扱いに関すること。
　(2)利用者の秘密の保護に関すること。
　(3)図書館の自由に関する広報活動。
　(4)図書館の自由に関する職員研修。
　(5)その他図書館の自由に関する事項。

第3　構成

　委員会は、次に掲げる有資格の職員をもって構成する。
　(1)図書館長
　(2)中央図書館から3名、地域図書館から各1名。

第4　任期

　委員会の委員は、常任とする。ただし、委員に異動が生じた場合、または特別の理由がある場合は、従前の職または所属から新たに委員を選出する。

第5　委員長

　委員会に委員長を置き、委員長は図書館長とする。
　2　委員長は委員会を代表し、会務を総理する。
　3　委員長に事故あるときは、あらかじめ委員長の指名する職員が、その職務を代理する。

第6　会議

　委員会は、委員長が召集する。
　2　委員長は、必要があると認めるときは、委員以外の者の出席を求め、意見を聴き、または説明を求めることができる。

第7　その他

　この要領に定めるもののほか、委員会の運営に関して必要な事項は委員長が定める。

附則　この要領は、1996年8月1日から施行する。
　　　この要領は、2001年12月1日から施行する。

◇資料2　町田市立図書館の自由に関する委員会運営要領(内規)

第1　目的

　この運営要領は、町田市立図書館の自由に関する調査委員会設置要領(以下「設置要領」という。)第7の規定に基づき、町田市立図書館の自由に関する委員会(以下「委員会」という。)の運営に関して必要な事項を定めることを目的とする。

第2　活動指針

　委員会は、「図書館の自由に関する宣言(1979年改訂)」(日本図書館協会1979年5月30日総会決議)及び「図書館員の倫理綱領」(日本図書館協会1980年6月4日制定)を指針として活動する。

第3　開催頻度

　委員会は、月1回開催するものとする。ただし、委員長が必要と認めるときは、臨時に開催することができる。

第4　司会及び書記

　委員会に司会1名及び書記2名を置く。司会及び書記は互選によるものとする。ただし、司会もしくは書記に事故あるときは、他の委員が代理する。
　2　司会は、会議の進行を行う。

3　書記は, 議事録の作成, 配布, 整理を行う。
第5　具体的活動内容
　　設置要領第2の所掌事項の具体的活動内容は, 以下のとおりとする。
　　(1)「論争的資料の取り扱い」について
　　　町田市または町田市立図書館に対して, 貸出禁止, 回収, 廃棄等の要請のあったもしくはあると予想される資料について, 情報の収集, 取扱の検討, 検討をふまえた具体的な対応策の提案を行い, 館として確認したうえで, 検討結果表(様式1)の作成を行う。
　　(2)「利用者の秘密の保護」について
　　　日常業務における利用者の秘密に関して, 情報の収集, 必要と認められる事項の検討, 検討をふまえた具体的な対応策の提案を行う。
　　(3)「広報活動」について
　　　ポスター, 館報等を通じて, 図書館の自由の理念を利用者に広める。
　　(4)「職員研修」について
　　　第2木曜日の全体研修, その他の機会に, 図書館の自由についての認識を深め, 日常業務に役立つ研修を職員に対して行う。
　　　また, 委員に対しても必要な研修を行う。
第6　文書の保存
　　委員会の文書の保存は, 次のとおりとする。
　　(1)議事録は, 永年保存とする。
　　(2)検討結果票は, 永年保存とする。
附則　この要領は, 1996年8月1日から施行する。
　　　この要領は, 2001年12月1日から施行する。

◇資料3　図書館サービスにおける表現の自由, 個人情報の保護等についての検討委員会設置要綱

(目的)
第1条　愛知県図書館が提供するサービスの中で発生する, 表現の自由, 個人情報の保護等に関する諸問題について適切な対応を図るため, 館長の諮問機関として「図書館サービスにおける表現の自由, 個人情報の保護等についての検討委員会」(以下「委員会」という)を設置する。
(協議事項)
第2条　この委員会は, 次の事項について協議を行う。
　(1)図書館資料の収集に関して生じた問題に関すること。
　(2)図書館資料の提供に関して生じた問題に関すること。
　(3)利用者情報の管理に関して生じた問題に関すること。
　(4)その他, 館長が委員会の協議に付することが必要と認めた事項
(委員会の構成)
第3条　委員は, 管理課1名, 資料課1名, サービス第一課3名, サービス第二課3名の計8名とし, 所属課長の推薦に基づき館長が選任する。
(委員の任期)
第4条　委員の任期は, 1年とし, 再任を妨げないものとする。
(委員長)
第5条　委員長は, 委員の互選とする。
(委員会の招集)
第6条　委員会は必要に応じて委員長が招集する。
2　委員は, 委員長に対して委員会の招集を求めることができる。
3　委員長は, 必要に応じ委員以外の職員の出席を求め意見を聴取することができる。
(緊急会)

第7条　緊急に協議が必要な問題が生じたときは，出席可能な委員を招集し緊急会を開くことができる。
2　委員長不在の場合は，委員の合議により緊急会を開くことができる。
(協議結果の報告等)
第8条　この委員会の協議結果については，委員長から館長に報告するものとする。
2　報告書の作成及び協議のための資料のとりまとめについては，それぞれの協議事項を所管する課の委員が担当する。
(委員会に関する事務)
第9条　委員会の事務は，管理課企画振興グループが担当する。
(その他)
第10条　この要綱に定めるもののほか，委員会に必要な事項は，別に定める。
附則　この要綱は，平成15年4月1日から施行する。

◇資料4　人権・プライバシーを侵害する資料の取扱要領

(趣旨)
1　この要領は，「図書館の自由に関する宣言」の精神を尊重しながら本館の資料を広く利用に供するにあたり，明らかに人権・プライバシーを侵害する恐れがあると認められる資料については利用を制限するため，その取扱いに関して必要な事項を定めるものとする。
(取扱いの原則)
2　明らかに人権・プライバシーを侵害する恐れがあると認められる資料は，貴重書庫に別置し，次のように取り扱う。
　(1)館内利用に限定し，書庫閲覧席で利用してもらう。館外貸出・協力貸出はしない。
　　(検索画面では，「閲覧注　貸出否　協力否」とする。)
　(2)複写は禁止する。
　(3)提供に際しては，利用者に理解と協力を求める
　　(「この資料を提供する際の注意」(別紙1)を当該資料にはさんでおく。)
(利用制限資料の決定)
3　新たな資料について，利用制限をするかどうかは，当該資料の管理部署において検討の上，課長会議にはかって決定する。
　　附則　この要領は，平成15年3月16日から施行する。

6. おしらせ

・『「図書館の自由に関する宣言1979改訂」解説』第2版刊行

　第89回全国図書館大会　静岡大会では，第7分科会(2003年11月28日)において，改訂の経過と意見に対する委員会の考え方などを三苫委員長が報告した。概要は以下のとおりである。第2版は2004年3月刊行。

○「図書館の自由に関する宣言」解説改定案について(概要)　　　三苫正勝

1　改訂の必要性

　今回，解説を再度改訂する必要に迫られた最大の理由は，「宣言」第2の「資料提供の自由」に関して，副文に，提供が制限される場合も「極力限定して適用」されるべきものとして挙げてある「人権またはプライバシーを侵害するもの」について，近年その前提が無視されて，安易に提供制限が行われ，それがあたりまえのように定着しかねない傾向があることへの危惧である。

　検討の過程で，本文も含めて改訂すべきだという意見が出たが，上記の問題は急を要するので，時間のかかる本文の改訂は将来の課題として手をつけなかった。

　また，著作権保護の強化の方向での法改正の動きや，住基ネットの本格稼動など，図書館の自由と直接関

わりのある情勢の進展を考慮していくつかの新しい項目を設けて言及した。

2 改訂の説明

◆人権またはプライバシー

　プライバシーの権利は憲法の保障する人権に含まれるものと考えられるので，この表現は「プライバシーその他の人権を侵害するもの」と読み替えることにする。

　「その他の人権」とは，「表現行為によって社会的不利益や精神的苦痛を余儀なくされる可能性のある名誉や名誉感情等の権利」を意味する。

　この項は現行の解説では，次のような疑問点を挙げながら，あえて具体的な説明を避けている。①ある資料が「侵害するもの」であるという判断を誰がやるのか，②その判断基準はどういうものであるか，その制限が人によって拡大解釈されることはないか，③利用の制限はどのような方法で行なわれるのが適当か。

　具体的な説明はかえって恣意的な解釈を生むことをおそれたと考えられるが，その後の経過では，むしろ拡大解釈の余地を残したと思われることから，今回はそれを細かく説明することにした。

　②の基準については，プライバシーにしろ差別的表現にしろ，個人を特定できるものに限定されることを強調した。『クロワッサン』や『ハリーポッター』の回収問題は，個人が特定されない例である。

　また，人権侵害を認める司法判断があった場合も，憲法の第21条で保障された基本的人権の一つである表現の自由と表裏をなす知る自由を保障する社会的責任を持つ図書館には，資料提供に関して独自の判断があり得ることを書いた。『フライデー』肖像権侵害事件や「石に泳ぐ魚」の公表差し止め裁判がその例である。

　①の誰が判断するのかについては，名古屋市の「ピノキオ」問題の結論を貴重な成果として取り入れた。(1)各図書館に資料検討のための委員会を設けること，(2)全職員の意見を反映すること，(3)当事者および市民の意見を反映すること，(4)職員に図書館の自由に関する情報の提供と研修・研究の機会を設けること，である。

　③の利用制限の方法については，いろいろ論議した末，具体的に書けば，かえって前後を無視して閲覧制限の口実を与えるという結論に達し，単に「より制限的でない方法」(less restrictive alternative)によらなければならないというにとどめた。

　最後に，たとえ提供制限をすることがあっても，時間の経過と状況に応じて制限の解除を再検討すべきであることを書いた。

◆著作権問題と資料提供の自由に関わる問題。

　図書館の大量貸出しに対する著作者や出版社からの批判，著作権侵害の判決が確定した資料の図書館での対応，著作権が障害者にとって障壁になっている現状など，著作権が強化される方向での動きを，国民の知る自由を保障する観点から解説した。

◆「子どもの権利条約」と子どもの知る自由

　子どもの権利条約が批准されたことを受けて，新たに子どもへの資料提供について解説した。子どもにも知る自由，読む自由があるということを基本に，子どもの情報リテラシーを育成しながら，「子どもの最善の利益」を実現するよう努めるべきことを書いた。

◆住基ネットと利用者の情報の保護

　住基ネットが本格稼動されたことにより，図書館の利用記録もそれに乗せることを国から迫られていることに対して，個人情報の保護の立場から原則を守ることを改めて強調した。

◆インターネットと図書館

　インターネットによる情報が今や図書館に欠かせないと同時に，一方でフィルタリングの採用が進められているが，それによって知る自由が阻害されないよう，各図書館で主体的に対応すべきであることを提起した。

・2004年度図書館の自由委員会事業計画(案)

1　来年度予定，企画されている事業，活動
　(1) ニューズレター『図書館の自由』の編集発行
　(2) 「図書館の自由」パネルの改訂・製作
　　　・現在のパネルの内容を新訂し，枚数を増やすと同時に，材料を頑丈なものにする。

・概算　@12000円×16枚＝192000円
  (3)「図書館の自由」パネルの移動展示
2　来年度予定, 企画している研修, シンポジウム, 集会等
  (1) 第90回全国図書館大会分科会(図書館の自由)の企画運営
  (2) 自由宣言の普及のため, 各地研究集会等の開催促進と講師派遣
  (3) 図書館の自由に関わる特別課題の研修(専門家を招請)
  (4) 全体委員会の開催(2～3回)
3　刊行物の予定, 企画
  (1)「ニューズレター『図書館の自由』集成版1981－2000」の刊行
    ・第1～30号の主要な記事を抜粋して編集刊行する。
  (2)『図書館の自由に関する文献目録』の刊行
    ・1945～2000年の「図書館の自由」に関する文献目録
4　独自の調査活動の予定
  (1) 図書館の自由に関する事件や問題に応じて現地調査等
  (2) 図書館の自由に関する問題や問合せに応じて調査, 回答
5　その他
  (1) 各図書館内の「図書館の自由」に関する検討委員会組織を推進
  (2) 図書館資料に対する異議申立制度の研究

・「図書館の自由に関する宣言」絵はがきについて［掲載略］

図書館の自由　第44号　2004年5月

1. 図書館の自由に関する事例

・船橋市西図書館蔵書廃棄問題について控訴審判決

○船橋市西図書館蔵書廃棄問題についての高裁判決

図書館雑誌　vol.98, no5(2004.05.)より転載

　船橋市西図書館が蔵書を除籍廃棄した問題について, 3月3日東京高裁は控訴棄却の判決を出した。裁判にあたって控訴人側は新たに「公貸権」を理由に挙げ, 次のように主張した。「公立図書館に選書された書籍の著者に対しては,「公貸権」として, 書籍の実際の図書館における貸出状況に応じて, 一定の金銭が支払われる法制度がヨーロッパにおいては一般的である。図書館制度の円滑な運営と発展のためには, 図書館と図書館が購入した書籍の著作者との関係が十分配慮されなければならない。……公貸権については, わが国では立法上実現していないけれども, 著作者は, 現状においては, 専ら文化的意義, すなわち, 著作者として自己の人格の表現物としての著書を通して図書館利用者たる読者に対して, 自らの思想的内容等を伝達することを期待して公立図書館における選書及び閲覧を認めているのであり, 図書館で閲覧に供されて利用者の具体的利用可能な状態に置かれた自己の書籍に著作者らが託したところの表現の自由等の諸価値及び人格的利益は, 保障されるべきである。……著作者人格権を定める著作権法の諸規定は, 本件において, その趣旨が類推ないし準用されるべきである。」

　これに対して被控訴人は「公共貸与権は, ……これが承認されるべきであるとの立場に立つとしても, 図書館所蔵の書籍の著者として, 図書館に対して, 人格的・精神的利益を直接に主張し得る論拠になり得ない。」と

主張した。判決は「公貸権は，……本件で侵害されたとする控訴人らの利益が法的権利ないし法的に保護されるべきものであることを直接根拠づけるような内容にまでその論議が及んでいるとは理解し難いし，著作権法26条の3(貸与権)の規定は，附則4条の2において，書籍又は雑誌の貸与による場合には，当分の間，適用しないとされていることなどからしても，公貸権などの概念が本件における控訴人らの法的権利等を基礎付けるものと解されないし，また，本件において著作者人格権に関する関係規定を類推適用すべき相応の事由も認められないのであり，控訴人らの主張は採用できない。」との判断を示した。

○船橋市西図書館蔵書廃棄問題についての控訴審判決

JLAメールマガジン第197号(2004.03.17)より転載

2001年8月船橋市西図書館が蔵書を除籍廃棄した問題について，新しい歴史教科書をつくる会等は東京地裁の判決を不服として控訴していたが，3月3日東京高裁は控訴棄却の判決を出した。昨年9月に出された地裁判決では，"除籍基準を無視し，公的財産を不当に損壊したもの"であることを認定したが，"蔵書をどのように取り扱うかは原則として市の裁量にまかせられるところであり，それが直ちに著者との関係で違法になることはない"と原告の主張を退けた。控訴にあたって原告側は追加の理由を挙げたが，いずれも判決には反映されなかった。

原告は最高裁に上告するとのことである。

○船橋市西図書館蔵書廃棄問題についての高裁判決

JLAメールマガジン第198号(2004.03.24)より転載

船橋市西図書館が蔵書を除籍廃棄した問題について，3月3日東京高裁は控訴棄却の判決を出した。控訴にあたって原告側は新たに，(1)検閲行為である，(2)平等権の侵害である，(3)「公貸権」は著作者の思想伝達を期待して図書館における選書，閲覧を認めているものであり，表現の自由，人格的利益は保護されるべき，などの主張を追加した。

判決は，既に争われた点については地裁判決を採用し，追加の主張には，(1)検閲とは行政権が主体となって発表前に不適当と認めるものの発表を禁止するもので，この件には該当しない，(2)取扱いが不合理であることにより直ちに損害賠償請求権が発生するとは解されない，(3)「公貸権」，著作者人格権等の論議は，原告の利益を法的に保護されるべきものと直接根拠づける内容まで議論は及んでいない，との判断を下した。

※関連記事
- ＜図書館＞著書廃棄巡る訴訟で著者側敗訴　東京高裁　毎日新聞　2004.03.03.
- 「つくる会」2審も敗訴　日刊スポーツ　2004.03.03.
- 東京高裁の控訴審判決下る　―弁護団は2週間以内に最高裁へ上告の方針―船橋焚書事件弁護団発行，『船橋焚書事件FAX通信』より　つくる会webニュース
  http://www.tsukurukai.com/01_top_news/file_news/news_040304_ff.html
- 一審(東京地裁)判決全文「新しい歴史教科書をつくる会」書籍の廃棄処分事件【年月日】平成15年9月9日　東京地裁　平成14年(ワ)第17648号　損害賠償請求事件
  http://www.translan.com/jucc/precedent-2003-09-09.html
- 控訴審判決　平成16年3月3日判決言渡　東京高裁　平成15年(ネ)第5110号　損害賠償請求事件(原審・東京地方裁判所平成1年(ワ)第17648号)

・『週刊文春』3月25日号の販売差し止めについて

○元外相・田中真紀子衆議院議員の長女の私生活に関する記事を掲載した『週刊文春』2004年3月25日号(2004.03.17発行)をめぐる経過

2004.03.16.
- 東京地裁　文藝春秋に対し，この号の販売を禁止する仮処分命令(資料1)を出す。
- 文藝春秋によると，午後7時45分仮処分命令書が届き，流通ルートに乗った74万部は回収せず，残っていた約3万部の出荷を止めた。書店等へはこの仮処分は一般小売店での販売を拘束するものではない旨の文書(資料2)を送る。

2004.03.17.
- 小売店　自主回収する動き(JRキヨスクなど)と回収は盛り込まれていないとして販売する動き(セブン・イレブンなど)に分かれ，販売したところでは開店早々に完売する書店もあった。
- 図書館　通常どおりの扱い，切り取りや持ち去りを警戒してカウンターでの保管，該当記事を袋とじ，コピー禁止など館によってさまざま。根拠としては，「裁判所の決定を尊重」「出版社への命令である」「資料を提供する義務」「知る権利を重視」など
- 国立国会図書館　保留　「発行されたもの」に当たるかどうか検討。
- 文藝春秋　命令を不服として東京地裁に異議申し立て。

2004.03.18
- 長女　文藝春秋に制裁金の支払いを求める「間接強制」を東京地裁に申し立て。
- 日本雑誌協会　「出版・報道の自由を圧殺する事前規制であり，事実上の検閲である」と東京地裁の判断を厳しく批判する声明を発表。
- 東京地裁　文藝春秋と長女の双方の主張を聞く審尋を17，18日の2回にわたって開く。

2004.03.19.
- 東京地裁　文藝春秋の異議を退け，出版禁止仮処分を維持する決定をする。
- 東京地裁　長女の「間接強制」の申し立てを認める決定をする。
- 文藝春秋　ホームページでの週刊文春の目次掲載を中止，声明を発表。(資料3　資料4)

2004.03.20.
- 文藝春秋　東京地裁の決定を不服として，東京高裁に命令の取り消しを求めて保全抗告。

2004.03.22
- 国立国会図書館　納本の受理を決定。19日の東京地裁の決定で「流通ルートに乗ったものは差し止めの対象外」との見解を示したことから決定した。23日から閲覧可能になる。

2004.03.31.
- 東京高裁　「記事は事前に差し止めなければならないほど，重大で回復困難な損害を与えるとは言えない」として，地裁が出した出版の差し止めの命令を取り消し。

2004.04.01.
- 図書館　東京高裁の決定を受けて袋とじを解除する館(都立3館ほか)，そのままの館などさまざまな対応あり。

2004.04.02.
- 文芸春秋　東京高裁の出版差し止め命令取り消しにより販売可能となっていた在庫2万7000部を販売しない方針を決定(資料5)。

2004.04.03.
- 長女　特別抗告をしない方針を明らかにする。

2004.04.05.
- 長女　期限までに最高裁へ抗告せず　東京高裁の決定が確定。
- 図書館　東京高裁の決定の確定を受けて袋とじを解除する館，そのままの館などさまざまな対応あり。

○『週刊文春』3月25日号の販売差し止め

図書館雑誌　vol.98, no5 (2004.05.) より転載

本誌4月号既報のとおり，『週刊文春』3月25日号(3月17日発行)について，東京地裁は販売差止めの仮処分命令をしたが，図書館での取扱いについて協会は「資料の収集，提供等については各図書館が自主的

に判断されるべきことである」との考えを示してきた。

　その後東京高裁は3月31日に処分取消しの決定をしたが、共同通信はこれに関わる記事のなかで、協会が「主な図書館の対応を調査する方針を明らかにした」等の内容が報道された。事前に事務局長に取材があったが、そのようなことを述べてはおらず、直ちに間違いであることを伝え、善処を求めた。共同通信のデスクから、配信の中止、訂正した内容の配信を行う旨連絡があった。しかし一部のスポーツ新聞には訂正前の記事が掲載された。

　なお、名誉・プライバシー侵害の出版物との司法判断がなされた図書館資料の取扱いについて、かつて図書館の自由委員会が行ったセミナーにおいて研究者から次のようなアドバイスがあった。すなわち、①名誉毀損、プライバシー侵害を理由とする頒布差し止めの司法判断（仮処分を含む）があり、②図書館にその判断が通知され、③申立人（被害者）が図書館に提供制限を求めてきた場合は、図書館での対応が求められる、との内容である。これを詳細に論じたものとして、次の文献がある。

・山家篤夫「資料の提供と図書館の自由をどのように考えるか」『図書館雑誌』1998年10月号 p.844-846
・松本克美「名誉・プライバシー侵害図書の閲覧制限装置請求権について」『早稲田法学』74巻3号 1999.3 p.575-596
・シンポジウム「資料提供とプライバシー保護」『第83回全国図書館大会記録　山梨』1998.3 p.216-225
・松本克美「講演　プライバシー保護と図書館の資料提供」『第40回北海道図書館大会記録』1999.2 p.6-17

〇『週刊文春』3月25日号の販売差し止めについて

　　　　　　　　　　　　　　　　　　　　　　　　　図書館雑誌　vol.98,no4(2004.04.)より転載

　『週刊文春』3月25日号（3月17日発行）掲載の記事に関して、東京地裁は3月16日販売差し止めの仮処分命令を決定し、19日には文芸春秋の保全異議申し立ても却下した。これについて協会には図書館、マスコミ等40件近い問い合わせがあり、次のように答えてきた。またメールマガジンにも同様の内容を配信した。
　(1)現在入手している情報は、マスコミ報道だけである。
　(2)東京地裁の決定に、資料の保存、提供等図書館の機能に関わる内容があるか気になる。
　(3)日本図書館協会として、この件について見解を出すことは当面考えていない。「図書館の自由に関する宣言」に照らしてどうかについては検討を重ねていく。
　(4)資料の収集、提供等については各図書館が自主的に判断されるべきことである。
　3月17日に行った図書館の自由委員会（東地区）の会議では、各地の図書館の状況やマスコミ報道、日本雑誌協会の「出版・報道の自由を圧殺する事前規制であり、事実上の検閲である」との声明などが報告された。

　※雑誌掲載に先立ち JLAメールマガジンで同内容を速報した。
・『週刊文春』3月25日号の販売差し止めについて　JLAメールマガジン第197号(2004.03.17)
・『週刊文春』3月25日号について　JLAメールマガジン第200号(2004.04.07)

〇資料1　仮処分決定の主文［東京地裁］

　債務者（文芸春秋）は、別紙書籍目録記載の雑誌（週刊文春平成16年3月25日号）につき、債権者（田中真紀子前外相の長女）と元配偶者との離婚に関する記事を切除または抹消しなければ、これを販売したり、無償配布したり、または第三者に引き渡したりしてはならない。

〇資料2　週刊文春3月25日号販売差し止めの仮処分決定について

［文芸春秋から営業局長名で書店などに送られた文書］
　週刊文春3月25日号（3月17日発売）掲載の「田中真紀子長女　わずか1年で離婚」という記事について、16日、当事者側からプライバシーの侵害であると東京地方裁判所に販売差し止めの仮処分申請がなされました。裁判所は、同日夕刻この訴えを認め、小社に対し当該号の販売差し止めの仮処分を決定するにいたりま

した。
　この決定に対し小社は，17日にも東京地方裁判所に不服の異議申し立てを行います。また今回の販売差し止め措置は，一般小売店での販売を拘束するものではありません。販売会社，即売卸し会社，鉄道弘済会，ならびに各書店，駅売店，コンビニエンスストアの皆さまには多大なご迷惑をおかけいたしますが，なにとぞよろしくご理解のほどお願い申し上げます。

○資料3 『週刊文春』目次掲載中止に関する文藝春秋社のお知らせ　2004.03.19.
　　　　文藝春秋社のホームページより（現在は掲載されていない）
お知らせ
　週刊文春3月25日号の販売差し止め等を命じた東京地裁の仮処分決定に対し，小社は異議を申し立てていましたが，19日，東京地裁が「仮処分決定を認める」という判定をくだしましたので，取りあえずホームページでの同号の目次掲載を中止します。この問題に対する小社の見解，対応等につきましては，改めてお知らせします。
　　　3月19日　　　　　　　　　　　　　　　　　　　　　　　（株）文藝春秋　ホームページ運営担当

○資料4　声明　文藝春秋社　2004.03.19.
　　　　http://www.bunshun.co.jp/seimei/index.htm
声明文
　定期刊行雑誌の事前の販売差し止めは，当該記事のみならず掲載記事すべてにかかわる表現の自由の圧殺にほかならない。とくに今回の仮処分決定は，「プライバシーの侵害」という言葉を，その具体的な内容の開示を封じることによって逆に肥大化，独り歩きさせ，もって雑誌ジャーナリズムへの評価を不当におとしめるものであった。これは異常な事態である。この4日間を振りかえるとき，あらためてその経緯に慄然とする。これに対して当社は，記事内容に比して決定があまりに均衡を欠き今後に及ぼす影響が甚大であること，またなにより事前の販売差し止めを例外中の例外とした最高裁の判例に明らかに反することを再三主張してきたが，またしても一方的な判断が下されたことに怒りを禁じ得ない。当社としては，今回の決定が前例として定着し，事実上の検閲の常態化に道をひらき，国民の知る権利を奪う結果に至ることを憂慮して，高等裁判所の判断を仰ぎたい。
　　　平成16年3月19日　　　　　　　　　　　　　　　　　　　　　　　　　　　　　　　（株）文藝春秋

○「週刊文春」が田中真紀子前外相の長女の記事を掲載して出版禁止の仮処分命令を受けたことをめぐる文春側の異議申し立てに対する東京地裁の19日の決定の主な内容は次の記事を参照
・文春側の異議に対する東京地裁決定の主な内容　朝日新聞　2004.03.20.

○資料5 「週刊文春3月25日号2万7000部販売再開」報道について
　　　　http://www.bunshun.co.jp/seimei/index2.htm
　3月31日，小社において行なわれた記者発表において，週刊文春3月25日号留保分の今後の扱いについてのご質問にお答えしましたところ，その後の各紙，各局の報道に大きな誤解が生じていることが判明しました。
　発表では「この三万部が本来送品されるべきであった販売会社よりとくに要望があれば，出荷の手続きをとる用意がある」とお話ししました。
　本日，本来搬入する予定であったその販売会社に，法的な拘束が解ける旨通知したところ，「販売に関しては出版社（文春）の意向に添いたい」との返事を得ました。当社は係争中であるのでこれまで通り販売の停止を継続したい旨販売会社に伝えたところ，その趣旨を了解していただけました。従って，無償で販売会社にお渡しした切除雑誌（定期購読者用）以外一部も販売しておりません。
　なお，読者の皆さまから小社に直接寄せられる「同号を購入したい」等のご要望にも一切お応えしておりません。

平成16年4月2日　　　　　　　　　　　　　　　　　　　　　　(株)文藝春秋

※関連記事は新聞・雑誌記事スクラップにまとめて掲載した。

・東京都青少年健全育成条例改正について

・東京都青少年健全育成条例改定　東京都生活文化局　報道発表資料　2004年2月掲載
http://www.metro.tokyo.jp/INET/OSHIRASE/2004/02/20e2i101.htm
・東京都　分量規定は是か非か　文教委員会「有害」規制監視隊
http://hp1.cyberstation.ne.jp/straycat/watch/news/archive/2004/28.htm

〇東京都青少年健全育成条例改正に反対する陳情署名
東京都青少年健全育成条例改正に反対する市民有志　代表世話人　山口貴士
1 「不健全」描写が一定の割合以上含まれる表現物，出版物について，自動的に「不健全」図書とみなす制度(包括指定制度)の導入に反対します。
2 行政の一存で「不健全」指定する制度(緊急指定制度)の導入に反対します。
3 区分陳列違反等について，直ちに刑事罰の対象とすることについて反対します。
4 青少年健全育成条例の改定等に際し，青少年の意見を聴取するための制度を設けることを要求します。
5 青少年健全育成条例の改定等に際し，子どもの権利条約の趣旨を十分に踏まえ，その自己決定権，自主的な判断能力，リテラシーを高める視点から議論を行うことを要求します。
6 「不健全」指定に対する異議申立て，取り消し請求の手続きを条例中に明記することを求めます。

3. 新刊より

・研究代表者・川崎良孝，研究協力者・前田稔『アメリカにおける学校図書館蔵書をめぐる裁判事例の総合的研究』科研報告書（研究課題番号 14510277）川崎良孝　2004.01.
　第1部では学校図書館蔵書をめぐる裁判事件をすべて取り上げ，その概要をまとめている。第2部では「学校図書館蔵書の除去をめぐる裁判の核心」(前田)，「学校図書館の検閲と生徒の知る権利」(川崎)という二つの論文を収めている。
　入手には，川崎良孝（〒606-8501　京都市左京区吉田本町　京都大学教育学部図書館情報学研究室内）まで切手400円分を同封して申し込む。

・伊藤昭治古希記念論集刊行委員会編『図書館人としての誇りと信念』出版ニュース社　2004.02.　¥3000（税別）ISBN4-7852-0110-X

・日本図書館協会図書館の自由委員会編『「図書館の自由に関する宣言1979改訂」解説』第2版　日本図書館協会　2004.03.　¥850(税別)　ISBN4-8204-0328-1
　1979年に本文改訂したときの解説書『図書館の自由に関する宣言　1979年改訂』，1987年刊行の『「図書館の自由に関する宣言　1979年改訂」解説』に続く第2版であり，実質的には宣言の第3冊目の解説書である。「「人権またはプライバシーの侵害」の項について厳密な解釈を加え，また，子どもへの資料提供やインターネットと図書館，資料提供の自由と著作権をめぐる項目などを新規に設けた。資料編には見解やコメント，関連法令と国際的な宣言等を収録し，便覧としても役立つよう配慮した。
　日本図書館協会への直接注文は協会のホームページ http://www.jla.or.jp/book/order を参照してください。協会の個人会員は1割引で購入できます。FAX注文用紙は図書館雑誌に綴じ込んでおり，またメール（hanbai@jla.or.jp）での注文も可能です。

4. 表現の自由に関連する資料

・立川自衛隊監視テント村への弾圧に抗議する法学者声明

　2004年2月27日，市民団体「立川自衛隊監視テント村」の市民3人が，自衛隊のイラク派兵に反対するビラを配布するために自衛隊員の住む官舎へ立ち入ったとの容疑で，住居不法侵入罪で逮捕され，さらに団体の事務所とメンバーの自宅等6箇所が家宅捜索を受け，団体に関する書類やパソコンなどを押収されました。

　わたしたち法学者は，この事態が，市民の正当な表現活動を抑圧し，民主主義社会を萎縮させるのではないかという危機感を抱いています。

　まず，当該行為が刑法130条の住居侵入罪に当たるかどうかについて疑問があります。

　近代法は，「公」と「私」の領域を区切ることで，「私」の自由な領域を保護することを主要な任務としてきたのであり，本条の保護法益も，部外者の侵入を許さずプライバシーの享有を期待できる区画された場所内の平穏な利用である，というのが通説的見解です。ここで郵便受けは，私人が住居という本質的に私的な空間を確保しながら，外から内部に向けて発せられる情報を受けとるために自ら設置した限定された空間だと考えられます。つまり，それは，法によって遮断された「私」と「公」の領域をつなぐための通路であり，外部との遮断を目的とするドアや門とは逆に，外に向かって開かれた性質を持つものです。したがって，チラシを郵便受けに配布するために他人の敷地に立ち入ることは，「プライバシーの享有を期待できる区画された場所」の「平穏」を害する行為にはあたりません。

　当該行為が刑法130条の構成要件に該当しない上，今回の措置には別の目的があるということを疑うだけの十分な理由になります。考えうるのは，イラクへの自衛隊派兵に際して，市民と自衛官及びその家族との直接的接触を禁じることです。そうであれば，これは，憲法21条で保障される表現の自由の問題になります。憲法21条は，市民の間の自由なコミュニケーションは，正当な手段でなされる限り違法とされることがないことを保障しています。当該行為は，自衛隊のイラク派兵というそれ自体憲法上疑義がある事態を憂慮する市民が，自衛隊員とその家族に対して，市民として共に考えることを直接促すために行われたものであり，その手段も，ビラという通常の媒体を使用して，郵便受けという外に開かれた空間にそれを投函したという極めて穏健なものです。つけ加えるならば，ビラの内容も，自衛隊員とその家族に対して「共に考え，反対しよう」と呼びかけたものであり，その個人的法益を侵害するようなものではありません。自衛隊員とその家族は，市民としてこのような情報を受けとり，その内容について自分で判断する権利があるのであり，「住居侵入」という通常考えられない刑罰をもって両者のコミュニケーションを遮断しようというのは，法の明確性，安定性，予見性を著しく害し，市民の間の自由なコミュニケーションを萎縮させ，ひいては民主主義というコンセプトを傷つける危険性を孕んでいます。

　さらに，このような正当な表現行為に対して，当該行為を行った市民団体のメンバーの逮捕，拘束にとどまらず，市民団体の構成員の自宅の捜索，関連するパソコンや書類の押収，という非常に強硬な手段が取られました。わたしたちは，ここで対象とされているのは，ビラの投函という一個の行為ではなく，当該市民団体の活動そのものであると考えざるをえません。もしそうであるならば，今回の措置は，結社の自由という憲法の基本的価値を揺るがす事態であり，市民が自由に結合し，自由に意見を表明できることでなりたっている民主主義社会に対して，深刻な傷を負わせる危険性があります。

　以上のように，今回の措置には，自衛隊のイラク派兵に反対する市民団体を狙い撃ちにし，その正当な表現活動を制限することに真の目的があると言わざるを得ません。表現の自由，結社の自由，身体の自由は日本が民主主義国家である限り，最大限の価値がおかれるべきものです。わたしたち法学者は，今回の措置が自由な民主主義社会の基礎を揺るがす深刻な事態と考え，一連の言論弾圧を行った立川警察署および警視庁に強く抗議するとともに，三人の即時釈放を求めます。

　2004年3月3日　賛同者一同

声明発起人：石埼学（亜細亜大学・憲法）　ほか51名

・盗聴法初適用事件の控訴審に関連する要望書

2004年4月13日

高等地方裁判所第九刑事部あて

呼びかけ人：小倉利丸（富山大学教員）ほか

要望書

盗聴法初適用事件の慎重な審理のため，三島警部補の証人採用を強く求めます。

1　現在，貴裁判所係属中の道交法，覚せい剤取締法，麻薬特例法違反事件[平成15年（う）2846号]は，通信傍受法（以下，盗聴法と称する）に基づく通信傍受（以下，盗聴捜査と称する）が実施された最初の事件でもあります。

　盗聴法は，その制定にあたって，憲法の保障する市民のプライバシー・通信の秘密を侵害し，令状主義の要請を満たしえないとして，法律学者，文化人，市民など各方面から危惧が表明されました。そうした世論を反映し，国会の審議過程においても与野党がその賛否をめぐって激しく対立し，強行採決・徹夜国会という異常事態の中で可決されました。成立後も，衆参両院で野党議員から計11回にわたって廃止法案が提出されている異例の法律でもあります。

　現在，本件に関しては，通常の捜査手法で対応可能であり盗聴捜査は必要なかったこと，従って本件盗聴捜査は違法であるからそれにより得られた証拠は違法収集証拠として証拠排除されるべきであるとして，無罪の主張がなされています。

　かかる点を踏まえ，私たちは次の理由から，貴裁判所が盗聴捜査の適法性判断を慎重のうえにも慎重に審理されるべく，盗聴捜査に関与した三島警部補の証人採用を決定されるよう，要請いたします。

2　盗聴法は，通信の秘密を不当に侵害することを戒めるため（第1条，第24条），「他の方法によっては，犯人を特定し，又は犯行の状況若しくは内容を明らかにすることが著しく困難であるとき」というごく例外的場合に限り裁判官の傍受令状による盗聴捜査を認めています（第3条）。

　ところが本件では，2002年1月下旬から2月初めに実施された10日間の盗聴捜査に先立ち，薬物売買に使用されている携帯電話の発信場所の位置探索が検証令状により実施され，また警察官による覚せい剤買取りというおとり捜査までおこなわれていることが明らかにされています。これは通常の捜査で事件を解明できた可能性を強く示唆するものであり，盗聴捜査を行なうべき必要があったのかについて，強い疑問を投げかける事実でもあります。

　従って本件では，盗聴捜査の必要性・相当性の存否を明確にする必要があり，そのためには，盗聴捜査に関与した捜査官の証人尋問が必要不可欠と思われます。

3　盗聴捜査はプライバシーの侵害度が強いゆえ，その適用には慎重を期し，捜査当局による濫用を防ぐ必要性もきわめて高いものがあります。盗聴法が盗聴捜査の実施について他の強制処分よりも厳格な要件を定め（第3条），国会への報告を求めている（第29条）のも，このためにほかなりません。そして何よりも，憲法と人権の擁護者であるべき裁判所には，盗聴捜査の実施前後を通じてその憲法適法性・相当性を監視することが求められております。

　私たちは，盗聴捜査に内在する重大な問題と盗聴捜査を初めて実施したという本件の重要性を考えると，貴裁判所が本件盗聴捜査の適法性を慎重に審理されることを切望してやみません。

　そこで，本件盗聴捜査の実施過程を明らかにするため，本件盗聴捜査に関与した三島警部補の証人採用を貴裁判所が決定されることを強く求めるものであります。

2004年4月13日

高等地方裁判所第九刑事部　御中

呼びかけ人：小倉利丸（富山大学教員）　ほか（氏名略）

第 44 号(2004 年 5 月)

賛同人：宮本弘典(関東学院大学教授) ほか(氏名略)

・資料 1 盗聴法初適用事件の問題点 （略）
・資料 2 盗聴法初適用事件裁判経過 （略）

5. おしらせ

・図書館の自由委員会 2003 年度報告(抜粋)
1 主な活動
(1) 集会・研修会等
　①第 89 回全国図書館大会第 7 分科会(図書館の自由)の企画・運営。
　②『「図書館の自由に関する宣言1979 年改訂」解説』の改訂のための会員意見交換会(2003 年 3 月 28 日, 5 月 28 日, 10 月 7 日)
　③鳥取県で年間 5 回にわたるシリーズ研修会に講師派遣。
　④各地の「図書館の自由」に関する研修への協力。
(2) 刊行物等
　①『「図書館の自由に関する宣言1979 年改訂」解説　第 2 版』の刊行。
　②ニューズレター『図書館の自由』第 40～43 号の発行。
　③『図書館雑誌』の「こらむ図書館の自由」の執筆。
　④『「図書館の自由」に関する文献目録』の編集作業。
　⑤ニューズレター『図書館の自由』集積版の編集作業。
　⑥図書館の自由に関する記事・文献の収集, ニューズレターに目録掲載。
(3)「図書館の自由」展示パネルの各地での展示。
(4)図書館の自由に関する問い合わせや, 調査依頼への取組み。
(5)IFLA/FAIFE への参加
　FAIFE(情報へのアクセスと表現の自由に関する委員会)委員として井上靖代委員が参加, 情報および意見の交換。

2. 図書館の自由に関する主な事案
　・大阪府青少年健全育成条例改正。フィルターソフトの導入を制度化。
　・船橋西図書館蔵書廃棄問題東京地裁判決。原告の請求を棄却。原告控訴。高裁も請求を棄却。
　・国立国会図書館の年齢制限に異議申立て。
　・住基カードの図書館での使用の可否論議続く。
　・遺跡捏造関係資料の提供の問題。
　・個人情報保護法公布。
　・政党のマニフェストの図書館での提供の問題。

3. 委員会の開催 （以下略）

・「図書館の自由に関する宣言」50 周年記念企画
　・第 90 回全国図書館大会・香川大会において鼎談「自由宣言 50 年　その歴史と評価」(仮題)を実施。
　・『図書館雑誌』記念論文, 『現代の図書館』特集号。
　・記念出版企画『図書館の自由に関する事例　第 2 集』『自由宣言関連資料集』(いずれも仮題)

・第 90 回(平成 16 年度)全国図書館大会・香川大会
今大会は 2004 年 10 月 27 日(水)～29 日(金), 図書館の自由分科会は 28 日(木)に開催する。
テーマ:「図書館の自由に関する宣言」の 50 年　—その歴史的意義と今後の課題—
趣　旨:

1954年5月28日,「図書館の自由に関する宣言」主文が,第7回全国図書館大会および日本図書館協会総会で採択されてから50年を迎えた。1970年代以降続発した図書館の自由を侵害する事件を契機に,「図書館の自由に関する調査委員会」を設置,「宣言 1979年改訂」が1979年5月30日の総会で承認された。委員会では『宣言 解説』の刊行などにより自由宣言の普及・定着を図ってきたが,この間も社会状況は変化,しさまざまな問題に対して図書館の姿勢を問われることがらが起こっている。2004年3月には新たな事例を加え,具体的な指針とするべく『宣言解説 第2版』を刊行した。これを機会に本分科会では「自由宣言」の歴史的意義をとらえなおし,さらに今後の課題を探る。

内 容： 鼎談「自由宣言」50年 その歴史と評価(仮題)」 塩見昇,石塚栄二,酒井忠志(予定)ほか
　　　 報告「図書館の自由・この一年」三苫正勝 ほか

・「図書館の自由に関する宣言」絵はがきについて［掲載略］

図書館の自由　　第45号　2004年8月

---

1. 図書館の自由に関する事例

・『週刊文春』3月25日号の国立国会図書館での取り扱い

　長女側弁護士が2004年4月2日付け文書で国立国会図書館に対し,プライバシー侵害を根拠として同記事の閲覧禁止を要請。同5月14日に利用制限等申出資料取扱委員会が開催され,「条件付利用とし,利用は閲覧許可申請書により,複写は特別複写申請書による。」旨の結論が出た。

・『現代コンビニ商法』(近藤忠孝・小山潤一著 かもがわ出版)をめぐって

　「現代コンビニ商法」(2000.7 かもがわ出版)をめぐって,サークルケイジャパン(以下「サ社」)がかもがわ出版を名誉毀損で訴えた。一審で出版禁止仮処分命令申立が却下された後,二審にいたらず和解が成立した。その和解条項(在庫の回収と廃棄処分などがあげられている)の一つに,「各図書館に対して,本件和解調書の写しを送付して,善処方を要請することに異議がない」とある。これを受けて,2004年2月25日付けでサ社は,所蔵している図書館に「『現代コンビニ商法』の取扱いについての申し入れ(再度)」文書を送付したようだ。
　OPACでいくつかの図書館の所蔵状況を確認してみると,所蔵しているが書庫に入っていたり,貸出し禁止になっている館が見受けられる。これは,サ社の要請を受けて,図書館が閲覧制限を始めたものではないかと思われる(詳細は未確認)。
　一方,ある館では,検討の結果次のように通常通りの扱いを決定している。
「1.他の図書と同様の扱いをする。
2.このことに関して何か質問があれば,係争中であったが和解したことを示す資料(調書)を提示する。」

　　※係争の対象となった資料
　　『現代コンビニ商法 －サークルKに見る奴隷契約』近藤忠孝・小山潤一著 かもがわ出版 2000.07.

○コンビニFC・二つの勝利裁判　京都支部　近藤忠孝
　　　　　　　　　　　　　　　　　　　団通信 1015号 自由法曹団 2001.03.21. より転載

第 45 号（2004 年 8 月）

http://www.jlaf.jp/tsushin/2001/1015.html

最近，京都地裁において，下記注目すべき決定がなされたので，報告します。
1 出版禁止仮処分命令申立却下決定
2 移送申立却下決定 （いずれもコンビニ大手のサークルKとオーナーの紛争に関するもの）

一 出版禁止仮処分命令申立却下決定
(1)昨年の宇奈月総会で報告し，代理人要請をしたところ，八〇名の団員がこれに応じてくれました。大変ありがとうございました。「全国の憲法感覚豊かな弁護士が，憲法違反の出版禁止を許してはならないと，代理人に就任した」と，裁判所に訴えました。結果は，見事な内容による却下決定です。
(2)現在，全国各地に，多数のコンビニ店が出店し，二四時間営業で，コンピューター管理され，最も近代的な営業体制として，小売業の主流となりつつありますが，オーナーは過酷な労働で，家庭崩壊の犠牲を受けながらも，自分の労働対価分が取得できず，恒常的赤字におかれているにもかかわらず，本部は一店舗月一〇〇万円規模のロイヤリティを安定的・恒常的に取得するという，不公正・不公平な契約関係にあり，且つ，このような契約から逃れようとしても，多額の違約金に縛られて廃めることも出来ない状態におかれ，「現代の奴隷契約」と言われています。
　このような中で，オーナーの闘いは必然的に発生し，それは社会問題となっています。そのオーナーの一人で，サークルKを被告として提訴した小山潤一とその訴訟代理人である近藤が，共著で出版した「現代コンビニ商法」という著書が，名誉毀損になるとして「出版禁止仮処分」申立てがなされ，七ケ月余の審理がなされましたが，サークルKの主張を退け，今般却下決定となったものです。
(3)本著書の内容は，コンビニ問題全体の状況と紛争の本質を明らかにし，オーナーの闘いの正当性と，その勝利の展望を明らかにした近藤執筆部分と，自分の被害の告発と闘いの状況を報告した小山執筆部分から成り立っています。
訴訟事件の紛争の原因は，サークルKのオーナー苛めの「悪徳商法」に対する小山の正当な報道行為に対する報復としての「契約解除」であり，本部を批判する者に対する他の業者への「見せしめ」としての「襲撃事件」ですが，この「批判者に対する容赦ない攻撃」というサークルKの企業体質は，「現代コンビニ商法」という著書に対する出版禁止仮処分申立として，継続したのです。
(4)この仮処分却下決定は，サークルKが名誉毀損に該当する事実として挙げた諸点の多くが，コンビニフランチャイズ契約全体に対する批判であり，サークルKの名誉・信用を毀損するものではないとし，また主要な部分に虚偽はないとしました。そして「本件書籍を出版した目的は正当な目的のために行なわれたものであること，またその内容も公正なものと認められる」と判断しました。その中で，本件店舗「襲撃事件」について，民事事件としてみた場合，「自力救済」を行なっているのであって，「その違法なことはいうまでもない」と断じています。
　団員のご支援で，すばらしい憲法裁判の勝利が得られたことを感謝します。

○サークルケイ・ジャパンから図書館への申し入れ

2004年2月25日

館長各位

愛知県（掲載略）
サークルケイ・ジャパン株式会社
代表取締役　土方　満　TEL（掲載略）

『現代コンビニ商法』の取扱いについての申し入れ（再度）
（著者らが今後出版・販売・配布をしない等の和解をしました）

拝啓　残寒の候，貴館益々ご清栄のこととお慶び申し上げます。
さて，2004年10月4日付にて取扱いの善処方を申し入れいたしました貴館所蔵の『現代コンビニ商法』（近藤

忠孝・小山潤一 著, かもがわ出版)につきまして今般著者らと和解が成立いたしましたので, 再度申入れさせていただきます。

　この和解は, 同書籍が当社の名誉を毀損するものであると認めた第一審の判決(平成14年9月25日付名古屋地方裁判所一宮支部)後の控訴審である名古屋高等裁判所において, 別紙のとおり平成16年2月25日に和解成立したものです(別紙参照)。

　和解調書第2項で, 著者らは「今後, 本件書籍の出版(増刷を含む)・販売・配布および引き渡しをしない」と約束し, 第3項で「在庫は回収して当社に引き渡して廃棄処分すること」とし, 第4項で「書籍の表現として十分意を尽くさない点があり, 工夫の余地があったこと」を著者らは認め, 第6項で「同書籍について各図書館等に対し, 本件和解調書の写しを送付して善処方を要請することに異議のない」ことを認めました。よって当社は出版社の在庫のすべてを回収し, 廃棄処分をいたします。

　貴館におかれましても今後, 本書籍の取り扱いには十分ご注意を頂き, 一般読者が記載内容を真実であると誤解されることのないよう適切な処置をお取り下さるようお願い申し上げます。

　貴館におかれましては諸般ご賢察のうえ, 何卒ご配慮ある対応をお願い申し上げます。

　　敬具

(別紙)
　　　　和 解 条 項
1　当事者らは,
　(1)　1審被告らが, コンビニエンスストアの現代的意義を十分に理解, 把握, 認識し, 一般消費者等のため, その健全な発展を期待して別紙書籍目録記載の書籍(以下「本件書籍」という。)を執筆し, 出版したものであること,
　(2)　1審原告は, 一般消費者にとって, 利便性の高い有益な小売店として社会一般に受け入れられているコンビニエンスストアの経営を全国展開している企業であること,
　をそれぞれ確認する。
2　1審被告らは, 今後, 本件書籍の出版(増刷を含む), 販売, 配布及び引渡をしない。
3　1審被告らは, 本件書籍の書店在庫をできる限り回収するよう努め, 1審原告に対し, 本和解成立後すみやかに, 回収した本件書籍を引き渡す。1審被告らは, 1審原告において同書籍を廃棄処分することに異議がない。
4　1審被告らは, 本件書籍中(表紙, 裏表紙, 背表紙, 帯を含む。), 1審原告に関する記述として, 「奴隷契約, ただ働き・ただ取り, 悪徳商法, 脅しと開き直りの企業体質, 恒常的赤字」等の表現が, 一般読者に対し, そのような特質が1審原告固有のものであるとの誤解を与えるおそれなしとしない面があったことにつき, 書籍の表現として十分意を尽くさない点があり, 工夫の余地があったことを認める。
5　1審被告らは, 1審原告に対し, 今後, 本件書籍を他の訴訟の証拠として提出しないことを約束し, 既に, 証拠として本件書籍を提出済みの訴訟においては, 1審原告が, 本件和解調書の写しを証拠として提出することに異議がない。
6　1審被告らは, 1審原告が, 各図書館に対して, 本件和解調書の写しを送付して, 善処方を要請することに異議がない。
7　1審被告らは, 1審原告が, インターネット上のホームページ掲載者に対し, 本件和解調書の写しを送付して, 善処方を要請することに異議がない。
8　当事者双方は, 本件が円満に解決したことを確認し, 本件和解の趣旨を十分に踏まえた上, 今後の訴訟活動等を行う。
9　1審原告は, その余の請求を放棄する。
10　訴訟費用は, 第1, 2審を通じて各自の負担とする。　　　　　　　　　　　　　　　　以　上

2. 海外の知的自由に関する事例

・図書館，情報サービス機関および知る自由に関するグラスゴー宣言

The Glasgow Declaration on Libraries, Information Services and Intellectual Freedom
　　原文:http://www.ifla.org/faife/policy/iflastat/gldeclar-e.html

国際図書館連盟(IFLA)は，結成第 75 年記念グラスゴー大会において，以下のことを宣言する。
　IFLA は，情報に自由にアクセスし，かつそれを表現することは人間の基本的権利であることを宣言する。
　IFLA とその世界中のメンバーは，国連世界人権宣言に表明されているように，知る自由を支持し，守り，推進する。この知る自由は，人類の知識，意見，創造的思想および知的活動の豊かな所産を包含する。
　IFLA は，知る自由への献身が，世界中の図書館と情報専門家の中核的責務であると断言する。それは倫理綱領に表明され，実践を通して示されている。
IFLA は次のことを確認する。

- 図書館および情報サービス機関は，いかなるメディアでも，どこの地域においても，情報や着想や想像力の成果を利用できるようにする。さらに，知識や思想や文化への入り口の役を果し，個人にとってもグループにとっても，自主的判断，教養の充実，調査研究，および生涯にわたる学習のための欠かせない援助を提供する。
- 図書館および情報サービス機関は，知る自由の発展と維持に寄与し，民主的価値と普遍的な市民権を保護する働きを持つ。そのために，利用者が適切な情報源やサービスを自由に利用できるように準備し，どのような形の検閲に対しても反対することを約束する。
- 図書館および情報サービス機関は，多元的で多様な社会を反映して，最も広範囲で多様な資料を収集し，保存して，利用できるようにしなければならない。図書館資料およびサービスの選択と利用は，専門的な配慮によって運用されるもので，政治的，道徳的，宗教的立場によって左右されてはならない。
- 図書館および情報サービス機関は，すべての利用者が資料と設備とサービスを公平に利用できるようにしなければならない。どのような理由があろうとも，人種，国籍，民族，性別，性的好み，年齢，心身障害，宗教あるいは政治的信念によって差別してはならない。
- 図書館および情報サービス機関は，個々の利用者が，調べたり入手したりした情報や，参照し，借用し，入手し，あるいは伝達した情報源に関して，個人のプライバシーと秘匿性との権利を守らなければならない。

　そのために IFLA は，図書館および情報サービス機関と，そこで働く職員が，知る自由の原則を支持し推進すること，情報を自由に利用できるように準備することを求める。

　この宣言は国際図書館連盟・情報へのアクセスと表現の自由の委員会(IFLA／FAIFE)によって起草された。
　2002 年 3 月 27 日オランダ，ハーグにおける IFLA 理事会で承認。
　2002 年 8 月 19 日スコットランド，グラスゴーにおける IFLA 総会で承認。

Latest Revision: *August 30, 2002*
Copyright © International Federation of Library Associations and Institutions
　　　　　　　　　　　　　　　　　　　　　　　　　　　（日本図書館協会図書館の自由委員会　訳）

　※グラスゴー宣言は，2002 年 8 月 23 日に IFLA グラスゴー大会総会で採択された IFLA／インターネット宣言(The IFLA Internet Manifesto)とあわせて，情報への自由なアクセスと表現の自由の擁護にかかる図書館の責任と決意を述べたものである。インターネット宣言の和訳，原文等は JLA 図書館の自由委員会のホー

ムページ http://www.jla.or.jp/jiyu/kokusai.html にも掲載している。

・個人情報流出の要因となるか？無線タグをめぐる議論（米国）（E140）

(国立国会図書館『カレントアウェアネス-E』No.25 2003.11.5 より転載)
http://www.ndl.go.jp/jp/library/cae/2003/E-25.html#E140

　10月2日，米国の人権擁護団体である電子フロンティア財団(ElectronicFrontier Foundation: EFF)は，サンフランシスコ公共図書館が所蔵する約200万冊の図書や視聴覚資料等にRFIDタグ(注)を貼付する計画に対し，利用者のプライバシー侵害の恐れがあるとして文書で計画の見直しを求めた。
　EFFはRFIDタグによって利用者の行動や読書記録が追跡される可能性があること，また個人情報が悪用される恐れがあることを危惧している。これに対し同館は，RFIDタグの貼付は資料の管理と貸出手続の効率化に用いるものであり，個人の追跡を目的とすることはないと反論している。
　RFIDタグを利用したシステムは，シアトル公共図書館やサンタクララ市の図書館などで既に導入されている。サンフランシスコ公共図書館の計画では2005年以降の導入が予定されている。

　(注)無線タグ(RFID: Radio Frequency Identification)。非接触で情報のやり取りができるICチップ。図書館資料の貸出・返却処理に応用すると，まとめて数冊の読み取りが可能。導入活用例としてシンガポールの公共図書館がある(CA1499参照)。

Ref:
http://www.miami.com/mld/miamiherald/6927665.htm
http://www.eff.org/Privacy/Surveillance/RFID/20031002_eff_pr.php
　山崎榮三郎. 特集：モバイル環境と情報, RFIDタグのIT図書館への応用. 情報の科学と技術. 52(12), 2002, 609-614.
　CA1499 (http://www.ndl.go.jp/jp/library/current/no276/doc0009.htm)

・IFLA,「学術研究文献のオープンアクセスに関する声明」を採択（E185）

(国立国会図書館『カレントアウェアネス-E』No.34 2004.4.7 より転載)
http://www.ndl.go.jp/jp/library/cae/2004/E-34.html#E185

　国際図書館連盟(IFLA)運営理事会は，2003年12月5日，「学術研究文献へのオープンアクセスに関する声明(Statement on Open Access to Scholarly Literature and Research Documentation)」を採択した。2003年3月に公開された草案(E071参照)では9項目あった原則を7項目に再構成している。
　IFLA次期会長に選任されているバーン(Alex Byrne)氏は，2004年2月24日の記者発表において，IFLAはオープンアクセス運動を強く支持し，オープンアクセスの理念に基づく出版物の登場を歓迎すると述べ，関係機関と連携して問題に取り組んでいく必要性を指摘した。

Ref:
http://www.ifla.org/V/press/oa240204.html
　E071 (http://www.ndl.go.jp/jp/library/cae/2003/E-13.html#E071)

・IFLAが世界情報社会サミット基本宣言へのコメントを発表（E211）

(国立国会図書館『カレントアウェアネス-E』No.39 2004.7.7 より転載)
http://www.ndl.go.jp/jp/library/cae/2004/E-39.html#E211

　国際図書館連盟(IFLA)は，2003年の世界情報社会サミット(WSIS；E159参照)で採択された基本宣言「情

報社会の構築:新世紀における世界の挑戦」に対して，6月6日，コメントを発表した。基本宣言は，目指すべき情報社会の共通ビジョンと，その実現のために鍵となる11の原則(政府・関係機関の役割，情報インフラの整備，情報・知識へのアクセス，人材開発，セキュリティの確立，情報社会の倫理，国際的・地域的協力等)を提示したものである。

　コメントの中でIFLAは，WSISの基本宣言が掲げるすべての人々に開かれた包括的な情報社会の実現のために，図書館・情報サービス機関がどのような寄与をなすことができるかを具体的に述べ，図書館・情報サービス機関およびそのネットワークへの投資は即効性を有するとともに，大きな成果が期待できると主張している。

　Ref:
　http://www.ifla.org/III/wsis060604.html
　http://www.ifla.org/III/wsis070604.html
　http://www.soumu.go.jp/wsis-ambassador/pdf/wsis_declaration_jp.pdf （WSIS基本宣言の日本語仮訳）
　E159(http://www.ndl.go.jp/jp/library/cae/2004/E-29.html#E159)

・情報提供のデジタル化が民主主義を脅かす?－元ALA会長の報告書(E212)

(国立国会図書館『カレントアウェアネス-E』No.39 2004.7.7より転載)
http://www.ndl.go.jp/jp/library/cae/2004/E-39.html#E212

　情報提供の急速なデジタル化は民主主義の中核を脅かす危険をはらんでいる－6月8日に自由な表現政策プロジェクト(注)から発表された，米国図書館協会(ALA)元会長クラニッチ(Nancy Kranich)氏の報告「情報コモンズ(The Information Commons)」は，情報提供のデジタル化の傾向に対してこう警告している。

　クラニッチ氏は報告の中で，インターネットなどの新技術は無数の情報への自由なアクセスの機会をもたらした反面，メディア産業の強大化，ライセンス契約や著作権法等による情報の「囲い込み(enclosure)」も招いていること，新技術の複雑さや費用面の問題から情報へのアクセスが制限される人も少なくないことを挙げて，このままでは民主主義の発展に欠かせない情報への自由なアクセスが保証されなくなると述べている。その上で，PLoS(CA1433参照)，DSpace(CA1527参照)等，情報を共有財産として扱おうとする活動の例を示しながら，情報や知識への自由なアクセスを保証する情報コモンズ(E166参照)の概念を確立させる必要があると主張している。

　(注)Free Expression Policy Project(FEPP)：検閲に関わる問題を調査・分析し，表現の自由，情報へのアクセスの自由に合った解決策を求めることを目的に，2000年に設立された団体。2004年5月には，ニューヨーク大学ロースクールのブレナン公正センター(Brennan Center for Justice at New York University School of Law)の一部門となった。

　Ref:
　http://www.libraryjournal.com/article/CA426111
　http://www.fepproject.org/policyreports/InformationCommons.pdf
　http://www.brennancenter.org/presscenter/releases_2004/pressrelease_2004_0608b.html
　E166(http://www.ndl.go.jp/jp/library/cae/2004/E-30.html#E166)
　CA1433(http://www.ndl.go.jp/jp/library/current/no267/doc0002.htm)
　CA1527(http://www.ndl.go.jp/jp/library/current/no280/doc0007.htm)

・ALA，愛国者法恒久化法案に対する反対声明を発表(E213)

(国立国会図書館『カレントアウェアネス-E』No.39 2004.7.7より転載)
http://www.ndl.go.jp/jp/library/cae/2004/E-39.html#E213

米国図書館協会（ALA）は5月26日，米国自由人権協会（ACLU）とともに，第108議会に提出されている愛国者法（Patriot Act；CA1474, E110 参照）恒久化法案（S.2476）に反対する声明を発表した。愛国者法には2005年末で失効する条項が含まれているが，今回の法案はその時限規定を撤廃しようとするもの。該当する条項には，米連邦捜査局（FBI）はテロ捜査のため業務記録の提出を求めることができる，とする規定が含まれており，これによって図書館の利用記録なども捜査対象となり得るとしてALAはこれまでも反対をしてきた。

　また，同議会にはFBIの権限を強化する法案（HR.3179）も提出されており，ALAはこれにも反対を表明している。愛国者法では，裁判所命令の必要ない召喚状（National Security Letters）によってFBIの捜査を受けた者はその事実を口外してはならないと規定してあるが，今回の法案はこの口外禁止規定に違反した場合5年以下の懲役を課すことができるよう刑法等を改正しようとするもの。

　こうした状況を受けて，ALAは6月28日，愛国者法のもとで図書館の記録がどのように収集されたか，この秋にも調査を実施すると発表している。

Ref:
http://www.ala.org/ala/pr2004/may2004/SenKylBillPatriotAct.htm
http://www.ala.org/ala/pr2004/may2004/BillHR3179.htm
http://www.ala.org/ala/pr2004/PATRIOTSTUDY.htm
http://www.ndl.go.jp/jp/data/publication/legis/214/21401.pdf
http://www.ndl.go.jp/jp/data/publication/legis/215/21501.pdf
CA1474（http://www.ndl.go.jp/jp/library/current/no273/doc0008.htm）
E110（http://www.ndl.go.jp/jp/library/cae/2003/E-20.html#E110）

・オンライン上の有害情報から子どもを守る法律・最新動向（米国）（E220）

(国立国会図書館『カレントアウェアネス-E』No.40 2004.7.21 より転載)
http://www.ndl.go.jp/jp/library/cae/2004/E-40.html#E220

　6月29日，米国の最高裁判所は，「子どもをオンライン情報から守る法律（COPA）」の施行を差し止める下級審の決定を支持し，COPAは違憲の疑いありとしたが，同法を無効とはせず下級審へ差し戻した。COPAは，子どもに有害と思われる商用情報を閲覧させる際の年齢確認をウェブサイト管理者に求めるものだが，1998年の可決以降施行はされていなかった。本裁判では，原告の一団体，米国自由人権協会（ACLU）の代理人ビーソン（Ann Beeson）氏が，COPAによらずとも両親がフィルタリングソフトを適切な方法で使えばよいと述べるなど，COPAよりも拘束性の小さい手段を求める意見が出された。

　同趣旨の法律には，ほかに「子どもをインターネットから保護する法律（CIPA）」（CA1473 参照）もあるが，こちらは2003年に最高裁により合憲と判断されている（E098 参照）。この判決を踏まえて，米国の公共図書館はフィルタリングソフトを導入するか，導入を見送って連邦からの補助金を諦めるかを選択することになっていたが，去る6月30日にその締切を迎えた。

　ALAの7月2日付プレスリリースでは，ニューハンプシャー州の図書館などがフィルタリングソフトの導入を見送った一方，オハイオ州の公共図書館などのようにフィルタリングソフトを導入した館もあるなど，数館の選択状況を紹介している。

Ref:
http://www.libraryjournal.com/article/CA431853
http://www.ala.org/Template.cfm?Section=News&template=/ContentManagement/ContentDisplay.cfm&ContentID=69619
http://www.libraryjournal.com/article/CA402264
http://www.ala.org/ala/alonline/currentnews/newsarchive/alnews2004/july2004ab/cipadead.htm
CA1473（http://www.ndl.go.jp/jp/library/current/no273/doc0007.htm）

E098（http://www.ndl.go.jp/jp/library/cae/2003/E-18.html#E098 ）

3. 学校図書館における「図書館の自由」を憂慮する　　土居陽子

伊藤昭治古希記念論集刊行会編『図書館人としての誇りと信念』出版ニュース社　2004.2　より転載

子どもの「知的自由」の保障は世界的な趨勢

　1999年に批准された「ユネスコ学校図書館宣言」では、「学校図書館の使命」の第1節に「学校図書館はユネスコ公共図書館宣言と同様の趣旨に沿い、より広範な図書館・情報ネットワークと連携する」（注1）、第5節に「学校図書館のサービスや蔵書の利用は、国際連合世界人権・自由宣言に基づくものであり、いかなる種類の思想的、政治的、あるいは宗教的な検閲にも、また商業的な圧力にも屈してはならない。」などとあって、知的自由の保障を明確にしている。これは、「子どもの権利条約」の第13条（表現・情報の自由）（注2）ともあいまって、世界的な趨勢である。

　わが国でも、「図書館の自由に関する宣言1979改訂」において、前文の6に「ここに掲げる『図書館の自由』に関する原則は、国民の知る自由を保障するためであって、すべての図書館に基本的に妥当するものである。」と学校図書館もその範疇に収めている。しかし、昨今の学校図書館をめぐる状況を考えると、時代を逆行して「図書館の自由」は危機的な状態にあるように思えてならない。

学校図書館でも認知されつつある「図書館の自由」

　もともと、学校図書館において「図書館の自由」は市民権を得るほど認知されてきたわけではない。しかし、1981年秋に顕在化した「愛知県立高校の禁書事件」（注3）を契機に、学校図書館における「図書館の自由」は多くの図書館関係者に意識されるようになった。その重要性に目覚めて具現化を追及する学校司書も増加した。それは生徒の実態や要求に基づいて資料を収集し、提供しようとする実践をより強固なものにし、予約制度を広める結果となった。また、プライバシーを尊重する貸出し方式への変更も推進した。そして、校内で「図書館の自由」についての理解を得るために、地道な努力が蓄積されつつあった。私の勤務校における『完全自殺マニュアル』の予約をめぐっての取り組み（注4）もそうした努力の一つであった。

　児童・生徒の資料要求を掘り起こし、受け止め、予約制度を機能させて知る自由・読む自由を保障する、プライバシーを守る貸出し方式の採用で安心して図書館が利用できる、そうしたことがいかに生徒たちの学習や読書の意欲を喚起し、支援するかを、私は仕事の中で痛感した。

　言うまでもなく、こうした「図書館の自由」を理念とする学校図書館運営は職員の専門性に負うところが多く、その意味では専門的職員の配置率が低い学校図書館で一部の実践にすぎなかったことは否めない。とはいえ、学校司書が配置されたところでは予約制度やプライバシー保護は確実に広がりつつあり、それが一部の教師に影響を与えつつあるのも事実である。これから、「図書館の自由」は学校図書館のあり方を変革し、学校教育に新風を送ろうかという時期を迎えるところであった。ところが、昨今の学校図書館を取り巻く動向には、「図書館の自由」を伸長させるどころか、むしろ後退させる様相が見え隠れしている。そうした危惧を感じるのは私だけではないであろう。

「図書館の自由」を後退させるもの

　その一つは「子どもの読書活動の推進に関する法律」とその基本計画（注5）である。宇原氏の「読書は強制してはならない」（注6）や松岡氏の論文「『子どもの読書活動推進法』と『子どもの読書活動推進計画』」（注7）にもあるように、法律の制定そのものに危惧があるが、その内容にも問題がある。

　「図書館の自由」には読む自由とともに読まない自由もあるはずで、間違っても読書を強制するべきではないが、そうした視点はこの法律には見られない。強制される読書の危険性については言うまでもないが、「･･･行政が不当に干渉することがないようにすること」（注8）、「学校図書館、公共図書館等が図書を購入するに当たっては、その自主性を尊重すること」（注9）、「子供の健やかな成長に資する書籍等については、事業者がそれぞれの自主的判断に基づき提供に努めるようにすること」（注10）などの附帯決議を付けなければ可決さ

れなかったことが，その背景を物語っているといえよう。
　また，基本計画においても，第一章で「読書活動は・・・人生をより深く生きる力を身に付けていく上で欠くことができないものであり，社会全体でその推進を図っていくことは極めて重要」との見解を示し，学校においては「『朝の読書』や読み聞かせなどの取り組みをいっそう普及」させ，「推薦図書コーナー」の設置や「卒業までに一定量の読書を推奨するなど各学校が目標を設定する」など，読書を強制しかねない方策が示されている。(注11)
　このような考え方は2002年2月発表の中央教育審議会答申「新しい時代における教養教育の在り方について」にも見られるように文部科学省の方針であり，この影響が学校図書館に及ぶのは時間の問題であろう。
　良書（？）を読ませる，必読書を選定して目標達成を強いる，闇雲に「朝の読書」を推し進める，これらは一歩間違えば思想統制になりかねないし，却って読書嫌いを作る可能性もある。こうした雰囲気の校内で図書館だけが別世界でおれるはずはなく，気がつけば生徒の読みたい本ではなく，大人が読ませたい本，読めばいい本ばかりが目に付く図書館で，生徒は目標達成のために無表情に読書をしている・・・などということになるのではないかと憂慮するのである。
　「図書館の自由」の後退を危惧する理由には司書教諭の発令もある。「学校図書館の専門的職務を掌らせる」(注12)とされる司書教諭は，本来は「図書館の自由」についてもよき理解者，実践者であるべきである。学校司書が配置されていれば，協同してその精神を校内に広める役割を担う立場にある。しかし，現実には「図書館の自由」を認識し理解している司書教諭がどれだけいるであろうか。
　昨年までの司書教諭講習では，現場の教諭には経験による減免措置が設けられていて，最低限「整理」の2単位を履修すれば単位修了になるという状況が長期間あった(注13)。これでは「図書館の自由」どころか学校図書館論や理念さえ学んでいない司書教諭がかなり大勢いると考えられる。では今後の研修で「図書館の自由」について学ぶ可能性があるかといえば，発令の現状を見る限りとても期待はできない(注14)。
　大学の講義ではどうであろうか。私自身は講義のなかで必ず「図書館の自由」を取り上げて，説明したりレポートを課したりしているが，司書教諭の養成に携わっている人の中ではおそらく少数派であろう。こうした状況で養成された司書教諭が運営する図書館では，限られた予算の中でリクエストの本は切り捨てられ，読書記録が指導のために使われるなど，教育的配慮の名の下で「図書館の自由」が侵されることがあっても不思議ではない。
　教師のなかには，図書館にも指導や強制を持ち込む傾向の人が少なくないが，「知的自由」は利用者の権利の保障であり，サービスに支えられるのであって，指導からは生まれない。貸出し方式に2表式(個人カード＋ブックカード)を薦めて読書記録を残し，「学校図書館で目的に応じて記録を残すことは大切な教育活動です。」と著書(注15)で述べている黒澤氏も，元中学校の教師である。
　司書教諭と学校司書が併置される場合もある。いうまでもなく対等の立場で協同すべきであるが，現実には上下関係になる虞もないとはいえない。例えば「図書館の自由」の精神で資料提供を追及する司書と，読書を強制しようとする司書教諭が対立するようなことはないであろうか。話し合ってお互いに納得のいくような解決ができるであろうか。立場の弱い学校司書が無条件に引き下がって，サービスではなく，指導のみが罷り通る図書館になるのではないか。「図書館の自由」が後退するのではないかという心配は現実的である。私は司書教諭の配置に反対するつもりはない。子どもたちのために図書館の充実を推進するような司書教諭の配置を望むものである。そのためにも，養成の段階でも，発令された司書教諭にも，「図書館の自由」に関する講義や研修が絶対に必要であることを強調したい。
　今，文部科学省が盛んに活用を推進している学校図書館ボランティアも「図書館の自由」を後退させる危惧がある。拙稿「学校図書館に必要な『人』：ボランティア導入の問題点」(注16)でも述べたが，ボランティアにプライバシーの保護をどこまで義務付けることができるかが問題である。同様に，「図書館の自由」の理念追求をボランティアに求められるのか。「求められた資料は草の根を分けても探し出して提供する」決意と能力は司書の専門性に係わる要素である。ボランティアに期待できないのは当然としても，ボランティアの導入が学校司書配置の道を閉ざすようなことになれば，「図書館の自由」は後退せざるを得ない。然るに，司書の配置よりボランティアの活用に熱心な文部科学省の施策は，司書教諭とボランティアで学校図書館を運営しようとしているかのようである。ボランティアにも「図書館の自由」に関する研修が必要なのはもちろんであるが，その限界

を明らかにすることも重要である。

　以上，学校図書館における「図書館の自由」について昨今の動向から危惧を述べた。ただ，今までの論考では，あたかも学校司書がいれば「図書館の自由」が守られるかのような印象を与えたのではないかと思う。しかし，学校司書は資格も雇用形態も勤務条件も千差万別であり，すべての学校司書が「図書館の自由」を認識し推進しているわけではない。強いて言えば，資料と人との確かな出会いを作り出す人，指導よりサービスの立場で児童生徒に接する人，という意味で「図書館の自由」に近いのではないかと思う。むしろ，「専門・専任・正規」として「図書館の自由」を具現化するような学校司書が配置されることが重要である。

　また，前述した「子どもの読書活動の推進に関する基本計画」の地域での策定に際して，専門的職員としての学校司書の配置や，知的自由を保障できるほどの予算措置など，学校図書館の環境を充実するような提案を何とか引き出したいものである。

　伊藤さんには本当にたくさんのことを教えていただきました。日本図書館研究会でも，図書館の自由に関する調査委員会でも，私的な集まりの中でも…。ソフトに見えながら頑固で，その頑固さには一本筋が通っているのがとても魅力的です。
　「図書館の自由に関する調査委員会」では，「どんな資料も提供するのが当たり前」という強い信念に，いつも姿勢を正される思いでした。「『完全自殺マニュアル』の予約をめぐって」の取り組みも伊藤さんに恥ずかしくない対応をしたいという思いであったことを記して，感謝の気持ちをお伝えしたいと思います。

　(注1)ユネスコ公共図書館宣言1994では，「社会と個人の自由，繁栄および発展は人間にとっての基本的価値である。このことは，十分に情報を得ている市民が，その民主的権利を行使し，社会において積極的な役割を果たす能力によって，はじめて達成される。建設的に参加して民主主義を発展させることは，十分な教育が受けられ，知識，思想，文化および情報に自由かつ無制限に接し得ることにかかっている。」とその趣旨を述べている。
　(注2)「子どもは表現の自由への権利を有する。その権利は，国境にかかわりなく，口頭，手書きもしくは印刷，芸術の形態または子どもが選択する他のあらゆる方法により，あらゆる種類の情報および考えを求め，受け，かつ伝える自由を含む。」
　(注3)『学校図書館と図書館の自由』(「図書館と自由」第5集)日本図書館協会1983，「愛知県立高校図書館における選書への介入」『図書館の自由に関する事例33選』(「図書館と自由」第14集)日本図書館協会1997 p.34-40，など参照
　(注4)「『完全自殺マニュアル』の予約をめぐって」土居陽子『表現の自由と「図書館の自由」』(「図書館と自由」第16集)日本図書館協会2000 p.112-125
　(注5)「子どもの読書活動の推進に関する基本的な計画」
　(注6)座標「図書館界」Vol.54No.5(通巻308号)日本図書館研究会 2003 p.223
　(注7)「図書館界」Vol.54No.5(通巻308号)日本図書館研究会 2003 p.234-241
　(注8)「子どもの読書活動の推進に関する法律案に対する附帯決議」一
　(注9)「子どもの読書活動の推進に関する法律案に対する附帯決議」四
　(注10)「子どもの読書活動の推進に関する法律案に対する附帯決議」五
　(注11)第3章の(2)のイ児童生徒の読書週間の確立・読書指導の充実
　(注12)学校図書館法第5条
　(注13)昭和43年3月29日改正の司書教諭講習規程(抄)附則⑤による。ただし，平成10年3月18日の改正により，修得単位の減免措置は廃止された。
　(注14)2003年度の発令状況では校長発令が多く，教育委員会が発令している自治体は少ない。また，司書教諭が図書館を担当する分掌に入っていない，校内で認知されていない，本人も十分自覚していないなどという状況もあり，法「改正」の趣旨が生かされているとは思えない。研修をしている自治体はあるが，「図書館の自由」について学ぶことまでは期待できないであろう。
　(注15)「新学校図書館入門」黒澤浩編・著　草土文化2001 p.174

(注16)「図書館界」Vol.55No.1(通巻310号)日本図書館研究会 2003 p.18-26

4. 新刊より

・田島泰彦『この国に言論の自由はあるのか －表現・メディア規制が問いかけるもの』(岩波ブックレット)
岩波書店 2004.08. ¥480+税 ISBN4-00-009330-4
　自衛隊のイラク派遣をめぐって行われた取材・報道規制,週刊文春の出版差し止め問題,政府に反対する発言へのバッシングなど,「言論の自由」が脅かされる事件が相次いでいる。これらの出来事の底流にあるものは何か。いま「この国の言論の自由」を問い直し,メディアと私たちは何をなすべきかを考える。

目次 はじめに／Ⅰイラク派兵と取材・報道の自由／Ⅱ政府に反対する言論は許されないのか／Ⅲ出版差し止めと表現の自由／Ⅳプライバシーの肥大化と表現の自由／Ⅴ強まる表現・メディア規制／Ⅵ言論の自由を取り戻すために／おわりに

著者のことば「表現・メディア規制が問いかけるもの」を副題に掲げる本書で,私は,日本の言論の自由の現状に対して全面的な批判を加えるとともに,この貴重な自由をどうすれば私たちのもとに取り戻せるかも考えてみました。一連の規制の動きに対して,批判の発言や行動を続けてきて,この国に言論の自由の担い手はどこにいるのか,懐疑が深まるばかりなのも確かですが,回りがどうなろうとも,意地でも言論の自由,表現の自由にこだわり続けようと,このブックレットをまとめて改めて思いました。

著者からのメッセージ http://www.iwanami.co.jp/moreinfo/0093300/top.html

・立花隆『「言論の自由」VS.「…」』文藝春秋 2004.04. ¥1300+税 ISBN4-16-366110-7
『週刊文春』出版禁止事件の本質を抉る!「これはテロ行為である」「言論の自由の基本を忘れた裁判所・朝日・読売」「差し止め裁判官と『バカの壁』」の三大論文に重要資料をたっぷり収録した「言論の教科書」。

目次 第1部 司法テロ(仮処分決定までの経緯／仮処分に対する文芸春秋コメント／文芸春秋による異議申立書／東京地裁決定書／地裁決定に対する文芸春秋声明文／田中真紀子長女記事小誌はなぜ報じたか(週刊文春編集部(週刊文春四月一日号))) 第2部 逆転(高裁決定までの経緯／高裁への準備書面(文芸春秋)／東京高裁決定書／高裁決定に対する文芸春秋声明文)

・山田健太『法とジャーナリズム』学陽書房 2004.05. ¥3,000+税 ISBN 4-313-34009-2
　ジャーナリストの基本＝「表現の自由」の法的側面を現代的な視野から解説。法令や事例等の資料が多彩。メディア関連新法も捉えている。

目次 第1部 総論(民主主義社会と表現の自由／検閲の禁止と表現規制類型／取材・報道の自由と報道定義／プレスの公共性と特恵的待遇／情報化社会と知る権利／立法・司法情報へのアクセス／情報流通・頒布の自由／放送の自由と放送政策／サイバー空間の表現の自由) 第2部 各論(国家利益との衝突／選挙と表現の自由／社会秩序の維持と大衆表現／平等社会の実現と差別表現／猥褻・性差別表現／子どもをめぐる表現規制／広告表現の自由／名誉毀損／プライバシー侵害／著作権と文化財の保護／報道被害の規制と救済／メディアの責任と受け手の権利)

・二村重和『生成するフラクタル『耳をすませば』考』新風舎 2004.03. ¥1900 ISBN4-7974-3743-X
　スタジオジブリ作品「耳をすませば」には,こんな真実が隠されていた!映像,科白,BGMにいたるまで,徹底的に分析。多くの謎や手がかりをつぶさに集め,著者が探偵役を受け持った「耳をすませば」解決編。図書カードについても言及。

5. 第90回(平成16年度)全国図書館大会・香川大会　大会への招待

図書館雑誌 vol.98,no9 2004.09. 掲載予定原稿より

第9分科会(図書館の自由)
「図書館の自由に関する宣言」の50年 ―その歴史的意義と今後の課題―

　1954年5月28日,「図書館の自由に関する宣言」主文が,第7回全国図書館大会および日本図

書館協会総会で採択されてから50年を迎えた。
　1970年代以降続発した図書館の自由を侵害する事件を契機に，「図書館の自由に関する調査委員会」を設置，「宣言 1979年改訂」が1979年5月30日の総会で承認された。委員会では『宣言解説』の刊行などにより自由宣言の普及・定着を図ってきた。
　近年は「人権またはプライバシーの侵害」の項の恣意的解釈や拡大解釈により「知る自由」が阻害される事例が多く起こり，図書館の姿勢が問われている。インターネットの普及，子どもの権利条約の批准，著作権法の改正等も踏まえ，新たな事例を加えて具体的な指針とするべく『宣言解説 第2版』を2004年3月に刊行した。
　本分科会ではこれを機会に「自由宣言」の歴史的意義をとらえなおし，今後への展望を探る。また，司書教諭の配置が始まった学校図書館における図書館の自由の課題をあらためて提起する。

＊

◇報告「学校図書館と図書館の自由」
　　報告者：鈴木啓子(JLA図書館の自由委員会委員・兵庫県立西宮今津高等学校)
　近年，学校図書館でも「図書館の自由」が認識されるようになってきたが，まだまだ，学校によっては利用記録が残る貸出し方式をとっていたり，電算化しても利用記録を残しているところがある。学校図書館と「図書館の自由」をめぐる問題について，愛知県立高校の禁書問題など今までの事例を報告する。
　また，「子どもの読書活動推進法」により「図書館の自由」がなおざりにされる危惧，減免措置による2単位履修の司書教諭の配置により「図書館の自由」がどこまで遵守されるか問題点をあげる。

◇基調報告「図書館の自由・この一年」
　　報告者：三苫正勝(JLA図書館の自由委員会委員長)
　この1年間の図書館の自由に関する事例をふりかえり，委員会の論議と対応を報告する。
＜主な事例＞
　2004年3月『週刊文春』が，田中真紀子氏長女のプライバシー記事で出版差し止め仮処分命令とその取り消し判決，その間の図書館での取り扱い。同年5月の小泉首相訪朝の同行取材から日本テレビ排除とその撤回。同年3月3日船橋西図書館蔵書廃棄問題に関する訴訟で，新たな公貸権主張も認められず，著作者側の控訴棄却。同年3月18日杉並区防犯カメラ防止条例可決。

◇座談会「自由宣言50年　その歴史と評価」
　　出席者：石塚栄二，酒川玲子，塩見昇，土居陽子(以上元委員)，井上靖代(現委員)
　JLA自由委員会の各時代の委員が，宣言成立と1979年改訂の経緯，節目ごとの事件がその後の図書館へどう影響を与えたかを語る。そこから現在の，そして未来の図書館のあるべき姿への展望を開いていきたい。
　なお，宣言成立50年を記念して，『図書館の自由に関する宣言の成立』(シリーズ図書館と自由1)の複刻，及び図書館年鑑の記事を集成した『年鑑に見る自由宣言50年』を刊行予定である。参加者は是非入手して大会に臨んでほしい。

＊

◇図書館の自由パネル展示「なんでも読める　自由に読める！？」
　　場所：高松市図書館(高松市昭和町1-2-20　電話 087-861-4501)
　　日時：大会期間前後(調整中)

―――――――――――――――――――――

※今号は国立国会図書館『カレントアウェアネス-E』から，6件もの海外情報を転載した。9.11から始まるアメリカの知的自由の状況やフィルタリングにかかる最新情報を簡潔に伝えてくれる。世界の状況をタイムリーに紹介したいが，IFLAやALAの英文情報の概略を理解しても，自分の言葉できちんと紹介するまでに至らない。国立国会図書館の方には深く感謝している。(編集者)

図書館の自由　　第46号　2004年11月

1. 図書館の自由に関する事例

・春日井市図書館利用者メールアドレス流出

　愛知県春日井市図書館は9月24日，お知らせメールの設定ミスにより398件のメールアドレスが流出していたと発表した。流出したのは，インターネットを通じて本の貸し出し予約ができるサービスに登録した人の情報で，同報メールによるお知らせを送信する際にBCCを使用しなかったためで，受信メールにほかの利用者など398件の名前とメールアドレスが表示されていた。図書館は同日中に，流出した全員に対して謝罪メールを送信した。
　自由委員会（東地区）では同館に事情を聞いて問題点を検討した。次の記事を参照してほしい。
　・398人のアドレス流出　春日井市図書館ネット登録者　中日新聞　2004.09.25.　ほか
　・山家篤夫　アドレス流出，スキルのレベルの問題か（こらむ図書館の自由）図書館雑誌　vol.98, no11　2004.11.

・三重県立図書館，全利用者13万人余の個人情報流出

　三重県立図書館では全利用者約13万3千人分の名前，性別，住所，電話番号，貸し出しの記録などの個人情報が外部へ流出していたことが10月16日に明らかになった。
　同図書館はNECに業務委託。NECは子会社のNECシステムテクノロジーとNECソフトウェア中部にシステムのメンテナンスなどを業務委託。システムテクノロジー社の男性社員が遠隔操作でダウンロードしたデータをメールでソフトウェア社の男性社員に提供した。この社員がデータ解析のため自宅に持ち帰ったノートパソコンが盗難したもの。（伊勢新聞，朝日新聞，毎日新聞など　2004.10.17.）
　自由委員会では両当事者に取材したが，内容は下記のとおりである。

○三重県立図書館における利用者情報の流出について

　平成16年10月17日（日），マスコミ報道があった。この件について直接三重県立図書館に問い合わせた。また，もう一方の当事者であるNEC中部支社にも問い合わせを行った。
　・現在，三重県立図書館は新しいシステムの開発をNECに委託している。この業者選定は，地方自治法施行令第167条の10に基づき総合評価一般競争入札方式（提案コンペ方式と一般競争入札方式を併せた総合評価方式）によるものである。このシステム開発を実際に行っているのは，中部日本電気ソフトウェア（以下「ソフト社」）である。契約では，第三者への委託について制限を加えており，再委託が必要な場合は，発注者の承認が必要である。今回は，これを行い，中部日本電気ソフトウェアが作業を行っている。また，契約では，「秘密の保持・個人情報取扱特記事項」を定めており，仕様書において個人情報の館外持ち出しを禁止している。
　・日常的な保守については，保守業務委託契約によりNECシステムテクノロジー（以下「テクノ社」）が専用回線による遠隔操作で保守を行っている。この場合，IDとパスワードを委託業者担当者1名に交付し管理をしている。また，保守業務により知り得た情報は契約により守秘義務を課している。
　・新システム開発にあたり，テストデータが必要になったソフト社システムエンジニア（以下SE）が，テクノ社にデータのダウンロードを依頼した。これを受けて，テクノ社SEが専用回線による遠隔操作でデータをダウンロードした。このデータをソフト社へ移送するにあたって，テクノ社SEはソフト社SEあて，電子メールの添付ファイルとして送信した。ソフト社SEはこれをノートパソコンに保存し，このノートパソコンを使って自宅でも作業

を行っていた。両SEは互いに，相手方が三重県立図書館からの許可を得ているものと思い込んでいた。
・ソフト社SEの自宅が空き巣に入られ，該当のノートパソコンを盗まれたことから事件が発覚した。
・このノートパソコンに入っていたデータは，利用者情報として，利用者カード番号，姓名，生年月日，性別，住所，電話番号がある。また，別のファイルとして，貸出記録があるが，これは，資料番号のみが入っており，利用者名，住所とはリンクしていないものである。
・最後に，三重県立図書館からは，次のようなコメントをもらっている。
　個人情報の流出により，図書館利用者の皆さまに迷惑をおかけしたこと，また図書館界の信頼を損ねたことに対して深く反省しております。
　取材先：三重県立図書館　企画調整グループ　A氏，NEC中部支社　自治体営業部　B氏

・青少年健全育成条例の改定動向

東京都青少年健全育成条例の2004年3月30日改定を受け，同条例に係る施行規則が全面改定，指定基準などが明記された。横浜市が設置する「有害図書の青少年への販売防止対策検討委員会」では成人誌のシール止めやコンビニでの陳列方法について論議されている。このような情報がタイムリーかつコンパクトに得られる「「有害」規制監視隊」のウェブサイトから最近の情報をいくつか紹介する。
　http://hp1.cyberstation.ne.jp/straycat/watch/top.htm

○大阪府青少年健全育成条例　追加情報－12

Yahoo！ニュースに2004年10月5日付で掲載された「わいせつ図書に包装義務化　立ち読み規制で大阪府方針」という記事によると，大阪府は2005年度にも府青少年健全育成条例を改定し，わいせつな雑誌などにビニール包装やひも掛けを義務付ける方針だという。(2004/10/7 06:45)
▼「わいせつ図書に包装義務化　立ち読み規制で大阪府方針」
　　http://headlines.yahoo.co.jp/hl?a=20041005-00000100-kyodo-soci（Yahoo！ニュース）

○京都府　青少年条例改定案について意見を募集中

京都府は「青少年の健全な育成に関する条例の一部を改正する条例（案）」について意見を募集している。改定案には，区分陳列基準の設定や，「有害」指定の基準に「自殺」と「犯罪」を追加すること，まんが喫茶・インターネットカフェを深夜立入制限施設に追加すること——などが盛り込まれている。また，「インターネット上の有害情報への対応」として，保護者らにフィルタリングソフトの活用を求めることなどが掲げられている。募集期間は平成16年10月13日（水）～平成16年11月12日（金）。意見は郵便，ファクス，電子メールいずれかの方法により提出する。提出先や改定案，「ご意見記入用紙」などは次のページで確認することができる。(2004/10/13 23:30)
▼「青少年の健全な育成に関する条例の一部を改正する条例（案）に対する意見募集」
　　http://www.pref.kyoto.jp/comment/fuminrodo/seisho/top1.html（京都府）

○鳥取県　青少年条例改定骨子案について意見を募集中

鳥取県は「鳥取県青少年健全育成条例を一部改正する条例（案）の骨子」について意見を募集している。骨子案には，自販機規制の強化や，青少年からの古物の買い取り等に規制を設けること，さらには知事から委嘱を受けた県民が区分陳列状況などを報告する「鳥取県青少年健全育成協力員（仮称）」制度を新設することなどが盛り込まれている。締切りは平成16年10月29日（金）。意見は住所，氏名，電話番号または電子メールアドレスを記入し，郵便，ファクス，電子メールいずれかの方法により提出する。提出先や骨子案は次のページで確認することができる。(2004/10/13 07:30)
▼「鳥取県青少年健全育成条例を一部改正する条例（案）の骨子」
　　http://www.pref.tottori.jp/kyoudousuishin/youth/public.htm（鳥取県）

2. 海外の知的自由に関する事例

・CIPAに基づくフィルタリングソフト導入から3か月（米国）（E246）

(国立国会図書館『カレントアウェアネス-E』No.45 2004.10.6 より転載)
http://www.ndl.go.jp/jp/library/cae/2004/E-45.html#E246

「子どもをインターネットから保護する法律（CIPA）」が2003年に最高裁により合憲と判断されたこと（E098参照）を踏まえ，米国の公共図書館では7月よりフィルタリングソフトの導入が始まっている（E220参照）。しかし，導入図書館の対応はまちまちで，米国図書館協会（ALA）知的自由部長のクラグ（Judith Krug）氏によると，71の導入図書館を対象に調査したところ，多くの図書館は成人から要求があった場合速やかにフィルタを止めるという措置をとっているが，中にはフィルタを使わない理由を利用者に尋ねる図書館もあるとのことである。

こうした中，アリゾナ州のフェニックス市議会で9月8日，無制限のインターネット提供に反対する市長が中心となって，フェニックス公共図書館において成人のインターネット利用に制限を設けることが議決された。しかし，成人に対してはフィルタリングソフトを解除することも認めるCIPAの規定に反することから，利用者から提訴されることも予想されている。

また，9月7日のALA E-rateタスクフォース会議において，CIPAは図書館職員のコンピュータにも適用されるという認識が十分ではないとの報告もあった。この報告によると，職員のコンピュータにはフィルタをかけていないという図書館が多く，かけている場合も機能の限られた安価または無料のフィルタリングソフトを利用している，とのことであった。

Ref:
http://www.libraryjournal.com/article/CA452469
http://www.libraryjournal.com/article/CA452473
http://www.ala.org/ala/alonline/currentnews/newsarchive/alnews2004/september2004abc/phoenixfilters.htm
E098 (http://www.ndl.go.jp/jp/library/cae/2003/E-18.html#E098)
E220 (http://www.ndl.go.jp/jp/library/cae/2004/E-40.html#E220)

・政府情報の機密化に関する報告書（米国）（E248）

(国立国会図書館『カレントアウェアネス-E』No.45 2004.10.6 より転載)
http://www.ndl.go.jp/jp/library/cae/2004/E-45.html#E248

米国図書館協会（ALA）など約30団体が参加するOpenTheGovernment.orgは8月26日，連邦政府の情報公開に関する報告書を発表した。それによると，2003年に機密扱いになった文書は1,400万件，その維持管理経費は65億ドルにのぼるなど，ブッシュ政権下において政府情報の機密扱いが急増していることに警鐘を鳴らしている。一方で，情報公開を望む声も年々増してきており，2003年における情報公開法に基づく請求は300万件を超えているとも報告されている。

また，9月14日には，政府改革委員会の委員を務める民主党のワックスマン（Henry A. Waxman）下院議員が，「開かれた政府」を目指す法や取り組みをブッシュ政権が履行しているかを検証する報告書を発表している。ここでも，市民や議会に対して政府情報へのアクセス制限が急増しているとして，その秘密主義的傾向に批判が加えられている。

Ref:
http://openthegovernment.org/article/articleview/81/1/68/?TopicID=
http://democrats.reform.house.gov/features/secrecy_report/index.asp

4. 新刊より

・飯室勝彦『報道の自由が危ない　衰退するジャーナリズム』花伝社　2004.07.　ISBN：4-7634-0424-5　¥1890（税込）

とうとうきた出版差し止め…消毒された情報しか流れない社会より，多少は毒を含んだ表現も流通する社会の方が，健全ではないのか？迫力不足の事なかれ主義ではなく，今こそ攻めのジャーナリズムが必要ではないのか？今日のメディア状況への鋭い批判と，誤った報道批判への反論。

目次　1　萎縮する報道の自由（包囲されたメディア—"攻め"のジャーナリズム倫理とは／時流に合わせて振るタクト／イラク派兵で進む情報統制の裏側；監視社会の怖さ，虫の目，鳥の目で／マスメディアと図書館の使命）　2　報道の自由と名誉・プライバシー（報道の自由と名誉・プライバシーとの調整／裁判官は表現取締官になったのか；「配信の抗弁」否認で問われる事件報道／所沢ダイオキシン汚染報道をめぐって／毒入りカレー事件と司法のメディア観）　3　少年事件と報道の自由（少年事件と報道—少年法の理念と報道の使命／通り魔判決に見るジャーナリズム論と法律論／身元推知と仮名報道の限界）

・鶴岡憲一『メディアスクラム—集団的過熱取材と報道の自由』花伝社　2004.07.　ISBN4-7634-0425-3　¥1800＋税

過熱取材へ向かう競争本能，メディアはどう対応すべきか？北朝鮮拉致被害者問題は，どのように報道されたか。集団的過熱取材対策はどうあるべきか。メディアの対応の具体的検証を通して，報道のあり方を考える

目次　未曾有の取材自粛／拉致問題の特殊性と広がり／独自取材への衝動／浮上した落とし穴／メディアスクラムの系譜／メディアを駆り立てるもの／過熱取材へ向かう競争本能／自主規制から自律的コントロールへ／到達点としてのメディアスクラム対策

・ジェレミー・ハリス・リプシュルツ著　尾内達也訳『インターネット時代の表現の自由』皓星社　2004.09.　ISBN4-7744-0369-5 C1030　¥2800＋税　http://www.libro-koseisha.co.jp/top03/rb1154.html

本書は，インターネットにおける表現の自由が，法的・社会的にどこまで可能かについて，社会コミュニケーション理論の立場から包括的に論じたものである。表現の自由の歴史的な検討をはじめ，インターネットの新しい性格，プライバシーと表現の自由，著作権や所有権の問題など，インターネットに係わる諸問題が具体的な事例を踏まえて広範囲に取り上げられている。著者は，表現の自由をさまざまな観点から考察し，インターネットにおける表現の自由を守るためには新しいパラダイムが必要であると示唆する。

目次　表現の自由の社会コミュニケーション理論—政治とインターネット／表現の自由に関する伝統的法思想の歴史的概観／表現の自由の放送モデル対印刷モデル／司法長官リノ対米国市民自由連合—インターネット時代の法的試金石／ドラッジ・レポートとクリントン・スキャンダル—インターネットの情報内容に関するケース・スタディ／インターネットの情報領域に関する調査／電子メール，リストサーブ，その他の表現の自由の個人的な形態／プライバシー侵害の特殊ケース／デジタル時代の財産権と商業権／国際的な問題の比較／デジタル時代の表現の自由を考えるために

・デイヴィッド・ライアン著　田島泰彦監修　清水知子訳『9.11以後の監視—"監視社会"と"自由"』明石書店　2004.09.　ISBN 4-7503-1979-1　¥2500+税　http://www.akashi.co.jp/menue/books/1979/main.htm

「隠すものがなければ恐れることは何もないとよく言われるが，その考えが誤っているのは，9.11以後いよいよ決定的になった」—2001年9月11日の米同時多発テロ以降，"テロとの戦い""セキュリティ確保"という名目の下に，世界規模で，デジタル情報技術も駆使した市民監視の強化が図られている。生体識別情報を記録したICチップ付きの新型旅券，全世界を覆う通信傍受網，街頭監視カメラ，全国民の基本情報をコンピュータで一元管理する巨大データベース，国内版パスポート。こうした国民監視の基盤的制度を形作るものの出現は，しかしその一方で広域犯罪捜査の一助となっている側面も否めない。こうした「配慮（ケア）」と「統制」という両義性をもつ「監視」は9.11以後，世界的にどのように広がり，具体的な措置として何がとられているのか。その思想的・歴史的な位置づけと変遷，テクノロジー・工学的進展との関連，人間の尊厳や市民的自由との兼ね合いなどを検討する，監視社会論の世界的権威による最新刊の待望の邦訳。

目次　序章監視と急激な変化／1章監視を理解する／2章監視の強化／第3章監視の自動化／第4章監視の統合／第5章監視のグローバル化／第6章監視への抵抗／エピローグ9・11前後の日本の監視

5. 全国図書館大会・香川大会　第9分科会（図書館の自由）　大会要綱（再録）

第9分科会（図書館の自由）　　　　　　　　会場：香川県社会福祉総合センター

「図書館の自由に関する宣言」の50年—その歴史的意義と今後の課題—

　　司会　西村　一夫（松原市民松原図書館）
　　記録　前川　敦子（大阪教育大学付属図書館）
　　運営委員　熊野　清子（兵庫県立図書館）
　　　　　　井上　淳子（枚方市立牧野図書館）
　分科会係　松崎　富久美（香川県立図書館）

分科会開催の趣旨

　1954年5月28日，「図書館の自由に関する宣言」主文が，第7回全国図書館大会および日本図書館協会総会で採択されてから50年を迎えた。

　1970年代以降続発した図書館の自由を侵害する事件を契機に，「図書館の自由に関する調査委員会」を設置，「宣言 1979年改訂」が1979年5月30日の総会で承認された。委員会では『宣言解説』の刊行などにより自由宣言の普及・定着を図ってきた。

　近年は「人権またはプライバシーの侵害」の項の恣意的解釈や拡大解釈により「知る自由」が阻害される事例が多く起こり，図書館の姿勢が問われている。インターネットの普及，子どもの権利条約の批准，著作権法の改正等も踏まえ，新たな事例を加えて具体的な指針とするべく『宣言解説第2版』を2004年3月に刊行した。

　本分科会ではこれを機会に「自由宣言」の歴史的意義をとらえなおし，今後への展望を探る。また，司書教諭の配置が始まった学校図書館における図書館の自由の課題をあらためて提起する。

報告「学校図書館と図書館の自由」

　　　鈴木啓子（日図協図書館の自由委員会委員・
　　　　　兵庫県立西宮今津高等学校）

はじめに

　近年，学校図書館でも「図書館の自由」が認識されるようになってきたが，まだまだ，学校によっては利用記録が残る貸出し方式をとっていたり，電算化しても利用記録を残しているところがある。学校図書館と図書館の自由をめぐる問題をあげ，日常の活動から図書館の自由を捉え，また，現在問題となるおそれのある状況を報告する。

1. 「図書館の自由に関する宣言」解説（1979改訂）第2版における学校図書館
2. 学校図書館と図書館の自由をめぐる問題
　①愛知県立高校の禁書問題（1981年）
　②神奈川県個人情報保護条例の施行（1990年）
　③『サンタフェ』（1991年），『完全自殺マニュアル』（1993年）の予約の対応
　④「子どもの権利条約」批准（1994年）
　⑤『フォーカス』，『週刊新潮』，『文藝春秋』，『新潮45』の資料提供の問題（1997～8年）
3. 日常活動からみる「図書館の自由」
　「学校図書館活動チェックリスト2002年版」（学校図書館問題研究会）の項目より
　①運営方針…運営理念を成文化
　②資料収集…資料収集方針・除籍方針の成文化
　③閲覧…利用時間，館内整備・資料配置，資料検索
　④貸出…貸出手続き（コンピュータ），資料貸出の範囲，予約制度，生徒への連絡方法（資料返却督促・予約連絡等），図書委員の貸出業務
　⑤レファレンス・読書相談
　⑥教育活動への援助
　⑦相互協力（ネットワーク）…学校間，公共図書館
　⑧図書館利用支援・オリエンテーション…「図書館の自由」，方針の公開
　⑨広報（PR活動，情報提供）…Webサイト（ホーム・ページ）運用方針
　⑩集会・行事（図書館からのアプローチ）
4. インターネットのフィルタリング
　①フィルタリングについて
　②アメリカの事例
　③フィルタリングの問題点
5. 図書館の自由の課題
　①子どもの読書活動推進法
　②司書教諭の発令

おわりに

　読書の大切さや生きる力を育む教育等があいまって学校図書館は，注目されるようになった。しかし，専任・専門・正規の図書館職員が少ないな

かで「図書館の自由」がどこまで遵守されるか危惧されるところである。

基調報告「図書館の自由・この一年」
三苫正勝(日図協図書館の自由委員会・委員長)
1.『週刊文春』販売差し止め仮処分問題

東京地裁は，2004年3月17日発売の『週刊文春』(3月25日号)出版差し止めの仮処分を命じた。記事が田中真紀子氏長女のプライバシーを侵害しているという田中氏側の申し立てによるものである。すでに出荷済みであったため，早朝に店頭に並んだが，すぐに多くの駅売店やコンビニからは引き上げられ，読書の自由の重大な制約であるという批判を浴びた。文春側は東京高裁へ保全抗告を行い，31日，地裁の仮処分命令を取り消した。

憲法に関わる出版の自由が，あまりにも安易に制約されたことに危惧が抱かれた。

2. 首相訪朝取材陣から日本テレビを排除

5月18日，小泉首相の22日の北朝鮮訪問にあたり，首相官邸は日本テレビ記者の同行を排除した。25トンのコメ支援を16日に報道したことが原因らしい。しかし批判を浴びてすぐに撤回された。

3. 船橋市西図書館蔵書廃棄問題裁判

3月3日，東京高裁で「新しい歴史教科書をつくる会」などの控訴は棄却された。

4. 東京都青少年健全育成条例改正を答申

東京都青少年問題協議会では，1月19日，「有害図書」のビニール包装の義務づけなどを含む条例の強化を答申した。

5. 東京都杉並区防犯カメラ条例を可決

杉並区は，3月18日「防犯カメラ設置・利用条例」を可決(7月1日施行)，全国ではじめて商店街などに防犯カメラの設置や運用に関するルールが定められた。国民監視への進行が危惧される。

6.『「図書館の自由に関する宣言1979年改訂」解説 第2版』刊行

座談会「自由宣言50年 その歴史と評価」

日図協自由委員会の各時代の委員により，宣言成立と1979年改訂の経緯，節目ごとの事件がその後の図書館へどう影響を与えたかを語る。そこから現在の，そして未来の図書館のあるべき姿への展望を開いていきたい。

関連資料として，『図書館の自由に関する宣言の成立』(シリーズ図書館と自由 1)の複刻と『年鑑に見る自由宣言50年』を刊行する。

パネリスト

塩見昇(しおみ のぼる)
　日本図書館協会常務理事，大谷女子大学教授，大阪教育大学名誉教授。元大阪市立図書館勤務。
　委員会発足時(1975)～1998年度，委員。この間，近畿地区委員長も二期務める。
　「宣言」1979年改訂，委員会の運営に尽力。

石塚栄二(いしずか えいじ)
　帝塚山大学名誉教授，元大阪市立図書館勤務。
　委員会発足時(1975)～1988年度，委員。1979～1982年度全国委員長。
　「宣言」1979年改訂，委員会の運営に尽力。

酒川玲子(さかがわ れいこ)
　日本図書館協会参与，和光大学非常勤講師，元日図協事務局長，元横浜市立図書館勤務。
　委員会発足時(1975)～1978年度委員。関東地区小委員長。

土居陽子(どい ようこ)
　大学非常勤講師，元西宮市立西宮東高等学校図書館司書。1985年度～2000年度，委員。
　学校司書として学校図書館における図書館の自由について常に発言を続けてきた。

井上靖代(いのうえ やすよ)
　獨協大学経済学部(司書・司書教諭課程)助教授。1991年度～現在，委員。
　アメリカ合衆国を中心に，外国における「図書館の自由」について研究。1997年～現在，IFLA／FAIFEの委員として，世界へ向けて情報発信。

「図書館の自由」に関する略年表

1954. 5	「図書館の自由に関する宣言」採択
1959. 4	文部省の青少年向き図書選定について反対運動起きる
1964. 8	東京都「青少年健全育成条例」を公布
1967. 6	TV＜特別機動捜査隊＞シナリオ訂正事件

1970. 5		JLA『市民の図書館』刊行
1973. 8		県立山口図書館図書抜き取り放置事件
	10	『目黒区史』回収問題
1974. 4		「東村山市立図書館設置条例」に守秘義務を規定
1975. 3		JLA「図書館の自由に関する調査委員会」発足
1976. 11		名古屋市図書館で「ピノキオ」を回収
1979. 5		「図書館の自由に関する宣言」の改訂
1981. 3		『長野市史考』の取り扱いをめぐって論議
	11	愛知県立高校図書館で禁書事件
1983. 8		品川区議が区立図書館の蔵書「偏向」を指摘
1984. 3		世田谷区議会で団体貸出用図書をめぐって論議
	4	広島県立図書館蔵書破棄事件
	5	JLA「貸出業務へのコンピュータ導入に伴う個人情報の保護基準」を決定
1986. 8		岐阜県各務原市少女誘拐事件で図書館捜査
1987. 11		富山県立図書館の図録『86 富山の美術』の利用制限
1988. 11		「3億円事件」の実名報道記事の閲覧制限
	12	『ちびくろサンボ』絶版・利用制限相次ぐ
1990. 10		神奈川県で「個人情報保護条例」施行につき，学校図書館の貸出し方式問われる
1993. 1		マドンナ写真集『Sex』の刊行　ヌードを理由とする利用制限
	12	遠藤周作著『こんな治療法もある』絶版・回収
1994. 4		NHK「ぴあの」問題
	8	松本市立図書館『みどりの刺青』貸出中止
1995. 5		国立国会図書館サリン事件に関連して利用記録数十万人分押収
	8	『タイ買春読本』について静岡市立図書館への廃棄要求問題
1996. 4		三重県立図書館同和図書閉架措置問題
	7	秋田県立図書館，雑誌『KEN』閲覧停止申し立て受ける
	10	徳島県『富岡町志』問題
1997. 7		少年法を理由として『フォーカス』の利用制限相次ぐ
	7	「福岡県青少年健全育成条例」改正，インターネット規制含む
	10	岡山県『完全自殺マニュアル』など有害図書指定
1998. 3		福島次郎著『三島由紀夫─剣と寒紅』仮処分決定・回収
1999. 6		柳美里「石に泳ぐ魚」図書出版差止東京地裁判決
2000. 10		雑誌「クロワッサン」差別表現事件・横浜市で利用制限
2001. 1		『タイ買春読本』など静岡県で有害図書指定
	2	『ハリー・ポッターと秘密の部屋』差別表現事件
	3	「東京都青少年の健全な育成に関する条例」改定
	3	JLA「青少年社会環境対策基本法(案)についての見解」表明
2002. 1		東大和市立図書館『新潮45』提供制限問題，東京高裁判決
	4	千葉県船橋市西図書館蔵書廃棄問題
	9	柳美里「石に泳ぐ魚」図書出版差止最高裁判決
2003. 8		住基ネット本格稼働と図書館利用カードの問題
2004. 3		『週刊文春』3月25日号の出版差し止め，東京高裁で処分取り消し

◆図書館の自由パネル展示「なんでも読める　自由に読める！？」
　場所：高松市図書館　期間：2004年9月1日(木)～10月31日(日)　(休館日を除く)

6. お知らせ

委員会では「図書館の自由に関する宣言」50周年記念して下記の2書を出版した。

・『図書館の自由に関する宣言の成立』(図書館と自由 1) 復刻版 日本図書館協会 2004.10.(¥1000＋送料実費)

　本書は「図書館の自由に関する宣言」成立に関する重要な資料であるにもかかわらず，ながらく品切になっていた。今回，宣言採択50周年を機会に復刻することにした。原版は読みにくい点が多いのだが，編集部の努力で，できるだけ読みやすくしたつもりである。

　なお，当時の『図書館雑誌』には他にも収録すべき記事があるとの指摘をうけている。さしずめ「図書館と中立について」の誌上討論がそれであるが，当時の森耕一委員長の意図は，宣言成立に直接関わりのあるものに限定したと思われるので，内容については手を加えなかった。（復刻版のはしがきより）

・『図書館年鑑』にみる「図書館の自由に関する宣言」50年　日本図書館協会 2004.10.(¥2000＋送料実費)

　1982年に創刊された『図書館年鑑』の「図書館概況」に書き継がれてきた「図書館の自由をめぐって」と，それに付随する資料を収録したものである。1984年版に掲載した「特集：図書館の自由に関する宣言30年」を収録し，1982年までの概況も知ることができる。

　図書館の自由に関する問題や事件は，図書館の発展に比例して現場で起きており，日図協の図書館の自由委員会も対応にあわただしい。そういう中で，50年の経過を本書によって一望することができることは大変時宜を得たものと思う。図書館の自由に関して多くの成果をもたらし，定着させてきた図書館の先達たちの努力をご覧いただき，十分にご活用いただきたい。

・図書館問題研究会 図書館の自由講座2004「この国に言論の自由はあるのか」
　　共催：図書館問題研究会自由委員会,神奈川支部
　　日時：2004年11月9日(火)19:00-21:00
　　会場：目黒区パーシモンホール第1練習室
　　講師：田島泰彦氏(上智大学教授)

・図書館9条の会発足　　　　　(図書館雑誌 vol.98,no11(2004.11.)より転載)

　9月28日，図書館九条の会の大澤正雄，佐々木順二，千葉治の各氏が協会を来訪，竹内理事長に会発足の報告と挨拶があった。同会は井上ひさし，大江健三郎等9氏のよびかけにより発足した平和憲法を守る「九条の会」のアピールに賛同して9月9日に結成されたものである。佐々木氏等から，清水正三さんの『戦争と図書館』に記されている「図書館は平和の時代に発展し，戦争の時代に衰退することは，古今東西かわらぬ事実」の紹介や，全国図書館大会で採択された「原子兵器禁止に関する各国図書館界への訴え」から50周年にあたる，等の話があり，懇談が行われた(本誌p860-861参照)。

　　　※参考「九条の会」のホームページ　http://www.9-jo.jp/

図書館の自由　　第47号　2005年3月

1. 図書館の自由に関する事例

・テレビ朝日ドラマ「相棒・夢を喰う女」で司書が個人情報を漏らす

『図書館雑誌』vol.99,no.1(2005.1)より転載

(JLAメールマガジン 第234号(2004.12.15)にも同内容掲載)

○司書が個人情報もらすドラマが放送 －日図協, テレビ朝日に事情を聴く

12月8日放送のテレビ朝日番組「相棒―夢を喰う女」に, 図書館利用者の個人情報を司書が刑事に伝える場面があった。放送当日の新聞各紙の番組紹介, テレビ朝日のホームページにその内容が掲載されており, 日本図書館協会事務局はこれを図書館の自由委員会に伝えると同時に放送前にテレビ朝日に事情の説明を求めた。放送の翌日に放送局の法務部から連絡があり, 当方の申し出の内容確認があった。

令状等何の手続も経ないで, 個人情報を求めていること, 司書が個人的な判断で簡単に個人の貸出履歴の画面を見せていること, 利用者が自分史づくりをしているなど, 司書が個人情報をもらしていることなど, を指摘し, 局の考え, 事情などの説明を重ねて求めた。

10日午後, テレビ朝日の編成制作局チーフプロデューサーが協会に来訪, 個人情報の保護については無意識でいるわけではなく, 慎重にしている, しかし指摘された点はもっともであり, 認識不足であった, 今後の対応については, 帰ってから検討するなどの答えがあった。

昨年のテレビ東京・夏樹静子ドラマのこと(「図書館雑誌」2004年1月号ニュース欄参照)にふれながら, 図書館では実際にあり得ないことであり, フィクションと言えるものではない, 図書館が利用者の貸出履歴を蓄積することは一般的にありえない, 令状があったとしても手続きを踏んで図書館として独自に判断するものであり, ドラマのように直ちに応じるものではない, 司書の行為は地方公務員法違反になりかねない, 警察においてもこのようなことは現在ほとんどしていない, 窓口業務を委託している図書館があるなかで, 不信感を募らせる, 撮影に協力した図書館は困惑している, など協会側の意見を伝え, 局としての誠実な対応を求めた。

週明け14日に再びチーフディレクターが来訪。この番組の再放送はしない, 地方の局などに販売はしない, DVDで商品化する際は撮りなおすなどストーリーを変える, 局のホームページで内容が適切ではなかったことを明らかにする, などの表明があった。

日図協には, 放送前から会員などから指摘や連絡があり, 放送後も意見が寄せられている。放送局にも寄せられているとのことであり, テレビ朝日では, 同番組のホームページにおいて, 12月15日付で視聴者の誤解を招く表現があったことについて「申し訳ない」旨の説明を行っている。

○相棒 第7話『夢を喰う女』内に誤解を招く表現があったことについて 視聴者の皆様へのお知らせ

http://www.tv-asahi.co.jp/aibou/news_041215.html

先の12月8日(水)に放送された相棒 3rd Season 第7話『夢を喰う女』の中で, 以下のようなシーンがありました。

刑事が殺人事件の捜査のため, 二人の被害者が共に所持していた図書館カードを唯一の手がかりと考え, 図書館を訪ね司書に二人の貸出履歴を見せてもらうというものです。

制作現場においては, 捜査時における電話の通話記録, 戸籍謄本の閲覧など"個人情報の開示"という点に関して常日頃かなり注意しております。

今回のシーンも, ストーリーを作る段階で事前に「図書館法」および日本図書館協会の「図書館の自由に関する宣言」を読み, 宣言第3の1「図書館は利用者の読書事実を外部に漏らさない。ただし憲法35条にある"令状を確認した場合"は例外とする」とあることは承知しておりました。

しかし, 今回の放送では作劇上, 肝心の捜査令状を見せる部分を映像で表現しなかったため, 司書が自らすすんで貸出情報を開示しているように見えるとの指摘を日本図書館協会ほか図書館関係者の方から受けました。

図書館が簡単に他者に個人情報を開示するかのような誤解を利用者の方に与えるようなことは全く私たちの本意ではありませんが, 結果的に誤解を招く表現になってしまい, 図書館関係者の方々に不快な思いをさせてしまったこと, 本当に申し訳なく思います。

今後とも番組制作に携わる者として, より良い番組作りを目指します。

以上

2004年12月15日　　　　　　　　テレビ朝日 ドラマ「相棒」担当

○日図協自由委員会，放送各社に要請

JLAメールマガジン第240号(2005.02.02.)より転載

　日本図書館協会図書館の自由委員会は放送各社に対して，図書館利用者の読書の秘密を守ることについて要請することを決めた。図書館が利用者の読書記録を警察に見せるシーンのあるドラマが最近放映された。協会は直ちに放送局にその問題点について伝え，善処を求めたが，これは利用者のプライバシーを侵害するものとしてかねてから指摘していることである。同様のことが繰り返されることは，問題の理解や対応の経験が番組制作者の一部にとどまっている現われであるとして，その周知を図ることを要請することとしたものである。

○自由委員会の要請に対する反応と個人情報保護法

JLAメールマガジン第244号(2005.03.02.)より転載

　2月2日付けメールマガジンで既報のとおり，図書館の自由委員会は読書の秘密を守ることについて，放送，新聞各社のほか，日本放送作家協会，日本脚本家連盟等29団体に要請した。
http://www.jla.or.jp/jiyu/index.html
　その後日本民間放送連盟から問合せがあったほか，時事通信，日本新聞協会が取材のため来訪した。『新聞協会報』は2月15日号で，この要請の内容とともに，「この倫理への認識を深める研修説明の機会を設けてもらえるなら，図書館協会として協力したい」という協会側の意向を紹介した。
　個人情報保護法の施行が間近になっている折，不用意な個人情報を漏洩するドラマのあり方について，関係者の間でも問題となっているようである。

※要請文書は下記のとおり。

・図書館は読書の秘密を守ることについて（ご理解の要請）

2005年2月1日

図書館は読書の秘密を守ることについて（ご理解の要請）

社団法人日本図書館協会

　図書館が利用者の読書記録を第三者に伝える，というシーンを描いたテレビドラマが少なからずあります。このようなことは本来あり得ないことで，ドラマ制作者に図書館の役割が理解されておらず，視聴者に誤解を招くものとして見過ごしのできないことです。
　最近では，2004年12月8日に「テレビ朝日」が放映したドラマ「相棒」の中で，図書館職員が犯罪捜査のために訪れた警察官を事務室に案内し，指定された人物の氏名とその借出図書名を表示するパソコン画面を検索して見せるというシーンがありました。
　図書館は思想，知識，情報の媒体である図書，雑誌，新聞等を収集，保存し，市民に提供することをもって国民の知る自由に寄与しております。図書館の蔵書を読むことは，憲法が保障する思想，良心の自由，表現の自由を構成する内面の自由に属します。したがって図書館において読書の秘密が守られるためには，第三者の関与や公的権力の介入は厳しく排されねばなりません。
　日本図書館協会は，1979年総会で「図書館の自由に関する宣言1979年改訂」を決議し，「図書館は利用者の秘密を守る」ことを基本原理の一つとして表明し，「図書館員の倫理綱領」(1980年総会決議)において，「図書館員は，国民の読書の自由を保障するために，資料や施設の提供を通じて知りえた利用者の個人名や資料名等をさまざまな圧力や干渉に屈して明かしたり，または不注意に漏らすなど，利用者のプライバシーを侵す行為をしてはならない。このことは，図書館活動に従事するすべての人びとに課せられた責務である。」と確認しています。図書館が読書の秘密を守るべきことは，近年，国と自治体が公務員の守秘義務に加え，法令で個人情報の保護を定める以前から，世界の図書館界が合意し，実践してきたものです。犯罪捜査目的といえども厳密な法手続を欠くならば，例外にはなりません。
　上記ドラマと同様のことが2000年11月19日「テレビ東京」が放映した「夏樹静子サスペンス」にもありました。

図書館への信頼を損ねたという指摘を受けて「テレビ東京」は謝罪し,再放送ではそのシーンをカットしました。これまでも他のテレビ局において,図書館が警察官を含む第三者に図書館の利用記録を提示するというドラマがしばしば放映され,実名をだされた図書館と自治体の抗議や当協会の要請に応じて,内容の改変や釈明,謝罪などの対応がなされてきました。

　今回,「テレビ朝日」は釈明と遺憾の意を表明しましたが,このように同様の事例が繰り返されるのは,問題の理解や対応の経験が当該番組の制作当事者にとどまっている状況の結果であると受け止めざるを得ません。

　つきましては,図書館は利用者の読書の秘密を守ることにつき,貴社としてご認識をいただき,番組制作方針に位置づけるべく周知徹底されることを要請いたします。

　そのための研修,説明等の機会を設けていただけるならば,当協会としてご協力したいと考えております。

以　上

・図書『官僚技官』にかかる名誉毀損への対応

　西川伸一著『官僚技官』※p172～173「構造局次長の接待疑惑」の記事について,名誉毀損であるとの判決が最高裁で確定した(平成15年3月11日,及び平成16年10月1日)。当該本人(森田氏)から当図書を所蔵する図書館あてに,蔵書の該当ページにこの旨を明示する紙片を貼付したうえで閲覧に供するよう依頼文書が送られているもようだ。文書が届いている図書館の対応の詳細は未調査。

　※西川伸一著『官僚技官　霞ヶ関の隠れたパワー』五月書房　2002.2　ISBN4-7727-0365-9

・高槻市立中央図書館で利用者89人分の名簿盗難

　大阪府高槻市立中央図書館で2月13日に利用登録した利用者89人分の名簿(A4版4枚)が,14日午前11時ごろ図書館の3階カウンターから盗まれた。小学生を含む女性8人に図書館関係者を名乗る男から誕生日を尋ねる電話があり,館では高槻署に盗難届けを出し,該当者に経緯を説明して謝罪した。また,ホームページにも2月21日付けでお詫びとご報告が掲載された。目撃情報から浮上した容疑者が23日に図書館を訪れ,署員が職務質問し容疑を認めたという。名簿は自宅で見つかった。

2. 海外の知的自由に関する事例

・愛国者法の一部規定に違憲判決(米国)(E254)

(国立国会図書館『カレントアウェアネス-E』No.46　2004.10.20より転載)
http://www.ndl.go.jp/jp/library/cae/2004/E-46.html#E254

　米国連邦地裁は9月29日,愛国者法(Patriot Act;CA1474, E110参照)第505条の規定は,合衆国憲法修正第1条に定める言論の自由を侵害するものであるとともに,不当な捜索を受けない権利を定めた合衆国憲法修正第4条に反するため,この規定を無効とするとの決定を下した。なお,司法省が判決を不服として控訴したこともあり,この判決に基づく命令の発効は90日間保留される。

　愛国者法第505条は,テロに対抗するため,FBIに対して裁判所の命令なしに企業に顧客情報の提供を求める権限を与えるものであり,図書館の利用記録なども提供の対象となる恐れがあった。また,この規定に基づいて情報を提供した者は,その事実を口外してはならないとの規定もあり(E213参照),FBIの捜査対象となった者にこの規定が例外なく適用されることから,言論の自由を封じる規定であるとの批判もあった。

　米国図書館協会(ALA)のブレイ=カジアーノ(Carol Brey-Casiano)会長は,「今回の判決は,図書館の利用記録を保護する活動において画期的な判決である。図書館が国民にとって自由に読書や調査をできる場であり続けるためには,国家の安全と個人の権利とのバランスをとるよう努めなければならない」と話している。

Ref:
http://www.internetnews.com/xSP/article.php/3415501
http://www.ala.org/Template.cfm?Section=news&template=/ContentManagement/ContentDisplay.cfm&ContentID=76836
http://www.libraryjournal.com/article/CA458087
http://www.aclu.org/SafeandFree/SafeandFree.cfm?ID=16603&c=282
CA1474, E110, E213

・出版社団体が出版の自由を求め提訴（米国）（E255）

(国立国会図書館『カレントアウェアネス-E』No.46 2004.10.20 より転載)
http://www.ndl.go.jp/jp/library/cae/2004/E-46.html#E255

　米国大学出版局協会（AAUP）など4団体は，9月27日，米国財務省海外資産管理局（OFAC）の規定が出版の自由を妨げているとして提訴した。OFACはイラン，キューバ，スーダンとの通商を禁止しているが，その規定は出版にもおよんでおり，当該国の著者の著作物を出版するには特別なライセンスが必要としている。また，原著を編集・加筆することも原則的に禁じている。違反した場合には懲役刑や罰金が科される。
　こうしたOFACによる規定が，通商停止状態にあっても情報資源は例外としたこれまでの議会の決定に抵触しており，また経済制裁下にある国の情報でも出版を制限することは出版の自由に抵触し違憲であると，出版社団体側は提訴の理由を述べている。同時に，編集等に関してどの程度まで許されるのかといった基準が二転三転し，かつ曖昧なままになっており，出版する意欲を不当に減退させているとも指摘している。

Ref:
http://www.biomedcentral.com/news/20040928/03/
http://www.aaupnet.org/ofac/release.html
http://www.aaupnet.org/ofac/

3. 表現の自由に関連する資料

・『週刊ヤング・ジャンプ』（集英社刊）連載『国が燃える』（本宮ひろ志著）の休載について

http://www.netlaputa.ne.jp/~ryuutai/　より転載
2004年12月1日
出版流通対策協議会会長・高須　次郎

　『週刊ヤング・ジャンプ』（集英社刊）に連載されている漫画『国が燃える』（本宮ひろ志著）第88話に描かれた南京虐殺の描写について，集英社と作者は，南京虐殺は「ないという強力な証拠があるものの，あるという確証がない」という立場をとる勢力から抗議を受けた。抗議の主旨は，
○南京虐殺について諸説があるにもかかわらず戦争の真実として描いていること
○素材に使った写真の真偽は定かではなく百人斬りを事実として記載していること
○歴史的認識が確立されていない青少年に大きな影響を与え心を傷つけ，また日本国・国民の誇りを傷つけるものであって，フィクションと記載した漫画であっても許されない
　というものである。
　これに対して，すぐさま集英社の週刊ヤングジャンプ編集部と作者である本宮ひろ志氏は，連名で，「読者の皆様へ――本誌第42号，43号（平成16年9月16日，22日発売号）掲載の『国が燃える』について，読者の皆様から様々なご意見を頂きました」という文書を2ページにわたって掲載し，「適切でないと思われるシーン」の削除・修正を発表するとともに，漫画を第4部の準備期間ということで休載とした。削除・修正および休載

の理由は，
○百人斬りについては戦犯として処罰された者の遺族が裁判で係争中なのに誤解を生じる表現をした
○「描かれたシーンが過剰な虐殺のイメージを想起させる」と考えた
○参考にした写真の真偽について明確な結論が出ていないものを使った

というものである。「深くお詫び」し，単行本化にあたっては，第43号・第88話掲載の19頁中8頁を削除，10頁を修正すると発表したのである。驚くべきことに無傷で残ったのは1頁だけだ。

この事態は，出版の自由・表現の自由にとって，きわめて重大な問題である。

まず，抗議した勢力は，集英社本社前に街宣車を繰り出したり，不買運動をちらつかせるなど様々な圧力を企図した。どのような交渉をもったか想像に難くないが，「言論には言論をもって議論する」というのが民主主義のルールではないのか。このような行動は，厳に戒められるべきである。

つぎに，私たち出版に関わるものとしては，今回の集英社と本宮ひろ志氏の対応に大きな危惧を持つ。そもそも，歴史的事件や人物を素材に作者が独自の創作活動によって作品を作り上げていくことは通常行われていることであり，出版の自由・表現の自由にとって重要な要素である。日本が中国戦線で多くの人々の命を奪ったことは歴史が証明していることであって，深い自省の念を持ってこの問題をとらえて深化することなしに，出版の自由・表現の自由を守ることはできない。

本来，きちんとした議論が必要な問題であるにもかかわらず，安易な措置をとったことは，その場逃れの誹りをまぬがれないであろう。私たちは，こうした対応をしたことは出版の自由・表現の自由の幅を自ら大きく狭める行為であり，出版人のとるべき道ではなかったと考える。

今後もあり得るであろうこうした事態へ対して，毅然とした態度で臨むことを，全出版人に訴えるものである。

・イジョビ・ヌーワー氏講演中止について

○住基ネット「侵入実験」の講演を禁止させた総務省を弾劾する

http://www005.upp.so-net.ne.jp/jukisosho/torikumi/ejobi-seimei.htm より転載
住基ネット差し止め訴訟を支援する会 （http://www005.upp.so-net.ne.jp/jukisosho/）
2004年11月17日

11月12日，東京で開催されていた情報セキュリティの国際セミナー（pacsec.jp/core04 conference）において，アメリカ人技術者のイジョビ・ヌーワー氏が，長野県の住基ネット「侵入実験」に関する報告おこなう予定であった。ところが，住基ネットの総元締めである総務省が，住基ネットのセキュリティが穴だらけであることが明らかになるのを阻止するために，同セミナーの主催団体に圧力をかけ，ヌーワー氏の講演を中止に追い込んだのだ。

世界的に著名なコンピュータ・セキュリティの技術者であるヌーワー氏は，2003年9～11月に，吉田柳太郎氏の指揮監督のもとに長野県実験を担当した。ヌーワー氏は，今回の報告にあたって，事前に総務省へレポートを提出し，総務省の「修正要求」を受け入れ新たに報告用スライドを作成し，さらに「スライドなしの講演に変更してもよい」とさえ申し出ていたという。にもかかわらず，総務省（市町村課）は，国際セミナーの「後援団体」であることを押し立てて，主催団体に対して，「講演の中止」か「報告内容の抜本的な変更」かという二者択一を突きつけるという卑劣な言論弾圧を強行したのである。

このように総務省が見境もなく強権を発動したのは，住基ネット差し止め訴訟の審理において個人情報漏洩の危険性の立証がすすみ，住基ネットの存続が崖っぷちに追い込まれているからにほかならない。10月15日には，東京地裁において吉田柳太郎氏の証人尋問がおこなわれ，長野県実験で判明した住基ネットのセキュリティ上の脆弱点が詳細に証言された。これに対して被告・国は，今なお，「長野県実験は失敗した，かえって住基ネットの安全性が証明された」などと，事実を180度ねじ曲げた屁理屈を並べている。

だが，総務省は，言論統制ともいうべき暴挙によって，逆に住基ネットの危険性を自己暴露したのだ。今や，住基ネットの危うさは全世界に知れ渡ったのである。

国家権力が「表現の自由」を侵害することを許してはならない。

個人情報漏洩の危険性が覆い隠され，憲法違反の住基ネットが今なお稼働し続けていることを，これ以上

許してはならない。全国 13 の地裁で闘われている住基ネット差し止め訴訟の法廷において，吉田氏の証人尋問に続いて，住基ネットの違憲性と危険性を暴きだす弁論をさらにいっそう強力に展開していく。

住基ネット差し止め訴訟を支援する会
　共同代表：伊藤成彦（中央大学名誉教授），小田中聰樹（専修大学教授），北野弘久（日本大学名誉教授），田島泰彦（上智大学教授），福島至（龍谷大学教授），星野安三郎（東京学芸大学名誉教授），村井敏邦（龍谷大学教授）

○Ejovi Nuwere さんの「住基ネット」に関する技術報告が総務省によって不当に中止された問題について

　　　　http://www.jca.apc.org/jca-net/board/docs/juki-net/20041121/index.html　より転載
　　　　　　　　　　　　　　　　　　　2004 年 11 月 21 日　　JCA-NET 理事会

　11 月 12 日，東京都内で開催された PacSec/core04 国際ネットワークセキュリティ技術セミナーにおいて，総務省の強い規制を受けたために Ejovi Nuwere さんの「住基ネット」に関する技術報告が，日本政府・総務省の不当な介入によって中止された。

　JCA-NET 理事会は過去数年間，「住基ネット」には多くの問題があることを指摘してきており，今回の Nuwere 報告の内容にも JCA-NET 理事会は強い関心と期待を持っていた。

　今回の報告中止は，国・総務省による法と技術を無視した不当な介入の結果である。公共のシステムに関する民間の議論を，国は規制すべきではない。

　国の行為は，
　・Ejovi Nuwere さんの言論・表現の自由を侵害している。
　・市民の個人情報の保護を強化する大きなチャンスを失わせ，市民の大きな不利益を招いている。

　総務省は，Nuwere さんの言論・表現の自由を回復し，「住基ネット」のデータ主体者である地域住民の利益を守るために，速やかに以下を実施すべきである。
　・Nuwere 報告の内容に対するすべての変更要求を撤回すること
　・Nuwere さんが彼の技術報告をすみやかに発表することについて，公式に支援すること

　　　　　　　　　　　　　　　　　　＊　　＊　　＊

　新聞報道によれば，総務省は主催者に対して 2 つの理由を示したとされているが，いずれも的はずれの理由といわざるを得ない。

(1) 守秘義務について

　守秘義務契約は長野県と結ばれているので，国がこれを理由として彼の報告を禁止することはできない。

　技術者は，どのような情報が公開されるべきか，また公開されるべきでないかを判断する能力を持っている。彼らは，ネットワークセキュリティに関する豊富な知識と経験に基礎づけられた能力によって，国際的な場で大きな信頼を獲得してきた。

　しかし総務省は，その言動からも明らかなように，こうした的確な判断をする知識も経験も持っていない。

　公共システムの情報セキュリティに関する技術情報は，適切な規準に基づき，適正な範囲で公開され，市民や専門家の自由な討論の対象とされる必要がある。

　これは，市民に個人情報の安全を提供する上で，有効かつ不可欠な要素である。

　また，このような適切で積極的な情報公開は，公共システムを運営する国・地方自治体などの市民に対する説明責任の上からも，欠かせないことである。

(2)「住基ネットと庁内 LAN の混同」について

　その範囲の規定にかかわらず，「住基ネット」と「庁内 LAN」はネットワークセキュリティを検証する上で密接な関係を持つ。

　「住基ネット」と「庁内 LAN」のネットワークセキュリティ上の関係を検証し，そこに脆弱性が見いだされた場合にはただちに必要な対策を講じることは，「住基ネット」におけるデータ主体者――地域住民の利益を確保するために，最低限必要な措置である。

このような作業は,「住基ネットと庁内LANの混同」ではない。システム運営者とそれに係わる技術者に課された基本任務のひとつである。

総務省は「住基ネット」ということばに対して,その具体的な範囲を示していない。また,その範囲を規定する明確な根拠も示していない。

2003年秋,総務省が「住基ネット本体」に言及したとき,その根拠は技術的なものではなく,(財)地方自治情報センターが管理・運営を都道府県から受託している機器とネットワーク回線の範囲を指していた。これは単なる制度的範囲であって,技術の適用には何ら関係しない。

総務省は,制度と技術を混同している。

・NHK番組改変問題

〇日本ジャーナリスト会議(JCJ)声明　　　　　　　　　　　　「JCJふらっしゅ」595号(2005.01.15)より転載
NHK「従軍慰安婦」番組への政治介入に対する抗議声明

2001年1月30日に放送されたNHK・ETV特集『戦争をどう裁くか』の第2回「問われる戦時性暴力」を巡って,自民党の中川昭一,安倍晋三の両氏が,放送日前の1月下旬にNHKの国会担当局長と放送総局長を呼びつけ,放送内容の変更や放送中止を求めるなど放送法に違反する不当な介入をしていたことが,当時の制作現場責任者の内部告発で明らかになった。

2005年1月12日付『朝日新聞』の報道によると,中川,安倍両氏はNHK幹部と面談したことを認めており,この中で中川氏らは番組内容のうち,旧日本軍による「従軍慰安婦」などアジア女性に対する性暴力を裁くため,2000年12月に市民団体が開いた国際的な民衆法廷「女性國際戦犯法廷」に関する部分が公平さを欠くとして,放送中止や番組内容の改変を強く求めたといわれる。

このことは翌13日の記者会見で,一連の事態の真相を明らかにした当時の制作現場責任者の証言でも,あらためて裏づけられており,両氏の言動は放送番組に対する干渉を禁じた放送法第3条に違反する重大な干渉と言わざるを得ない。

しかも当時,安倍氏は官房副長官という要職,また中川氏は自民党内の「日本の前途と歴史教育を考える若手議員の会」の代表という立場で,番組が放送される前に事前検閲ともいえる干渉を行ったことは,メディアだけの問題にとどまらず,言論・表現の自由全般に対する許すことの出来ない侵害であり,強く抗議する。

両氏はこの問題が表面化した13日になって,メディアからの質問に対しNHKに圧力を加えたことはないなどと,前言をひるがえす発言を繰り返しているが,疑念は増すばかりであり,我々は真相の究明を関係者に求めるものである。

一方,NHKは番組改ざん問題を巡っては,あくまでNHK独自の判断で編集したと終始主張し続けており,13日の時点でも自民党筋からの圧力があったことを否定している。

しかし,制作現場にいた関係者や番組に出演した高橋哲哉氏らの証言などからも,すでに完成していた「修正版」が,放送前日になって放送総局長らの命令で急きょ手直しされ,いったん放送総局長が承認したものに,さらに放送当日の数時間前に大幅な改編が行われるという前代未聞の措置がとられるなど,外圧の影響なしには考えられない事態が起きたことは,紛れもない事実である。

番組が放送される前に政権与党の幹部に内容が筒抜けになり,チェックまで受けることは,公共放送の主体性を放棄した態度と言わざるを得ない。こうした事態を招いたNHKに強く抗議する。

NHKは2001年1月30日の放送以降,改ざんに抗議する取材協力者や出演者,それにメディア研究者らの声に耳を貸そうともせず,高圧的な姿勢で応対しつづけてきた。

このような姿勢は去年不祥事が相次いで明るみに出,海老沢会長が事実上辞任せざるを得ない現状になっても改められず,組織改革のための「コンプライアンス推進室」は作ったものの,このままでは視聴者に向き合った改革は望み薄といわざるを得ない。

NHKが経営委員会の刷新と併せて,番組・経営内容を思い切って情報公開し,視聴者の願いに真摯に向き合う立場に立つよう求めるものである。

　　　2005年1月14日　　　　　　　　　　　　　　　　　　　　　　　　　日本ジャーナリスト会議

※「JCJふらっしゅ」は 日本ジャーナリスト会議(http://www.jcj.gr.jp/index.html)の発行。
世界の平和にかかわる最新ニュース, マスメディアのニュースの検証など, 市民とジャーナリストによる平和のネットワークづくりのためのメールマガジン。
◇バックナンバー◇ http://backno.mag2.com/reader/Back?id=0000102032
◇購読申込み◇ http://www.mag2.com/m/0000102032.htm

○日本民間放送労働組合連合会声明

http://www.minpororen.jp/message/message.html#050118 より転載

NHK番組への政治介入事件の徹底究明を求める声明(民放労連) 2005年1月18日

日本民間放送労働組合連合会　中央執行委員長　碓氷　和哉

　自民党の安倍晋三幹事長代理や中川昭一経済産業相がNHKのETV2001シリーズ「戦争をどう裁くか」の第2回「問われる戦時性暴力」に介入し, 番組が改変されたと当時の担当プロデューサーが内部告発し, 問題となっている。伝えられるような政治家の介入が事実とすれば, 憲法違反の事前検閲にあたる行為であり, 放送の自由と独立を脅かす許しがたい暴挙と言うしかない。

　私たちはまず, 制作者としての権利を一方的に蹂躙された担当プロデューサー, 長井暁氏が, 沈黙を破って告発に踏み切られた勇気に心から敬意を表したい。真実を明らかにしようと決意されるに至るには有形無形の多大な圧力の克服が必要であったことは想像に難くない。制作者の良心をまっとうしようとした長井氏に対して, いかなる不利益も生じるようなことが決してあってはならない。同氏を守り抜くことを既に表明しているNHKの労組, 日放労の見解を私たちは強く支持する。

　問題の核心は, 報道されている事件の真相がすべて明らかにされるかどうかにかかっている。中川経産相は当初のコメントを翻し, NHK幹部との面談が放送後であったとしているが, 事前の関与が一切なかったにもかかわらず, 「やめてしまえ」と放送の中止を求めたとまでの「勘違い」が発生するだろうか。

　いっぽう安倍氏は事前に番組の説明を受けたことは認めている。安倍氏は当時, 官房副長官という行政府の要職にあった人物である。誤解を招くような言動のないよう, 慎重さを求められる立場である。たまたま予算案の説明を受けたついでに, わざわざ一番組の内容について尋ねもしないのに説明を受け, 一般論として意見を述べるということが起こりうるであろうか。

　両氏には国民が納得のいく十分な説明が求められる。

　NHKは13日の放送総局長見解で, 今回の直前の内容変更を「通常の編集」行為であると強弁している。たしかに放送直前まで検討を続け, 手直しをおこなうことはありうることである。しかし, 44分と決められた放送枠が, 放送当日になってその番組の都合で40分に変更されることは, 決して通常ありうることではない。そんな行為が通常まかりとおるようであれば, 放送の現場は大混乱に陥ることは自明の理である。

　この番組は, 現在東京高裁で係争中の裁判原告とは別の申立人によって, BRC(放送と人権等権利に関する委員会)に救済が申し立てられ, 2003年3月に同委員会から番組の編集が「申立人の人格権に対する配慮を欠き, 放送倫理に違反する」との決定を受けた。今回の報道の中で, BRCの指摘した編集行為が概ね放送の直前にNHK幹部の指示に基づいておこなわれた部分に相当することが明らかになった。

　なによりもいま重大なことは, こうした不自然な改変がなぜ突然おこなわれることになったのか, 事実関係を包み隠すことなく, すべて明らかにすることである。残念ながら事件発覚以後, NHK経営に真実を積極的に明らかにしようとする姿勢はまったく感じられない。政治家と自局最高幹部を守ることに全精力を費やしているかのようにさえ見受けられる。

　折から一連の不祥事発覚によって, NHKのあり方がいま厳しく問われている。しかし, 今回の事件はこれまで発覚した不祥事とは異なり, 表現の自由と報道の独立への攻撃であり, ジャーナリズムとしての放送局のあり方が根本から問われる事態である。NHKは外部の第三者によって構成する調査委員会をただちに発足させ, 真実をすべて明らかにして視聴者に対する説明責任をまっとうするべきである。NHKの経営委員会は, 本来国民, 視聴者を代表する立場に立つべき最高決定機関である。責任をもって調査委員会を一刻も早く発足させてもらいたい。

私たち民放労連は、同じジャーナリズム、放送に携わる一員として、真実の究明を何よりも強く求めたい。
　もとより、放送の公共性、放送の独立性はひとりNHKにのみ求められるものではなく、民間放送にも同様に求められている。私たち民間放送の労働者は、民主主義の根幹をなす報道の自由と独立を守るため、NHKの仲間と連帯してたたかい抜く決意である。　　　　　　　　　　　　　　　　以　上

○Vaww NET Japan から安倍氏への公開質問状（2005年1月20日）
　　　http://www1.jca.apc.org/vaww-net-japan/nhk/openletter050121.html
　　　　　　　　「VAWW-NETジャパン（「戦争と女性への暴力」日本ネットワーク）の許可を得て転載
自民党幹事長代理　安倍晋三様

公開質問状

　NHKの番組改変をめぐって、先週来、安倍氏ら政治家によるNHK番組内容への介入、政治圧力が大きな問題になっております。この問題が浮上して以来、安倍氏は数々のテレビ番組に登場され、発言を続けられていますが、発言内容について私たちは多くの疑問を抱き、矛盾を感じております。その疑問にお答えいただきたく、以下、公開質問状という形をとって質問をいたします。

＜2001年1月29日のNHK幹部との面会に関して＞

1, あなたは、2001年1月29日にNHKの幹部職員ならびにNHKの「私の知らない人」に会ったことを認めています。1月29日に会ったことについては「日程表を見たから間違いない」と話していますが、(1)何時から何時までの面会だったのか、(2)会ったのは何人で、(3)それが誰であったのか、(4)アポをとったNHKの職員とは誰だったのか、日程表や記録に基づき正確にお答えください。

2, 1月29日に、NHK幹部の(1)「誰から」、(2)どのような「説明」がなされたのか、その内容をお答えください。

3, また、この日の面会は「私が呼び出したのではない。NHK側からやってきて、予算の説明の後で、番組について向こうから説明したのだ」と話していますが、なぜ、NHK幹部が安倍氏に番組放送前に「説明」しなければならなかったのでしょうか。「説明」するということは、事前に何らかのコンタクトがあったのではないのでしょうか？
　その日以前に何のコンタクトもなければ、わざわざNHKが「説明」に行く理由はありません。このことは、あなたが1月29日以前にも番組の内容に関して何らかの「意見」をNHKに伝えていたことを窺わせます。この点について、真実を隠さず、明確にお答えください。

4, 1月29日は、紛れもなく放送前です。放送前に番組の内容について、なぜ、あなたは知っていたのでしょうか。あなたは「当時、永田町で話題になっていた」と話していますが、「永田町」とは具体的に誰を指しているのでしょうか。放送されてもいない番組の内容を知ることになったいきさつを、事実に沿って正確にお答えください。

＜NHK番組への政治圧力に関して＞

5, あなたは、1月29日にNHK幹部に対して、「公平・公正にやってくださいと言っただけ。圧力ではない」と話していますが、このことはその番組を「公平・公正ではない」と考えていたことになります。それでは、何が「公平・公正」ではなかったのでしょうか？その点を明確にお答えください。

6, あなたは中学歴史教科書の「慰安婦」に関する記述を問題だと考える「日本の前途と歴史教育を考える若手議員の会」（代表中川氏）の元事務局長をつとめ、「慰安婦」問題に対し否定的な立場をとっていました。しかも2001年1月当時に官房副長官という要職にありました。そのあなたが放送直前にNHKの幹部らに接触し、特定の番組について「公平公正に」と「意見」を言ったこと自体が番組への「政治的な圧力」だと考えないのか、その点について、明確に見解を示してください。

7, 日本政府の中枢にいたあなたが、番組放送直前にNHK幹部に言った「意見」を「圧力ではない」と思っていたとしても、通常はこのようなことを「政治家による圧力」だと言うのです。あなたが認識されている「圧力」とは何か、お答えください。あなたに面会したNHK幹部は永田町から帰った後、制作現場に「業務命令」としてカットを命じました。その結果、番組放映直前に2回にわたって4分間、被害者の証言や3場面がカットされま

した。これは「政治家による介入」そのものではないでしょうか。

8, あなたは, 1月29日の時点で, 番組に秦郁彦氏のコメントが挿入されたこと, 秦氏へのインタビュー撮影のアポが1月26日に取られたことなど, 番組内容の詳細を知り, それをテレビで発言していますが, このことは「いつ, どこで, 誰から, どのような経緯で知ったのか」お答えください。

＜女性国際戦犯法廷及び松井やよりさんに関して＞

9, あなたは, 女性国際戦犯法廷と松井やよりさんについて, 事実無根の数々を幾たびか話しています。例えば,「被告人弁護がない」「松井やよりさんが法廷のはじめに, 会場を九段会館にしたのは悪の根源である皇居に一番近いから決めたと聞いている」などです。これらが事実無根であることは先に送った書面で指摘した通りですが, このような事実に基づかない情報を,「いつ, どこで, 誰から」聞いたのでしょうか。

また事実関係を確認しないまま, テレビという媒体を通して一般市民に誤解をばら撒いたことは, 女性国際戦犯法廷や主催団体である国際実行委員会に対する重大な名誉毀損です。これについてどう考えますか。お答えください。

10, 先にお送りした女性国際戦犯法廷をめぐる数々の事実歪曲について, 私たちは訂正, 謝罪を求めています。それについては「いつ」表明していただけますか。

あなたは, 当時番組担当デスクだったNHKの長井暁さんに説明責任があると言っていますが, 少なくとも1月29日の事実関係についての説明責任は安倍晋三氏にあります。

上記10点につき, 即刻, 事実を隠蔽することなく, 正確に明確にお答えいただきますよう, お願い致します。

私たちはこの問題は日本国憲法に保障された「表現の自由」「言論の自由」への重大な侵害であると考えています。このことは, ひいては国民の「知る権利」を脅かすものであり, 日本の民主主義の根幹をも揺るがす重大な事件です。あなたが誠実に真実を国民, 市民の前に明らかにされることを, 強く願っています。

なお, 以上の質問につきましては, 1月25日までに回答をいただきますよう, お願い申し上げます。

2005年1月20日
「戦争と女性への暴力」日本ネットワーク（VAWW－NETジャパン）

※同ネットワークは2005年1月21日, 日本放送協会会長　海老沢勝二氏あての公開質問状を公表している。http://www1.jca.apc.org/vaww-net-japan/index.html

○出版流通対策協議会緊急声明

http://www.netlaputa.ne.jp/~ryuutai/ より転載

緊急声明　政治家によるメディアへの圧力を許さない（2005年1月24日）

出版流通対策協議会　会長　高須　次郎

1月12日, 朝日新聞は, 4年前のNHK「ETV2001 戦争をどう裁くか」の第2回「問われる戦時性暴力」に対して, 安倍晋三（当時内閣官房副長官）・中川昭一両自民党国会議員から圧力があったことを報じた。

この日の報道以降, 安倍氏側は次のように主張している。
① NHKを呼びつけてはいない。
② NHKの予算審議を控えていた時期にNHK側が説明に来たのでこの番組が「ひどい内容」になっていると側聞していたので公平公正にちゃんとやってくれ」と言った, 圧力はかけていない。

これを政治的圧力と言わずに, なんと言うのだろうか。「公共放送」を標榜するNHKというメディアに, 政府与党の政治家が権力を背景にして「ひどい内容」「公平公正に」と発言したこと自体が, 番組への介入である。このあとNHKは放映前日に異例の局長試写をし, 番組を再編集させているではないか。

またNHKが強大な権力を握っている政府与党の政治家に, 未放映の番組内容についての釈明をすること自体, 報道機関としての自殺行為だとの誹りはまぬがれないだろう。財源を視聴料に頼る公共放送ならば, 視聴者にこそ顔を向けるべきである。にもかかわらず, 一部政治家と癒着し, 報道への政治の介入を招くことはメ

ディアとしての腐敗であり，まさに自殺行為である。

　今回の事態は，NHKの長井暁チーフプロデューサーの勇気ある内部告発によって明るみに出た。内部告発者である長井氏は決して不利益を被ってはならない。氏の立場は，報道の自由の名において守られるべきである。

　私たち出版流通対策協議会は，NHKのような巨大メディアではない。しかし出版という同じメディアの世界に携わる者として，NHKのこうした対応を看過できない。政治権力に対して自立した立場を持ち，誤った行為に対しては批判的な主張を掲げる姿勢を堅持するのが，メディアに携わる者の最低限の責務ではないか。そうすることなしに，出版の自由・報道の自由・表現の自由は十全に機能するものではない。

　私たちは，NHKのこの間の対応に大きな怒りと危機感を持つ。私たちは政治権力のメディアへのいかなる介入も許してはならない。

5. 新刊より

・『**中国の嘘-恐るべきメディア・コントロールの実態**』何清漣著　中川友訳　扶桑社　2005.02．ISBN 4-594-04876-5　¥2100（税込み）

もくじ　深い闇に閉ざされた神秘の中国／報道統制は愚民政策の主な手段である／報道メディアに対する政府の統制／メディア従事者に対する二重の統制／「内部文書」と情報の機密保護制度／手かせ足かせにあえぐ中国の記者／情報封鎖と一部真実をまじえた偽情報作り／ジャーナリストはハイリスクな職業／犠牲者の墓苑／中国における外国人ジャーナリスト／外資は中国のメディア業に参入できるのか／中国政府のインターネット規制／「〈偉大な兄弟〉があなたを見守っている」／中国政府のイデオロギー的「傑作」―冷戦意識／中国のGDP高度成長の神話／中国は民主政治からどれくらい隔たっているのか

・『**名誉毀損の法律実務**』佃克彦著　弘文堂　2005.02．ISBN4-335-35325-1 C1032　¥3500（＋税）

　「表現の自由」をめぐる様々な問題は脚光を浴びている。本書は，いわゆる「『石に泳ぐ魚』出版差止事件」で原告側弁護士をつとめるなど名誉毀損訴訟に精通する若手弁護士が名誉毀損に関する法律実務をまとめた。重要な判例，それへの学説，実務の原則等も読者にとって利用しやすくまとる。

もくじ　第1部　名誉毀損の成立要件に関する諸問題　名誉毀損の概説／各論的諸問題／損害論／第2部　名誉毀損の免責要件に関する諸問題　真実性・真実相当性の法理／配信サービスの抗弁／公平な論評の法理／現実の悪意の法理／言論の報酬の場合の免責の法理／正当業務行為／被害者の承諾／第3部　名誉毀損の被害対策に関する諸問題　報道被害の実態／報道被害対策のための各種対策

6. 全国図書館大会・香川大会記録より

　大会記録は近日中に参加者及び施設会員に送付予定であるが，基調報告については本誌にも収録することとした。

基調報告「図書館の自由・この1年」
　　　　　　　（日図協図書館の自由委員会・委員長）

1. 『週刊文春』販売差し止め仮処分問題
発端

　文藝春秋『週刊文春』の出版禁止問題は，田中真紀子前外務大臣の長女がプライバシー侵害で差し止めようとしたのがかえって有名になる結果となった。これは3月25日号で，17日に発売された。本来なら18日発売だが休日のため早くなり，長女側がその辺のことを見誤ったらしいが，結果的にはもう発売されてしまった。掲載予定の記事はその長女の離婚問題だが，16日（発売日の前日）に出版禁止の仮処分を申請し，その日に東京地方裁判所は文藝春秋に対して販売差し止めを命じる決定を出した。「その部分を切除または抹消しなければ，これを販売したり，無償配布したり，第三者に引き渡してはならない」という決定である。記事は3ページにわたっているので，切除したらその裏側もなくなるわけだ。この仮処分というのはたった一人の裁判官で決め，しかも，理由がついてない。禁止しますという主文があって，そして，その禁止の対象は文藝春秋の3月25日号だとい

うことしか書いてない。

出版禁止の類例

このような出版禁止は，表現の自由・出版の自由が憲法で保障されているから，軽々しくできるものではなない。これまでに有名なのは『北方ジャーナル』という，1979年北海道知事選のときに対抗候補の誹謗記事を載せたのに対し販売禁止の訴えを出し，仮処分が決定し禁止を認められた。その中で言う判断の理由は，「表現内容が真実でなく，被害者が著しく回復困難な損害をこうむるおそれがあるとき，例外的に認められる」と非常に厳しい条件をつけている。これが初めての判断であった。

最近では，柳美里さんの小説「石に泳ぐ魚」（『新潮』に掲載）がプライバシーの侵害だとモデルになった女性に訴えられ，その主張が認められ，作者と発行者の新潮社などに出版差し止めを命じた判決が出た。2002年，最高裁で2審の決定を認めた判決が出ている。

経過

今回『週刊文春』に載った記事が果たして出版禁止に値するかどうかということで非常に論議がなされ，いろいろな資料が出て新聞でも随分取り扱っている。この資料集の半分がそれに該当する。

審尋は16日に行われ，長女側はプライバシーを侵害され，心痛を被っているという。一方『文春』は，長女は田中前外相の後継者となり得る人，一般の私人，女性とは違うということで，当然ニュースになるべき事柄であるというように主張している。その日には販売差し止めを命じる決定が出された。

17日に，文藝春秋は販売などの差し止めを命ずる仮処分決定を不服として，東京地裁に保全異議を申し立てた。今回はいろいろ新聞で識者に批判されているので，複数の裁判官を置いて審理し，19日にはその保全異議を却下して最初の仮処分を支持している。その理由として，「長女は純然たる私人として生活しており，記事には公益性がない」と言い切っている。「公表により著しい損害をこうむるおそれがある。表現の自由は民主主義国家の基礎というべき重要な権利だが，無制限に保障されるものではなく，差し止めを命じた仮処分決定は相当である。名誉なら侵害されても賠償で回復を図れるが，プライバシーは侵害されると回復困難である」と説明している。『北方ジャーナル』の場合は名誉毀損が争われたが，今回の文藝春秋『週刊文春』の場合はプライバシーが問題になっている。プライバシーは回復困難だ，だから一層差し止めの必要性が高いという判断を示している。

文藝春秋の側は，3月20日に出版禁止の仮処分を支持した東京地裁の2回目の決定を不服として保全抗告をした。東京高等裁判所は複数の裁判官の合議で地裁の決定を審理し，31日に，文藝春秋の申し立てを認めて出版差し止め命令を取り消す逆転決定をした。高裁の決定の理由は，「記事には公共性がなく，長女らのプライバシーを侵害するが，事前差し止めを認めなければならないほど重大な損害を与えるおそれがあるとまでは言えない」。地裁の2回目の決定理由説明とは逆の解釈に立っている。

文藝春秋としては最初の仮処分が出たときに何らかの措置をとらなければいけないということで，2回目の仮処分のあと3月24日に，販売を取りやめた3万部のうち定期購読者分3,000部を，該当ページ3ページ（裏側を入れて全部で4ページだと思うが）を切り取り，目次部分も黒く塗りつぶした上で発送した。通常の販売ルートに流れないようにバーコードも削除するという措置をとったようだ。定期購読者からほかに読みたい記事があるのだという強い要望があったために，そのような定期購読者には無償で送呈したという。バックナンバーとしても販売しないと言っているが，この号は通常号よりも売れ行きがよく，8割以上売れてしまったと聞いている。

高裁決定の意義

高裁の決定は，表現の自由というものを「民主主義体制の存立と健全な発展のために憲法上最も尊重しなければならない権利だ」と，仮処分とは全く逆の判断をしている。そう位置づけた上で，「事前差し止めは表現の自由に対する重大な制約であり，認めるには慎重な上にも慎重な対応が要求される」と言っている。これは『北方ジャーナル』の最高裁の判断をそのまま受け継いでいる。もう一つつけ加えるならば，この記事は「長女らの人格に対する非難とまでは言えず，日常生活で耳にし，目にする情報の一つにすぎない」と言っている。恐らく皆さんもう読まれていると思うが，読んで「何だ」というように思われた方が大半だと思う。離婚などという話は日常的にもう割とあることで，絶対隠しておくというようなことができるものではな

いと，そのようなことを言っている。4月3日には長女側の代理人の弁護士は特別抗告や許可抗告を申し立てない方針を明らかにし，この高裁の決定が決定した。

東京地裁がプライバシーのほうを表現の自由よりも上位に置いた。高裁のほうは表現の自由は最高の権利であるというような認め方をしている。地裁の仮処分というのは随分いいかげんだなという気がした。

各界の反応

これに対して学者などがいろいろ発言をしているが，おおむねは検閲に道を開く決定だということで非常に批判的な発言，コメントをしている。

田島泰彦教授は「最高裁はプライバシーの侵害だけを理由とする差し止めは認めていない。検閲につながりかねない問題である。重大な要件を犯さない限り，差し止めは認めるべきではない」と言っている。

仮処分とは，被害事実を必ずしも厳密に証明することが要求されていない。だから，非常に拙速な命令が出るおそれもあるということを言っている人もいる。

3月20日，2回目の仮処分の決定のときの記事には，清水英夫先生は「大変遺憾な決定だ。週刊誌で報じたようなプライバシーが知られたからといって，最高裁が『北方ジャーナル』事件で示した重大かつ著しく回復困難な損害に当たるとも思えない。仮処分は雑誌の発行が禁止されて，他の記事が読者に渡らないおそれがある。一種の検閲に当たる恐れもある。国民の知る権利に重大な影響を与えてしまう」と言っている。

長女が私人であるか公人であるかという論議では，大石泰彦教授は「長女は公人ではないが，政治勢力として田中ファミリーをメディアがウオッチすることは必要である。今回の決定は，常にメディアに口を出そうと政治権力に新たな武器を与えることになる」。新たな武器とは仮処分で販売差し止めのことですね。「政治権力に新たな武器を与えることになる。メディアの機能が危険にさらされるということを国民は知っておいたほうがいい」と非常にはっきり言っている。立花隆さんの本の中でもこのようなことをはっきりと，いろいろなことを実証しながら説いている。

ちょっと変わった，なるほどなと思うかどうかは人によって違うと思うが，次のような意見もあった。玉木明というフリージャーナリストが毎日新聞に載せていた。「プライバシーを人に見られたくない，聞かれたくない権利と言いかえてみよう。それだけをどこまでも追求していけば，個人と個人とが隔絶され息苦しい社会が現出してこよう。それを回避するには，お互いに見る見られる関係，聞く聞かれる関係，すなわち共生関係」，これは公共性ということだが，その「共生関係を構築するほかない」というように。このような言い方というのは初めて聞いたのではっとした。

佐野眞一さんは新聞の報道の仕方を批判している。この出版差し止め命令を自分の問題として真剣に受けとめた新聞は少なかった。毎日新聞についてのコメントでは「読者の目が最も多く触れる18日朝刊3面のクローズアップ記事が，識者のコメントの羅列という相も変らぬけんか両成敗的紙面になっているのはいかにも芸がなく，それこそ残念である。むしろ，都立図書館は閲覧不可という同日社会面の記事の方が司法権力に迎合する動きの恐ろしさを伝えて，目を引いた。該当ページに紙袋をかけて，閲覧できなくした図書館が多かったという。司書までが司法の手先となる言論暗黒時代に突入したと言うほかない」とコメントしている。これは戦前の状態ですね。

山家さんが図書館雑誌の10月号に書かれているのに，奥平康弘さんの意見が紹介されている。これも非常に注目すべき意見だと思うので改めて紹介する。「高裁決定は支持できる結論である。ただ，それとは別に，今回の事態は事前差し止め制度自体の矛盾を浮き彫りにしたのではないか。問題の記事は元々公共性の乏しいものだ。ところが，裁判所が差し止めを認め，それが報じられると，市民はそうした司法裁判を招いた記事を読んでみたいと思い，関心を呼ぶ結果となった。これは憲法上認められた知る権利が発生したと言える。その記事は公共性を帯びる結果である」という。仮処分決定自体が公共性を持たす原因になったという逆の結果となる。さらにこれは自由委員会が主催したセミナー（注：「図書館を利用する権利の法的位置付け－図書館所蔵資料の閲覧請求を中心に」2002年11月11日実施）で言及されている，「この作品（「石に泳ぐ魚」）を巡る情報は，作品自体を含めて公共的なものになっていると僕は思います。決定ができたということ，判決が出たということ自体によってです。それまでに100以上の文献で甲論乙ぱくの議論があります。さまざまな情報がこれだけ飛び交っていて，これにさまざまな人

が新しくたくさんの情報をつけ加えているという情報環境になってきている」。だから公共性があるということを言っている。

伊藤正巳という人は、「今回なされたような仮処分という簡易手続で裁判所の命令としてなされる差し止め命令はむしろ行政処分に近く、この命令を発する裁判官は検閲官に等しい地位を持つと考えられる」と言っている。非常に恐ろしいことだと思う。今回の最初の仮処分などは本当に理由抜きで出版禁止など言っているわけだから、戦前の検閲そのものを何かほうふつさせるような事柄だったと思う。

日本図書館協会では、初めからこれについてコメントを出す気はなかったが、「少なくとも資料の収集・提供については各図書館が自主的に判断されるべき事柄である。問い合わせがあれば、そのようにマスコミにも図書館にも答える」と、ニュースが出た最初の段階でそのように答えている。

そのほかいろいろな出版関係、あるいはペンクラブが、この差し止め命令について事実上の検閲である、あるいは言論弾圧であるというように声明、あるいは抗議を発している。ペンクラブの声明では、「民主主義社会の根幹をなすものが言論・表現の自由の保障である。プライバシーの尊重が成り立つのは民主主義社会においてのみであると考えれば、逆に表現の自由こそが大切であることがおのずと明白ある。だから、プライバシーの尊重を成り立たすためにも言論の自由が優先されるべきだ」という批判をしている。

書店・図書館の反応

書店では最初の段階で、キオスクとか東京の営団地下鉄とかの駅の売店などでは販売をやめて雑誌を撤去したようだ。主要書店では販売するところがほとんであった。差し止め対象が出版社であって、小売店を拘束するものではないという『文春』からの連絡に従ったということらしい。コンビニでは「仮処分決定は回収ではない」（これはセブンイレブンがそのように言っている）と販売を継続。ampmやファミリーマートも通常どおり販売というようなことが新聞などで出ている。が、わたしはこの朝すぐに買いに走ったが、コンビニでは見当たらず、個人書店で入手した。コンビニにも結構販売をやめたところもあるのではないかなという疑いを持っている。

図書館はどうかといえば、非常に残念なところがたくさん出ている。大阪府立図書館は該当ページを金具でとじたようだ。京都市立図書館は「裁判所の決定は出版社に対するもので、図書館に影響は及ばない。ただし、児童に配慮してカウンター内に置いて、要求があれば提供する」と。児童がこのような記事を読むかどうかわからないが。東京都立図書館は袋とじということだった。国立国会図書館は最終的にわからないが、最初の報道では「出版差し止め命令となった雑誌はそもそも出版されていないものと判断した」と、非公開というように報道され、それ以後の報道では、22日に受理、つまり受け入れて、そして23日から閲覧できるというような報道もあった。

それから、名古屋市図書館、これはピノキオで問題資料の扱いについて検討の三原則を出したところだ。ここでは館内に図書館の自由問題検討委員会というのがあり、その検討の結果通常どおり提供と結論づけている。理由は「東京地裁仮処分命令は文藝春秋社に対して出されているものである。図書館蔵書について言及していない」。2番目に「出版したものの大半が書店で販売されて、市民が手にしており、図書館の提供制限には意味がない」。それから三つ目に「図書館としては市民の知る権利を保障し、議論の素材としていただくために、図書館の責任で提供する」と、非常にわれわれとしては真っ当な意見がここに出されている。

文藝春秋の『週刊文春』の件については以上のような状況で推移をし、最終的には高裁で出版禁止が解かれたということでほっとしたが、これが実は大きな権力の意向であるということ、それを最初の段階で裁判官が反映したのだという批判もある。そのような点で、日本の現状からして非常に一つの象徴的な事件であったと思う。

2. 首相訪朝取材陣から日本テレビを排除

5月18日に、北朝鮮の取材から日本テレビが排除されたという記事が出た。6月22日に小泉首相が北朝鮮を訪問するときの取材、同行記者のメンバーから日本テレビを排除したということが18日にわかった。これは、日本テレビが北朝鮮への人道支援の内容として25万トンの米支援で最終決着というようなことを16日に放送したことが多分原因であろうと言われている。大手メディアが報道内容を理由に首脳外交での同行取材を拒否されるのは非常に異例である。北朝鮮の場合は、首脳会談のような取材では同行記者以外は入国でき

ないから，全くの排除になるわけだ。しかも首相の飯島勲秘書官は，ニュースの情報源を明かせば同行を許可するという，いわばおどしのようなことを伝えたと言われている。権力の思い上がりというのがここではっきり出ている。これは極めて独裁的な権力行使で，報道内容が気に入らないからといって取材の機会を奪うのは不当で，事前検閲の道を開くものであるという批判が出ている。各メディアもこれに対しては非常に批判を浴びせたために19日には撤回された。

3. 船橋市西図書館蔵書廃棄問題裁判

3月3日，東京高裁で「新しい歴史教科書をつくる会」のメンバーなどの控訴が棄却された。

船橋西図書館問題の原告，つまり新しい歴史教科書をつくる会のメンバーあるいはそれに近いメンバーが控訴をしていたが，2003年9月に出た地裁判決を支持して控訴を棄却した。

この問題は，2001年に船橋西図書館で蔵書を除籍した中に，新しい歴史教科書をつくる会の関係者の著書が集中的に含まれていた，107冊含まれていた。それが翌2002年4月12日の産経新聞に報道された。これは全く図書館界にとっては衝撃的な事件であった。著者らは損害賠償を求めて訴訟を東京地裁に起こし，東京地裁の判決は「図書館は国民の知る権利の実効性を確保する施設と考えられているが，著者が図書館に著書の購入を要求する権利を導くものではなく，原告の主張する閲覧に供せられる利益を奪われない権利，それから利用者への思想・表現の伝達を妨害されない権利は，図書館が自由裁量に基づいて購入し，利用に供することによって反射的に生ずる事実上の利益にすぎない」。図書館が買ったからこそそのような利益が生じているのだ，改めて買って提供しなければいけないほどの権利ではないと言っている。法的に保護されている権利や利益ではないと言っている。これは，富山の天皇コラージュ裁判，あるいは東大和で『新潮45』閲覧禁止に対して市民が閲覧させろと起こした訴訟の判決の両方ともに共通するが，美術館とか図書館の作品，著書，資料についてはあくまでも美術館，図書館の裁量の範囲だと判決をしている。つまり，知る自由がまだはっきりとは裁判上は認められていないというその連続の中での自由裁量という判決が出ている。

4. 有事関連7法の成立

有事関連7法が6月14日に成立した。他国から武力攻撃を受けた際の避難・救援の具体的な対応などを決めた国民保護法などの有事関連7法である。これは，2003年の6月に成立した武力攻撃事態対処法など有事3法と言われるものを補完する内容である。

このうち国民保護法が今年の9月17日に施行されるが，武力攻撃事態法に基づいて，有事，つまりいざというときに国民の避難・救援のための協力を義務づけられる指定公共機関160法人が決定，発表された。それまでには，自然災害を対象とした災害対策基本法によってNHKとかJR各社など62法人が指定公共機関になっている。新潟の地震とか台風の被害などが起こった場合には，NHKはあらゆる放送をストップして，どこのチャンネルを回してもその災害の報道をやっているのがこれに当たる。今回は有事の場合にどうするかということ，それが160法人と決められている。その中にはNHKや民放各社も指定されている。

国民を保護するという名目のもとに，なし崩し的な協力への懸念，それから，生命の危険が伴う業務に従事することへの不安の声が現場から上がったと言われている。有事の際に政府の要請を受けて警報などを報道する枠組みが整備されることについて，戦前の大本営発表につながりかねない懸念が出てきた。大本営発表とは，何か大きなことだったら，ラジオニュースはほかのニュースをストップして，いきなり「大本営発表，大本営発表」ととなえて放送していたものだ。

民放のほうは，指定公共機関に指定される動きについて，昨年の秋には報道の自由を確保する観点からは非常に大きな懸念があると反対を表明していたが，具体的な放送手順を定めた業務計画の策定が首相との事前協議制から事後報告に変更されたことを受けて，ことしの6月に方針を転換して受け入れた。

5. 三重県立図書館の利用者情報流出

10月16日に三重県立図書館の利用者情報が流出したという報道があった。三重県立図書館の新システムの開発に当たって委託先のSE（システムエンジニア）がノートパソコンに個人情報を保存して自宅で作業をしていた。持ち帰っていたパソコンを空き巣に盗まれたことから事件が発覚した。このノートパソコンには全利用者13万3,000

人の情報(利用者のカード番号,姓名,生年月日,性別,住所,電話番号)が入っていた。貸し出し記録は資料番号だけが入っていたので,盗まれた範囲では利用者とリンクすることはできず,不幸中の幸いだったという。

この利用者と貸し出し記録が連結できない方策は,非常に大事なポイントかと思う。かつて大阪市立と大阪府立がパソコン通信で侵入されたときに,全然別に切り離していたので,結局は利用情報までは到達できなかったことがあった。

6.「国が燃える」休載

『週刊ヤングジャンプ』に連載中の本宮ひろ志の漫画「国が燃える」が,南京大虐殺の描写が歴史を歪曲するものであると抗議を受けて28日発売号から休載することになったと報道されている。いろいろな人から,というよりは地方議員のグループと報道されている。南京大虐殺へのいろいろな人の意見の違いがここにあらわれてきているが,抗議する側としては,確証がないのに史実として描かれていたと抗議しているようだ。集英社は,単行本化の際に訂正し,経緯を説明するほか,同紙上で記事として経緯を説明することを回答している。結果がどうなったかまだ確認はしてない。

7. 東京都青少年健全育成条例改正を答申

東京都青少年問題協議会では,1月19日,「有害図書」のビニール包装の義務づけなどを含む条例の強化を答申した。(資料65ページ以降参照)

東京都は,従来はほかの府県に比べて緩やかな青少年条例を持っていたが,非常に厳しいものに変えたことになる。今まで個別指定であったものを包括指定に,要するにぱっと見て性描写が何ページ以上あったらもう有害図書(東京都の場合は不健全図書という言葉を使う)とする,不健全図書に指定したら包装しなければいけないということまで指定するような改定がこの3月末に成立し7月には施行されている。図書館の自由の観点からいったら非常に問題の多いものだが,東京都はいわば最後のとりでのような感じで残っていたが,強引に一番厳しいものに変わりつつあるという情勢にある。井上靖代さんが図書館雑誌の10月号に青少年健全育成条例について書かれているのも読んでほしい。

8. 東京都杉並区防犯カメラ条例を可決

杉並区は,3月18日「防犯カメラ設置・利用条例」を可決(7月1日施行)したというニュースがあった。全国ではじめて商店街などに防犯カメラの設置や運用に関するルールが定められた。

佐世保の事件,―児童を突き落とした事件―,のような事件があると,監視できる態勢をとる必要があるのではないかということになる。去年のこの大会分科会でジャーナリストの斎藤貴男さんに「『監視社会』と『情報主権』」という講演をしていただいた。講演で「すべてがつながれてしまう。監視して,例えば高速道路のスピード違反の写真から,町のこのような監視カメラから,全部がどこかで最後は集中されてしまって,一人一人の動きを全部とらえられてしまうのではないか」というおそれを言われていたが,そのことが徐々にこのようにして進んでいくのかな,だんだんお先真っ暗な世の中になるなと思ってしまった。一般の人たちが受け入れやすい状況があるだけに非常に怖い気がする。

9.『「図書館の自由に関する宣言1979年改訂」解説 第2版』刊行

『「図書館の自由に関する宣言1979年改訂」解説』の第2版を刊行した。解説としては3回目の出版となる。解説部分を根本的に書きかえたものではないので,ご批判もいただいている。次の改訂のときにはもっといいものにしたいので,ぜひ,いろいろご意見をいただきたい。

7. お知らせ

委員会では「図書館の自由に関する宣言」50周年を記念して下記の2書を出版した。残部僅少。
問合・申込先:日図協図書館の自由委員会事務局(Fax03-3523-0841 E-mail:somu@jla.or.jp)
・『図書館の自由に関する宣言の成立』(図書館と自由1) 復刻版 日本図書館協会 2004.10.(￥1000＋送料実費)

- 『図書館年鑑』にみる「図書館の自由に関する宣言」50年　日本図書館協会　2004.10.（￥2000＋送料実費）
近刊予告・『「図書館の自由」に関する文献目録 1945-2000』日本図書館協会図書館の自由委員会編　日本図書館協会　(2005.03.刊行予定)　価格未定

　委員会がこれまでに刊行した『図書館と自由』シリーズの文献，及び『図書館の自由』ニューズレター収録の記事索引を基礎に，『図書館雑誌』，『図書館年鑑』，『全国図書館大会記録』の記事などを補充した。全文献を発行年月順に収録することにより，図書館の自由に関する事例を時代背景との関わりの中で把握することができる。

- 「図書館の自由に関する宣言」絵はがきについて［掲載略］

図書館の自由　第48号　2005年5月

1. 図書館の自由に関する事例

・個人情報保護法と図書館資料の扱い

JLAメールマガジン　第251号（2005.04.20）より転載

　4月1日個人情報保護法の施行に伴い，図書館においても個人情報保護についての関心が急速に高まっている。貸出登録の際求める利用者の個人情報の内容検討などをしているところも少なからずみられる。この法律は民間企業や団体における個人情報保護について規制するものであって，国立の機関や自治体の設置する図書館などは対象とされない。それぞれ別の法律や自治体の条例によって管理，規制される。

　また図書館が所蔵する資料については，この法律が直接規制する対象ではない。この点について，法を所管する内閣府個人情報保護推進室に日本図書館協会は念のため照会をした。要旨次のような回答があった。

　法の対象は，民間団体が収集保存している個人情報であって，図書館などが所蔵し提供している資料は対象とならない。図書館が個人情報を含む資料を利用者に提供することは，書店が本を販売すること同じ行為であり，一般的にそのこと自体，この法律は直接対象としない。その資料に問題があるとすれば，それを出版した者がまず問われることになる。一部新聞記事に，図書館が問題のある名簿を提供することが処罰の対象となるような記事があったが，これら前提条件を欠いたものである。またそれぞれの業界で個別具体的な基準が必要とされるならば，法に基づいたものを所管する省庁が示すものと思われる。

　なお参考資料として次のものがある。
- 新保史生「図書館と個人情報保護法」『情報管理』47(12)　818-827頁
- 福永正三「骨粗鬆症と図書館―「名簿」の取扱いについて思う」『図書館雑誌』2003年2月号　79頁
- 同「図書館資料のなかの個人情報の保護」『図書館界』51(3)140-154頁

※金沢市立図書館所蔵の明治・大正期受刑者名簿関連記事
- 刑罰者名簿「閲覧可」に　HPに掲載ミス－金沢市立玉川図書館　毎日新聞　2005年4月15日
- 金沢の図書館　受刑者名簿閲覧可に　明治～大正，罪名など個人情報　内規違反，リスト削除　朝日新聞 2005年4月14日
- 受刑者名簿　作成意図，経緯は　県警，警察庁も首ひねる　朝日新聞　2005年4月15日
- 西河内靖泰　個人情報保護法が施行されて－過剰反応する図書館，意図的に煽り立てるマスコミ（ブックストリート-図書館）　出版ニュース　2005.05 中旬

・高槻市立中央図書館利用者登録情報盗難事件　調査報告

2005年3月17日, 5月7日（最終稿）
日本図書館協会　図書館の自由委員会　三苫正勝

［調査］
　2005年3月17日および3月31日, 図書館長および係長から電話で事情を聴取。

［環境］
　高槻市立中央図書館は同市総合センターの2〜3階に位置する。
　2階は一般開架室, 3階は参考図書（禁帯出）開架室・レファレンスカウンター。

［事件の概要］
◆2005年2月14日, 3階レファレンスカウンターにおいて, 女性職員（常勤の司書）が前日の個人貸出登録89人分の確認作業をするために, コピーアウトした89人のリスト（A4判用紙4枚）をカウンターに置いたまま午前11時ごろ, 5〜7分間席を離れ書庫に行ったすきに紛失した。
◆登録内容は, 氏名・住所・電話番号・生年。市外居住者にはそれに加えて, 高槻市内の勤務先または学校。
◆その日の午後6時半頃, 小学生女児の母親から問い合わせがあり,「大阪図書館連絡会」を名乗る男から「利用者リストを作るので誕生日を教えてほしい」と電話があったという。ほかにも女性7人に同様の電話があったことがわかった。全部で6世帯8人になる。
◆図書館では高槻警察署に盗難届を出し, 当該89人の貸出券を無効として, 新たな券を作成, 手分けして戸別訪問し謝罪した。
◆2月23日, 高槻署は利用者の一人を窃盗容疑で逮捕, 容疑者は容疑を認めている。
◆逮捕の経過は, 図書館の状況説明から警察が被疑者をしぼり, 当人が来館したときは警察に連絡するよう要請されたのでそのようにした。警察が当人に事情を聞いた結果, 逮捕に至った。

［説明］
◆職員構成は, 常勤20人　非常勤12人（全員司書）
　常勤の内訳は, 業務係14（うち司書9）　管理係5　館長1（いずれも司書資格なし）
◆登録は2階カウンターで受け付ける。受け付けと同時にコンピュータに直接入力し, いつもはその日のうちに事務室で用紙に打ち出して確認作業をし, 終り次第, 用紙はシュレッダーにかけて廃棄する。
◆13日は繁忙のため, 翌14日に確認作業を行おうとした。14日は3階カウンターが手すきでもあったのでたまたまそこで行っていた。
◆確認作業は, 登録者が少数の場合は, コンピュータ画面でできるが, 人数が多い場合は, 目の疲れなどのため集中力が続かず, 見落すときもあるためプリントアウトしている。
◆なおこの時期, 図書館では個人貸出登録の切り替えを行っていた。
◆89人の貸出券を作り直したのは, 利用者登録番号を変えたためである。
◆カウンターのうえにはコンピュータ端末と図書などが置かれていて, 登録リストはカウンターの利用者からは見えない位置に箱に入れて置かれていた。
◆容疑者は毎日のように来館していて, その時は, 新聞のバックナンバーを請求して, 職員が書庫に取り出しに行った間に, リストを持ち去ったらしい。
◆カウンターの職員は, 10時45分に交代しており, その前からリストは箱に入れてカウンター上に置かれていた。職員が実際にカウンターを離れたのは11時ごろから5〜7分の間であった。その間に紛失していたという。

［付記］
◆図書館では, 今後この作業は必ず事務所内で行うよう申し合わせた。
◆市議会では, 図書館の管理が甘いのではないか, あるいは職員の認識が不十分ではないかなどの追求があった。

以　上

※関連記事

・高槻の図書館,利用者名簿89人分盗難――女性8人に不審電話　日本経済新聞　2005.02.21.
・大阪・高槻の図書館名簿窃盗,容疑の男を逮捕　毎日新聞　2005.02.24.

・阪神応援歌の作者詐称で応援団元会長逮捕と図書館でのCDの扱い

　2005年3月2日,プロ野球阪神タイガースの応援歌の作者と偽って著作権登録したCDを販売したとして,兵庫県警暴が著作権法違反(著作者名詐称)の疑いで私設応援団「中虎連合会」の元会長ら2容疑者を逮捕した。CDの回収が行われているとの報道があったが,図書館での取り扱いについては
①図書館でどう取り扱うかはそれぞれの図書館の判断による
②違反で逮捕,CD回収の段階であり,事件についての裁判や判決に至っていない
③著作権法違反が判決として確定した場合については,『図書館の自由に関する宣言 1979年改定解説』第2版の33〜34ページにある。要するに図書館での扱いについて判決のなかで明記されていない限り,特別の扱いは必要はない。

　※関連記事　・阪神応援歌「中虎連合会」会長らを著作権法違反で逮捕　毎日新聞　2005.03.02.

・インターネット蔵書検索・予約のセキュリティについて

　黒田充さんが運営するWEBサイト「自治体情報政策研究所」に,インターネット蔵書検索・予約ページのセキュリティについて掲載されている。
　公立図書館のWebサイトでは蔵書検索だけではなく予約もできるところが出できているが,予約のためにはIDやパスワードを入力する必要がある。暗号化しないままこれらの情報をインターネットに流す行為は,情報の盗聴や改ざん,なりすまし等を招きかねずたいへん危険だ,との認識からこの辺りの状況を各図書館のサイトで調べたものだ。
　東京都23区内(2005年3月18日現在19区),東京都市部(2005年3月21日現在17市),大阪府内(2005年3月17日現在10市町)についての情報が掲載されている。
　　　　http://www.jj-souko.com/elocalgov/contents/c1701.html#s2

・テレビ朝日に名誉および信用の回復措置を求める声明

　テレビ朝日のドラマ「相棒」で司書が個人情報を漏らす場面があったことについて,前号で詳しく紹介したが,ドラマで舞台とされた世田谷区の職員労働組合教育分会は声明を発表している。

　※関連記事
　・司書が個人情報もらすドラマが放送　一日図協,テレビ朝日に事情を聴く　図書館雑誌　vol.99,no1
　　2005.01.　p5
　・ドラマで図書館員,刑事に個人情報『信頼損ねる』テレ朝に抗議　東京新聞　2005.04.09.

○声明送付文

2005年4月7日

　関係各位

世田谷区職員労働組合教育分会　分会長　清家正彦

　拝啓,ますますご清祥のこととお喜びを申し上げます。
　前年12月8日に株式会社テレビ朝日は,シリーズドラマ「相棒」の中に,世田谷区立図書館の職員が,訪ねてきた警察官に写真を見せられ,その人間の貸出履歴をパソコン画面で見せるという,場面を流しました。ドラ

第 49 号（2005 年 8 月）

マの上とはいえ，世田谷区の図書館職員が違法行為を行っていると全国に放映しました。
　私たちは，世田谷区に働く職員によって構成される労働組合で，図書館職員も当分会に所属しています。そのことから，テレビ朝日側に名誉と信用の回復のため，「訂正と謝罪」を求め交渉しましたが，今もって，テレビ朝日側は，責任を明確に認めず，私たちの求める訂正措置を行おうとしません。
　私たちは，より多くの方々に知ってもらうために「声明」発表し，マスコミ・図書館関連団体にも送ることにしました。つきましては，私たちの主張していることについてご理解くださいますよう，また，多くの方にもお知らせくださいますよう，お願い致します。

敬具

1. 連絡先　世田谷区世田谷 4-21-27
　　　　　世田谷区職員労働組合教育分会
　　　　　書記長　池沢昇　（TEL［※集成版編集にあたり略］）
2. 文書　「テレビ朝日に名誉および信用の回復措置を求める声明」
　　　　「「相棒」(04 年 12 月 8 日放映)についての要請」(教育分会)
　　　　「「相棒」第 7 話内に誤解を招く表現があったことについて」(テレビ朝日)

以上 3 件

○テレビ朝日に名誉および信用の回復措置を求める声明

　テレビ朝日はシリーズドラマ「相棒」(04 年 12 月 8 日)で，世田谷区立図書館の職員が，訪ねてきた警察官に写真を見せられて，図書館利用者であると答え，さらにその利用者の貸出履歴をパソコン画面で見せるという内容を放映しました。
　世田谷区立図書館はもとよりどの図書館においても，誰がどのような本を借りているか，絶対に漏らしてはならないとしてきました。また，図書館利用の有無を答えることもありません。個人の読書の秘密は，「図書館の自由の宣言」や「図書館員の倫理綱領」に厳格に規定されるように，図書館の守るべき原則です。加えて，全国的に個人情報保護に関する条例が制定され，個人情報の重大さを認識せずに公務に携わる状況にはありません。唯一の例外は，裁判所の命令のある場合ですが，その際も，提供するかどうかは行政判断によります。テレビ朝日「相棒」の流したようなことは，ありえないことです。
　テレビ朝日は，ドラマの上とはいえ，世田谷区の図書館員がいとも簡単に行政処分の対象となる違法行為を行っていると全国に放映したのです。テレビを見た多くの人が，実際にも世田谷区の図書館がこのようなことを行っていると思うでしょう。また，世田谷区役所全体について同様の目で見ることも避けられません。
　私たちは，名誉と信用を回復するための措置として，同番組で，訂正及び謝罪をするように，テレビ朝日に文書で要求しました。しかし，テレビ朝日の回答は，「誤解を招いた表現があった」ことをテレビ朝日ホームページ上に掲載した等を理由に，私たちの要求を拒絶しました。
　このことは，テレビ朝日が自分たちの行ったことについての認識を持たないことに起因するものです。多くの図書館関係者や世田谷区からの抗議を受けて，私たちへの「回答」も含め，一定の謝罪らしきもの（テレビ朝日は「謝罪する」とは言ってない）はしたものの，社会的責任として当然に行うべき，名誉と信用を回復させるための最低限の措置は拒絶しています。
　巨大マスコミであるテレビ朝日がこのことに不十分な認識しか示し得ないことは残念であるとともに恐ろしい思いがします。私たちは広くこのことを社会に明らかにし，テレビ朝日がその社会的責任を果たすように求めます。

2005 年 3 月 24 日
教育分会執行委員会

○「相棒」(04 年 12 月 8 日放映)についての要請

2005 年 2 月 22 日

株式会社テレビ朝日　代表取締役社長　広瀬道貞様

世田谷区職員労働組合教育分会　分会長　清家正彦

「相棒」(04年12月8日放映)についての要請

　貴社テレビ朝日が04年12月8日に放映した「相棒」の中に、世田谷区図書館職員が、訪ねてきた警察官に写真を見せられ、「図書館利用者である」と答え、また、パソコン画面で利用者氏名とその利用者の貸出履歴を警察官に見せる、という場面がありました。このドラマで使われた図書館名は世田谷区に現実に存在していませんが、これを見た全国の視聴者は、世田谷区の図書館がこのようなことを行っていると思うことは避けられません。このことについて、04年12月15日に、文書「「相棒」(12月8日放映)についての要請および抗議」を、担当するアシスタントディレクターの方に渡しましたが、なんらご返事をいただいておりません。

　先の「要請および抗議」に述べたように、世田谷はもとよりどの図書館でも、個人の読書の自由が侵されないよう、誰がどんな本を借りているかはもとより、誰が図書館を利用しているかも、絶対に外部に漏らしてはならないこととされています。また、全国で個人情報の保護が条例化されており、公務員には個人情報の守秘義務が課せられています。テレビが放映した内容はドラマの上とはいえ、世田谷区の図書館員が行政処分の対象となる違法行為を行っているということです。相手が警察であっても同じです。法令に基づく正規の手続き(裁判所の命令)なしに見せることはありません。

　この放映内容は、図書館が違法行為を行っているばかりでなく、区役所もこのような個人情報の漏洩に無関心であるかのような誤解を与えます。12月15日放映の「相棒」の中で、誤解を与えたことについての訂正とお詫びを放映するように、要請したものです。

　今回の要請は、貴社がこの件について行った措置についての意見を述べ、前回の要請内容について再度要請し、回答を求めます。

　貴社はチーフディレクター名で、昨年12月24日、世田谷区立中央図書館長の「要請書」に対する「解答書」を出しました。この中で貴社は次のように述べています。

「肝心の捜査令状を見せる部分を映像で表現しなかったため、司書が捜査令状もなしに自らすすんで貸出情報を提供しているように見えるとの指摘を、貴館を含め日本図書館協会ほか図書館関係者の方々から受けました。当番組としましては、図書館が簡単に他者に個人情報を開示するかのように誤解を招く表現になってしまい、図書館関係者の方々に不快な思いをさせてしまったこと、大変申し訳なく思っております。」

　私たちは、貴社が一定の対応策を取ったことについては評価しますが。しかし、マスコミという巨大組織である貴社が、この件について不十分な認識しか示していないことには残念であるとともに恐ろしい思いがします。今回の貴社が放映した内容は、貴社が表現するような婉曲な表現を避け、より実態に近い表現を使えば、ドラマの上とは言え、世田谷区の図書館員が最高では懲役も科せられる行政処分の対象となる違法行為を行っているということです。しかし、貴社は、「図書館関係者の方々に不快な思いをさせた」と、世田谷区の図書館を他の図書館関係者と同列に置いて謝罪しているに過ぎません。

　適切な措置を採るように再度要請します。

訂正措置の内容:放映中の「相棒」の中で、誤解を与えるような内容で放映したことについて、訂正および謝罪すること。

連絡先：世田谷区(以下略)

○「相棒」第7話内に誤解を招く表現があったことについて

2005年3月1日

　世田谷区職員労働組合教育分会　分会長　清家正彦殿
　　　　　　　　　テレビ朝日編成制作局制作2部　統括担当部長　稲垣健司
　　　　「相棒」第7話内に誤解を招く表現があったことについて

　貴組合ますますご清祥のこととお喜び申し上げます。日頃は弊社の番組をご覧いただき誠にありがとうございます。

　さて、2005年2月22日付の貴殿からいただきました文書『「相棒」(04年12月8日放映)についての要請』

についてですが，回答を含め補足説明をさせていただきます．

　ご指摘のありましたシーンは 2004 年 12 月 8 日（水）放送分のドラマ「相棒」第 7 話『夢を喰う女』の中で，刑事が殺人事件の捜査のため，二人の被害者が共に所持していた図書館カードを唯一の手がかりと考え，図書館を訪ね警察手帳を提示の上，司書に被害者二人の貸出履歴を見せてもらうというものです．
　ドラマの制作現場においては，フィクションではあるもののテレビの影響力を考え，捜査時における電話の通話記録，戸籍謄本の閲覧など"個人情報の開示"という点に関して常日頃十分注意を払っております．
　今回のシーンも，ストーリーを作る段階で事前に「図書館法」および日本図書館協会の「図書館の自由に関する宣言」を読み，宣言第 3 の 1「図書館は利用者の読書事実を外部に漏らさない．ただし憲法 35 条にある"令状を確認した場合"は例外とする」とあることを確認した上で制作致しました．
　しかし，今回の放送では作劇上，肝心の捜査令状を見せる部分を映像で表現しなかったため，司書が捜査令状もなしに自らすすんで貸出情報を開示しているように見えるとの指摘を，図書館関係者の方々から受ける結果となりました．また，その後の調べで実際は，例え捜査令状があった場合でも貸出情報を開示することなどほとんどないということを確認し，大いに反省致しております．
　当番組としましては，図書館が簡単に他社に個人情報を開示するかのような誤解を利用者の方に与えるようなことは，本意ではありませんが，結果的に誤解を招く表現になってしまい，図書館関係者の方々に不快な思いをさせてしまいました．特に，架空の名称にしたとはいえ"世田谷区にある図書館"という設定であったことで，常日頃法令に基づいた業務に腐心されている世田谷区職員の皆様には，一層の不快な思いをさせてしまいましたこと，大変申し訳なく思っております．

　本件に関しまして，当社では各方面からのご指摘の点を踏まえ，誤解を招いた表現があった旨，当社ホームページ上に 2004 年 12 月 15 日から 2005 年 2 月 8 日まで掲載し，図書館利用者ならびに視聴者の皆様に理解を深めるよう努めてまいりました．
　その間の対応については，2005 年 2 月 15 日の「新聞協会報」（発行：日本新聞協会）のコラム"週間メモ"において「同局は再放送および地方局には販売しないことなどを約束．『誤解を招く表現になってしまった』との謝罪文をホームページ上に掲載した」と報じられております．以上のような対応策を既に講じております当社と致しましては，今回の件につきましては，ご要望されております放送上での対応は致しかねますので，ご理解をお願いします．
　今後とも番組制作に携わる者として，ご指摘いただいた内容を真摯に受け止め，誤解を招くことのないよう十分留意し，より良い番組付作りを目指します．　　　　　　　　　　　　　　　　　　　　　　　　以上

・図書館の防犯カメラについて

　長野市立長野図書館では，2004 年 6 月に空調設備の改修工事とともに防犯カメラが更新されていたが，映像を録画していることが新聞報道され，市議会でもとりあげられている．
　長野市議会議員・布目ゆきお氏が問題としているのは，予算審議の議会で防犯カメラ設置について論議する情報が提供されなかったこと，公共施設である図書館に防犯カメラが必要かどうかという点．また個人の映像を記録保存するならその管理を厳格に行う必要があり，管理運用のルールを定めるべきだと主張している．

　※関連記事
　・市立長野図書館　議論なく防犯カメラ　映像扱い基準なし　「十分な説明必要」指摘も　信濃毎日新聞　2005.04.08.
　・図書館のカメラ「運用基準作る」長野市助役　信濃毎日新聞　2005.04.09.
　・布目ゆきお　図書館に防犯カメラ，プライバシーは大丈夫か？　1，2　「布目ゆきおのページ」「今日の話題」　2005.04.08，04.20　http://www.asahi-net.or.jp/~vj6y-nnm/index2.htm
　・長野図書館の防犯カメラ設置について　長野市長定例記者会見　2005 年 4 月 12 日

http://www.city.nagano.nagano.jp/ikka/kouhou/kaiken/050412/050412.html
- 長野市立図書館防犯カメラ問題　市が論議不足認める　市会委員会　信濃毎日新聞　2005.04.20.
- 田畑真治　情けない人間が多くなった…　「ブックデザインのユニーク」リレートーク　2004.07.07.
http://w1.avis.ne.jp/~unique/talk_f/tabata1.html

2. 海外の知的自由に関する事例

・米国愛国者法の見直しをめぐる動き（E316）

(国立国会図書館『カレントアウェアネス-E』No.56　2005.4.6 より転載)
http://www.ndl.go.jp/jp/library/cae/2005/E-56.html#E316

　サンダース（Bernard Sanders）下院議員らは3月8日，第109議会に「2005年読書の自由保護法案」（H.R.1157）を提出した。この法案は，愛国者法215条が規定する業務記録の中から，図書館や書店の業務記録を除外することを定めたものである（CA1547参照）。

　同様の法案は2003年3月，同議員らにより，150名を超える超党派の議員の支持を得て第108議会にも提出されたが，投票に至らなかった（E110参照）。

　その後，同議員は，2005会計年度の商務省・司法省・国務省歳出予算法案を修正して問題の規定に係る予算の計上を阻止しようとしたが，2004年7月に，僅差で否決されたという経緯がある。

　一方，前共和党下院議員のバー（Bob Barr）氏を代表とする「愛国者法にバランスを取り戻す会（PRCB）」は，時限規定（2005年末まで）の延長にあたって，215条を含む3つの条項の内容を見直し，テロ対策と合衆国憲法修正第4条の規定（不当な逮捕，捜査，押収の禁止）との間のバランスを回復させようとする運動を展開している。3月22日にはブッシュ大統領に書状で訴えを伝えた。なお，現時点でこの運動への図書館関係団体の参加はない。

Ref:
http://www.ala.org/ala/alonline/currentnews/newsarchive/2005abc/march2005ab/readfree.htm
http://www.libraryjournal.com/article/CA510392
http://www.libraryjournal.com/article/CA513295
http://www.checksbalances.org/prcb%20press%20release.php
CA1547（http://www.ndl.go.jp/jp/library/current/no283/CA1547.html）
E110（http://www.ndl.go.jp/jp/library/cae/2003/E-20.html#E110）

・IFLA/FAIFE　トルクメニスタンの図書館閉鎖に抗議声明

　中央アジアのトルクメニスタンのニヤゾフ大統領が，首都アシガバード以外の病院と図書館の閉鎖を命じた。大統領は首都と大学を除く図書館の廃止も命令。「田舎の人はどちらにしても字が読めないのだから」と説明したという。

　国際図書館連盟（IFLA）は4月29日，トルクメニスタンにおける図書館の閉鎖と人権侵害に抗議する声明を発表した。IFLA/FAIFE（国際図書館連盟「情報へのアクセスと表現の自由」委員会）の2005年次報告にもこの件について報告が掲載される予定である。

※関連記事
- トルクメニスタン，地方病院を閉鎖　独裁進み深まる孤立　朝日新聞　2005.03.05.
- IFLA／FAIFE　IFLA protests closure of libraries and violations of human rights in Turkmenistan
http://www.ifla.org/V/press/pr29-04-2005.htm
- 過去の記憶を消し去ろうとする暴挙？－図書館の破壊・閉鎖（E328）　カレントアウェアネス-E　no.58

2005.05.18.

声明の概要は以下のとおり。
○IFLAはトルクメニスタンにおける図書館の閉鎖と人権侵害に抗議する

2005年4月29日　記者発表

　IFLAはトルクメニスタンにおける図書館の閉鎖，及びそれがもたらす同国での情報アクセスの自由と表現の自由への影響に対して強く抗議する。

　情報社会における世界サミットで，情報・知識社会において情報アクセスと表現の自由をいかに保護するかを論議しているとき，トルクメニスタン政府は，私たちが長年の間で直面するもっとも深刻な知的自由への攻撃を発動することによって，自国民の隔離と無知への道を歩んでいた，とKay Raseroka・IFLA会長は語った。

図書館の閉鎖

　トルクメニスタン大統領ミヤゾフ氏は，「誰も本を読んだり図書館に行ったりしない」という理由で図書館の閉鎖を命令した。中央図書館および大学図書館は引き続き開館するが，その他の図書館は閉鎖されるだろう。大統領はトルクメンに必要なほとんどの本はすでに家庭にあるのだから図書館は必要ないと公式に述べた。

　図書館の閉鎖についての正確な情勢を把握することは困難である。Open Society InstituteはDashoguz州図書館の閉鎖を確認したが，国立図書館は閉鎖を免れたようだ。他の分析者は図書館は長い間大統領にきらわれていたと報じている。大学図書館の図書は十年以上も新たに供給されず，多くの歴史，文学，生物学の著作は除去され破壊されてきた。

検閲とインターネット接続の禁止

　図書館の閉鎖はこの国における知的自由侵害の最新の例である。政府はインターネットへの接続を出来るだけ困難にし，オンライン情報源へのアクセスを遮断している。教育システムは大きな影響を受けている。カリキュラムは大統領のRukhnama主義の学習に集中しており，トルクメニスタンの人々が発展するような文明，科学や文化の影響の一切を拒絶している。

　人権団体はRukhnama主義の維持に協力しないメディアと情報への広汎な検閲を伝えている。外国文学，新聞，雑誌の輸入は禁止されている一方，国営書店では体制維持の本だけが売られている。残った書店と図書館はすでにからっぽだから図書館の閉鎖も容易だったのだ。知識人や政府への反対者のいやがらせや投獄とともに，焚書，図書館の禁止，文化施設，バレー，オペラ，サーカス，コンサート，外国文化交流の禁止は，みなトルクメニスタンの国民の経験した厳しい圧制である。

人権侵害

　情報アクセスと表現の自由の無視は，国家と国民の発展に大きな影響を与える。情報や知識，生涯にわたる学習へのアクセスは，社会の民主的な発展と積極的な関与の中心をなすものである。このことは世界人権宣言第19条に明記された基本的人権である。トルクメンの人々への国家による統制は，自国民を無知のままに置き，外部の世界とのコミュニケーションを妨げている。

　国際人権機構は市民的，政治的，社会的，経済的そして文化的権利の侵害も人権侵害に含まれるとしている。トルクメニスタンで起きていることは，国民の権利に対する前代未聞の蹂躙である。

国際的な抗議

　国際人権連盟，国際ヘルシンキ人権財団，人権記念センターは国連人権会議にトルクメニスタンの人権侵害に取り組むよう要請している。

　IFLAはこの要請を支持するものであり，トルクメニスタン政府に対し，国際人権宣言第19条に基づき，以下のことを要望する。

　図書館を再開すること，再び図書館を整備すること，インターネットへの自由な接続を提供すること，図書館員が情報への無制限のアクセスを提供できるよう援助すること。

4．新刊より

・『ジャーナリズムの条件1-4』筑紫哲也ほか編　岩波書店　2005.02.～05

http://www.iwanami.co.jp/moreinfo/026397+/top.html

1 職業としてのジャーナリズム 筑紫哲也編 岩波書店 2005.02. ISBN4-00-026397-8 ¥2500＋税

もくじ【総論】ジャーナリストとは何者か 筑紫哲也 I ジャーナリストの仕事：防衛庁リスト報道の軌跡（毎日新聞）大治朋子／沖縄返還密約事件を追って（名古屋テレビ）土江真樹子／真実は公的空間で鍛えられる（NHK）桜井均／「少年事件被害者の視点」への転回 藤井誠二／地方発のドキュメンタリー（熊本放送）村上雅通／終わらない戦後（アジアプレス）柳本通彦／報道カメラマンの仕事 石川文洋／写真の力を信じて 後藤勝 II ニュース・バリューとは何か：「何のために伝えるのか」を基準に（共同通信）石山永一郎／ジャーナリストは何を伝えるのか（朝日新聞）伊藤千尋／視聴率と「伝えたいニュース」 長野智子／豊島の産廃報道（山陽放送）曽根英二／国際報道とメディアの「ビジネス化」（学習院女子大）石澤靖治／夕刊タブロイド紙（日刊ゲンダイ）二木啓孝 III ジャーナリストに求められるもの：いま，ジャーナリストの条件とは 原寿雄／ジャーナリストは「養殖場」を飛び出そう（日本インターネット新聞）竹内謙／事件記者に求められる視点と姿勢 大谷昭宏／2つの戦争を取材して（共同通信）原田浩司／萎縮するジャーナリズム（『創』）篠田博之／答えも終わりもないプロセスのなかに（アジアプレス）吉田敏浩／北朝鮮取材とジャーナリスト（アジアプレス）石丸次郎

2 報道不信の構造 徳山喜夫編 岩波書店 2005.03. ISBN4-00-026398-6 ¥2500＋税

もくじ【総論】公共性をめぐる倫理 徳山喜雄 I 政治・経済報道の基軸：テレビがつくる劇場型政治 蟹瀬誠一／経済報道を分かりやすく（朝日新聞）山田厚史／政治家への取材と報道 国正武重／政治報道の醍醐味と危険（東京新聞）菅沼堅吾／情報公開を阻む「機密保持」（インサイドライン）歳川隆雄／政治報道の死角 山田直樹／経済事件報道の壁 須田慎一郎／経済ニュースの伝え方（キャスター）小谷真生子 II 事件報道のありかた：松本サリン事件の教訓（テレビ信州）倉田治夫／オウム報道を問い直す 川邊克朗／犯罪被害者に配慮した報道とは（朝日新聞）河原理子／少年事件の追跡報道 玉木明／北朝鮮報道とテレビメディア（TBS）萩原豊／週刊誌，その光と影 亀井淳 III 戦争報道の落とし穴：フリージャーナリストの戦場取材（アジアプレス）綿井健陽／自衛隊イラク派遣の現場から（共同通信）石坂仁／戦争の残虐写真は公表すべきか（毎日新聞）越川健一郎／ジャーナリストと"現場"（JVJA）土井敏邦

3 メディアの権力性 佐野眞一編 岩波書店 2005.04. ISBN4-00-026399-4 ¥2500＋税

もくじ【総論】報道と権力の対抗・癒着 佐野眞一 I 巨大メディアはいま：権力化・企業化する巨大メディア 大塚将司／政治権力とメディア（椙山女学園大）川﨑泰資／新聞の「限界」と可能性（『週刊金曜日』）北村肇／日刊紙を創刊できない構造（京都経済新聞）築地達郎／地方紙における社内民主主義の危機 大滝純治 II 公権力とメディア：司法とメディア 宮本雅史／オウム報道をめぐるメディアの権力性（作家）森達也／個人情報保護のためのメディア規制 吉岡忍／「論ずる」ことの再生を求めて（『論座』）上丸洋一／権力そのものと化す大手新聞 斎藤貴男／報道の公共性と企業の公益性（『FLASH』）名和靖将／芸能プロダクションとテレビ・ポリティクス 丸山昇／NHK・ETV特集改竄の裏側（東京新聞）中村信也 III フリー・ジャーナリストとしての格闘：フリー取材の過酷な現実 瀧井宏臣／ヤクザ・暴力団への取材 溝口敦／警察と新聞の関係 曽我部司／宗教ジャーナリズム確立のために 藤田庄市／「自己責任論」の本質 安田純平／徒手空拳で権力と闘う 山岡俊介

4 ジャーナリズムの可能性 野中章弘編 岩波書店 2005.05. ISBN4-00-026400-1 ¥2500＋税

もくじ【総論】メディア変革の時代 野中章弘 I マスメディアの再生をめざして：市民のための新聞へ（朝日新聞）本田雅和／「伝える意志」を持ち続けること（東京新聞）佐藤直子／ジャーナリズムに＜国籍＞はあるか？（TBS）金平茂紀／「対話」のためのテレビ・ドキュメンタリー（NHK）鎌倉英也／民主化を闘った韓国メディア（ハンギョレ新聞）李寅雨／報道オンブズマンと市民（青山学院大）山田健太／労組を通じたネットワークを（毎日新聞）明珍美紀 II 市民型未来系ジャーナリズムの構築：「市民メディア」とは何者か 下村健一／インターネット新聞の挑戦と課題（日刊ベリタ）永井浩／韓国のインターネット新聞（プレシアン）朴仁奎／時代を撃つビデオ・アクティビスト（ビデオプレス）松原明／映像のゲリラたち（映画監督）土屋豊／ビデオジャーナリズムからインターネット放送へ 神保哲生／インターネット放送の挑戦（OurPlanet-TV）白石草／ネットを使った市民ジャーナリズム 菅原秀／テレビからの離陸 坂上香 III ジャーナリスト教育とメディア・リテラシー：足で取材する現場記者の養成へ（帝塚山学院大）新妻義輔／大学におけるジャーナリズム教育（上

智大)藤田博司／大学でもジャーナリスト養成を(龍谷大)小黒純
- 『中国の嘘-恐るべきメディア・コントロールの実態』何清漣著　中川友訳　扶桑社　2005.02.　ISBN 4-594-04876-5　￥2100(税込み)

もくじ　深い闇に閉ざされた神秘の中国／報道統制は愚民政策の主な手段である／報道メディアに対する政府の統制／メディア従事者に対する二重の統制／「内部文書」と情報の機密保護制度／手かせ

- 『グローバル化と監視警察国家への抵抗－戦時電子政府の検証と批判』小倉利丸編　樹花舎　2005.04. 4-434-05804-5　￥2500＋税　http://homepage3.nifty.com/kinohana/kansi.html

もくじ　グローバル化・「強い国家」政策と現代警察のねらい　渡辺治／見られる者と見る者　監視社会と外国人　古屋哲／警察・治外法権の闇組織　市川守弘／日本の治安は良好である　犯罪統計からは警察とは全く逆の結論がでてくる　角田富夫／戦時電子政府と監視社会　小倉利丸／資料・緊急治安対策プログラム（警察庁）

- 『発禁・わいせつ・知る権利と規制の変遷(出版年表)』橋本健午著　出版メディアパル　2005.04　ISBN 4-902251-06-X　￥1500＋税　http://www.book-map.com/chihou_so.cfm?ID=28019

川上賢一(地方・小出版流通センター代表)のコメント

　出版を中心に，明治時代より今日に至るわが国の歴史を年表形式で概観し，そのなかに知っておくべき過去のさまざまな出版表現に関わる"動き"を取り入れて構成した，橋本健午著「発禁・わいせつ・知る権利と規制の変遷－出版年表」出版メディアパルは，表現の自由と出版規制，年表で見る出版小史－戦前・戦後編，出版の現状と倫理規定という構成で，最新の状況までを簡潔にまとめたもの。

5. お知らせ

委員会では「図書館の自由に関する宣言」50周年を記念して下記の2書を出版した。残部僅少。
問合・申込先：日図協図書館の自由委員会事務局(Fax03-3523-0841　E-mail：somu@jla.or.jp)
- 『図書館の自由に関する宣言の成立』(図書館と自由 1)　復刻版　日本図書館協会　2004.10.(￥1000＋送料実費)
- 『図書館年鑑』にみる「図書館の自由に関する宣言」50年　日本図書館協会　2004.10.(￥2000＋送料実費)

近刊予告
- 『「図書館の自由」に関する文献目録　1945-2000』日本図書館協会図書館の自由委員会編　日本図書館協会　価格未定

　委員会がこれまでに刊行した『図書館と自由』シリーズの文献，及び『図書館の自由』ニューズレター収録の記事索引を基礎に，『図書館雑誌』，『図書館年鑑』，『全国図書館大会記録』の記事などを補充した。全文献を発行年月順に収録することにより，図書館の自由に関する事例を時代背景との関わりの中で把握することができる。

- 「図書館の自由に関する宣言」絵はがきについて[掲載略]

図書館の自由　第49号　2005年8月

1. 図書館の自由に関する事例

(1)船橋市西図書館蔵書廃棄事件最高裁判決について

・判決の要点
　この裁判の一審(2003年9月9日，東京地裁判決)は，事件の報道後に船橋市教育委員会が行った図書館職員等の事情聴取記録などから，「本件除籍等は，原告つくる会らを嫌悪していた被告Aが単独で行ったものと認めるのが相当である。」「一時の偶発的行為ではなく，周到な準備をした上で計画的に実行された行為であることが明か」と事実認定がされた。一方，図書館の蔵書の著者は「閲覧に供せられる利益を不当に奪われない権利」や「利用者への思想・表現の伝達を妨害されない権利」を持ち，本件廃棄によってこれを侵害されたという原告の主張に対しては，これらは被告船橋市の図書館が，その自由裁量に基づいて購入し市民の閲覧に供することの「反射的に生じる事実上の利益にすぎないものであって，法的に保護された権利や利益」とは言えない，として損害賠償請求を退け，二審(2004年3月3日，東京高裁判決)もこれらを支持した。
　最高裁は今回の判決で原審の認定した事実を確認した上で，船橋市への損害賠償請求を退けた原審の判決部分を破棄し，審理を原審(東京高等裁判所)に差し戻した。
　東京高裁の差戻し審第一回公開審理は9月15日に開かれる予定である

・船橋市西図書館蔵書廃棄事件訴訟，最高裁で口頭弁論
『JLAメールマガジン』第257号(2005.06.08)より転載
　船橋市西図書館蔵書廃棄事件についての上告審で，最高裁は6月2日午後1時30分から口頭弁論を行った。原告，被告両者の主な主張は上告趣意書等の書面をもってなされ，原告側から弁護士のほか西尾幹二氏と井沢元彦氏が各10分程度の陳述を行った。
　被告船橋市側からは，文書で提出済みとのことで，口頭による陳述はなかった。西尾氏は，全国の図書館員があれと同じことをすれば日本でも焚書ができてしまうので適切な判断をしてほしいということ，井沢氏は廃棄の手続が民主主義のプロセスから外れるのでそれを適切に処置してほしいということを主張し，審理は25分程度で終わった。傍聴人は26人で，日本図書館協会図書の自由委員会も傍聴した。
　口頭弁論は今回で終結，判決言渡は7月14日(木)午前10時30分からである。

・船橋市西図書館の蔵書廃棄事件に最高裁判決
『JLAメールマガジン』第263号(2005.07.20)より転載
(図書館雑誌　vol.99,no.8(2005.08))にも同内容記事掲載)
　最高裁判所は7月14日，公立図書館は著作者にとって，その思想，意見等を公衆に伝達する公的な場である，不公正な取扱いによって蔵書を廃棄することは著作者の利益を不当に損なうものである，との判決を出した。
　最高裁判決：http://www.courts.go.jp/indexs.htm
　2001年8月に船橋市西図書館は「新しい歴史教科書をつくる会」の会員らの著書を集中的に除籍・廃棄し，これを不当とする損害賠償請求の裁判が続いていた。地裁，高裁では廃棄に携わった司書および船橋市教育委員会の行為について論難しつつも，資料の取扱いは図書館の自由裁量に基づいて行うものとして，原告が主張する「閲覧に供せられる利益を奪われない権利」はないとの判決が出されていた。これを破棄した判決である。
　判決では，図書館法および公立図書館の設置及び運営上の望ましい基準を挙げ，公立図書館は思想，意見等その他の情報を含む図書館資料を提供し住民の教養を高めること等を目的とする公的な場であると論述し，さらに図書館職員は公正に資料を取扱うべき職務上の義務を負うと述べている。
　日本図書館協会は事件が起きた際，現地に赴き関係者から聴取などを行い，事実の解明に努めた。その結果にもとづき2002年6月，「自由の宣言の思想に反し，これを踏みにじるものと言わざるを得ない」との声明を出した。最高裁判決が出されたことを踏まえて，改めて声明を出す準備を始めている。

・最高裁判決全文
判例　平成17年07月14日　第一小法廷判決　平成16年(受)第930号　損害賠償請求事件
　要旨：　公立図書館の職員が閲覧に供されている図書の廃棄について不公正な取扱いをした行為が当該図

書の著作者の人格的利益を侵害するものとして国家賠償法上違法となるとされた事例

内容：
　件名　損害賠償請求事件（最高裁判所　平成 16 年（受）第 930 号　平成 17 年 07 月 14 日第一小法廷判決　破棄差戻し）
　原審　東京高等裁判所（平成 15 年（ネ）第 5110 号）

　　　　　　　　　　　　　　　　　　　主　　文
　原判決のうち被上告人に関する部分を破棄する。
　前項の部分につき，本件を東京高等裁判所に差し戻す。

理由
　上告代理人内田智ほかの上告受理申立て理由について
1　原審の確定した事実関係の概要等は，次のとおりである。
　(1)　上告人A会（以下「上告人A会」という。）は，平成 9 年 1 月 30 日開催の設立総会を経て設立された権利能力なき社団であり，「新しい歴史・公民教科書およびその他の教科書の作成を企画・提案し，それらを児童・生徒の手に渡すことを目的とする」団体である。その余の上告人らは，上告人A会の役員又は賛同者である（ただし，上告人Bは，上告人A会の理事であった第 1 審原告Cの訴訟承継人である。以下，「上告人ら」というときは，上告人Bを除き，第 1 審原告Cを含むことがある。）。
　(2)　被上告人は，船橋市図書館条例（昭和 56 年船橋市条例第 22 号）に基づき，船橋市中央図書館，船橋市東図書館，船橋市西図書館及び船橋市北図書館を設置し，その図書館資料の除籍基準として，船橋市図書館資料除籍基準（以下「本件除籍基準」という。）を定めていた。
　　本件除籍基準には，「除籍対象資料」として，「(1)　蔵書点検の結果，所在が不明となったもので，3 年経過してもなお不明のもの。(2)　貸出資料のうち督促等の努力にもかかわらず，3 年以上回収不能のもの。(3)　利用者が汚損・破損・紛失した資料で弁償の対象となったもの。(4)　不可抗力の災害・事故により失われたもの。(5)　汚損・破損が著しく，補修が不可能なもの。(6)　内容が古くなり，資料的価値のなくなったもの。(7)　利用が低下し，今後も利用される見込みがなく，資料的価値のなくなったもの。(8)　新版・改訂版の出版により，代替が必要なもの。(9)　雑誌は，図書館の定めた保存年限を経過したものも除籍の対象とする。」と定められていた。
　(3)　平成 13 年 8 月 10 日から同月 26 日にかけて，当時船橋市西図書館に司書として勤務していた職員（以下「本件司書」という。）が，上告人A会やこれに賛同する者等及びその著書に対する否定的評価と反感から，その独断で，同図書館の蔵書のうち上告人らの執筆又は編集に係る書籍を含む合計 107 冊（この中には上告人A会の賛同者以外の著書も含まれている。）を，他の職員に指示して手元に集めた上，本件除籍基準に定められた「除籍対象資料」に該当しないにもかかわらず，コンピューターの蔵書リストから除籍する処理をして廃棄した（以下，これを「本件廃棄」という。）。
　　本件廃棄に係る図書の編著者別の冊数は，第 1 審判決別紙 2「関連図書蔵書・除籍数一覧表」のとおりであり，このうち上告人らの執筆又は編集に係る書籍の内訳は，第 1 審判決別紙 1「除籍図書目録」（ただし，番号 20，21，24，26 を除く。）のとおりである。
　(4)　本件廃棄から約 8 か月後の平成 14 年 4 月 12 日付け産経新聞（全国版）において，平成 13 年 8 月ころ，船橋市西図書館に収蔵されていたDの著書 44 冊のうち 43 冊，Eの著書 58 冊のうち 25 冊が廃棄処分されていたなどと報道され，これをきっかけとして本件廃棄が発覚した。
　(5)　本件司書は，平成 14 年 5 月 10 日，船橋市教育委員会委員長にあてて，本件廃棄は自分がした旨の上申書を提出し，同委員会は，同月 29 日，本件司書に対し 6 か月間減給 10 分の 1 とする懲戒処分を行った。
　(6)　本件廃棄の対象となった図書のうち 103 冊は，同年 7 月 4 日までに本件司書を含む船橋市教育委員会生涯学習部の職員 5 名からの寄付という形で再び船橋市西図書館に収蔵された。残り 4 冊については，

入手困難であったため，上記5名が，同一著者の執筆した書籍を代替図書として寄付し，同図書館に収蔵された。
2 本件は，上告人らが，本件廃棄によって著作者としての人格的利益等を侵害されて精神的苦痛を受けた旨主張し，被上告人に対し，国家賠償法1条1項又は民法715条に基づき，慰謝料の支払を求めるものである。
3 原審は，上記事実関係の下で，次のとおり判断し，上告人らの請求を棄却すべきものとした。
　著作者は，自らの著作物を図書館が購入することを法的に請求することができる地位にあるとは解されないし，その著作物が図書館に購入された場合でも，当該図書館に対し，これを閲覧に供する方法について，著作権又は著作者人格権等の侵害を伴う場合は格別，それ以外には，法律上何らかの具体的な請求ができる地位に立つまでの関係には至らないと解される。したがって，被上告人の図書館に収蔵され閲覧に供されている書籍の著作者は，被上告人に対し，その著作物が図書館に収蔵され閲覧に供されることにつき，何ら法的な権利利益を有するものではない。そうすると，本件廃棄によって上告人らの権利利益が侵害されたことを前提とする上告人らの主張は，採用することができない。
4 しかしながら，原審の上記判断は是認することができない。その理由は，次のとおりである。
(1) 図書館は，「図書，記録その他必要な資料を収集し，整理し，保存して，一般公衆の利用に供し，その教養，調査研究，レクリエーション等に資することを目的とする施設」であり(図書館法2条1項)，「社会教育のための機関」であって(社会教育法9条1項)，国及び地方公共団体が国民の文化的教養を高め得るような環境を醸成するための施設として位置付けられている(同法3条1項，教育基本法7条2項参照)。公立図書館は，この目的を達成するために地方公共団体が設置した公の施設である(図書館法2条2項，地方自治法244条，地方教育行政の組織及び運営に関する法律30条)。そして，図書館は，図書館奉仕(図書館サービス)のため，①図書館資料を収集して一般公衆の利用に供すること，②図書館資料の分類排列を適切にし，その目録を整備することなどに努めなければならないものとされ(図書館法3条)，特に，公立図書館については，その設置及び運営上の望ましい基準が文部科学大臣によって定められ，教育委員会に提示するとともに一般公衆に対して示すものとされており(同法18条)，平成13年7月18日に文部科学大臣によって告示された「公立図書館の設置及び運営上の望ましい基準」(文部科学省告示第132号)は，公立図書館の設置者に対し，同基準に基づき，図書館奉仕(図書館サービス)の実施に努めなければならないものとしている。同基準によれば，公立図書館は，図書館資料の収集，提供等につき，①住民の学習活動等を適切に援助するため，住民の高度化・多様化する要求に十分に配慮すること，②広く住民の利用に供するため，情報処理機能の向上を図り，有効かつ迅速なサービスを行うことができる体制を整えるよう努めること，③住民の要求に応えるため，新刊図書及び雑誌の迅速な確保並びに他の図書館との連携・協力により図書館の機能を十分発揮できる種類及び量の資料の整備に努めることなどとされている。
　公立図書館の上記のような役割，機能等に照らせば，公立図書館は，住民に対して思想，意見その他の種々の情報を含む図書館資料を提供してその教養を高めること等を目的とする公的な場ということができる。そして，公立図書館の図書館職員は，公立図書館が上記のような役割を果たせるように，独断的な評価や個人的な好みにとらわれることなく，公正に図書館資料を取り扱うべき職務上の義務を負うものというべきであり，閲覧に供されている図書について，独断的な評価や個人的な好みによってこれを廃棄することは，図書館職員としての基本的な職務上の義務に反するものといわなければならない。
(2) 他方，公立図書館が，上記のとおり，住民に図書館資料を提供するための公的な場であるということは，そこで閲覧に供された図書の著作者にとって，その思想，意見等を公衆に伝達する公的な場でもあるということができる。したがって，公立図書館の図書館職員が閲覧に供されている図書を著作者の思想や信条を理由とするなど不公正な取扱いによって廃棄することは，当該著作者が著作物によってその思想，意見等を公衆に伝達する利益を不当に損なうものといわなければならない。そして，著作者の思想の自由，表現の自由が憲法により保障された基本的人権であることにもかんがみると，公立図書館において，その著作物が閲覧に供されている著作者が有する上記利益は，法的保護に値する人格的利益であると解するのが相当であり，公立図書館の図書館職員である公務員が，図書の廃棄について，基本的な職

務上の義務に反し，著作者又は著作物に対する独断的な評価や個人的な好みによって不公正な取扱いをしたときは，当該図書の著作者の上記人格的利益を侵害するものとして国家賠償法上違法となるというべきである。
  (3) 前記事実関係によれば，本件廃棄は，公立図書館である船橋市西図書館の本件司書が，上告人A会やその賛同者等及びその著書に対する否定的評価と反感から行ったものというのであるから，上告人らは，本件廃棄により，上記人格的利益を違法に侵害されたものというべきである。
5 したがって，これと異なる見解に立って，上告人らの被上告人に対する請求を棄却すべきものとした原審の判断には，判決に影響を及ぼすことが明らかな法令の違反がある。論旨は，上記の趣旨をいうものとして理由があり，原判決のうち被上告人に関する部分は破棄を免れない。
  そして，本件については，更に審理を尽くさせる必要があるから，上記部分につき本件を原審に差し戻すこととする。
  よって，裁判官全員一致の意見で，主文のとおり判決する。
(裁判長裁判官　横尾和子　裁判官　甲斐中辰夫　裁判官　泉　徳治　裁判官　島田仁郎　裁判官　才口千晴)

・船橋市西図書館蔵書廃棄事件裁判の最高裁判決について声明

『JLAメールマガジン』第266号(2005.08.10)より転載

　最高裁は7月14日，船橋市西図書館蔵書廃棄事件について国家賠償法上違法との判決を出した。一司書職員の行為は「公正に図書館資料を取扱うべき職務上の義務」に反して，公立図書館において著作物が閲覧に供されている著作者の，思想・意見等を「公衆に伝達する」「法的保護に値する人格的利益」を侵害するものであるとの判決である。図書館の自由委員会はこれについての声明案を日本図書館協会常務理事会に出し，常務理事会は8月4日の会議で協議し，確認をした。
　声明は，判決が，公立図書館は住民に対して思想・意見その他種々の情報を含む図書館資料を提供して，住民の教養を高めること等を目的とし，国民の知る自由を保障する「公的な場」であると位置づけたことは図書館の自由に関する宣言の基本的立場に同意するものであり，今後の図書館事業にとって重要な指針を示したものと言える，と述べている。
　また裁判で認定された蔵書廃棄の行為は，図書館職員自らによる検閲ともいうべきであり，協会はこのような事件によって図書館への期待と信頼を傷つけたことを真摯に受け止め，図書館の自由に関する宣言，図書館員の倫理綱領を自律的に実践することを表明している。
　声明本文は協会ホームページに掲載する予定。

・船橋市西図書館蔵書廃棄事件裁判の最高裁判決にあたって(声明)

2005年8月4日
社団法人日本図書館協会

　船橋市西図書館が2001年8月に「新しい歴史教科書をつくる会」の会員らの著書を集中的に除籍・廃棄し，著者らがこれに携わった職員と船橋市に損害賠償を求めた裁判で，最高裁判所第一小法廷は7月14日，船橋市西図書館の一司書職員が「公正に図書館資料を取扱うべき職務上の義務」に反して「新しい歴史教科書をつくる会」とその賛同者に対する「否定的評価と反感」から「独断で」廃棄したことは，公立図書館において著作物が閲覧に供されている著作者の，思想・意見等を「公衆に伝達する」「法的保護に値する人格的利益」を侵害するものであり，国家賠償法上違法と判示し，船橋市への損害賠償請求を認めました。
　日本図書館協会は，図書館の目的と社会的責任を表明する「図書館の自由に関する宣言」(1979年5月30日，総会決議。以下「宣言」)において，「図書館は基本的人権のひとつとして知る自由をもつ国民に資料と施設を提供することを，もっとも重要な任務とする。」とし，かつて思想善導の機関として国民の自由を妨げる役割さえ果たしたことの反省にたって，「国民の知る自由を守り，広げていくこと」を図書館の責務としています。
　本件判決は，教育基本法，社会教育法，図書館法，地方教育行政の組織及び運営に関する法律等の関係条文さらに「公立図書館の設置及び運営上の望ましい基準」を参照・引用し，公立図書館は，「住民に対して思想・意見その他種々の情報を含む図書館資料を提供して，住民の教養を高めること等を目的とする公的な

場」であると位置づけました。
　これまで裁判所は，図書や新聞などの「閲読の自由」を憲法が保障する基本的人権と認知しています（東京拘置所の「よど号」ハイジャック記事抹消事件，最高裁昭和58年6月22日大法廷判決）が，知る自由を実際に保障する重要な機関である公立図書館については，「公の施設」（地方自治法第244条）と位置づけるに止まり，したがって資料の提供については施設の設置者の大幅な裁量権を認めていました（東大和市立図書館の犯罪少年本人推知記事閲覧禁止事件，東京高裁平成13年(行コ)第212号判決）。本件判決は，公立図書館の職員による独断的な蔵書の廃棄は国家賠償法上違法となると判示することにより，公立図書館は国民の知る自由を保障する「公的な場」であると憲法上認知したものと言えるでしょう。この点，本判決は「宣言」の基本的立場に同意するものであり，今後の図書館事業にとって重要な指針を示したものと言えます。
　図書館員の自律的規範を表明する「図書館員の倫理綱領」（1980年6月4日，総会決議。以下「綱領」）は，「図書館員は図書館の自由を守り，資料の収集，保存および提供につとめる」として，これを侵す「いかなる圧力・検閲をも受け入れてはならないし，個人的な関心や好みによる資料の収集，提供をしてはならない」としています。
　裁判で認定された司書職員の行為は，図書館職員による検閲ともいうべきことであり，「宣言」と「綱領」を踏みにじるものと言わざるをえません。その要因を排し，図書館に対する国民の信頼を回復し期待に応えるために，収集や除籍等の方針，基準，手続きを明文化して公開することは，図書館として運営の透明性を高め，説明責任に応える上で喫緊の取り組みです。また，図書館経営においては，図書館職員一人ひとりを図書館運営やサービス計画の策定，実施，評価の担い手とし，集団としての専門的能力を育む人事的配慮が基本に据えられるべきことを，今回の事件は改めて提起しています。
　今回の判決は，原告や社会全体からの当該職員と図書館に対する厳しい批判を代弁するものです。
　当協会は，このような事件によって図書館への国民の期待と信頼の根底を傷つけた責任を真摯に受け止め，全国の図書館と図書館員とともに「図書館の自由に関する宣言」と「図書館員の倫理綱領」を自律的に実践することを改めて表明します。

　※関係記事は新聞・雑誌記事スクラップ参照

(2)国立国会図書館における「児童ポルノの類」の取扱いについて

　国立国会図書館ではこのほど，「児童ポルノの類」の取扱いについて一定期間閲覧の制限を行うこととなった。
　問題点としては，①「児童ポルノ」の判断基準が不明であること。②児童ポルノ禁止法の本来の趣旨はそういう出版物をつくらせないという段階での規制で，すでに作成出版されたものを規制するものではないはずであり，国会図書館の対応には疑問がある。法務省が図書館が判断できるはずとしたのは妥当な対応であり，国会図書館で資料提供の判断をすべきでないか。③新聞報道から国会図書館にならって，「児童ポルノ」のような資料を自己規制して，提供制限する図書館があらわれるのではないかと危惧される。

　※関連記事
　「児童ポルノ」閲覧制限　国会図書館，納本義務で所蔵「摘発対象」指摘受け　朝日新聞　2005.07.17.

(3)TVドラマ『みんな昔は子供だった』について

・ドラマ『みんな昔は子供だった』への申入について
　　　　　　　　　　　　　　　（学校図書館問題研究会『学図研ニュース』no.230（2005.4.1）より転載）
　関西テレビ製作のドラマ『みんな昔は子供だった』第3回（2005年1月25日放送）の中で，学校図書館のブックカードに書かれた個人名がストーリーのカギになっているシーンがありました。このことについて全国委員会では大きな問題があると捉えたことから，3月に学図研として関西テレビに申し入れを送付しました。次ペー

第 49 号（2005 年 8 月）

ジ以降に申し入れの文書を転載します。

　　関西テレビ　プロデューサー　重松　圭一　様
　　共同テレビ　プロデューサー　稲田　秀樹　様

学校図書館問題研究会　代表　飯田　寿美

ドラマ「みんな昔は子供だった」第 3 回についての申入書

　私たち学校図書館問題研究会は，全国の学校図書館に関わる教職員，図書館関係者，学校図書館に関心を持つ市民，研究者などで作る，個人加盟の研究団体です。学校図書館を通して，子どもたちの教育環境の充実をめざし，日々研鑽を続けています。
　さて，2005 年 1 月 25 日放送のドラマ「みんな昔は子供だった」第 3 回について，私たちはたいへん大きな問題があると感じ，話し合った結果，申し入れを行うことにいたしました。

＜問題の箇所＞
　小学校の図書室で，女の子の借りようとするあるシリーズのブックカード全部に，父の名前が書かれていることを見て，龍平は，「父親は女の本ばっかり借りる変態だ」とからかわれる。悩む彼に，アイ子先生は，その父親の名前のすぐ前に別れた母親の名前があることを告げる。そして，父親は，初恋の相手であった母親のすべてが知りたかったのだと息子に語る。

　「本を読む」という行為は，とてもプライベートなことです。図書館で働く者は，「何を読み，何を借りたか」といった利用者の秘密は，守られねばならない大切なプライバシーであることを肝に銘じて，仕事をしております。このように，他人の過去の読書記録を大勢であげつらうなどということは，あってはならないことです。
　同時に，「女の本」などと決めつけて先入観を与え，しかもそれをからかいの対象にしているにもかかわらず，先生は一言もたしなめることがなかったのも，自由な読書環境を作ることに腐心している私たちには，大きな疑問を感じる場面でした。
　1953 年に新しい教育を担うものとして学校図書館法が成立し，学校図書館は学校の中に必ずなくてはならない施設と規定されました。しかし，そこで働く司書教諭には「当分の間置かないことができる」という附則がついたために，実際にはほとんど発令されませんでした。それが不完全ながらも撤廃されたのはようやく 2003 年のことです。
　その間，各自治体ではそれぞれの判断で，さまざまな形の学校図書館事務職員が置かれてきましたが，現在，学校図書館に職員が配置されているのは，非正規職員を含めても，小学校・中学校で 3 割，高校で 8 割に過ぎません。そのため，たいへん残念なことではありますが，このドラマに出てくるような，利用者の履歴が見えてしまう学校図書館も確かに残っています。しかし，本来，学校図書館においても利用者のプライバシーは守られるべきものであり，このように無批判に，人権が侵される場面を描いていいとは思えません。それは，こうした状態を社会が是認することにつながるからです。
　「図書館の自由に関する宣言」をご存知でしょうか。（同封しました葉書をご覧ください。）これは，戦時中に軍部の圧力に抗し切れず，図書館が利用者の情報を教え，結果的に戦争に加担してしまったことへの痛烈な自己批判から，1954 年に日本図書館協会によって採択されたものです。その後 1979 年に改定され，今も図書館で働く者の倫理的なバックボーンとなっています。これを拠りどころに，公共図書館でも利用者のプライバシーが守られる貸出方式や連絡方法を工夫するとともに，「図書館の自由」が侵されたときには，その問題点を指摘し，意識の変革を求めてきました。昨年の 12 月 8 日にテレビ朝日で放送されたドラマ「相棒」の中で，司書が刑事に利用者の情報を教えてしまう場面があったときも，図書館から申し入れをした結果，テレビ局は謝罪のテロップを流し，ビデオ化もしないと約束しました。
　「図書館の自由に関する宣言」の解説に，「すべての図書館に基本的に妥当する」と書かれているとおり，学校図書館関係者にとってもこの宣言は精神的な支柱です。最初の宣言から 50 年が経った今年，学校図書館

問題研究会でももう一度この精神を学びなおそうとしているところです。私たちがこのドラマの場面について，どうしても申し入れをして，ぜひ皆さんに考えてもらいたいと思うのは，これを根拠としています。

　これまでにも，例えば，スタジオジブリのアニメ「耳をすませば」や，岩井俊二原作の映画「ラブレター」などで，学校図書館のブックカードに書かれていた名前がストーリーの重要なアイテムになっているものがありました。そのたびに，私たちは注意を喚起する申し入れを行ってきましたが，またしても同じことが繰り返されたことを，とても残念に思っています。

現在，毎日のように個人情報の漏洩が問題になっています。悪用するために個人情報を盗む場合もありますが，自分も含めてすべての人のプライバシーを大切にするという基本を忘れて，きちんと対策をとらなかったために漏洩してしまうことも多いようです。もしも，すべての人が，単に知識としての「プライバシー」ではなく，子どものうちから身をもって「プライバシーが守られる」体験をし，人権感覚を養ってきていたら，起こらなかった事件も多いのではないでしょうか。それは，学校や図書館という場所だけでなく，社会全体が十分に配慮すべきことだと思います。テレビという大きな力を持った媒体の責任は，言うまでもありません。

　ただ，学校を舞台としたドラマに，子どもたちの生活の場面として学校図書館が描かれたことは嬉しいことです。きちんとした職員が配置され，学校教育の中でさまざまに活かされている学校図書館は，子どもたちの生活にしっかりと入り込んでいます。学校図書館は，「読書」の場であるだけではありません。生涯学習につながる「生きる力」を身につける場所でもあり，情報教育の拠点でもあるなど，いくつもの大切な顔を持っています。今，私たちはその可能性を，校内の教職員とともに追求しています。また，多くの学校でそうした学校図書館が増えていくように，たくさんの方々と関わりながら努力しています。

　今度はぜひ，そうした学校図書館で生き生きと活動する子どもたちが登場するドラマを制作して，貧しい学校図書館しか持たない学校の先生や生徒に，本物の学校図書館を見せてあげてください。そこでは，ブックカードを登場させなくても，もっと素敵な出会いや友情や青春が描けると思います。

　以上のことから，学校図書館問題研究会は次のことを申し入れます。
①制作に関わったすべての人たちとともに，この場面の問題点について考え，今後の番組作りに生かしていただきたいこと
②もしも再放送やビデオ化をすることがある場合には，学校図書館では利用者のプライバシーに配慮していることがわかる注意書きを，はっきりとわかる形で挿入していただきたいこと

2005.3.1

・ドラマ『みんな昔は子供だった』への申入について　その後
　　　　　　　　　　　　　　　（学校図書館問題研究会『学図研ニュース』no231(2005.5.1)より転載）
『学図研ニュース』no.230(2005.4.1)でお伝えしました，ドラマ『みんな昔は子供だった』第3回についての申入書(2005.3.1付)に対して，共同テレビのプロデューサー（稲田さん）から，事務局・松井宛てに電話で回答をいただきました。
　要旨については以下のとおりです。
　・申入書の指摘はそのとおりだと受け取りました。
　・勉強不足で申しわけありませんでした。
　・関西テレビと相談をして，6月発売予定のビデオ及びDVDには，「学校図書館ではプライヴァシーに配慮している」という旨のクレジットを入れることにしました。また，再放送時にも同様のクレジットを入れます。

2. 海外の知的自由に関する事例

・親に子どもへの貸出記録を開示する法律（米国）(E325)
　　　　　　　　　　　　（国立国会図書館『カレントアウェアネス-E』No.58 2005.5.18より転載）
　　　　　　　　　　　　　　http://www.ndl.go.jp/jp/library/cae/2005/E-58.html#E328
　米メーン州では，州内の公共図書館および州立の議会・大学図書館は親の請求に応じて子どもへの貸出

記録を開示しなければならないとする法案が2月に提出され，議会で審議されている。現行の州法では読書の秘密が規定されており，本人の同意か裁判所命令がない限り，開示してはならないとしている。これに基づき，図書館員が延滞図書の引き取りに戸別訪問した際，親に資料名を伝えられないとしたことがきっかけとなり，17歳未満の子どもをもつ親あるいは後見人に対してはこの例外とする今回の法案が作成された。

同種の法律は，ここ数年の間に全米各州で相次いで成立している。2004年までにアラバマ，フロリダ，ルイジアナ，オハイオ，サウスダコタ，ウェストヴァージニア，アラスカ，ウィスコンシンなどの各州で立法化され，2005年1月にもワイオミング州で可決された。また，コネチカット，イリノイ，ニュージャージーなどの各州でも審議中である。

フィルタリングソフトの導入(E246参照)など子どもの情報へのアクセスを制限する動きが論議を呼ぶ微妙な問題となっている中でもあり，子どもを保護する親の権利と子ども自身のプライバシーの間で，読書の秘密を謳ってきた図書館界はどう対処するのか，難しい局面が訪れている。

Ref:
http://pressherald.mainetoday.com/news/statehouse/050318libraries.shtml
http://janus.state.me.us/legis/LawMakerWeb/summary.asp?LD=618
http://www.library.cmu.edu/People/neuhaus/state_laws2.html
http://www.libraryjournal.com/article/CA411149
E246 (http://www.ndl.go.jp/jp/library/cae/2004/E-45.html#E246)

・過去の記憶を消し去ろうとする暴挙？－図書館の破壊・閉鎖(E328)

(国立国会図書館『カレントアウェアネス-E』No.58 2005.5.18より転載)
http://www.ndl.go.jp/jp/library/cae/2005/E-58.html#E328

インドの北東部インパールで4月13日，マニプール州立中央図書館が襲撃を受け，約15万冊の蔵書が焼失した。襲撃したのはMEELALと呼ばれる集団で，彼らは現在正書法に採用されているベンガル文字に代えてメイテイ族古来のメイテイ文字を採用するようアピールする活動を展開しており，その象徴的行動としてベンガル文字で書き著された書物を所蔵する図書館の破壊という今回の暴動に至ったという。メイテイ族は18世紀にヒンドゥー化政策を受けた際，国中の書物が燃やされ，ベンガル文字を強要されたという歴史をもっている。近年，メイテイ文字の復興を求める動きが盛り上がり，一部で新聞社を襲撃するなど過激化していた。現在，図書館は復旧に向けて図書の寄贈などを呼びかけている。

一方，中央アジアのトルクメニスタンでは，2月28日，ニヤゾフ終身大統領によって，大学および国立図書館を除く全ての図書館の閉鎖が指示された。

同国では，インターネットが制限され，すでに映画なども禁止されており，今回の命令もこうした言論統制強化の一環と考えられる。また，トルクメン語の正書法をキリル文字からラテン文字に切り替えたこと，これまでにも図書館からソ連時代の文献を抜き取り処分してきた経緯などから，過去の記憶を抹殺する政策の一環とも受け取れる。国際図書館連盟(IFLA)は情報へのアクセスを制限することは世界人権宣言にも反すると非難する声明を発表している。

両事件は，逆説的に，図書館が歴史や記憶の象徴として機能していることを再確認させてくれる。

Ref:
http://www.e-pao.net/GP.asp?src=2.14.140405.apr05
http://news.bbc.co.uk/2/hi/south_asia/4443565.stm
http://www.arbornet.org/~prava/eeyek/
http://www.isn.ethz.ch/news/sw/details.cfm?ID=11146
http://www.ifla.org/V/press/pr29-04-2005.htm

・「子どもに見せたくない」図書の扱いが議会の話題に(米国)(E342)

(国立国会図書館『カレントアウェアネス-E』No.60 2005.6.15 より転載)
http://www.ndl.go.jp/jp/library/cae/2005/E-60.html#E342

　米国図書館協会(ALA)では，性的描写，過激な表現や思想，暴力的描写を含み，図書館の利用者から多くの批判を受けた子供向け図書を「批判の多かった図書ベスト10」として紹介している。2004年のリストには，同性愛をテーマにした図書が3タイトル含まれているが，そのうちのひとつ，絵本"King & King"について読者の声を見ると，子どものうちからこのような本を読むと健全な成長が阻害されるといった否定的意見や，多様な考えを知るためにまずは読んでみるべきといった評価など，賛否が分かれている。

　しかし，図書館などで子どもにとって不適切な図書が簡単に読める現状を問題視する声も多く，米国では，このような図書を子どもから遠ざけるための法律案や決議案の提出といった動きが，2005年に入ってからアラバマ州，オクラホマ州，ルイジアナ州の3つの州で見られる。例えば，ルイジアナ州では5月19日，「図書館において，同性愛を扱ったものや，性的描写を含む図書を置く場所には子どもを入れない」ほか，「このような図書に公の資金をつぎこまない」ことを定める決議案が提出された。この決議案は5月24日に否決されたが，決議案の提出者は，「検閲を行う」のではなく，「子どもがこのような図書を選ぶのを防ぐ仕組みを作る」必要があると述べている。

Ref:
http://www.ala.org/ala/pressreleases2005/februarya/2004mostchallengedbook.htm
http://www.ala.org/ala/alonline/currentnews/newsarchive/2005abc/may2005ab/oklagay.htm
http://www.amazon.com/exec/obidos/tg/detail/-/1582460612/qid=1118048348/sr=8-1/ref=pd_csp_1/104-3991659-8990360?v=glance&s=books&n=507846
http://www.ala.org/ala/alonline/currentnews/newsarchive/2005abc/june2005a/lanixgay.htm

・IFLA/FAIFE　中国政府のインターネット検閲の中止を求める

　IFLA/FAIFE(国際図書館連盟・表現の自由と情報のアクセスに関する委員会)は，2005年7月13日に声明を発表し，中国政府に対し，インターネット接続への検閲を中止してネット上で自由に表現することを許すよう求めた。中国政府は，6月末までに当局へ公式登録をしない中国のウェブサイトとブログを閉鎖する意向を3月に表明している。西側のソフトウェア会社はこの政府の措置に加担し，たとえばマイクロソフトの新しいブログツールでは禁じられた語彙を使うとエラーメッセージが出てページが削除されるようになっているという。
原文:http://www.ifla.org/faife/news/2005/China-Pr-13072005.htm

3. 表現の自由に関連する資料

・「共謀罪の新設を容認する刑法等の一部改正案」に反対する刑法学者の声明

　「越境的な組織犯罪の防止に関する国際連合条約」を批准するために，そこで要請されているものを国内法化するものとして，第159回国会に提出され，継続審議となっている「犯罪の国際化及び組織化並びに情報処理の高度化に対処するための刑法等の一部を改正する法律案」は，現在開会中の通常国会で審議が予定され，近々衆議院法務委員会で審議が開始されようとしている。その法案において，共謀行為を単独で処罰対象とする共謀罪が新設されようとしている。

　法案は，組織的犯罪処罰法に第6条の2を新設し，「団体の活動として，当該行為を実行するための組織により行われるものの遂行を共謀」した者は，「死刑又は無期若しくは10年を超える懲役若しくは禁錮の刑が定められている罪」については5年以下の懲役又は禁錮，「長期4年以上10年以下の懲役又は禁錮の刑が定められている罪」については2年以下の懲役又は禁錮に処すると定め，「共謀罪」の独立処罰の新設を提案し

ている。
　「共謀」とは，犯罪を共同で遂行しようとする意思の合致（謀議）であり，その結果として成立した合意である。ところで，犯罪とは，一般的に，犯罪を決意し，その準備に取りかかり，さらに実行に着手し，結果を発生させることであるが，その処罰は，結果を発生させた既遂犯処罰が原則であり，実行に着手しているが結果が発生しなかった未遂犯が例外的に処罰され，さらにその例外として，特に保護法益が重大な場合に，準備行為を行ったけれども犯罪の実行には着手していない予備罪が処罰されている。
　ところが，「共謀」は，準備行為も行っていない意思だけにかかわるものであり，これまでは処罰の対象外であった。それは，「思想は税を免ぜられる」の原則に基づくものであり，「共謀」の独立処罰は，この原則を真っ向から否定するものである。
　条文では，「団体」や「組織」を要件の一部としているが，その対象を組織犯罪に限定していない。長期4年以上の懲役又は禁錮が規定されている犯罪については，組織犯罪とは無関係に行われたが，2人以上の団体活動で行った場合に，共謀罪が成立することになる。そもそも「共謀」は2人以上の者による相談であり，団体認定をしなくても，この条文に当てはまるであろう。
　法案は共謀罪の独立処罰を組織的犯罪処罰法の一部改正としているが，それは，思想の処罰という共謀罪の独立処罰の本質を覆い隠すものである。長期4年以上の懲役又は禁錮の刑が定められている罪は614に達し，団体や組織で限定できないのであれば，一般犯罪そのものが対象となるのである。それは，刑法そのものの改正であろう。
　また，「共謀罪」の独立処罰は，犯罪認定の主観化を招き，取締り当局の主観による取締りを容認することになるであろう。このような状態を容認した場合，健全な市民社会はどこにいってしまうのであろうか。
　私たちは，健全な市民社会を守り，刑法の基本原則を守るためにも，共謀罪の独立処罰を容認する「刑法等の一部改正案」に強く反対する。
　右声明する。
　2005年6月24日
　　　呼びかけ人　京都大学名誉教授　中山研一（以下略）（賛同署名54名）

・共謀罪新設法案の廃案を求める市民団体共同声明 （2005年7月1日）

　　　　　　　　　　　　　　　盗聴法〈組対法〉に反対する市民連絡会　http://tochoho.jca.apc.org/
　私たちは，以下の理由から，現在国会で審議されている共謀罪の新設に反対し，この法案を廃案にすることを強く求めます。

共謀罪は話し合うことが罪に問われるという，内心の自由，言論・表現の自由を侵害する違憲の法案です。

　新設されようとしている共謀罪は，法律で4年以上の刑が科せられる犯罪行為について話し合い，「合意」しただけで，実際に犯罪に着手しなくとも，2年から5年以下の刑を科すことができるというものです。
　日本の法律で4年以上の刑が科せられる犯罪は，約560種類にものぼります。その対象範囲は，殺人罪から傷害罪，万引きをふくむ窃盗罪，消費税法から相続税法，道交法から水道法，著作権法，公職選挙法まで実に広範です。市民生活のすみずみにまでかかわる法律が共謀罪の対象になっています。これでは，うっかり冗談もいえなくなってしまいます。

共謀罪の新設は個人の犯罪の実行を処罰する刑法の原則を踏みにじるものです。

　人は，日常生活の中で法律に触れる行為を考えたり話しあったりすることがよくあるものです。しかし，話しあい，確認することと，実際に行動することは全く別のことです。
　日本の刑法は犯罪が実際に行われ，被害が生じたときにその犯罪行為を処罰することを原則としています。ごく例外的に予備，陰謀を処罰していますが，予備（準備）では，内乱罪，外患罪，放火罪，殺人罪，強盗罪などの重大な犯罪に限られています。予備より更に前の段階である陰謀罪（共謀罪）の対象は内乱罪，外患罪などにしぼられています。実際に2003年の犯罪統計を見ても，陰謀（共謀）は0件です。共謀罪の新

設が認められたら，日本の刑法体系は根本からくつがえされることになります。

共謀罪は市民団体をはじめとする全ての団体の取締法です。
　　政府・法務省は，共謀罪は組織的犯罪行為を対象とするもので，市民団体や労働団体を対象するものではないといっていますが，これは言い訳に他なりません。共謀罪の対象とする団体は，「共同の目的を有する多人数の継続的結合体であって，その目的又は意志を実現する行為の全部又は一部が組織（指揮系統に基づき，あらかじめ定められた任務の分担にしたがって構成員が一体として行動する結合体）により反復して行われるもの」であるとされています。この団体の定義から明らかなように，共謀罪は全ての市民団体，労働団体などを対象としています。しかも，密告者の刑を減免するとしています。密告を奨励し，スパイを潜入させる，おとりを使うなどして狙った団体を潰すことは容易です。
　　新設される共謀罪は，対象団体の無限定性，対象犯罪の多さ，実行行為以前の言論などを対象とし，対象を無限定に拡げてえん罪をつくった治安維持法を上回る悪法です。

共謀罪は，監視社会への道を押し進めます。
　　共謀罪の対象は，話し合うことの内容です。その内容が長期4年以上の刑に当たれば処罰されます。犯罪が生じていないのに共謀を立証するためには，室内盗聴をはじめ盗聴法の適用が拡大されることは必至です。既に盗聴法の適用範囲の拡大が検討されています。
　　共謀罪の設置に伴って，警察官の耳と眼が市民生活の隅々までいきとどく監視社会への道が進行し，市民相互の信頼が失われます。人は自由に考え，議論することもできなくなってしまうのではないかと私たちは危惧しています。共謀罪の新設は自由と人権と民主主義の死への道です。

私たちは，話し合うことを処罰する共謀罪の制定に絶対反対であり，同罪の廃案を強く求めます。

呼びかけ団体　共謀罪に反対する市民の集い実行委員会
　　　　　　　盗聴法に反対する市民連絡会
　　　　　　　盗聴法（組織的犯罪対策立法）に反対する神奈川市民の会
　　　　　　　日本キリスト教団神奈川教区国家秘密法反対特別委員会
　　　　　　　日本消費者連盟
　　　　　　　ネットワーク反監視プロジェクト
賛同団体　　Ｉ女性会議神奈川県本部ほか146団体（2005年8月10日現在・呼びかけ団体除く）

・「共謀罪」新設の刑法改正（案）に反対する声明　（日本ジャーナリスト会議・2005年7月4日）
　　　　　　　http://www.jcj.gr.jp/statemnt.htm
　　私たちは，現在国会で審議されている「共謀罪」新設の刑法改正（案）について，思想，信条，言論，表現の自由が侵される危険な内容を含む法案として，政府に撤回を求めます。あわせて広く国民に危険性を訴え，反対するよう呼びかけます。
　　この法案の「共謀罪」は，二人以上のものが，団体の活動として，四年以上の懲役・禁固に当たる傷害・組織的強要などを，相談し立案した場合，実際の犯罪行為に着手せずとも，処罰できるものです。罪数が五百五十を超え対象は広範囲に及びます。恣意的な運用のおそれが充分にあります。
　　日本の刑法は罪刑法定主義を基本にしています。あらかじめ国民に何が罪であるかを明示し，違反すればどのような罰を受けるか法律で定めてあります。処罰の対象は社会に害悪をもたらす実際の「行為」であり，いかなる「思想・信条・内心」であろうと，それを持っていること自体を処罰してはなりません。それが大原則です。
　　今回の共謀罪はこうした原則を踏みにじるものであり，日本の憲法，刑法の否定です。
　　「共謀罪」は，「共謀」が成立しただけで処罰するという内容ですから，警察は，実際の「行為」がある以前から，構成メンバーの行動を細かくチェックしたり，団体の会合を盗聴したり，あらゆる手段を使って団体の「意思の

合意」を把握し記録することに努めるでしょう。

　付帯条項には，実行前に通報，自首すれば刑の軽減，または免除すると記されています。スパイをもぐらせ，密告をそそのかす監視態勢が，ますます強まるのは自然な流れでしょう。

　治安維持法が施行されていた戦前の日本では，特定の思想を禁じ，またそれを持つ団体や人間を処罰しました。しだいに人々はものが自由に言えなくなり，多くの人が逮捕され，命を落としました。その間に侵略戦争が進められていきました。

　私たちの先輩である出版人，ジャーナリストが巻き込まれた横浜事件を思い出してください。
細川嘉六氏の著書出版を祝う温泉旅行の記念写真から，国と警察は，日本共産党の再建準備に向け「共謀」したものとデッチあげ，参加メンバーを芋づる式に検挙し，激しい拷問を加えました。嘘の自白を強要され何人もが有罪判決を受けた冤罪事件です。

　現在，「自衛隊派遣反対」のビラや政党の「議会活動報告」を配った市民が，「住居不法侵入」の罪で裁判にかけられています。いま審議されている「共謀罪」新設の刑法改正案が成立すれば，今度は，ビラ配りの相談の中で，もし四年以上の懲役・禁固になる行為の話が出れば，仮にそれが実行されなくても「共謀罪」として処罰されかねません。

　今回の「共謀罪」新設は，国連で採択された「越境組織犯罪防止条約」を，日本でも批准するためと政府は主張しています。本来は外国からの犯罪導入を防ぐのが趣旨なのに，国内犯罪すべてに適用が可能となる一般的規定にしています。適用範囲を完全に逸脱しています。

　重ねて私たちは，政府に「共謀罪」新設の刑法改正(案)の撤回を求め，国民にその危険性を訴えます。
　　2005年7月4日

　　　　　　　　　　　　　　　　　　　　　　　　　　　　　　　　　　　　　日本ジャーナリスト会議

5. 新刊より

・『「治安国家」拒否宣言 「共謀罪」がやってくる』斎藤貴男，沢田竜夫 編著 晶文社 2005.06.
ISBN:4-7949-6671-7 :¥1,785(税込)

　「共謀罪」というほとんど知られていない法案が国会に上程されようとしている。犯罪行為が実際になくても，相談・話し合っただけで最高懲役5年の罪になるというもの。法案が成立すれば，人々への監視・管理が強化され，密告が奨励されるゆるやかな恐怖社会が到来するだろう——。一線で活躍する弁護士，ジャーナリスト，研究者，社会運動家が問題点を明確にする。

もくじ　1 密告社会と共謀罪(「治安国家」化のカラクリ／共謀罪とは何か)／2 フリー・ジャーナリストの現場から(共謀罪と盗聴法／武富士盗聴事件のてんまつ／青少年保護からはじまるメディア規制／遺伝子・健康情報が管理される未来)／3 抵抗の途上から(野宿者の路上から／労働争議で逮捕される日／爆笑と物騒の治安国歌／戦争に協力しない方法)／4 刑法という暴力—共謀罪新設の危機(国家の「暴力」—軍隊と刑法／「安全な社会」のための暴力？　ほか)／5 「デモ」と「広場」の戦後史(なぜデモは不自由なのか／まだ見ぬ抵抗空間は国境を越える)

・『共謀罪と治安管理社会　つながる心に手錠はかけられない』足立昌勝監修 社会評論社 2005.04.
ISBN4-7845-1444-9 ￥1800 http://www.shahyo.com/1444.html

　今国会で制定が策動されている共謀罪。会話自体を「犯罪」とし，労働者・市民の団結権そのものの解体をねらい，スパイ・盗聴・でっちあげを日常化する警察国家・超監視社会への突破口となる恐るべき法律。弁護士，法学者を中心に各界の人びとが，この戦時型治安維持法の危険性を説く。

もくじ　第1章 Q&A 共謀罪とは何か／はじめに－情報操作は政治を腐敗させる／用語解説／第2章「治安」という魔術／犯罪は本当に増えているのか？　大山武(統一獄中者組合獄外事務局)／進む警察国家化　山下幸夫(弁護士)／超危険な国際的組織犯罪条約　石橋新一(破防法・組対法に反対する共同行動)／第3章 警察国家のグローバル化／共謀罪新設と戦後治安法の変遷　足立昌勝(関東学院大学教授)／改憲と有事法制　小田原紀雄(日本基督教団牧師)／「司法改革」という名の戦時司法の確立を許すな　鈴木達夫(弁護士)／共謀罪と包括的反テロ法制　藤井剛(龍谷大学大学院)／第4章 治安法反対闘争 10

年の苦闘から－破防法・組対法反対闘争の記録－／ワシントン大行進に参加して 下岡暁(10 万人保釈署名運動)／ハンガーストライキに参加して 島耕一(日本基督教団労働組合)／台風直下, 共謀罪廃案を掲げハンストを貫徹 菊池安長(破防法に反対する連絡会)／破防法・組対法との闘いの 10 年(破防法・組対法に反対する共同行動を中心に)／第 5 章 治安弾圧との闘い／全日本建設運輸連帯労働組合, 関西地区生コン支部, 立川自衛隊監視テント村, 争議団連絡会議, 迎賓館・横浜爆取デッチあげ弾圧被告団, 国鉄千葉動力車労働組合, 全国金属機械労働組合港合同, 笹島連絡会, 救援連絡センター／資料篇 犯罪の国際化及び組織化並びに情報処理の高度化に対処するための刑法等の一部を改正する法律案／国連「越境組織犯罪条約」締結にともなう国内法整備に関する意見書について／国際的組織犯罪条約第二条, 五条, 三四条／年表でみる反「テロ」包括法への歩み／コラム 海渡雄一, 白井佳夫, 吉村英二, 筒井修, 永井美由紀, 「つぶせ！破防法・盗聴法」静岡県連絡会, 片桐元(組対法に反対する全国ネットワーク新潟, 全金本山労働組合

・『共謀罪を廃案に 労働者階級の団結と国際連帯で戦時下の治安弾圧を打ち破ろう』前進社出版部編纂
前進社 2005.04. ISBN4-88139-112-7 ¥400＋税
　もくじ はじめに／1 戦時型治安体制への大転換／警察法改悪と警察国家化／多数の治安法が成立／司法改革攻撃／労働運動・反戦闘争弾圧が激化／2 共謀罪の新設を粉砕しよう／共謀罪攻防が決戦局面へ／恐るべき思想処罰・団結禁止法／希代の悪法＝共謀罪を廃案に／3 裁判員制度の導入に反対しよう／裁判員制度とは／刑訴法改悪＝戦時司法へ／国営の「日本司法支援センター」を設立／4 イラク侵略戦争と米愛国者法／九・一一とイラク侵略戦争／米愛国者法／無限定な「テロリズム」規定／愛国者法反対運動／日本型愛国者法「反テロ包括法」／5 戦時下の治安弾圧激化とたたかおう／労働者の階級的団結こそ勝利の要／改憲阻止・教基法改悪粉砕闘争の爆発を／治安弾圧攻撃を粉砕し, 日帝打倒へ／〈資料〉犯罪の国際化及び組織化並びに情報処理の高度化に対処するための刑法等の一部を改正する法律案要綱

・『放送中止事件 50 年―テレビは何を伝えることを拒んだか』(メディア総研ブックレット 10)
メディア総合研究所編 花伝社 発売:共栄書房 2005.07. ISBN4-7634-0444-X ¥840(税込)
　テレビ放映開始の 1953 年から 2005 年の現在まで(事件でいうと, 新国劇『松川事件』(NTV59 年)からN・ONFIX『憲法１条』(フジ05 年)まで), 150 余りの放送中止事件が, 簡潔にまとめられている。陽の目を見なかった番組の数々, 理由はさまざまだが, ベトナム戦争関連・天皇報道関連など, 戦後史がそのまま反映されていて, 興味深い。以前岩波ブックレットから, 『戦後史にみるテレビ放送中止事件』(松田浩, メディア総合研究所編)が出ていたが, 絶版になったのか書店では手に入らない状態だった。今回の出版は, その増補版といった感じ。個人情報保護法・有事関連法・人権擁護法など, メディアを取り巻く「規制」の動きは活発化しているので, 貴重な記録の再版である。(第 4 権力研究所 http://d4kms.exblog.jp/ より引用)

・『放送禁止映像大全』天野ミチヒロ著 三才ブックス 2005.07. ¥1365(税込)
　世の中には, 人権団体などによる抗議や制作者側の自主規制により, 再放送されない, ビデオやDVDなどのソフトが発売されない, いわゆる「放送禁止映像」が存在します。いや, 存在しなかったこととされています。たとえ放送禁止とならなくても, 不適切な表現に関する音声や場面に修正を加えたうえで, 再放送およびソフト化される作品も数多く存在します。それでは, いったい不適切な表現とは何なのでしょうか?抗議される内容とはどういうものなのでしょうか?本書では, 歴代の放送禁止映像作品やソフト化できない作品など, 存在のみが知られながらも決して見ることはできない映像作品の紹介を中心に, 不適切とされているその表現を時代背景とともに解説します。
[掲載作品]ウルトラセブン／ノストラダムスの大予言／恐怖奇形人間／獣人雪男／怪奇大作戦／ジャングル黒べえ／金田一少年の事件簿／加山雄三のブラック・ジャック／裸の大将放浪記／ポケットモンスター／学校の怪談／子連れ狼／キャンディ・キャンディ／特捜最前線／サイボーグ 009／大都会闘いの日々／ウルトラマンコスモス／西部警察 2003／ガキ帝国悪たれ戦争／オバケのQ太郎／黒部の太陽／吸血姫美夕／ドテラマン／追悼のざわめき etc. (三才ブックス http://www.sansaibooks.co.jp/mook/book/ より引用)

・『マス・メディアの表現の自由』松井茂記 日本評論社 2005.07. ISBN:4-535-51487-9 ¥2100(税込)
　マス・メディアの表現の自由の存在根拠を問い直す！名誉毀損やプライバシー侵害を理由にマス・メディアの責任が厳しく問われ, 個人情報保護法, 人権擁護法案などの法律でマス・メディアの取材・報道の自由にさ

まざまな制約が課されようとしている。このままマス・メディアの表現の自由を制限していってよいのか？なぜ表現の自由が保障されなければならないのか，表現の自由の根源を問う。マス・メディア関係者だけでなく，市民・学生にもぜひ読んでほしい一冊！

もくじ 四面楚歌のマス・メディア／マス・メディアの表現の自由は何のために認められるのか／変貌する表現の自由の法理／変貌する表現の自由の法理を考える／名誉毀損／プライバシーの権利／簡単に認められる差止め／個人情報保護法とマス・メディア／人権擁護法案とマス・メディア／青少年保護とマス・メディア／裁判員制度とマス・メディア／日本のマス・メディアをどうすればいいのか

6. お知らせ

・全国図書館大会・茨城大会への招待

第91回（平成17年度）全国図書館大会は平成17年10月26日（水）～28日（金），茨城県水戸市を会場に，「常陸国から図書館の未来を探る －読書の力，図書館の力が社会を変える－」をテーマとして開催される。図書館の自由委員会では第7分科会を27日（木）に以下のとおり開催する。大会案内と申込用紙は『図書館雑誌』6月号に綴じ込み。また「大会への招待」は9月号に掲載される。

多くの参加をお待ちしている。

第7分科会　図書館の自由　「個人情報保護法の全面施行と図書館」

OECD理事会が個人情報保護法制確立を加盟国に勧告してから四半世紀，今年4月に個人情報保護法が全面施行された。日図協は，「図書館は利用者の秘密を守る」を「図書館の自由に関する宣言（1979年改訂）」主文に掲げ，またプライバシーを侵害するとされる資料の提供のあり方に議論を重ね，昨年の「宣言」解説改訂に反映した。個人情報保護法の立法趣旨・目的や図書館の管理・運営・サービスに及ぶ効果を明確にし，一歩前進の契機にすべく論議したい。

内容
- （午前）・基調報告「図書館の自由・この一年」　山家篤夫（日図協　図書館の自由委員会委員長）
- ・講演「船橋市西図書館・蔵書廃棄裁判の最高裁判決について」
　　　　山本順一（筑波大学図書館情報メディア研究科教授）
- （午後）・講演「個人情報保護法制と図書館」
　　　　新保史生（筑波大学大学院図書館情報メディア研究科助教授）
- ・事例報告「個人情報保護法制と大学図書館」　藤倉恵一（文教大学越谷図書館）
- ・事例報告「個人情報保護に関する新潟県内公共図書館アンケート調査の結果から」
　　　　富岡哲也（新潟県立図書館）
- ・事例報告［学校図書館の現場から　予定］

近刊予告
- ・『「図書館の自由」に関する文献目録　1945-2000』［掲載略］
- ・『図書館のための個人情報保護ガイドブック（仮題）』準備中

個人情報保護法が完全施行され，図書館におけるその適用について委員会にも質問が寄せられ，また研修についての相談が寄せられている。そこで委員会では，法制を現場に適用にするにあたっての解釈，自由宣言との関係，留意すべき点などを「ガイドブック」としてまとめるべく準備を進めている。

（藤倉恵一著　日本図書館協会図書館の自由委員会監修　刊行時期・価格未定）

・「図書館の自由に関する宣言」絵はがき　［掲載略］

図書館の自由　　第50号　2005年11月

1. 図書館の自由に関する事例

(1)『歯科インプラントは悪魔のささやき』名誉毀損問題

"歯の矯正"図書の閲覧停止要求について

『JLAメールマガジン』第275号(2005.10.19)より転載.

『歯科・インプラントは悪魔のささやき』(第三書館.現在絶版)の閲覧停止を求める文書が,同書を所蔵する複数の図書館に送付されてきている。同書については,都内の一歯科医が文中の記述により名誉毀損されたとして東京地裁に提訴し,著者が訴えを認めて和解が成立。これに基づき,著者は今年6月,同書を寄贈した図書館に,名誉毀損の事実を述べ閲覧停止を求める文書を送付した。10月になって被害者側の弁護士事務所から送付された文書では,同書の提供を続ければ法的手段をとるとしている。

図書館の自由委員会では,資料提供を社会的役割とする図書館としては,被害の予防請求の趣旨をふまえ,提供に当たって,著者の前記文書を著者自身の見解の付加として添付することが妥当,としている。

参考:松本克美「プライバシー侵害図書の提供制限と図書館の自由」(『現代の図書館』2004.9)
『「図書館の自由に関する宣言1979年改訂」解説 第2版』25-28頁

(2)アガリクス広告本薬事法違反問題

2005年10月5日,史輝出版の役員ら6人が薬事法違反容疑で逮捕された。『即効性アガリクスで末期ガン消滅！』『徹底検証！末期ガンに一番効くアガリクスは何か』の2冊が医薬品でないアガリクスの健康食品を「がんに効く」と宣伝する広告にあたるとしたものだ。

これまでに,2004年5月,厚生労働省は「バイブル本」が広告にあたると判断し,虚偽・誇大広告を禁じた健康増進法に基づいて出版社に改善指導した。史輝出版は2004年7月17日付け日経新聞で「お詫びとご報告」を掲載し,『ガン・難病が治った！紫イペエキス50人の証言…』など18タイトルの絶版,回収,在庫断裁を告知した。

2004年8月,厚生労働省は日本書籍出版協会,日本新聞協会,日本雑誌協会など7団体に「バイブル本」広告に慎重な取り扱いを求める異例の通知(平成16年7月27日付け　食安発第0727001号　書籍の体裁をとりながら,実質的に健康食品を販売促進するための誇大広告として機能することが予定されている出版物(いわゆるバイブル本)の健康増進法上の取扱いについて　関係団体あて　厚生労働省医薬食品局食品安全部長発)を出している。

その後2005年4月に出版社捜索,そして10月の逮捕送検となる。

所蔵している図書館はそう多くはないように見受けられるが,報道されてすぐと数日後にインターネットによる蔵書検索をしたところ,データがみあたらない例や,貸出不可になっている例があった。

新聞報道によると国立がんセンターの研究成果というデータは存在しないことが確認されているというから,巻末の問い合わせ先が販売会社であることから広告と認定して捜査を進める警視庁の思惑は別にしても,間違った知識を与える本である。ならば,ひとまず書庫にしまっておこうと考えてもよいのだろうか。しかし,裁判中であっても参照したい人には提供するし,どんな司法判断が出ようと,係争の対象となった資料として保存しておかなければならない。

※関連記事
・「がん治る」本出版社に厚労省が改善指導　2004.05.26. 朝日新聞

- お詫びとご報告　日経新聞　2004.07.17.
- 「バイブル本」広告慎重に　健康増進法抵触の恐れ　厚労省が異例の通知　共同通信　2004.08.02.
- 「がんに効く」本は広告　薬事法違反容疑　出版社[東京都港区の「史輝出版」]を捜索　朝日新聞　2005.04.19(夕)
- 関連出版社など捜索へ　アガリクス広告の薬事法違反事件　2005.05.18.　朝日新聞
- 2出版社きょう捜索　アガリクス広告で警視庁　2005.05.18.　共同通信
- アガリクスS：体験談本，販売元が出版費　宣伝費も丸抱え　毎日新聞　2005.08.18.
- 出版社もと役員ら逮捕　アガリクス本で「がんに効く」　薬事法違反容疑　朝日新聞　2005.10.05.夕刊
- 「アガリクスがんに効く」出版社役員ら6人逮捕　警視庁広告と初認定　神戸新聞　2005.10.05.夕刊
- アガリクス「体験談」2冊全部ウソ　薬事法違反事件　社長，内容指示　朝日新聞　2005.10.06.
- アガリクス本6人逮捕　「がんに効く」薬事法違反容疑　産経新聞　2005.10.06.
- 健康食品ブームの裏側　上　タイアップ出版で甘い汁　産経新聞　2005.10.06.
- 「アガリクス本」監修の東海大名誉教授を書類送検　薬事法違反容疑　読売新聞　200.5.10.07.
  [監修の師岡孝次東海大学名誉教授と執筆のフリーライターが同容疑で書類送検。]
- "バイブル本"にご注意　アガリクスの出版者など摘発　「これで治った」は捏造　中日新聞　2005.10.14.
- 西河内靖泰　医療・健康情報に関する問題ある本の扱いをめぐって　「アガリクス本」摘発から考える(ブックストリート・図書館)　出版ニュース　2056　2005.11.中旬

(3)『週刊新潮』(2005年10月27日号)元少年の実名掲載について

　『週刊新潮』(2005年10月27日号)に，連続リンチで死刑判決を受けた3被告(犯行時18〜19歳)の実名と2被告の顔写真が掲載されたことをめぐり，該当部分の提供について協会事務局などに若干の問い合わせがあった。これについては，図書館大会・分科会での基調報告でも触れたが，大阪府堺市の通り魔事件の少年(犯行時)被告の実名を報じた『新潮45』についてこれを是認する判断を示した大阪高裁判決を参考にするのが妥当ではないかと考える。毎日新聞，読売新聞，西日本新聞などが大阪高裁の判決に言及している。下にあげた判例時報の記事を参照のこと。

　※関連記事
- 史上最凶「リンチ殺人」で死刑判決なのに新聞が載せない元少年3人の「実名と顔写真」　週刊新潮　2005.10.27　(10月20日発売)
- 週刊新潮元少年の実名掲載　連続リンチで死刑3被告　朝日新聞　2005.10.20.
- リンチ殺人の被告実名掲載　週刊新潮　西日本新聞　2005.10.20
- 3府県連続リンチ殺人：元少年被告の実名，顔写真を掲載――週刊新潮　毎日新聞　2005.10.20.
- リンチ殺人，週刊新潮が元少年被告の実名・顔写真　読売新聞　2005.10.20.
- 日本弁護士連盟　「週刊新潮」の実名報道に対する会長声明　2005.10.28.？
    http://www.nichibenren.or.jp/ja/opinion/statement/2005_17.html
- ＜リンチ殺人＞実名と写真掲載の新潮社非難　愛知県弁護士会　毎日新聞　2005.11.10.
- 愛知県弁護士会　「週刊新潮」の実名報道に対する会長声明　2005.11.10.
    http://www.aiben.jp/page/frombars/topics2/216shincho.html
- 少年犯罪の実名報道を違法として報道機関側に損害賠償責任を認容した原判決が取消され請求が棄却された事例―堺通り魔殺人事件名誉毀損訴訟控訴審判決　判例時報　1710　2000.07.11.
- 仮名を使った少年犯罪の週刊誌上の記事が本人との同一性を推知できるものであるとして発行会社の損害賠償責任が認められた事例　判例時報　1736　2001.03.21.
- 一　少年法六一条が禁止しているいわゆる推知報道に当たるか否かの判断基準　二　犯行時少年であった者の犯行様態，経歴等を記載した記事を実名類似の仮名を用いて週刊誌に掲載したことにつき名誉又はプライバシーの侵害による損害賠償責任を肯定した原審の判断に被侵害利益ごとに違法性阻却自由の

有無を審理判断しなかった違法があるとされた事例　判例時報　1825　2003.09.11.

(4)国会図書館の「児童ポルノの類」資料の利用制限

　　本誌49号「国立国会図書館における「児童ポルノの類」の取扱いについて」参照のこと。
・国会図書館の「児童ポルノの類」資料の利用制限

『JLAメールマガジン』第270号　2005.09.14　より転載

　国立国会図書館所蔵の「児童ポルノ」資料の利用について新聞報道されているが，日本図書館協会の図書館の自由委員会は9月2日，同館を訪れ，収集部課長等からヒアリングをした。同館は7月8日付けで「資料提供部における「児童ポルノの類」の取扱いについて」をまとめ，これにより対応している。

　児童買春・児童ポルノ禁止法は問題とされた資料について，頒布，販売，貸与等を禁止している。法の趣旨は子どもの人権保護にあり，それに触れ問題となる図書等をつくらせないという規制であるが，合法的に収集したものまで遡及して規制する事態が及ぶとすれば，図書館の役割にも関わる。

　同館の利用規制の検討経過，規制の内容，規制の基準等の説明を受け，意見交換を行った。「閲覧申請書」の提出を求めること，別室において閲覧させること，複写はさせないこと，などを当面の対応策としている。

(5)内閣府，フィルタリングソフト導入について依頼

『JLAメールマガジン』第266号　2005.08.10　より転載

　内閣府と総務省は8月1日，地方公共団体に対して「公共端末へのフィルタリングソフトの導入について(依頼)」を出した。「インターネット上における爆発物サイト，自殺サイト等の新たな違法・有害情報が社会的に問題となっていることに鑑み」「一般の人が利用することを目的として設置している端末を点検し，」「フィルタリングソフトの導入を行うなど，早急に所要の措置を講」ずることを求めるものである。

　このことについて，日本図書館協会事務局は内閣官房IT担当室に，図書館の情報提供の役割との関係について問合せをした。図書館には利用者から求められた資料，情報を提供する義務がある，それぞれに利用目的があり，図書館は「有害情報」との判断はしない，と説明し，「フィルタリングソフトの導入」の依頼に応えることにより，資料，情報提供の機能を損ないかねないと述べた。図書館でのインターネットの導入状況，利用状況も説明するなかで得た回答は，「図書館にはそれぞれ資料の収集方針，基準があると思うので，それに照らして運用を考えていただきたい」というものであった。

(6)船橋西図書館蔵書廃棄事件　差し戻し東京高裁判決

　船橋西図書館蔵書廃棄事件について，最高裁は2005年7月14日第一小法廷判決で，原判決のうち被上告人に関する部分を破棄し東京高等裁判所に差し戻したが，東京高裁は11月24日，原告それぞれに3000円，計2万4000円を支払うよう市に命じた。原告側は賠償額を不服として上告する方針と報じられている。

　※関連記事
・蔵書破棄訴訟，著者1人あたり3千円賠償命令　東京高裁　朝日新聞　2005.11.25
・図書館蔵書の無断破棄差し戻し審，船橋市に賠償命令　読売新聞　2005.11.25.
・船橋市に賠償命令　本廃棄で人格的利益侵害　毎日新聞　2005.11.25.
・船橋市立西図書館　蔵書廃棄判決で「著者に会っておわびしたい」　毎日新聞　千葉地域ニュース　2005.11.25.

2. 海外の知的自由に関する事例

・IFLAオスロ大会参加報告　井上靖代

　2005年8月14～18日，ノルウエーのオスロで開催された第70回国際図書館連盟(IFLA)オスロ大会に参加し，下記の件についてアメリカ図書館協会の知的自由委員会事務局長のJudith Krugの講演を聞きました。

　図書館記録を調べないというFBI長官の言明にも関わらず全米で100を越える図書館でFBIが読者記録を調査にきた例をALAでは把握しているそうです。

　愛国者法(100以上越える法律の変更をさす)のなかの一つが外国や外国人の情報に関する記録を調査する連邦法で，過去外国人のエージェントの動きを調べるための法律が強化された。これによって図書館のレファレンス記録をFBIが調査することが可能になっている。読書記録も含むようになったため，ALAでは貸出記録などの廃棄を勧めた。アメリカの図書館では資料選択の際の記録などのため館内記録として貸出記録を保存するところが一般的だったためです。そこでFBIはなぜALAにその記録を廃棄するようにしたのかと批判している。日本と同じくFBIも集団で読書している理由を図書館に公示を求めるためには法廷にgood reasonを明確化しないと可能ではない。

　そこでFBIがALAに対して訴訟をおこす(準備?)をしているし，ALAは対抗措置としてFBIを相手どって訴訟をおこす(準備？)をしている。

　現在おこなわれているのがインターネット上の個人情報をFBIが読んでいるとのこと。ALAではその事実を人々にしらせるキャンペーンをおこなっている。例えばシオリをつくって配布している「誰かがあなたの情報を肩越しに読んでいる」そのほか全米で7つ大きなボルボードをハイウェイのそばに建てたりしている。

　上院では修整法案がでているが，まだどうなるかわからない。

　問題なのは目録情報を提供している企業の場合である。図書館外に外部委託の形で，国際的なネットワークを可能としている企業が目録情報などを委託しているが，そこから個人情報などがでていく危険性が指摘されている。

　ついでにいうと，もっと問題なのはオランダの場合。

　ゴッホ監督が右翼に殺された事件をきっかけとして，オランダでは法律が改定され，警察力やデータの公示・提供を求める権力の権限強化が可能となった。この法律では図書館の利用者の個人情報提示などを警察力などが求めることが可能となっている。

　将来EUの法律として同じようなものが成立する可能性が高く，国際的な影響が大きいと思われる。

※関連情報
- 貞広貴志　［アメリカ報告］コネティカット州から　図書館利用，当局が監視　読売新聞　2005.08.21.
- 貞広貴志　「図書館記録の押収は愛国者法の乱用」米で訴訟　読売新聞　2005.08.28.

　後者の記事によると，米市民権団体「全米市民自由連合(ACLU)」が連邦捜査局(FBI)が愛国者法の権限を乱用してコネティカット州の図書館の記録を押収したとして，司法長官やFBI長官を相手取り「事実関係の公表」を求める訴訟を，捜査対象となった公共図書館の委託を受けて起こしたという。

　また，インターネット新聞『JanJan』の次の記事にも背景が詳しい
- 全米市民連合，愛国法を盾としたFBIの図書館利用者調査に異議(08/29)　JanJan　2005.09.06.
　　https://www.janjan.jp/world/0509/0509052053/1.php
- 全米市民自由連合(ACLU)：http://www.aclu.org/

・愛国者法が図書館に及ぼす影響－ALAとCLAの調査ほか(E343)

(国立国会図書館『カレントアウェアネス-E』No.61 2005.7.6 より転載)
http://www.ndl.go.jp/jp/library/cae/2005/E-61.html#E343

　米国図書館協会(ALA)は，6月20日，愛国者法が米国の図書館に及ぼす影響調査の結果を発表した

（CA1547参照）。この調査は全米の公共・大学図書館を対象にした標本調査で，記者発表によると2001年10月以降，連邦または州の捜査当局から図書館の利用記録等を求められたケースが，調査の対象となった図書館だけで，公共図書館63件，大学図書館では74件あった。また，回答した公共図書館の4割，大学図書館の1割が，利用者から愛国者法に対する図書館の方針を尋ねられたことがあるという。

愛国者法の影響は米国内に止まらない。カナダ図書館協会（CLA）も愛国者法がカナダ国内の図書館に及ぼし得る影響をまとめた文書を作成し，注意を喚起している。

一方，時限規定の期限を年末に控え，愛国者法をめぐる米国連邦議会での攻防が激しくなっている。下院では，6月16日，2006会計年度の商務省・司法省・国務省歳出予算法案が可決された。この法案には，愛国者法215条に関わる予算の執行を禁じる規定がサンダース（Bernard Sanders）議員によって盛り込まれており，今後，上院でその是非が審議される（E316参照）。

逆に，上院の情報活動特別委員会では，6月7日，愛国者法の時限規定を延長し，連邦捜査局の権限の強化を図る法案が承認されている。

Ref:
http://www.ala.org/ala/pressreleases2005/june2004abc/LawEnforcementStudy.htm
http://www.cla.ca/issues/privacy_briefing.pdf
http://www.ala.org/ala/pressreleases2005/june2004abc/sandersamendment.htm
http://www.ala.org/ala/alonline/currentnews/newsarchive/2005abc/june2005a/sanders.htm
http://www.ala.org/ala/alonline/currentnews/newsarchive/2005abc/june2005a/patriot.htm
CA1547（http://www.ndl.go.jp/jp/library/current/no283/CA1547.html ）
E316（ http://www.ndl.go.jp/jp/library/cae/2005/E-56.html#E316 ）

・愛国者法延長をめぐる緊迫した状況（E371）

（国立国会図書館『カレントアウェアネス-E』No.65 2005.9.7より転載）
http://www.ndl.go.jp/jp/library/cae/2005/E-65.html#E371

米国愛国者法（CA1547参照）の延長をめぐる攻防が大詰めを迎えている。

2005年末に期限切れとなる一部条項を恒久化もしくは延長する再授権法案が7月21日に下院を通過，7月29日に上院を通過しており，法案成立は決定的となっている。ただ，上院法案と下院法案には，連邦捜査局（FBI）の権限の範囲や，焦点となっている215条（図書館の業務記録を入手することができる条項を含む）の期限（上院法案が2009年，下院法案が2015年）などについて差異があるため，9月以降両院協議会で調整される予定となっている。

こうした状況の中，米国市民自由連合（ACLU）は8月25日，通常の裁判所命令が必要ない国家安全保障書簡（National Security Letter: NSL）によってコネチカット州の図書館が利用記録の提出を迫られたことを明らかにし，愛国者法に基づいたこうした捜査は違憲であるとして提訴したことを発表した。また，再授権法案審議の折，愛国者法の公表禁止規定によってこうした法執行の実態を明らかにすることができないとして，公表禁止規定の差し止めを求めている。NSLについては，2004年に連邦地裁で違憲判決が下されている（E254参照）。米国図書館協会（ALA）は，この裁判を支持し，公表が許されるならこの図書館を図書館界の代表として議会での証言に送る用意もあるとする文書を発表した。また，図書館に対する捜査に関する全国調査（E343参照）のフルレポートを公開し，捜査の実態を綿密に分析している。

Ref:
http://www.ala.org/ala/alonline/currentnews/newsarchive/2005abc/august2005abc/connusapa.htm
http://www.ala.org/ala/washoff/washnews/2005ab/073aug01.htm
http://www.aclu.org/SafeandFree/SafeandFree.cfm?ID=18957&c=262
http://www.ala.org/ala/pressreleases2005/august2005/FBIACLU.htm

http://www.ala.org/ala/washoff/oitp/LawRptFinal.pdf
CA1547（http://www.ndl.go.jp/jp/library/current/no283/CA1547.html）
E254（http://www.ndl.go.jp/jp/library/cae/2004/E-46.html#E254）
E343（http://www.ndl.go.jp/jp/library/cae/2005/E-61.html#E343）

・中国の農村に情報アクセスを提供する試み（E366）

（国立国会図書館『カレントアウェアネス-E』No.64 2005.8.17 より転載）
http://www.ndl.go.jp/jp/library/cae/2005/E-64.html#E366

2004年にゲイツ財団の「学習へのアクセス賞」を受賞（E245参照）した，青樹地域図書館サービス（China Evergreen Rural Library Service: CERLS）の活動を紹介するレポートが，7月，図書館情報資源振興財団（CLIR）から刊行された。

中国の農村部や都市出稼ぎ労働者の居住地区では，貧困のため教育の機会や情報アクセスが制限されている。図書館も新しい資料を買う余裕がなく，インターネットを見たことがないという人も多い。CERLSは，こうした中国農村部への教育支援を目的に活動する米国のエヴァーグリーン教育財団が2001年から行っているプロジェクトで，省政府と連携しながら高等学校の図書館活動を支援している。

CERLSは現在，青海省や甘粛省といった中西部の農村にある学校や，北京の出稼ぎ労働者の子弟の通う学校，10校の図書室に対し，資料購入費の助成，コンピュータ機器やソフトウェアの寄贈などを行っている。図書室は生徒のみならず，地域住民にも開放されており，100万人以上の人々にインターネットへのアクセス機会を提供している。また，生徒や地域住民に対するコンピュータの使い方などの情報リテラシー教育や，図書館員や教師を対象にした図書館実務研修，図書館システム研修も行っている。情報格差のある地域に対して図書館はどのような貢献ができるか，ということを考える上で注目に値する活動例である。

Ref:
http://www.clir.org/pubs/abstract/pub130abst.html
http://www.cerls.org/
http://www.evergreeneducation.org/
E245（http://www.ndl.go.jp/jp/library/cae/2004/E-44.html#E245）

・チュニジアの図書館事情と知的自由（E394）

（国立国会図書館『カレントアウェアネス-E』No.68 2005.10.18 より転載）
http://www.ndl.go.jp/jp/library/cae/2005/E-68.html#E394

2005年11月に2回目の国連世界情報社会サミット（WSIS；E159参照）がチュニジアで開かれる。これに先立ち，国際図書館連盟（IFLA）の情報へのアクセスと表現の自由に関する委員会（FAIFE）委員がチュニジアを訪れ，現地の図書館事情と知的自由に関するレポートを9月23日に発表した。

それによると，チュニジアには約380館の公共図書館があり，専門の図書館員は約1,500人配置されているなど，アラブ諸国の中では図書館整備が比較的充実しているという。国立図書館も100人規模の専門職員を配置しており，また現在2006年開館を目指して新館を建築中とのことである。

他方で，チュニジアでは，納本された出版物について内務省が承認しなければ流通させることができない。レポートによれば，これが事実上の検閲制度となっており，年間1,400冊程しか新刊書は出版されておらず，それも子ども向けか復刻版が多く，大人向けの本は200～300冊程度であるという。また，図書館で購入する資料も中央政府で決められているという現地図書館員の証言もあった。インターネットの統制や報道管制も行われており，多くの市民団体からWSISの場にふさわしくないと非難の声が挙がっている。IFLAも，チュニジア政府はWSIS開催前にこうした知的自由を侵す政策を撤廃すべきであると声明を出している。

Ref:
http://www.ifla.org/V/press/pr30-09-2005.htm
http://www.ifla.org/faife/faife/tunis-report2005.htm
http://www.ifla.org/faife/news/2005/Tunisia-Pr-08072005.htm
E159（http://www.ndl.go.jp/jp/library/cae/2004/E-29.html#E159）

・IFLA「アレキサンドリア宣言」

　2005年11月16日から開催される世界情報サミット会議（注1）にさきだって，アレキサンドリア図書館でおこなわれていた図書館情報関係者による会議で「アレキサンドリア宣言」（注2）が採択された。この宣言をチュニスで行われる世界情報サミットで採択されるよう働きかける予定である。

　内容は知的自由と情報への自由なアクセスを主張するものである。最終文面はチュニスでの世界情報サミット会議後になるだろう。（井上靖代）

　（注1）第1回世界情報サミットは2003年12月にスイスのジュネーブで開催，第2回が2005年11月16日～18日，チュニジアのチュニスで開催された。関連情報は下記サイト参照。
　World Summit on the Information Society Second Phase Tunis http://www.ifla.org/III/wsis.html
　（注2）アレキサンドリア宣言 原文は次のサイトに掲載されている。
　Alexandria Manifesto on Libraries, the Information Society in Action
　　　http://www.ifla.org/III/wsis/AlexandriaManifesto.html

・ IFLA／FAIFE　中国でのインターネット制限について再度声明

　井上靖代氏の情報によると，IFLA/FAIFE（国際図書館連盟・表現の自由と情報のアクセスに関する委員会）は2005年10月25日，中国でのインターネット制限について7月16日につぐ二度目の声明を発表した。西欧系のコンピュータ関連会社が中国政府の要請により，インターネットなどオンライン上の情報管理を手助けしていることに対して警告を発している。FAIFEでの中国代表委員は否定している状況だが，独立系NGOからの確かな情報提供として論点になっているという。たとえばヤフーが中国政府に情報提供した結果として中国人ジャーナリストが禁固10年の刑を受けた例は表現の自由の制限にあたるとしている。

　※原文　IFLA condemns new Chinese Internet regulations and Western computer companies' participation in the crackdown on intellectual freedom
　　　http://www.ifla.org/faife/news/2005/China-Pr-26102005.htm

3. 表現の自由に関連する資料

・出版の自由・表現の自由を侵す「共謀罪」は，ただちに廃案にすべきである（声明）

　　　　　　　　　　　　　　　　　　　出版流通対策協議会（http://www.netlaputa.ne.jp/~ryuutai/）より転載
　　　　　　　　　　　　　　　　　　　　　　　　　　　　　出版流通対策協議会　2005年10月21日

　衆議院法務委員会で審議が開始された「共謀罪」は，憲法によって保障された「出版・表現の自由」を侵す極めて危険な法案であるので，その立法化を断念し，ただちに廃案にすべきである。

　「共謀罪」は，国連「越境組織犯罪防止条約」批准のための国内法整備のためと称しているが，正式名称は「犯罪の国際化及び組織化並びに情報処理の高度化に対処するための刑法等の一部を改正する法律案」である。その目的は，組織犯罪と情報管理の対策であるかのようだが，実体は人間同士が法に触れる恐れがあることを話し合って合意しただけで，罪に問われるというものである。犯罪を準備したか，実行したかではなく，話し合ったり表現したりする想像の世界をも取り締まる無謀きわまりない悪法である。

600を越える犯罪が対象となるのだが，殺人などの重大犯罪を取り締まる刑法にとどまらず，道路交通法や消費税法，水道法など，市民社会の全般にわたる。

また，対象となる組織は，組織的犯罪集団だけでなく市民団体，労働組合に及ぶ。企業でさえもが対象となるのである。強権的な管理社会が目論まれているのだ。加えて，「思想・良心の自由」や「内心としての自由」をいちじるしく阻害する。自由な創作活動において，犯罪を題材にとりあげることはあり得ることであるが，その表現自体が罪に問われることがないとも限らない。自由な議論，自由な発想が多様な表現を支えていることは論を待たないが，「話し合うことが罪になる共謀罪」は，われわれ出版人の「出版の自由」「表現の自由」への脅威であり，市民の「知る権利」への脅威である。

「共謀罪」は，多くの市民やメディア関係者などの強い反対のために，二度も廃案になっている。

われわれは，このような稀代の悪法は，今国会においてもただちに廃案にすべきである，と訴える。

・鹿砦社代表の起訴に断固抗議する（声明）

出版流通対策協議会（http://www.netlaputa.ne.jp/~ryuutai/）より転載
出版流通対策協議会　2005年8月10日

去る7月12日，神戸地検特別刑事部は鹿砦社代表取締役松岡利康氏を逮捕し，8月1日に起訴した。容疑は「名誉毀損」である。本日現在，接見禁止の勾留が続いている。

われわれは，出版社の代表を名誉毀損事件で逮捕し起訴に及んだことの一点において断固抗議する。加えて，さしたる理由もなく長期勾留を続けることは，司法当局による「出版の自由」「表現の自由」「国民の知る権利」に対する重大な挑戦であると受けとめる。このようなことが罷り通るならば，戦前の治安維持法下の言論弾圧が再現されるであろう。

容疑とされた鹿砦社の出版物は，裁判において係争中である。また，名誉毀損・プライバシーの侵害などの事案は，刑事事件として争うというより，民事事件として扱われるのが司法界の趨勢であることを考えると，今回の逮捕の不当性が一層明らかになるだろう。

われわれは，個人の名誉とプライバシーは当然守られる権利としてあると考える。それは鋭意な精神をもって日々の出版活動において検証されるものである。

司法当局による不当逮捕・起訴に断固抗議する。

・松文館裁判，控訴棄却・有罪判決に抗議する（声明）

出版流通対策協議会（http://www.netlaputa.ne.jp/~ryuutai/）より転載
出版流通対策協議会　2005年6月16日

6月16日，東京高裁（田尾健二郎裁判長）はわいせつ図画頒布の罪に問われていた松文館貴志元則さんに対して，再度有罪判決を下した。

摘発されたコミック『蜜室』は，成年マークを表紙に印刷し18歳未満への販売を自主規制し，業界ルールに従いビニールでくるむなどのゾーニング販売していた図書で，一般的に店頭に並べて販売していたものではない。また他の書籍との相対的な関係からみて「わいせつ」とは言い難い。本書をわいせつ物として摘発したこと自体が異常である。

また，警察は社長・編集長・漫画家を逮捕し，長期に及ぶ接見禁止をつけて，代用監獄で「自白」を強要し，罪に陥れたのである。

また，わいせつ物頒布を処罰する刑法175条は明らかに違憲である。あらゆる表現は自由であり，表現の規制は人間性の否定である。その表現が，差別や教唆によって人を傷つける場合，人権を守る立場からのみ他の法律で訴追されることはありうるが，公権力がわいせつの基準を判断し刑を科すことは誤りである。出版するしないは版元の，買う買わないは読者の手にゆだねられ，社会によって淘汰されるべきだ。権力が出版を管理し，規制しようというのは根本的に間違っている。

わたしたち出版流通対策協議会はこの有罪判決に抗議する。

※この裁判についてはウェブサイト「松文館裁判」に法廷記録などが掲載されている。
http://www.geocities.co.jp/AnimeComic-Tone/9018/shoubun-index.html

5. 新刊より

・『発禁処分「わいせつコミック」裁判・高裁編』長岡義幸 道出版 2005.06. ISBN:4-86086-024-1 ¥1575(税込)

もくじ 第1章 マンガが「わいせつ罪」で摘発される(密告;取り調べ ほか)／第2章「健全」な社会通念は裁判官が決める(一審の判決公判(1)／判決公判(2) ほか)／第3章 販売「規制」から出版物の「排除」へ(有害環境規制法／青少年条例 ほか)／第4章 控訴審——無罪を求めて弁護側の反転攻勢(第1回公判・芸術性を争点に／第2,3回公判・再びマンガ論を展開 ほか)

・『「わいせつコミック」裁判——松文館事件の全貌』長岡義幸 道出版 2004.01. ISBN: 4-86086-011-X ¥1785(税込)

日本からエロマンガが消えるか！？宮台真司氏, 園田寿氏ほか, 弁護側意見証人に著名人が次々証言台に。マンガがわいせつ罪に問われたわが国出版史上初の裁判劇の記録。

もくじ プロローグ出版史上初,「わいせつコミック」裁判はじまる／第1章勾留理由開示公判——逮捕・勾留の不当性を訴える／第2章家宅捜索・任意取調べ・一斉逮捕——摘発に踏み切った警察の真意を疑う／第3章第一回公判・今後の展望——弁護団の意気込みが伝わる初公判／第4章第二回, 第三回, 第四回公判——検察側証人が証言台に／第5章第五回, 第六回, 第七回, 第八回公判——弁護側意見証人が証言台に／第6章第九回, 第一〇回, 第一一回公判——だれもが無罪を確信した／エピローグ不断の闘いこそが重要

6. 全国図書館大会・茨城大会「図書館の自由」分科会報告

平成17年度第91回全国図書館大会・茨城大会において, 第7分科会「図書館の自由」は「個人情報保護法の全面施行と図書館」をテーマに, 10月27日, ホテルレイクビュー水戸「鳳凰の間」で開催された。参加者は約100名で, 例年にくらべ大学図書館関係の参加者が多かったようだ。

概要は次のとおり。

(1)基調報告「図書館の自由, この一年－事例と取り組み」
山家篤夫(日図協 図書館の自由委員会委員長, 東京都立中央図書館)

利用者のプライバシーに関連して, 三重県立図書館における利用者情報の流出, 高槻市立中央図書館利用者登録情報盗難事件, 長野図書館の防犯カメラ無断設置問題などを報告, 目録委員会の見解「個人情報保護と日本目録規則(NCR)との関係について」にも触れた。金沢の図書館で受刑者名簿が閲覧できる状態になっていたことから, 全国的に名簿の取り扱いについて混乱が見られた。住基カードの図書館カードとしての利用について, 状況把握する必要がある。

ドラマの中の図書館の自由に関連して, テレビ朝日「相棒」, 関西テレビ「みんな昔は子供だった」への世田谷区, 学校図書館問題研究会の取り組みが紹介された。これについては, 質疑のなかで, 問題となったドラマのビデオや脚本を日本図書館協会で保存しておく必要性が提起された。

個人情報保護法制と図書館の関係については, 各自治体の個人情報保護条例では図書館で公開する資料は対象外であることが紹介された。金沢の図書館で受刑者名簿が閲覧できる状態であったことを端緒として, 全国的に図書館での名簿の扱いについて混乱が生じている, 自主規制をあおるような報道がなされた。

提供制限の要求については,『歯科・インプラントは悪魔のささやき』では和解条項を示しての谷口歯科からの廃棄, 貸出・閲覧中止の要求がなされ,『官僚技官——霞ヶ関の隠れたパワー』では名誉毀損についての紙片貼付の要求がある。かつて絶版とされた『ちびくろさんぼ』の復刊が話題となった。

国立国会図書館で「児童ポルノ」の閲覧の制限が始まった。これはインターネットのウェブサイト網羅収集を

検討する中で出てきたものらしい。委員会として国立国会図書館に状況を聴取している。
　「アガリクス本」が虚偽誇大広告にあたるとして出版社の役員らが逮捕されたが，かつて問題とされた『こんな治療法もある』と同様に保存はしておくべきだろう。
　船橋西図書館蔵書廃棄事件の最高裁判決については資料を参照。このあと山本順一先生に詳細な検討を講演していただく。
　少年の実名顔写真掲載する『週刊新潮』の提供については，『新潮45』についての大阪高裁判決を参考に判断。高裁判決を報道する社としない社があった。
　サイバー犯罪条約を受けて「共謀罪」創設の法案が国会に提案されているが，国によるインターネットの規制強化もなされることになる。IT安心会議（インターネット上における違法・有害情報等に関する関係省庁連絡会議）ではフィルタリングソフトの普及促進についての文書を出している。

(2) 講演「船橋市西図書館・蔵書廃棄裁判の最高裁判決について」
　　　山本順一（筑波大学図書館情報メディア研究科教授）
　高裁の判決では蔵書の廃棄についての裁量は図書館にあるとしたが，最高裁では，図書館は利用者と著者双方に情報と思想のひろば（公的な場）位置づけ，廃棄によって著者の利益が損なわれたとした。このことは市民にとっても資料の収集・廃棄について権利利益を持つと解釈される。今後，慣習ではない収集・廃棄基準が必須となってこよう。

(3) 講演「個人情報保護法制と図書館」　新保史生（筑波大学大学院図書館情報メディア研究科助教授）
　個人情報保護法の趣旨は生存する個人を識別できる情報について，この法律に書かれているとおりに取り扱うよう，判断を要しないルール化を図った法であり，過剰反応をしないことが肝要である。図書館における個人情報の取り扱いについては，プライバシー保護と個人情報保護が混同しないよう，明確に分けて考える必要がある。

(4) 事例報告「個人情報保護法制と大学図書館」　藤倉恵一（文教大学越谷図書館）
　私立大学は民間事業者であることから，施行時には法に照らして学生情報の保護等は議論され研修なども行なわれてきた。しかしこと大学図書館では従来から図書館の自由に関心が薄く，保護法への対応をめぐって混乱が起こっている。昨今の業務委託化の影響もあり，さらに図書館の自由の意識の高揚を求められよう。

(5) 事例報告「個人情報保護に関する新潟県内公共図書館アンケート調査の結果から」
　　　富岡哲也（新潟県立図書館）
　2005年4月に個人情報保護法が全面施行されたあと，名簿閲覧についての朝日新聞の記事から，県内の図書館に混乱が見られたため，県の図書館協会で山家篤夫氏を講師に研修会を開催した。その際のアンケート調査の結果から報告があった。

(6) 事例報告「神奈川県個人保護条例に対する学校図書館の取り組み」
　　　宮崎聡（神奈川県立金沢総合高等学校　学校司書）
　神奈川県個人情報保護条例は1990年と全国的にも早い制定で，参考になる事例がなかった。ニューアーク式からブラウン方式など履歴の残らない貸出方式に転換したが，当時はコンピュータの利用はほとんどなかった。その後パソコン，インターネットが普及し，県立高校等で個人情報漏洩が続いた。県教委が対策を講ずる必要性があり，また行政情報化，教育の情報化の中で，2005年4月には教育委員会ネットワークが稼働した。神奈川県情報セキュリティポリシーが定められ，図書館での貸出情報の重要度は第1段階に位置づけられている。

あとがき

　『図書館の自由ニューズレター集成1981-2000』を「図書館の自由に関する宣言」50周年記念刊行物のひとつして2006年3月に発行した。これは委員会活動を速報するニューズレター『図書館の自由』の第1号(1981年1月)から第30号(2000年12月)の記事より，主なものを抜粋して集成したものである。本書はそれに次いで，2001〜5年に発行した第31号から第50号までの記事を抜粋編集した。

　この間，順調に年4回の刊行を果たすことができたが，これは記事にすべき図書館の自由に関する多くの問題が起きたためでもあり，また諸外国における知的自由に関連する動きなどで紹介したい資料が多かったためでもある。

　前集成と同様，抜粋にあたっては新聞・雑誌記事スクラップ，外国事情紹介の原文，団体等の連絡先などを省略したが，特に明記せずにレイアウトを変更したところもある。また，参照urlは原誌刊行時に有効であって現在はリンクの切れたものも多いがそのままとした。索引は厳密な表記にはこだわらず該当事項を参照した。なお，原誌全体の目次は日本図書館協会ウェブサイトの図書館の自由委員会ページに掲載しているので，必要な記事があれば当委員会までお問い合わせいただきたい。省略した記事のうち，新聞・雑誌記事スクラップのデータはいずれ『図書館の自由に関する文献目録』補遺としてまとめたいと考えている。

　本書が図書館の自由について，また広く知的自由について考える一助になれば幸いである。

2009年10月

　　　　　　　　　　　　　　　　　　　　　　　　日本図書館協会図書館の自由委員会
　　　　　　　　　　　　　　　　　　　　　　　　　　　副委員長　熊野清子

索 引

あ

愛国者法(米国)　101, 120, 143, 160, 180, 201, 202
ICカード(チップ)　49, 68, 94, 97, 112, 121, 142, 153
　→:住基(ネット)カード
愛知県図書館　124, 126, 127
「「相棒」(04年12月8日放映)についての要請」(世田谷区職労組)　177, 178
「「相棒」第7話内に誤解を招く表現があったことについて」(テレビ朝日編成製作局)　178
「相棒 第7話『夢を喰う女』内に誤解を招く表現があったことについて」(テレビ朝日ドラマ「相棒」担当)　158
「相棒・夢を喰う女」(テレビドラマ)　157, 158, 176, 177, 178, 189, 206, 209
IPA(国際出版協会)　69, 102
アガリクス広告本－薬事法違反　198
梓澤和幸　78
足立昌勝　195
新しい歴史教科書をつくる会
　→船橋市西図書館蔵書廃棄事件
『あなたの「個人情報」が盗まれる』　103
天野ミチヒロ　196
『アメリカ公立図書館で禁じられた図書：1876－1939年, 文化変容の研究』　103
アメリカ図書館協会　22, 30, 34, 38, 76, 77, 84, 143, 152, 201
　－知的自由部　77, 101
「アメリカ図書館協会による図書館記録の秘密性とプライバシーについての声明」　38
『アメリカにおける学校図書館蔵書をめぐる裁判事例の総合的研究』　134
「アレキサンドリア宣言」(IFLA)　204

い

飯室勝彦　153
イギリス図書館協会　13, 61
石塚栄二　149, 155

「石に泳ぐ魚」(柳美里)　33, 63, 64, 65, 69, 70, 71, 72, 91, 109, 121, 124, 128, 169, 170
「Ejovi Nuwereさんの「住基ネット」に関する技術報告が総務省によって不当に中止された問題について」(JCA-NET理事会)　163
板垣竜太　87
市川正人　77
伊藤昭治　134
伊藤正巳　171
井上靖代　14, 15, 31, 32, 51, 73, 77, 79, 86, 137, 149, 155, 173, 201, 204
IFLA(国際図書館員連盟)　30, 31, 69, 75, 102, 140, 142, 181, 191, 201, 203, 204
　－オスロ大会　201
　－グラスゴー大会　39, 44, 52, 141
　－ボストン大会　26, 29, 39
　－/FAIFE　17, 27, 30, 39, 44, 50, 52, 61, 76, 77, 86, 102, 119, 141, 180, 192, 203, 204
『インターネット時代の表現の自由』　153
「インターネット宣言」(IFLA)　50, 75, 77, 141
　→:「グラスゴー宣言」
インターネットと図書館　95, 114, 128, 176
「インターネットにおける表現の自由」(IFLA/IPA)　102, 153
『インターネット・ポリシー・ハンドブック－図書館で利用者に提供するとき考えるべきこと－』　78
インド・インパール－図書館破壊　191

う

浦部幹資　124

え

ALA　→アメリカ図書館協会
「X市図書館のスポーツ紙購入中止に関する要請について(調査報告)」(JLA自由委員会)　115
NHK「ETV2001 戦争をどう裁くか」　164, 165, 166, 167,
「[NHK]公開質問状」(Vaww NET Japan)　166
「NHK「従軍慰安婦」番組への政治介入に対する

抗議声明」(JCJ)　164
「NHK番組への政治介入事件の徹底究明を求める声明」(民放労連)　165

お

大石泰彦　170
大阪府青少年健全育成条例　65, 73, 151
大阪府立図書館　171
大野恵市　123
岡村久道　103
奥平康弘　53, 63, 70, 78, 170,
小倉利丸　87, 103, 136, 183
「オープンアクセスに関するベルリン宣言」　118

か

「学術研究文献のオープンアクセスに関する宣言(声明)」(IFLA)　75, 142
「貸出業務へのコンピュータ導入に伴う個人情報の保護に関する基準」(JLA)　68
「貸出業務へのコンピュータ導入に伴う個人情報の保護に関する基準」についての委員会の見解(JLA自由委員会)　68, 97, 98
貸出記録の保護　112
春日井市図書館－メールアドレス流出　150
何清漣　168, 183
学校図書館と図書館の自由　113, 145, 149, 154, 155
『学校図書館の検閲と選択(第3版)』　63
学校図書館問題研究会　154, 188, 190, 206
神奈川県個人情報保護条例　207
金沢市立図書館－受刑者名簿　174
カナダ図書館協会(CLA)　202
川口信行　77
川崎佳代子　63
川崎良孝　34, 41, 63, 77, 103, 120, 134
関西テレビ　188
『官僚技官』－名誉毀損　160, 206

き

菊池久一　40
キャロライズ, ニコラス・J.　120
『9.11以後の監視－"監視社会"と"自由"』　153
旧石器発掘ねつ造　99, 100

「キューバのインターネット接続禁止への憂慮を表明」(IFLA/FAIFE)　119
「キューバにおける知的自由について声明」(IFLA/FAIFE)　76
「キューバ問題についての決議文」(IFLA)　30
京都市立図書館　171
京都府青少年健全育成条例　151
共謀罪　192, 193, 194, 204
『共謀罪を廃案に　労働者階級の団結と国際連帯で戦時下の治安弾圧を打ち破ろう』　196
「「共謀罪」新設の刑法改正(案)に反対する声明」(日本ジャーナリスト会議)　194
「共謀罪新設法案の廃案を求める市民団体共同声明」　193
『共謀罪と治安管理社会　つながる心に手錠はかけられない』　195
「「共謀罪の新設を容認する刑法等の一部改正案」に反対する刑法学者の声明」　192
「緊急声明　政治家によるメディアへの圧力を許さない」(流対協)　167

く

「国が燃える」休載　161, 173
「グラスゴー宣言」(IFLA)　39, 44, 61, 75, 141
『グローバル化と監視警察国家への抵抗－戦時電子政府の検証と批判』　183
『クロワッサン』2000年10月10日号　12, 32, 36, 40, 90, 109, 128

け

ゲラー, イーヴリン　103
『現代コンビニ商法』(とサークルケイ)　138
「『現代コンビニ商法』の取扱いについての申し入れ(再度)」　139
『憲法の想像力』　78
『「言論の自由」VS.「…」』　148

こ

「公共図書館サービス・ガイドライン」(IFLA)　30
公貸権　67, 88, 93, 111, 129
江東区図書館　72
公平な権利　33, 56, 60, 83, 88, 90, 108
国際出版協会　→IPA

国際図書館員連盟　→IFLA
国民保護法　172
国立国会図書館　64, 171
　　−入館年齢制限　82
　　−「児童ポルノの類」閲覧制限　188, 200, 206,
個人情報流出　72, 142, 150, 160, 172, 175, 176
個人情報保護法(条例)　41, 45, 62, 174, 207
『個人情報保護法と人権　プライバシーと表現の自由をどう守るか』　86
『個人情報保護法入門新法解説』　103
子どもインターネット保護法(米国)　→CIPA
子どもへの資料提供　92, 110,
子どもをオンライン情報から守る法律(米国)　→COPA
『「子どもとインターネット」に関するNPO等についての調査研究−米国を中心に−報告書』　87
子どもに見せたくない図書(米国)　192
子どもの貸出記録を開示(親に)(米国)　190
子どもの権利条約　59, 87, 92, 106, 110, 128, 134, 145, 149, 154
子どもの知的自由　145
子どもの読書活動の推進に関する法律　145
子ども有害情報からの子どもの保護に関する法律案　25
『この国に言論の自由はあるのか−表現・メディア規制が問いかけるもの』　148, 157
COPA(子どもをオンライン情報から守る法律・米国)　144

さ

斎藤貴男　103, 104, 121, 173, 182, 195
CIPA(子どもインターネット保護法・米国)　35, 76, 85, 102, 144, 152
坂上未希　120
酒川玲子　149, 155
櫻井よしこ　103
佐野眞一　170, 182
差別的表現　12, 81,
「差別的表現を批判された蔵書の提供について(コメント)」(JLA)　12, 33
沢田竜夫　195

し

JCJ　→日本ジャーナリスト会議
塩見昇　149, 155
『歯科インプラントは悪魔のささやき』−名誉毀損　198, 206
司書教諭　56, 90, 108, 146, 149, 154, 189
「静岡県青少年のための良好な環境整備に関する条例」に基づく図書の収集・公開の要望書」(図問研静岡支部)　15
「静岡県青少年のための良好な環境整備に関する条例」に基づく有害図書指定の取り消し申請」(図問研静岡支部)　15
実名報道　33, 43, 55, 59, 89, 107, 199
児童インターネット保護法(米国)　→CIPA
児童ポルノの類
　　→国立国会図書館−「児童ポルノの類」閲覧制限
清水英夫　170
『ジャーナリズムの条件1-4』　181
『週刊新潮』2005年10月27日号−元少年の実名掲載　199
『週刊文春』3月25日号−販売差し止め　130, 131, 132, 138, 155, 168
「『週刊ヤング・ジャンプ』(集英社刊)連載『国が燃える』(本宮ひろ志著)の休載について」(流対協)　161
住基ネット(カード)　49, 62, 68, 94, 96, 97, 98, 106, 112, 121, 128, 162, 163, 206
『住基ネットと監視社会』　103
「住基ネット「侵入実験」の講演を禁止させた総務省を弾劾する」(住基ネット差し止め訴訟を支援する会)　162
自由な表現政策プロジェクト　143
住民基本台帳ネットワーク(カード)
　　→住基(ネット)カード
「住民基本台帳ネットワークに反対するアピール」(図問研)　49
出版禁止(仮処分)　131, 133, 139, 168, 169
『出版時評　ながおかの意見1994−2002』　41
出版の自由を求める提訴(米国)　161
「出版の自由・表現の自由を侵す「共謀罪」は, ただちに廃案にすべきである(声明)」(流対協)　204
出版流通対策協議会　161, 167, 204, 205
少年法　13, 33, 44, 49, 59, 62, 89, 107, 199
「松文館裁判, 控訴棄却・有罪判決に抗議する(声

明)」(流対協)　205
情報セキュリティ　34, 143, 162, 163, 176, 207
『情報の公開：比較法調査』　119
『縄文の生活誌(講談社・日本の歴史01)』
　　→旧石器発掘ねつ造
白石孝　87
資料提供の自由と著作権　→著作権(と図書館の自由)
『人権か表現の自由か：個人情報保護法・メディア規制立法を問う』　41
「人権・プライバシーを侵害する資料の取扱要領」(愛知県図書館)　127
人権またはプライバシーの侵害　57, 81, 87, 88, 90, 105, 106, 108, 128, 134, 149, 154
人権擁護(法案)　33, 41, 45, 62, 121
『新潮』1994年9月号　→「石に泳ぐ魚」(柳美里)
「『新潮』1994年9月号所収の柳美里著「石に泳ぐ魚」の閲覧禁止措置について(お尋ね)」(日本図書館協会)　63
「『新潮』1994年9月号所収の柳美里著「石に泳ぐ魚」の閲覧禁止措置について(回答)」(国立国会図書館)　64
「新潮(平成6年9月号)に掲載された小説, 柳美里著「石に泳ぐ魚」の取扱いについて」(東京都立中央図書館)　65
『新潮45』閲覧禁止
　　→東大和市立図書館『新潮45』閲覧禁止事件
新保史生　207

す

鈴木啓子　149, 154
スポーツ紙購入中止　115
スミス, マーク　78

せ

性教育関連図書　83
青少年健全育成条例　→青少年条例
青少年社会環境対策基本法案　13, 23, 24, 33, 41, 53, 62
「青少年社会環境対策基本法案についての見解」(JLA)　23
青少年条例　13, 15, 16, 23, 24, 28, 33, 35, 40, 57, 65, 73, 85, 95, 113, 117, 120, 134, 137, 151, 155, 173

青少年保護育成条例　→青少年条例
青少年有害環境対策法案
　　→青少年社会環境対策基本法案
『生成するフラクタル『耳をすませば』考』　148
政府情報の機密化(米国)　152
セイメック, トニ　120
世界情報社会サミット　75, 118, 142, 203
『世界のプライバシー権運動と監視社会　住基ネット, ICカード, 監視カメラ, 指紋押捺に対抗するために』　87
セキュリティ　→情報セキュリティ
世田谷区職員労働組合教育分会　176, 177,
全国図書館大会－図書館の自由分科会　27, 32, 39, 52, 61, 69, 95, 104, 120, 137, 148, 154, 168, 197, 206

そ

『憎悪表現とは何か：「差別表現」の根本問題を考える』　40

た

高槻市立中央図書館－利用者情報流出　160, 175
「高槻市立中央図書館利用者登録情報盗難事件調査報告」(JLA自由委員会)　175
田島泰彦　41, 78, 86, 103, 148, 153, 157, 163, 170
「立川自衛隊監視テント村への弾圧に抗議する法学者声明」　135
立花隆　148, 170
『誰のための人権か』　78
『誰のためのメディアか：法的規制と表現の自由を考える』　40

ち

『「治安国家」拒否宣言「共謀罪」がやってくる』　195
筑紫哲也　181
「ちびくろサンボ」　206
中国－インターネット検閲・制限　192, 204
　　－情報アクセスの提供　203
『中国の嘘－恐るべきメディア・コントロールの実態』　168

チュニジア−図書館事情　203
著作権(と図書館の自由)　30, 34, 40, 66, 79, 88, 92, 111, 120, 128, 143, 176
　→:公貸権
　→:著作者人格権
著作権侵害　33, 67, 93, 112, 186
「著作権侵害物の取扱に関するお願い」(歳月堂)　48
著作者人格権　129, 186
「著作者の権利への理解を求める声明」(日本ペンクラブ)　28

つ

佃克彦　168
鶴岡憲一　153

て

「テレビ朝日に名誉および信用の回復措置を求める声明」(世田谷区職労組)　176
テレビ朝日編成製作局　178
「テロリズムとインターネット, 情報への自由なアクセスについての国際図書館連盟(IFLA)声明」　31

と

土居陽子　145, 147, 149, 155
東京都杉並区−防犯カメラ設置・利用条例　173
「東京都青少年健全育成条例」　16, 24, 33, 134, 151, 155, 173
「東京都青少年健全育成条例改正に反対する陳情署名」　134
「東京都青少年の健全な育成に関する条例の一部を改正する条例」(東京都議会平成13年第1回定例会第53号議案)に反対するアピール(図問研, ヤングアダルト・サービス研究会)　24
東京都立(中央)図書館　65, 171
東京都立図書館内日本図書館協会会員　72
「盗聴法初適用事件の控訴審に関連する要望書」　136
読書の秘密　59, 84, 159, 177, 191
徳山喜夫　182
『「図書館員の倫理綱領」解説増補版』　44
図書館9条の会　157

『図書館裁判を考える−アメリカ公立図書館の基本的性格−』　77
「図書館サービスにおける表現の自由, 個人情報の保護等についての検討委員会設置要綱」(愛知県図書館)　126
『図書館人としての誇りと信念』　134
『図書館・図書館研究を考える:知的自由・歴史・アメリカ』　41
『図書館の原則　改訂版　図書館における知的自由マニュアル(第6版)』　77
図書館の自由委員会(JLA)　17, 36, 40, 42, 45, 53, 55, 63, 68, 69, 71, 78, 81, 87, 98, 104, 115, 128, 137, 141, 149, 155, 159, 175, 187, 198, 200, 206
　−内規　60
　−ホームページ　70
図書館の自由講座(図問研)「この国に言論の自由はあるのか」　157
図書館の自由セミナー(JLA自由委員会)「図書館を利用する権利の法的位置付け」　63, 70, 170
図書館の自由に関する宣言
　−絵はがき　70, 80
　−解説の改訂　44, 49, 55, 66, 71, 79, 80, 87, 88, 104, 106, 127
　−50周年　137, 149, 154, 157
『「図書館の自由に関する宣言 1979年改訂」解説』　120, 134
図書館の破壊・閉鎖　191
『図書館の目的をめぐる路線論争　アメリカ図書館界における知的自由と社会的責任1967〜1974年』　120
『図書館・表現の自由・サイバースペース』　63
図書館問題研究会　15, 24, 29, 45, 46, 48, 49, 58, 157
　−大阪支部　73,
　−静岡支部　15
　−図書館の自由委員会　15, 157
「図書館は読書の秘密を守ることについて(ご理解の要請)」(JLA)　159
鳥取県青少年健全育成条例　151
戸田あきら　78
富岡哲也　207
『富山県立近代美術館問題・全記録　裁かれた天皇コラージュ』　40
ドラマにおける読書記録の取扱い　114, 157,

　　　　　　　　176, 188
「ドラマ「みんな昔は子供だった」第3回についての申入書」(学図研)　188
「トルクメニスタンにおける図書館の封鎖と人権侵害に抗議する」(IFLA)　180
トルクメニスタン－図書館封鎖　180, 191

な

長岡義幸　23, 41, 206
「中野区立図書館の資料提供の基本的な考え『ハリーポッターと秘密の部屋』の提供について」　22
長野市立長野図書館－防犯カメラ　179
中村百合子　34, 40
名古屋市(立)図書館　171
夏樹静子原作テレビドラマ　114

に

西河内靖泰　15, 36
日本考古学協会　100
日本ジャーナリスト会議(JCJ)　164, 194
日本図書館協会　23, 45, 63, 68, 71, 96, 98, 114, 132, 158, 159, 171, 174, 187, 200
　→:図書館の自由委員会(JLA)
　－都立図書館内会員　72
日本弁護士連合会　103
日本ペンクラブ　28
「日本ペンクラブの「著作者の権利への理解を求める声明」について(見解)」(図問研)　29
日本民間放送連盟　25, 159
日本民間放送労働組合連合会　165
二村重和　148

ね

根本彰　78

の

野中章弘　182

は

Vaww NET Japan　166

橋本健午　77, 183
『発禁処分 「わいせつコミック」裁判・高裁編』　206
『発禁・わいせつ・知る権利と規制の変遷(出版年表)』　183
『ハリー・ポッターと秘密の部屋』　12, 19, 22, 33
「「ハリー・ポッターと秘密の部屋」(静山社発行)における口唇口蓋裂者に対する差別的表現箇所の削除にいたる経緯説明と削除前の本の教育現場や学校図書室(館)での扱いに関するお願い」(口唇・口蓋裂友の会)　19
「「ハリー・ポッターと秘密の部屋」(静山社発行)についてご検討いただいたことへのお礼とこの件に関する現状報告」(口唇・口蓋裂友の会)　20
阪神応援歌作者詐称　176
販売差し止め　→『週刊文春』3月25日号－販売差し止め

ひ

東大和市立図書館『新潮45』閲覧禁止事件　43, 55, 69, 70, 89, 107, 121, 172, 188
『百禁書 聖書からロリータ，ライ麦畑でつかまえてまで』　120
「表現・出版の自由を規制する「東京都青少年の健全な育成に関する条例」の規制強化に反対する請願書」(出版労連)　16
『表現の自由の法理』　77

ふ

フィルタリング(ソフト)　13, 30, 33, 34, 40, 59, 65, 84, 102, 128, 144, 151, 152, 154, 191, 200, 207
福永正三　33, 40
不健全図書　→青少年条例
藤倉恵一　207
船橋市西図書館蔵書廃棄事件　41, 69, 100, 129, 130, 155, 172, 183, 184, 187, 200, 207
「船橋市西図書館蔵書廃棄事件裁判の最高裁判決にあたって(声明)」(JLA)　187
「船橋市西図書館の蔵書廃棄問題に関する調査報告」(JLA自由委員会)　53
「船橋市西図書館の蔵書廃棄問題について」(JLA)　45

索引

「船橋市西図書館の蔵書廃棄問題について(見解)」(図問研)　46
「船橋市西図書館の蔵書廃棄問題について(中間報告)」(JLA自由委員会)　42

『プライバシーがなくなる日　住基ネットと個人情報保護法』　103
プライバシーポリシー(ALA)　101

へ

ペック,ロバート・S.　63
「ベルリン宣言」→「オープンアクセスに関するベルリン宣言」

ほ

『放送禁止映像大全』　196
『放送中止事件50年—テレビは何を伝えることを拒んだか』　196
『報道の自由が危ない　衰退するジャーナリズム』　153
『法とジャーナリズム』　148
防犯カメラ　155, 173, 179, 206
『北方ジャーナル』　169

ま

前田稔　63, 134
『マス・メディアの表現の自由』　196
松井茂記　196
「町田市立図書館の自由に関する調査委員会設置要領(内規)」　125
「町田市立図書館の自由に関する委員会運営要領(内規)」　125

み

三重県立図書館—利用者流出　150, 172, 206
『蜜室』(コミック)　205
三苫正勝　32, 40, 55, 62, 63, 71, 87, 104, 127, 149, 155, 168, 175
宮崎聰　207
「民主党「子ども有害情報からの子どもの保護に関する法律案」骨子についての意見」(日本民間放送連盟)　25

「みんなのための情報(IFA)計画」(UNESCO)　77
「みんな昔は子供だった」(ドラマ)　188, 189, 206
民法労連　→日本民間放送労働組合連合会

む

無線タグ　→ICチップ

め

名簿　174
　→:個人情報保護法(条例)
『名誉毀損の法律実務』　168
メディア規制3法案
　→人権擁護法案,個人情報保護法案,青少年社会環境保護法案
「メディア規制二法案の廃案を求めるアピール」(図問研)　45
『メディアスクラム—集団的過熱取材と報道の自由』　153
メディア総合研究所　40, 196
『メディアの試練—21世紀とテロと報道責任』　77

も

文部科学省　87

や

山重壮一　35, 40
山田健太　148
山本順一　207
山本博　103
ヤングアダルト・サービス研究会　24
山家篤夫　36, 42, 53, 62, 69, 70, 72, 100, 120, 170, 206, 207

ゆ

有害図書指定　→青少年条例
『有害図書と青少年問題　大人のオモチャだった"青少年"』　77
有事関連7法　172
　→:国民保護法

→：共謀罪
柳美里著「石に泳ぐ魚」→「石に泳ぐ魚」(柳美里)
「柳美里著「石に泳ぐ魚」(『新潮』1994年9月号所収)の閲覧禁止措置の見直しについて(要望)」(東京都立図書館内日本図書館協会会員)　72
「柳美里著「石に泳ぐ魚」(『新潮』1994年9月号所収)の利用禁止措置の見直しについて(要望)」(JLA)　71
UNESCO　77, 119

よ

横浜市(立)図書館　36
「横浜市図書館における『クロワッサン』(2000年10月10日号)掲載のアニマルレスキュー関係記事の提供停止措置について　調査報告」(JLA自由委員会)　36
吉田右子　103

ら

ライアン, デイヴィット　153
ライヒマン, ヘンリー　63
拉致被害者の住所掲載　80

り

リプシュルツ, ジェレミー・ハリス　153
流対協　→　出版流通対策協議会
利用者の秘密(プライバシー)　38, 49, 51, 68, 69, 94, 97, 98, 102, 112, 142, 159, 189, 113, 190, 206
　　→：個人情報流出

ろ

「鹿砦社代表の起訴に断固抗議する(声明)」(流対協)　205
『路上に自由を－監視カメラ徹底批判』　103

わ

『「わいせつコミック」裁判－松文館事件の全貌』　206
わいせつ(出版物)　24, 56, 74, 85, 91, 110, 151, 205
『私の遍歴時代』　81

視覚障害者その他活字のままではこの本を利用できない人のために，日本図書館協会及び著者に届け出る事を条件に音声訳（録音図書）及び拡大写本，電子図書（パソコンなど利用して読む図書）の製作を認めます。ただし，営利を目的とする場合は除きます。

図書館の自由　ニューズレター集成　2　2001-2005

2009年10月30日　初版第1刷発行Ⓒ

編集・発行　日本図書館協会図書館の自由委員会
　　　　　〒104-0033　東京都中央区新川1丁目11-14
　　　　　Tel 03-3523-0811(代)　Fax 03-3533-0841
印刷所　　株式会社春日大阪支店

本書は当協会の 2015 年度施設 A 会員配付資料として増刷いたしました。

2015 年 10 月 10 日　初版第 2 刷発行

定　価：本体 741 円（税別）
発行者：公益社団法人　日本図書館協会
　　　　〒104-0033　東京都中央区新川 1-11-14
　　　　Tel 03-3523-0811　Fax 03-3523-0841
印刷所：藤原印刷㈱
JLA201518　Printed in Japan
ISBN978-4-8204-1508-4